Heike Specht
Ihre Seite der Geschichte

Heike Specht

Ihre Seite der Geschichte

Deutschland und seine First Ladies von 1949 bis heute

Mit 22 Abbildungen

PIPER

Mehr über unsere Autoren und Bücher:
www.piper.de

FSC
www.fsc.org
MIX
Papier aus verantwortungsvollen Quellen
FSC® C014496

ISBN 978-3-492-05819-3

Satz: Kösel Media GmbH, Krugzell
Gesetzt aus der Minion Pro
Litho: Lorenz & Zeller, Inning am Ammersee
Druck und Bindung: GGP Media GmbH, Pößneck
Printed in Germany

Für meine Mutter

Inhalt

Einleitung

Während man in Deutschland am zweiten Weihnachtsfeiertag des Jahres 2004 einmal wieder über »grüne Weihnachten« klagte, beobachteten die Menschen an den Küsten Süd- und Südostasiens an diesem Morgen ein merkwürdiges Phänomen. Schlagartig zog sich das Meer zurück. Einwohner und Touristen gleichermaßen rätselten an den märchenhaften weißen Sandstränden noch, was das zu bedeuten hatte, als sich weit draußen auf dem Ozean meterhohe Wellen aufbauten, die schon wenig später auf die Küsten zurasten und Tod und Zerstörung brachten. Ursache war ein verheerendes Beben im Indischen Ozean, das überall in der Gegend riesige Tsunamis auslöste. Menschen, Tiere, Häuser, Straßen und Brücken wurden erbarmungslos mitgerissen.

In Deutschland und ganz Europa war das Entsetzen über diese Naturkatastrophe von gigantischen Ausmaßen groß. Einige der vom Tsunami heimgesuchten Länder und Inseln – Thailand, Sri Lanka, die Malediven, die Seychellen, Réunion – waren beliebte Urlaubsziele, die viele selbst schon bereist hatten. In seiner Neujahrsansprache brachte ein sichtlich betroffener Bundeskanzler Gerhard Schröder seine Trauer zum Ausdruck und forderte die Bürgerinnen und Bürger zu Solidarität mit den betroffenen Regionen auf. Gleichzeitig machte er sich auf die Suche nach einer Person, die der *Partnerschaftsinitiative Fluthilfe* ein Gesicht geben und die nötige Durchschlagskraft verleihen würde. Schließlich griff er zum Hörer und rief Christina Rau an.

Es brauchte etwas Zeit, bis Schröder sie überreden konnte,

denn die Familie Rau hatte gerade selbst eine schwere Zeit durchzustehen. Johannes Rau, erst im Juni aus dem Amt des Bundespräsidenten geschieden, war schwer krank. Schließlich aber sagte die ehemalige First Lady zu. Rasch entschied man sich, Doris Schröder-Köpfs Büro im Kanzleramt zum Krisenzentrum umzufunktionieren. Die Kanzlergattin packte ihre wichtigsten Unterlagen und machte Platz für die Frau, die während der letzten fünf Jahre quasi parallel mit ihr First Lady gewesen war. Christina Rau stürzte sich in die Arbeit und behielt doch, wie es ihre Art ist, einen kühlen Kopf. Qualität, so ihr Motto, müsse vor Schnelligkeit gehen. Bloß kein Aktionismus. Hunderte von Projekten wurden in den folgenden Monaten aufgegleist, Kommunen, Unternehmen, Schulen boten ihre Hilfe an. Der ehemaligen First Lady, die durch ihre vielen Staatsbesuche die besten Verbindungen zu Botschaften und Diplomaten hatte, gelang es, Spender und Projekte zusammenzubringen und sie auf solide Beine zu stellen. Das Unterfangen war politisch nicht wenig heikel, war es doch an der Schnittstelle zweier stets konkurrierender Ministerien angesiedelt. »Das größte Lob«, so Christina Rau heute, »als die Mission beendet war, lautete, dass es noch nie eine Zeit gegeben hat, in der das Außenministerium und das Entwicklungsministerium so gut zusammengearbeitet haben.«[1]

In dieser kurzen Episode kommen namentlich drei politische Akteure vor, die wichtige Aufgaben für das Land übernahmen, Verantwortung trugen, oft rund um die Uhr im Einsatz waren. Aber nur einer von ihnen – der Bundeskanzler nämlich – hatte ein offizielles Amt inne. Christina Rau und Doris Schröder-Köpf dagegen taten, was sie taten, weil sie mit einem führenden Politiker des Landes verheiratet waren. Und sie taten es unentgeltlich. First-Lady-Sein ist weder Job noch Amt, und doch erklärte sich Christina Rau im Januar 2005 spontan zur Koordination der Mammutaufgabe der *Partnerschaftsinitiative* bereit. Sie selbst war nicht gewählt worden, und doch hatte Doris Schröder-Köpf im Kanzleramt, dem Machtzentrum der Republik, ein eigenes Büro, in dem sie Korrespondenz erledigte, über Akten saß, Pressespiegel auswertete, Reden des Kanzlers durchging und Termine machte. Die Geschehnisse rund um die Organisation der Hilfe für die Tsunami-Opfer stoßen uns also mit der Nase auf das merkwürdige Konstrukt, das dieses Amt, das keines ist, darstellt. »Man kann als First Lady unendlich viel machen«, so Christina Rau, »man hat die ganze abgeleitete Autorität auf seiner Seite und kann eine breite Öffentlichkeit erreichen.«[2]

»Das Geheimnis, tausend Hände am Tag schütteln zu können«, so sagte einmal Eleanor Roosevelt, »besteht darin, selbst zu schütteln, nicht schütteln zu lassen.« Die Amerikanerin wusste, wovon sie sprach. Zwölf Jahre, davon vier lange Kriegsjahre, war sie an der Seite Franklin D. Roosevelts eine überaus beliebte, wirkmächtige und einflussreiche First Lady. Sie verpasste der Rolle einen gehörigen Modernisierungsschub, gab Interviews, setzte Themen, wurde selbst zur Handelnden. Der Journalist und Biograf zahlreicher amerikanischer Präsidenten, Jon Meacham, nannte Eleanor Roosevelt gar »das Gewissen des Weißen Hauses«.[3]

Viele Aufgaben, die First Ladies zu erfüllen haben, sind repräsentativ. Sie sollen gute Gastgeberinnen sein, würdige Vertreterinnen des Landes, man erwartet, dass sie sich benehmen können, dass sie eine gute Figur machen und sich nach Möglichkeit auch karitativ engagieren. Die Rolle der First Lady ist aber auch ein Drahtseilakt, denn Tradition und Protokoll verlangen ihren Tribut, die Öffentlichkeit beobachtet diese Frauen auf Schritt und Tritt, die Boulevardpresse ist allzeit bereit, jeden Fauxpas genüsslich auszuschlachten. Die Frau des Präsidenten und noch mehr die Frau des Kanzlers wurden nicht selten in der Geschichte der Bundesrepublik haftbar gemacht für die Politik ihrer Gatten. Rut Brandt, Hannelore Kohl oder Doris Schröder-Köpf konnten ein Lied davon singen. Manchmal nahm der politische Gegner sogar gezielt die Ehefrau ins Visier, um den Mann zu treffen. Nicht wenige der hier im Fokus stehenden Damen hatten zunächst mit ihrer Rolle zu kämpfen. Manche litten dauerhaft an diesem nicht selbst gewählten Dasein im Licht der Öffentlichkeit und den Zumutungen, die das Leben an der Seite eines Spitzenpolitikers mit sich bringt, wurden darüber sogar krank. Und alle zahlten einen Preis. Es ist nicht leicht, als First Lady »selber zu schütteln« – um Eleanor Roosevelts Worte zu bemühen. Und doch scheint genau darin der Schlüssel zu liegen.

Aber auf welche Weise kann die First Lady überhaupt wirken? Welchen Einfluss hat sie? Die achtzehn Ehefrauen von Bundespräsidenten und Bundeskanzlern der letzten siebzig Jahre entfalteten ihre Macht auf ganz unterschiedliche Weise und in sehr verschiedener Intensität. Einige, wie Elly Heuss-Knapp oder Doris Schröder-Köpf, waren selbst ausgeprägt politische Köpfe, die eng mit ihren Ehemännern zusammenarbeiteten, die gemeinsam Ideen entwickelten, unverzichtbare Sparringspartner wurden. Andere wirkten eher atmosphärisch, bauten persönliche Kontakte zu ausländischen Regierungs- und Staatschefs sowie deren Partnerinnen und Partnern auf, ergänzten ihren Ehemann und glichen dessen persönliche Defizite aus. So war es für den zurückhaltend, ja zuweilen distanziert wirkenden Willy Brandt ein Segen, die charmante und unkomplizierte Rut an seiner Seite zu wissen, die so manche Schrulligkeit mit einem Lächeln auszubügeln verstand. Und wieder andere machten einfach ihr eigenes Ding. Mildred Scheel zum Beispiel musste man Eleanor Roosevelts Empfehlung nicht zweimal sagen. Sie war ohnehin keine, die sich schütteln ließ, vielmehr trat sie selbst in Aktion – und zwar im ganz großen Stil.

Es ist ein faszinierendes und zugleich kein leichtes Unterfangen, dem Phänomen der First Ladies und ihrem Beitrag zur Geschichte dieses Landes auf die Spur zu kommen. Angesprochen auf die Frage, welchen Einfluss sie hätten, welche Rolle sie spielten, wird stets größte Bescheidenheit an den Tag gelegt. Vielleicht gehen die Damen dabei nicht so weit wie einst Mamie Eisenhower: »Ike kümmert sich um das Land und ich mich um die Schweinekoteletts.« Aber zunächst ist man doch meist mit einer Aussage konfrontiert, die da lautet: »Nicht ich wurde gewählt, sondern mein Mann.«[4] Das ist vollkommen korrekt – aber eben doch nur die halbe Wahrheit. Keine dieser Frauen würde jemals öffentlich zugeben, dass sie ihren Mann in dieser oder jener wichtigen Frage beeinflusst, ihm zu dieser oder jener Taktik oder Entscheidung geraten hat. Das würde ihr den Vorwurf der Selbstüberschätzung einbringen und darüber hinaus ihren Mann dauerhaft beschädigen. Ziel dieses Buchs ist es also, hinter die Rhetorik zu schauen, zu fragen, auf welchen Kanälen und mit welchen Mitteln bewusst und vielleicht zuweilen auch unbewusst Gestaltungsmacht wahrgenommen wurde, inwiefern die First Ladies durch ihre Persönlichkeit, durch ihren Stil oder durch ganz gezielte Beiträge Einfluss nahmen.

Sowohl sie selbst als auch ihre Männer haben dabei stets instinktiv begriffen, dass es in der Macht der First Lady liegt, ihren Ehemann fassbarer zu machen. Die First Lady kann dem zuweilen abgehoben wirkenden Spitzenpolitiker ein menschliches Gesicht geben, sie kann unabhängiger von Parteipolitik agieren als ihr Gatte, kann ihren Mann in der Öffentlichkeit in Zusammenhang bringen mit alltäglichen Themen, an die die Menschen anknüpfen können. Gleichzeitig betrachten hohe Politiker ihre Ehepartner nicht selten als Standleitung zum Volk. Von ihren Partnern, die direkter mit den Sorgen der Bürger in Berührung kommen, erhalten diese Politiker einen verlässlichen Realitätscheck, der zuweilen heilsam sein kann.

Einen Realitätscheck bieten die First Ladies aber noch in einer weiteren Hinsicht. »Es gibt da oben immer die Gefahr, paranoid zu werden,«, sagte Michael Dobbs, ehemaliger Stabschef von Margaret Thatcher, einmal über das Amt der Premierministerin, »plötzlich überall Stimmen zu hören von irgendwelchen Einflüsterern, wie in einem byzantinischen Palast.« In diesem Stimmengewirr ist jene der eigenen Partnerin beziehungsweise des eigenen Partners eine der wenigen, die einem im besten Fall unverblümt und uneigennützig die Meinung sagt. Gemäß dem Spruch »Feind – Todfeind – Parteifreund« trauen viele Politiker ihren Kollegen nicht recht über den Weg, sie neigen dazu, Verschwörungen zu sehen. Gleichzeitig sind sie, je höher sie steigen, immer häufiger von Menschen umgeben, die sich erhoffen, in ihrem Windschatten selbst Karriere zu machen. Je länger ein Politiker im Amt ist, desto zentraler ist es, dass es daheim noch jemanden gibt, der ihn mit unangenehmen Wahrheiten konfrontiert. Es sei wirklich wichtig, so Doris Schröder-Köpf, »dass der engste Kern ganz offen, ganz klar, ganz ehrlich ist, denn es gibt ja dann so viel Lobhudelei. Das ist auch mal schön, aber das hilft nicht weiter. Weiter hilft nur Ehrlichkeit.«[5]

Doris Schröder-Köpf, Christina Rau und sämtliche First Ladies der Bundesrepublik sind »Angeheiratete der Politik«, wie Loki Schmidt das einmal nannte. Sie haben sich nie zur Wahl gestellt, laut Verfassung gibt es sie eigentlich gar nicht, und doch handelt es sich um Frauen auf einflussreichem Posten. Dabei sind die Rolle der Kanzlergattin und die der Frau des Bundespräsidenten durchaus verschieden. Von der Frau des Staatsoberhauptes wird erwartet, dass sie repräsentiert, dass sie ihren Mann auf Staatsbesuche begleitet und wiederum Gäste empfängt. Wie ihr Mann soll sie gewissermaßen über der Tagespolitik stehen und sich möglichst nicht politisch äußern. »Ich habe ja miterlebt«, so erklärte Richard von Weizsäcker 1994 bei der Einführung seines Nachfolgers Roman Herzog die schwierige Aufgabe der First Lady, »was es bedeutet, dass die Frau des Präsidenten von der Verfassung sozusagen gar nicht vorgesehen ist. Dass sie dennoch dieselbe innere Verpflichtung für das Amt empfindet und sie bereitwillig trägt. Weniger spektakulär, dafür aber zuweilen entsagungsreicher. Und ganz gewiss genauso verantwortungsvoll.«[6]

Die Aufgaben der Partnerin des Kanzlers sind viel weniger konkret als jene der Frau des Bundespräsidenten, und sie haben sich in den vergangenen Jahrzehnten immer wieder gewandelt – von einer Luise Erhard, die man öffentlich kaum zu Gesicht bekam, über eine Rut Brandt, die zur Stilikone wurde, eine Hannelore Kohl, die wohl oder übel eine versierte Wahlkämpferin wurde, bis zu einer überaus politisch denkenden und handelnden Doris Schröder-Köpf. Der Ehemann der ersten Kanzlerin in der Geschichte der Bundesrepublik schließlich, Joachim Sauer, hat sich von Anfang an erfolgreich geweigert, in die Rolle eines First Husband zu schlüpfen.

Das vorliegende Buch widmet sich den Frauen der beiden Männer an der Spitze des Staates und erzählt dabei auch eine

Geschichte der Bundesrepublik von ihrer Gründung bis heute. Hier wird also »ihre Seite der Geschichte« erzählt. Und das im doppelten Sinne. Mich interessiert, wie ein Leben in der Politik auch die First Ladies veränderte, wie sie damit umgingen, welthistorische Ereignisse hautnah zu erleben, vielleicht sogar mitzugestalten. Wie definierten sie ihre Aufgaben für sich ganz persönlich? Trugen sie die Agenda ihres Mannes mit? Hatten manche von ihnen ihre eigene? Und hätte ihr Mann es ohne sie überhaupt in die Topposition geschafft? Zum anderen sind die First Ladies immer auch ein Stück weit Spiegelbild der Gesellschaft und erlauben es so, die Geschichte dieses Landes von einem ungewohnten Blickwinkel aus zu betrachten. Das Buch ist keine Porträtsammlung, reiht nicht einfach die Biografien der First Ladies aneinander. Ich gehe zwar durchaus chronologisch vor, lenke aber über die Ehefrauen der Bundeskanzler und der Präsidenten einen besonderen Fokus auf zentrale Punkte, die in allgemeinen deutschen Nachkriegsgeschichten oft etwas stiefmütterlich – eigentlich sollte ich sagen stiefväterlich – behandelt werden. Denn die meist männlichen Historiker blenden Aspekte, die vor allem Frauen beziehungsweise Veränderungen im Geschlechterverhältnis betreffen, oftmals aus oder erwähnen sie nur am Rande. Am Beispiel der Ersten Damen im Staat aber wird greifbar, wie sich Rollenbilder gewandelt haben und welchen Weg die Frauen in diesem Land in den letzten siebzig Jahren zurückgelegt haben.

Das Hauptaugenmerk dieses Buchs wird auf den First Ladies der Bundesrepublik liegen, aber auch ein Blick hinter den Eisernen Vorhang darf nicht fehlen, denn im Ostteil des Landes gab es stets eine mächtige Frau an der Seite des Generalsekretärs des ZK der SED. An ihrem Beispiel lassen sich wie im Westen die Transformationen des Frauenbilds deutlich machen. Die Ulbrichts, beide überzeugte Kommunisten, mussten nach außen eine Bilderbuchfamilie abgeben. Lotte Ulbricht reiste mit ihrem Mann durch die damalige sozialistische Welt, besuchte Fabriken und Schulen und saß bei Großveranstaltungen in der ersten Reihe. Margot Honecker, eine Generation jünger als Lotte Ulbricht und deren Erzrivalin, mochte sich nicht mehr mit der Rolle der First

Lady Ostberlins zufriedengeben und wurde selbst zur mächtigen Ministerin für Volksbildung.

Große Männer machen Geschichte, hieß es früher. Aber wie immer ist die Sache, wenn man genau hinschaut, komplizierter – und spannender. Ich will mit diesem Buch einen Blick hinter die Kulissen der Macht werfen. Dabei ist, wie gesagt, im Auge zu behalten, dass der Beitrag der First Ladies zum Teil übertüncht wird von der offiziellen Rhetorik ritueller Bescheidenheitsbeteuerungen. Nicht selten vernebeln aber auch Klischees die Sicht auf das Wirken der Ersten Damen. Aus zahlreichen Gesprächen mit First Ladies, ihren Nachfahren und Wegbegleitern, aber auch mit anderen aufmerksamen Zeitbeobachtern, aus mannigfachen Quellen, Erinnerungen und natürlich auch der Presseberichterstattung setzt sich ein Bild zusammen, das uns einen Eindruck gibt nicht nur vom Leben der First Ladies, sondern auch von ihrer Gestaltungsmacht und ihrem Wirken in diesem Land.

Eines schon mal vorweg: Mit den deutschen First Ladies ließ und lässt sich Staat machen. Christina Raus Einsatz für die Tsunami-Hilfe 2005 – und auch deshalb steht diese Episode zu Beginn des Buchs – macht auf einen Aspekt aufmerksam, der untrennbar mit dem Phänomen der First Lady verbunden ist: Diese Frauen fühlen sich dem Gemeinwohl verpflichtet, sie übernehmen – so altmodisch das klingt – qua Ehe eine Verantwortung, die auch mit dem Ende der Amtszeit des Partners nicht endet. Sie bringen sich ein, nehmen Anteil, beteiligen sich an der Diskussion um Themen, die das Land umtreiben. Diese Frauen teilen ein Verantwortungsgefühl für den Staat und seine Menschen, das über Parteigrenzen hinweggeht.

Und noch eine Bemerkung: Dieses Buch widmet sich den First *Ladies*, weil eben in den ersten Jahrzehnten dieser Republik Damen an der Seite von deutschen Kanzlern und Präsidenten standen. Seit 2005 hat das Land allerdings eine Regierungschefin. Inwiefern ein First Husband also die Rolle verändert, werden wir uns im letzten Kapitel genauer ansehen. Joachim Sauer interpretiert die Aufgabe auf seine ganz eigene Weise. Wer weiß, wie zukünftige Partner von deutschen Kanzlerinnen und Präsidentinnen das handhaben werden. Das ist dann vielleicht Thema für ein anderes Buch.

Nun aber »Ladies first«, oder besser noch »First Ladies first«. Tauchen wir ein in die wechselvolle Geschichte dieses Landes und seiner Ersten Damen. Widmen wir uns ihrer Seite der Geschichte.

1 Gründerinnenzeit

Ein verwitwetes Land

Seit dem frühen Morgen schon hatten sich graue Wolken zusammengezogen. Als in den Hausmeisterwohnungen zahlreicher öffentlicher Gebäude in Bonn an diesem Samstag mitten im Hochsommer 1952 das Telefon klingelte, begann es zu regnen. Unverzüglich, so lautete die Anweisung, seien die Fahnen auf halbmast zu setzen. Soeben habe man Nachricht vom Ableben Elly Heuss-Knapps erhalten. Deutschlands erste First Lady war in der Bonner Universitätsklinik ihrem schweren Herzleiden erlegen, und die so junge und empfindliche Bundesrepublik hatte eine ihrer wichtigsten Führungsfiguren verloren.

Als Elly Heuss-Knapp drei Jahre zuvor im Alter von achtundsechzig Jahren zur Ersten Dame der gerade gegründeten Republik geworden war, hatte lediglich ihr angeschlagener Gesundheitszustand ihren Enthusiasmus für die neue Aufgabe bremsen können. Die herzkranke Elly empfing die Ehefrauen der Botschafter und andere Gäste, die ihr ihre Aufwartung machten, im Salon der Villa Hammerschmidt im Parterre, denn das Treppensteigen fiel ihr schwer. Sie verbrachte viele Stunden des Tages am Schreibtisch und widmete sich vor allem dem Thema, dem sie sich bereits als junges Mädchen verschrieben hatte: der Sozialpolitik. Hier, das hatte die erfahrene Politikerin im Jahr 1948, als man erstmals den Namen Heuss für das Amt des Bundespräsidenten ins Gespräch brachte, sofort gespürt, gab es etwas für sie zu tun. Auf diesem Posten würde sie mehr bewirken können als jemals zuvor, und sie würde diese Chance nutzen.

Zusammen mit ihrem Mann reiste sie in den folgenden drei Jahren, soweit es ihre Kräfte zuließen, durch das verwundete Land, besuchte zerbombte Städte, sprach mit von den Ereignissen der letzten Jahre erschütterten Menschen. Staatsbesuche standen nicht an – Elly Heuss-Knapp wären längere Reisen oder gar Langstreckenflüge ohnehin nicht zuzumuten gewesen –, denn die Bundesrepublik saß nach zwölf Jahren nationalsozialistischer Diktatur und einem Krieg, der die Welt in Brand gesetzt und Millionen Tote gefordert hatte, am außenpolitischen Katzentisch. Glamouröse Empfänge mit feinem Porzellan und teuren Roben waren 1949 nicht angesagt. Es sollten noch einige Jahre vergehen, bis auch für deutsche Staatsoberhäupter und ihre Ehefrauen wieder die roten Teppiche ausgerollt wurden.

Die junge Republik und ihre Repräsentanten tasteten sich umsichtig voran, mussten das neue Gelände erst gebührend kennenlernen. Welches Erscheinungsbild sollte diese Bundesrepublik haben, wie wollte sie sich der Welt, aber auch ihren eigenen Bürgern präsentieren? Nur drei Jahre stand Elly Heuss-Knapp neben ihrem Mann an höchster Stelle des Staats, und doch prägte sie das »Amt« der First Lady auf einzigartige Weise. Das hängt auch damit zusammen, dass es ab 1949 mit Elly Heuss-Knapp erstmals seit vierundzwanzig Jahren wieder eine Frau an der Seite des deutschen Staatsoberhaupts gab. Als Reichspräsident Friedrich Ebert 1925 überraschend an einer Bauchfellentzündung starb, zog sich seine Witwe Louise, die erste und einzige First Lady der Weimarer Republik, ins Privatleben zurück. Paul von Hindenburg folgte Ebert im Amt, und der Ton im Reichspräsidentenpalais in der Berliner Wilhelmstraße wurde schneidiger, reaktionärer und maskuliner – nicht nur, weil Hindenburg ein ehemaliger Generalfeldmarschall war, sondern auch, weil er seit 1921 verwitwet war. Seit Mitte der Zwanzigerjahre war das »Amt« der First Lady also verwaist gewesen. Heuss-Knapp hatte freie Hand, dieser Position die Prägung zu geben, die ihr vorschwebte.

Für die junge Bundesrepublik war es ein großes Glück, dass sie mit Elly Heuss-Knapp eine kluge und erfahrene Politikerin als erste First Lady bekam. Und doch ahnte Heuss-Knapp, dass ihr nicht viel Zeit bleiben würde. Im Laufe des Frühjahrs 1952, als es mit der Bundesrepublik langsam, aber spürbar bergauf ging, verschlechterte sich ihr Gesundheitszustand zusehends, und Mitte Juli musste die Bevölkerung Abschied nehmen. Am 25. Juli 1952 fand in der Bonner Lutherkirche der Gottesdienst für Elly Heuss-Knapp statt, bevor ein Trauerzug ihren Sarg zum Hauptbahnhof geleitete. Ihre letzte Ruhestätte fand die allererste Erste Dame der Bundesrepublik auf dem Stuttgarter Waldfriedhof.

Elly hinterließ in Bonn gewissermaßen zwei Witwer. Ihren Ehemann Theodor und den bereits verwitweten Bundeskanzler Konrad Adenauer, mit dem sie eine echte Freundschaft verband. Der Verlust wog schwer. Elly und Theodor hatte nicht nur eine vierundfünfzig Jahre währende Ehe verbunden, sie waren intellektuelle Sparringspartner gewesen, sie hatten sich in all den Jahren gegenseitig gefördert, ergänzt, korrigiert. Dass 1949, als man in Bonn auf die Suche nach einem geeigneten Kandidaten für das Amt des Bundespräsidenten ging, nicht nur Theodor Heuss, sondern quasi das Doppelpack »Heuss-Knapp« überzeugte, steht wohl außer Frage. Ja, Elly war vielleicht sogar, zumindest in Adenauers Augen, das entscheidende Extrapfund auf der Waage gewesen.

In Trümmern

Die folgenden sieben Jahre hatte die Bundesrepublik keine First Lady. Zwei Witwer, die im vergangenen Jahrhundert geboren und ihre entscheidenden intellektuellen und politischen Prägungen im Kaiserreich und der Weimarer Republik erhalten hatten, standen an der Spitze des Staats. Diese beiden arrivierten und gesetzten älteren Herren sollten einem traumatisierten Volk den Weg in die Zukunft weisen – einem Volk, das gewissermaßen auch verwitwet war. Einmal im ganz praktischen Sinne des Wortes. 1946 lebten in Deutschland 1,2 Millionen sogenannte Kriegerwitwen, also Frauen, deren Männer gefallen waren. Auf hundert Männer kamen in Westdeutschland hundertsechsundzwanzig Frauen, in Berlin sogar hundertsechsundvierzig Frauen. Selbst vier Jahre später, als die meisten Männer aus der Gefangenschaft zurück waren, fand man in der Bundesrepublik auf hundert Männer im Alter zwischen fünfundzwanzig und vierzig noch hundertdreißig Frauen. Zwölf Prozent der Frauen waren verwitwet. Der »Frauenüberschuss« war nicht nur eine stete Erinnerung daran, dass der Krieg tiefe Wunden geschlagen hatte und Abertausende Männer ihr Leben gelassen hatten, er wurde zuweilen auch als Bedrohung wahrgenommen. Frauen im gebärfähigen Alter, die keinen Mann finden konnten, stellten, so nahmen es viele wahr, eine Gefahr dar für sogenannte intakte Familien.[1] Viele Kriegerwitwen mussten so neben dem Schmerz und der Trauer um den gefallenen Mann auch noch das Stigma der Ausgrenzung ertragen.

Verwitwet war das Land aber auch im übertragenen Sinne. Es hatte weite Gebiete in Ostpreußen, Pommern, Nieder- und Oberschlesien verloren, seine Städte waren zerbombt, unzählige Menschen waren heimatlos, Kinder hatten ihre Eltern verloren, Eltern ihre Kinder. Und nicht zuletzt zeichnete sich schon kurz nach dem Krieg die Trennung ab, die das Land für die kommenden vierundvierzig Jahre prägen sollte. Ein Teil Deutschlands geriet in den sowjetischen Einflussbereich, der andere Teil sollte sich in den folgenden Jahrzehnten am Westen orientieren. Deutschland war ein geteiltes Land.

Die vergangenen Kriegsjahre hatten den Menschen nicht nur großes Leid gebracht, sie hatten auch die Geschlechterrollen gehörig ins Wanken gebracht. So martialisch und männlich das »Dritte Reich« auch aufgetreten war, sosehr man die »deutsche Frau« auf ihre Rolle als Gebärende beschränken wollte, der Krieg hatte neue Realitäten geschaffen – Mutterkreuz hin, Mutterkreuz her. Die Männer waren an der Front gewesen und Arbeitskräfte gebraucht worden. Entgegen der NS-Doktrin hatten die Frauen ranklotzen müssen. Sie hatten in Fabriken gearbeitet, in Büros und Kontoren gesessen, hinter Ladentheken gestanden. Aber auch zu Hause hatten sie das Sagen. Der Patriarch war im Feld, und irgendwie musste man die Familie zusammenhalten. Im Grunde hätte der Begriff der Patchworkfamilie schon damals erfunden werden müssen. Mutter, Vater, Kind wurde abgelöst durch Mutter, Großmutter, Nachbarin, Tante, Kinder. Diese weiblichen Notgemeinschaften erwiesen sich als ungeheuer strapazierfähig. In einer äußerst ungewissen Zeit, die vor allem von Mangel gekennzeichnet war, versuchten Frauen, den Alltag in Deutschland zu bestreiten. Neben Hunger und Krankheiten machte den Familien vor allem der fehlende Wohnraum das Leben schwer. In den zerstörten Städten erkannte man häufig kaum die eigene Straße wieder. War das eigene Heim stehen geblieben, musste man sich mit dem Gedanken anfreunden, einige neue Mitbewohner aufzunehmen, sei es aus der eigenen Familie oder zugewiesene Ausgebombte. Mütter gingen mit ihren Kindern auf Hamsterfahrten, brave Hausfrauen wurden zu gewieften Händlerinnen auf dem Schwarzmarkt. Die Not zwang die eine oder andere Frau in die Kriminalität oder zur Prostitution. Letztere blühte naturgemäß in einem Land voller Besatzungssoldaten, auch wenn diesen der Kontakt – nicht zuletzt der intime – zur einheimischen Bevölkerung streng untersagt war.

Nicht nur die Männer zahlten durch ihren Dienst an der Front und durch Gefangenschaft mit Versehrungen an Leib und Seele für diesen Krieg. Hundertausende Mädchen und Frauen wurden bei Kriegsende und in den Monaten danach von sowjetischen, französischen, amerikanischen und britischen Soldaten bedrängt und vergewaltigt. Wie unzählige Menschen im Osten des zerfallenden »Dritten Reichs« fürchteten auch die gerade zwölfjährige Hannelore Renner und ihre Mutter in Sachsen den Vormarsch der Roten Armee. Wegen der zunehmenden Luftangriffe waren die beiden bereits Monate zuvor aus ihrer Heimatstadt Leipzig ins kleinstädtische Döbeln gekommen. Zunächst sollte dieser Teil Sachsens nach Kriegsende von den Amerikanern kontrolliert werden, doch nun hatte man den Landstrich gegen einen Teil Berlins eingetauscht. In aller Eile beschlossen die Renners, dass man hier nicht mehr sicher sei. Hannelores Vater, Wilhelm Renner, der unter den Nationalsozialisten eine beachtliche Karriere als Direktor der HASAG-Werke, eines kriegswichtigen Rüstungsbetriebs, gemacht hatte, musste damit rechnen, von den Sowjets interniert zu werden. Der Vater schlug sich also zunächst von Leipzig aus alleine durch. Im nordsächsischen Taucha wollte man sich wieder treffen, um gemeinsam Richtung Westen aufzubrechen. Anfang Mai machten sich Irene und Hannelore Renner mit ein paar Habseligkeiten auf. Doch bereits beim Durchqueren des Flusses Mulde wurden sie von der Roten Armee beschossen, die Frauen standen Todesangst aus. Taucha war allerdings nur eine von vielen Etappen auf dem Weg nach Westen. Auf der Flucht wurde die junge Hannelore, wie so viele Kinder und Jugendliche, Zeugin brutaler Szenen. Sie sah Verwundete und Tote am Wegesrand. Die Bilder brannten sich dem Teenager ein. Möglicherweise wurde Hannelore selbst Opfer sexueller Gewalt durch Rotarmisten. Ihr Biograf Heribert Schwan schreibt, die bereits schwer kranke Hannelore Kohl habe ihm bei ihren gemeinsamen nächtlichen Spaziergängen über ein halbes Jahrhundert später davon berichtet. Sicher ist, dass Hannelore Kohl sich auf der Flucht eine schwere Wirbelsäulenverletzung und eine Absplitterung des Brustwirbels zugezogen hat, die sie ihr Leben lang beeinträchtigen sollten. Sie litt fortan unter schweren, chronischen Rückenschmerzen. Und sicher ist auch, dass Hannelore Kohl ihr Leben lang ein tiefes Misstrauen gegen die Rote Armee hegte.[2]

Auch für Margot Feist, gerade achtzehn geworden in den letzten Kriegstagen, sollte der Krieg das prägende Ereignis ihres Lebens werden. Und auch sie erlebte in diesen Tagen im April und Mai 1945 Dinge, die geeignet waren, Ursache für lebenslange Albträume zu werden. Im Gegensatz zu Hannelore Renner, die die ersten Jahre ihrer Kindheit wohlbehütet in relativem Wohlstand verlebt hat, verlor Margot früh ihre Mutter und musste zusehen, wie ihr kommunistischer Vater von den Nationalsozialisten ins Konzentrationslager verschleppt wurde. Später, als jeder Mann gebraucht wurde, schickte man ihn an die Westfront. Das Mädchen war nun für den jüngeren Bruder verantwortlich und verließ mit ihm die Heimatstadt Halle. Im schlesischen Hirschberg fanden sie Unterschlupf bei der Großmutter. Hier erlebte Margot die Befreiung durch die Rote Armee – so zumindest wollte die junge Kommunistin, die wenige Jahre später die dritte Ehefrau Erich Honeckers werden sollte, die Ereignisse des Frühjahrs 1945 wahrnehmen. Jahrelang war sie zwar formell Mitglied im BDM gewesen, hatte aber im Untergrund auf ein Ende des NS-Regimes hingearbeitet und auf Hilfe aus dem Osten gehofft. Nun war der Tag gekommen. Die Ernüchterung muss schockierend gewesen sein. Die Rotarmisten dürften sich in den ersten chaotischen Tagen nach dem Einmarsch wenig darum gekümmert haben, welcher politischen Ausrichtung die Töchter und Ehefrauen ihrer Feinde anhingen. Viele Jahre später sollte Margot Honecker zu Protokoll geben, die Russen hätten »etwas Unruhe in die Stadt gebracht«. Nach dem Fall der Mauer wurde sie erneut zu den Geschehnissen in jenen Tagen befragt. Sonst überaus selbstbewusst und auskunftsfreudig, antwortete Margot Honecker nun ausweichend: »Für mich waren das eben, trotz allem, was es eben in den Kriegswirren und danach gab – aber das hat meinen Glauben ja nicht an die – naja, Gott, man hat's gehört und man hat's also erlebt, aber ich hab das als – na, wie soll ich mal sagen, das hat mich doch nicht – ich hab gesagt, es war Krieg, es waren Kriegswirren und was soll sein.«[3] Für die junge Margot müssen die Ereignisse, derer sie Zeugin wurde, ob am eigenen Leib oder am Schicksal anderer Frauen, von den psychologischen Folgen mal abgesehen, auch eine gewisse weltanschauliche Herausforderung dargestellt haben. Wie waren diese Grausamkeiten mit dem imaginierten Bild vom glorreichen sozialistischen Rotarmisten übereinzubringen? Es bleibt ihr Geheimnis, wie sie sich die Exzesse, die Plünderungen und die sexuelle Gewalt, die sie erlebte, erklärte, welche Rechtfertigungen sie dafür fand. Tatsache bleibt, dass sie – zumindest mittel- und langfristig – Margots Glauben an den Kommunismus und an die unverbrüchliche Freundschaft und Solidarität zwischen Genossen keinen Abbruch taten.

Hannelore und Margot machten als junge Mädchen Gewalterfahrungen, die sie ihr Leben lang nicht mehr loslassen sollten und die – wie man an der Sprachlosigkeit selbst der längst erwachsenen und redegewaltigen Politikerin Margot Honecker viele Jahre später sehen kann – stets schambehaftet blieben. Wie so viele Mädchen und Frauen während der letzten Kriegsmonate und der unmittelbaren Nachkriegszeit bekamen sie zu spüren, was es hieß, schutzlos zu sein. Vor allem für Frauen auf der Flucht waren diese Monate gekennzeichnet von größter Unsicherheit und Angst – um die Zukunft der Familie, das Schicksal des Mannes, den eigenen Körper. Dies trifft übrigens, wie neuere Untersuchungen belegen konnten, nicht nur für jene Frauen zu, die das Kriegsende im Osten erlebten, sondern für ganz Deutschland. Nicht nur Rotarmisten, sondern Soldaten aller Besatzungsarmeen vergingen sich an den Ehefrauen, Töchtern und Müttern der Besiegten.[4]

Margot floh wenig später mit ihrem Bruder aus dem schlesischen Hirschberg, das fortan zu Polen gehören sollte. Zu Fuß machten sie sich auf ins dreihundert Kilometer entfernte Halle. Die Großmutter wollte ihre Heimat nicht verlassen und blieb zurück. Unterwegs machten die Geschwister halt in Dresden und waren erschüttert vom Ausmaß der Zerstörung. Margot brach in Tränen aus angesichts des Elends. In Halle angekommen, mussten Bruder und Schwester feststellen, dass ihre Wohnung beschlagnahmt und mit Flüchtlingen belegt war. Und doch startete Margot ihr Leben nach dem Krieg in bekannter Umgebung, war eingebunden in ein vertrautes Umfeld von Familie, Freunden und Genossen. Auch gaben ihr, davon können wir wohl ausgehen, ihre politischen Überzeugungen einen gewissen Halt. Ihre und ihres Vaters Weltanschauung hatte über den Nationalsozialismus triumphiert.

Hannelore dagegen musste in Ludwigshafen noch mal ganz neu beginnen. Hierhin, in die Heimat der väterlichen Familie, die nun in der französischen Besatzungszone lag, waren die Renners geflüchtet. Einmal quer durch das zerstörte Land. Nicht nur hatten die Renners fast sämtliche Habseligkeiten verloren und waren auf die Gnade der hiesigen Verwandtschaft angewiesen, Hannelore fühlte sich als Fremde, litt unter dem Stigma, ein Flüchtlingsmädchen zu sein, von jedermann erkennbar an ihrem ausgeprägten sächsischen Akzent.[5] Hannelores Sohn Walter berichtet davon, dass der Zweite Weltkrieg für seine Mutter ihr Leben lang *die* prägende Erfahrung blieb, an der alles andere gemessen wurde. Kamen die Söhne mit Kummer und Ängsten zu ihr, so wurde ihr Leid stets mit dem ultimativen Grauen des Kriegs verglichen, neben dem alles andere verblassen musste. Alles, so Hannelores Diktum, was nicht so schlimm war wie der Krieg, war zu bewältigen.[6] Im Gegensatz zur jungen Margot Feist, die sich, obwohl als Deutsche eigentlich auf der Seite der Verlierer stehend, zu den Siegern zählte, hatten die Renners alles verloren. Die Niederlage beraubte sie nicht nur ihrer Heimat und ihres Hab und Guts, vermutlich brachte er sie auch in ein weltanschauliches Dilemma. Die Eltern waren NSDAP-Mitglieder gewesen, Mutter Irene hatte sich darüber hinaus in der NS-Frauenschaft engagiert, Vater Wilhelm war Blockleiter z. b. V. und Sturmführer im NS-Kraftfahrkorps gewesen. Jahrelang hatte er an der Seite des glühenden Nationalsozialisten und Obersturmbannführer Paul Budin die HASAG-Werke geleitet, was entweder für eine bemerkenswerte Anpassungsfähigkeit spricht oder, und das ist dem Historiker Hans-Peter Schwarz zufolge wohl wahrscheinlicher, den Verdacht nahelegt, dass es sich bei Wilhelm Renner um einen Überzeugungstäter handelte. »Viel spricht dafür«, so Schwarz, »daß die Eltern von Hannelore Kohl bis zum bitteren Ende überzeugte Nationalsozialisten waren.«[7] Man kann wohl davon ausgehen, dass mit Hitlers Selbstmord und der totalen Kapitulation des deutschen Reichs die Welt von Irene und Wilhelm Renner und damit auch die ihrer Tochter gehörig ins Wanken geriet.

Auch die Kölner Arzttochter Mildred Wirtz kam durch den Krieg mit unfassbaren Tragödien in Berührung, die sich dem Kind unauslöschlich einbrannten. Einmal begleitete Mildred ihren Vater, als dieser zu einer Unglücksstelle gerufen wurde. Im Nachbarhaus hatte eine Luftmine eingeschlagen. Die ganze Familie – Vater, Mutter und drei Kinder – lagen leblos in der Ruine. Dr. Wirtz wollte seine Tochter vor dem Anblick schützen, wollte sie wegziehen, Mildred aber verharrte stundenlang bei den Toten.

Das Bild des kleinen getöteten Mädchens, das noch jünger war als sie selbst, verfolgte Mildred Wirtz, die später Mildred Scheel heißen sollte, ein Leben lang.[8]

Der Krieg hob auch die bürgerlich aufgeräumte Existenz Marie-Luise Kiesingers aus den Angeln. Die Familie überstand die ersten Kriegsjahre relativ behaglich und ungestört, denn Marie-Luises Mann, Kurt Georg, seit 1933 Parteimitglied, war für das Reichsaußenministerium tätig und musste nicht an die Front. Als Berlin aber immer häufiger Ziel der alliierten Bombenangriffe wurde, verließ Marie-Luise mit den kleinen Kindern Viola und Peter die Hauptstadt und suchte Zuflucht bei ihren Eltern in Ebingen auf der Schwäbischen Alb. Als selbst das kleinstädtische Ebingen ins Visier der Bomber geriet, zog man erneut um, nach Treuchtlingen. Die vermeintlich heile Familienwelt zerbrach endgültig, als Kurt Georg Kiesinger bei Kriegsende aufgrund seiner Tätigkeit für Joachim von Ribbentrop, Reichsminister des Auswärtigen, von den Alliierten interniert wurde. Achtzehn Monate verbrachte er in verschiedenen Lagern, unter anderem in einem der größten Internierungslager der Amerikaner, im Lager 74 in Ludwigsburg. Das erste Mal in ihrem Leben musste die Notarstochter aus Berlin, die sich von ihrem damaligen Verlobten dazu überreden hatte lassen, das Medizinstudium an den Nagel zu hängen und sich der Philosophie und der Literaturwissenschaft zu widmen, nun Geld verdienen. Dabei kam Marie-Luise zugute, dass ihr Vater, anfangs keineswegs angetan von seinem künftigen Schwiegersohn, sie Anfang der Dreißigerjahre für einige Monate zum Englischlernen nach Dublin geschickt hatte. Die ehemalige höhere Tochter musste sich in den chaotischen Monaten nach der Kapitulation eine Anstellung suchen und wurde fündig: als Sekretärin und Dolmetscherin bei der amerikanischen Militärregierung im fränkischen Scheinfeld. Ihr hervorragendes Englisch half ihr auch, als sie einen Brief an den Kommandanten des Lagers 74 verfasste, in dem sie um die Entlassung ihres Mannes, des Gefangenen Nr. 4146, bat: »We need him so urgently after having lost our home and for building up a new existence.«[9]

Man braucht nicht viel Fantasie, um sich vorzustellen, dass nach den einschneidenden Ereignissen der vorangegangenen Monate und Jahre, die Männer und Frauen oft getrennt voneinander und ganz unterschiedlich erlebt hatten, in den Ehen und Familien die vertrauten Geschlechterhierarchien ziemlich durcheinandergerieten. Ein Wilhelm Renner – im »Dritten Reich« mächtiger Fabrikdirektor, gefürchtet von den Untergegebenen, unter ihnen zahllose Zwangsarbeiter, hofiert von seinen Parteigenossen – musste sich unmittelbar nach dem Krieg als Hilfsarbeiter verdingen. Ein Kurt Georg Kiesinger – während des Kriegs geschätzter Mitarbeiter im Reichsaußenministerium mit großbürgerlichem Lebensstil – wog, als er 1946 aus der Haft entlassen wurde, bei einem Meter neunzig Körpergröße nur noch fünfundsechzig Kilo. Erst Ende der Vierzigerjahre durfte er wieder als Rechtsanwalt arbeiten.[10]

Gerade Männer, die während des Nationalsozialismus ihre Karrieren hatten vorantreiben können, erlebten das Kriegsende als gesellschaftlichen Absturz. Plötzlich war man angewiesen auf die Arbeitskraft der Ehefrau oder musste bei den alten Eltern oder anderen Verwandten unterschlüpfen. Eingefleischte Patriarchen, die gewohnt waren, den Ton anzugeben, zogen sich nun in sich zurück, verstummten. Oder sie wurden noch lauter, wüteten, ließen den Frust über den verlorenen Krieg an ihren Frauen und Kindern aus. Zwischen vielen Männern und Frauen, traumatisiert von dem, was sie im Krieg gesehen und vielleicht auch getan hatten, herrschte Sprachlosigkeit. Man konnte, man wollte das Unsagbare nicht aussprechen. Viele kurz vor oder während des Kriegs geborene Kinder erkannten den Mann, der nun plötzlich bei der Mutter im Ehebett lag, nicht, fragten, wann der Fremde wieder gehe. Zahllose Männer wurden nicht damit fertig, als Verlierer heimzukehren, nicht imstande gewesen zu sein, die Familie zu beschützen. Nicht wenige kamen versehrt zurück, hatten einen Arm verloren oder ein Bein. Wie aber sollte man die Familie als »Kriegskrüppel« durchbringen? Ehefrauen, Mütter, Töchter wiederum wollten sich nicht damit abfinden, die mühsam und schmerzhaft errungene Autonomie wieder aufzugeben.

Einige mögen auch die Achtung verloren haben vor diesen Männern, die geschlagen aus dem Feld oder der Kriegsgefangenschaft zurückkamen. Die Scheidungsraten stiegen, waren bald doppelt so hoch wie vor dem Krieg.[11]

Besonders gefährdet waren Ehen, die erst während des Kriegs geschlossen worden waren. Das gemeinsame Leben hatte immer nur in einer Ausnahmesituation stattgefunden und konnte vielfach im tristen Alltag der Nachkriegszeit nicht bestehen. Dass aber auch Ehen, die in jenen Jahren eingegangen worden waren, sich als ausgesprochen haltbar erweisen konnten, beweisen Loki und Helmut Schmidt. Wobei man natürlich in Betracht ziehen muss, dass die beiden sich aus der Schule kannten, ihre Beziehung also ein stabiles Fundament aus Vorkriegszeiten hatte. Als Loki und Helmut sich im Juni 1942 das Jawort gaben, verbanden sich zwei junge Menschen, die sich gut kannten und die, wie Loki viele Jahre später erzählen sollte, ein Zuhause brauchten. Beiden war damals schon klar gewesen, dass der Krieg verloren war – Helmut war gerade aus Russland zurückgekehrt.[12] Für das, was nach dem Krieg kommen sollte, wollten sie sich zusammentun. Loki zog zu ihrem Mann, der in Bernau bei Berlin stationiert war, und im Juni 1944 brachte sie einen Sohn zur Welt. Sie war allein mit dem Kind – Helmut war in den ersten Januartagen 1945 an die Westfront abkommandiert worden –, als der Kleine im schweren letzten Kriegswinter an einer Gehirnhautentzündung erkrankte. Auch der eilig herbeigerufene Arzt und Freund, Dr. Arnold, konnte nicht viel tun, verschrieb Sulfonamide, Antibiotika gab es noch nicht. Diese drei Tage, in denen Loki zusehen musste, wie ihr Kind sich in Krämpfen wand, wie es immer apathischer wurde, haben sich ihr eingebrannt. Auch als das Kind starb, war die junge Frau allein. Die Arnolds halfen ihr, einen kleinen Sarg für das Kind zu finden und es zu begraben. Als man auch in Bernau jeden Tag mehr den Einmarsch der Russen fürchtete, packte Loki ihr Bündel. Der völlig überfüllte Flüchtlingszug brauchte drei Tage nach Hamburg. In einem Interview viele Jahrzehnte später antwortete Loki Schmidt auf die Frage, ob sie sich in dem Zug, umgeben von flüchtenden Familien, leer und einsam gefühlt habe: »Da fühlte ich mich nicht einsam, denn ich hatte ein fremdes Kind auf dem Schoß. Man war ja eine zusammengewürfelte Gesellschaft, aber alle hatten den Wunsch, irgendwie zu überleben. Da fühlt man sich nicht einsam, man ist Teil dieser Masse.«[13] Wie so viele andere Frauen in diesen Tagen hatte Loki kaum Zeit, sich ihrer Trauer zu widmen, sie musste einfach weiterleben, weitermachen, bis dieser schreckliche Krieg vorbei war. In Hamburg angekommen, machte sich die junge Frau auf den Weg zu ihren Eltern, die in einer Gartenlaube in Neugraben Unterschlupf gefunden hatten. Den Tag der Kapitulation, einen warmen Frühlingstag in der Hansestadt, erlebte Loki als ungeheure Befreiung. Bald sollte sie auch die erlösende Nachricht erhalten, dass ihr Mann am Leben war. Helmut befand sich in britischer Kriegsgefangenschaft. Im Sommer 1945 kam er frei, und das Paar war wieder vereint.

Loki und Helmut hatten überlebt, aber der Krieg hatte ihnen wertvolle Lebensjahre geraubt. Lebensjahre, die man in Friedenszeiten dem Studium, der Karriere, dem Reisen gewidmet hätte. Helmut, inzwischen Ende zwanzig, musste sich über seine Zukunft und die seiner Familie Gedanken machen. Sein Traum war es, Architektur zu studieren, er schrieb sich aus pragmatischen Gründen dann aber doch für Volkswirtschaft und Staatswissenschaft ein. Die Entscheidung für das Studium bedeutete für das junge Paar auch, dass Loki erst einmal als Hauptverdienerin für die Familie zuständig sein würde. Sie hatte ihr Studium bereits 1940 abgeschlossen und konnte auch nach dem Krieg wieder als Lehrerin arbeiten, allerdings erst nach einer kurzen Suspendierung, die ihr der Posten als Kameradschaftsführerin beim BDM eingebracht hatte. Während dieser Zeit hielt sie sich und Helmut mit Putzjobs und Näharbeiten über Wasser.[14] Solcherlei Arrangements waren damals keineswegs ungewöhnlich, hatten die jungen Männer doch vielfach durch den Krieg ihre Ausbildungen unterbrechen oder gar nicht erst beginnen können. So sprangen Freundinnen und Ehefrauen ein, ermöglichten ihren Partnern nun, einen Beruf zu erlernen oder ein Studium abzuschließen.

Die Kleinfamilie, wie man sie von vor 1939 kannte, geriet also in den letzten Kriegsjahren und der unmittelbaren Nachkriegszeit in die Krise. Und doch waren familiäre Verbindungen in Zeiten, in denen die staatliche Ordnung zusammenbrach, wichtiger denn je. Die beiden Kirchen als Institutionen, die die NS-Zeit zwar nicht gänzlich unbeschadet überstanden hatten, aber dennoch nach 1945 noch über ein gewisses Maß an moralischer Autorität verfügten, beschworen die Familie als Hort des Zusammenhalts und der christlichen Werte. Auch konservative Politiker, die in den Monaten nach der Kapitulation zunächst auf kommunaler und regionaler Ebene aktiv wurden, appellierten an die Institutionen der Familie und der Ehe. Eine Stimme, die jetzt immer deutlicher zu vernehmen war, war jene von Konrad Adenauer.

Der Patriarch

Der erste Kanzler der Bundesrepublik ging als alleinstehend in die bundesrepublikanische Geschichte ein, dabei waren zwei Frauen maßgeblich beteiligt an seinem Aufstieg: Emma Weyer, seine erste Frau, und seine zweite Frau Auguste Zinsser, die 1948 starb. Adenauer war zweifellos zeit seines Lebens ein Verfechter eines eher konservativen Familienbilds. Er war der strenge Patriarch. Und doch kann man wohl davon ausgehen, dass er seinen beiden Ehefrauen auf Augenhöhe begegnet ist. Er hatte in ihnen Partnerinnen gesucht, die ihm gewachsen waren. Und jede auf ihre Weise war ein Pfund gewesen, mit dem er wuchern konnte. Beide, Emma und Gussie, starben, bevor er Kanzler wurde, dennoch sei an dieser Stelle ein kurzer Seitenblick auf diese Frauen erlaubt.

Mit Emma Weyer heiratete Adenauer 1904 in eine der angesehensten Kölner Familien ein. Ja, man kann wohl behaupten, dass diese Ehe dem ambitionierten Konrad erst den Zugang zur High Society Kölns ermöglicht hat. Seine politische Karriere in der Stadt begann im Grunde mit seiner Verbindung zu Emma Weyer. Nicht nur taten sich dem jungen Juristen durch seine Angetraute einige wichtige, bis dahin verschlossene Türen auf, es begann auch ein reger intellektueller Austausch. Emma hatte sechs Semester Sprachenstudium hinter sich und die Lehrerlaubnis für Englisch und Französisch an mittleren und höheren Mädchenschulen in der Tasche. Außerdem hegte sie literarische Ambitionen und eine Leidenschaft für die darstellende Kunst.[15]

Als Emma 1916 mit nur sechsunddreißig Jahren starb, ließ sie ihren Mann mit drei kleinen Kindern – Konrad, Max und Ria – zurück. Ein Jahr später wurde Adenauer Oberbürgermeister seiner Heimatstadt. Im Dezember 1917 schrieb er in sein Tagebuch: »Das Jahr 1917 war für mich schwer, sehr schwer, voll körperlicher und geistiger Qual und Elend. Das ganze Jahr ist erfüllt von Schmerz und Leid und Sehnsucht nach meiner teuren Frau. Sehr schwer lastet auch auf mir die Sorge um die Erziehung meiner geliebten Kinder, der ich mich kaum widmen kann; mutterlose Kinder – das ist etwas unendlich Trauriges. Ein Übermaß von Arbeit brachten mir die ersten Monate des Jahres; die Arbeit war für mich ein Narkotikum für mein Leid. In jungen Jahren zu einer großen Stellung berufen, bin ich ein vielbeneideter Mann, und dabei arm, bitterarm!«[16]

Die Sorge für seine Kinder, die Herausforderungen seines Amts und nicht zuletzt die Freundschaft zu Auguste Zinsser ebneten dem Witwer schließlich den Weg zurück ins Leben. Konrad und Gussie kannten sich gut, waren die Zinssers doch langjährige Nachbarn der Adenauers. Die überaus naturverbundene Tochter des Dermatologen und Universitätsprofessors Ferdinand Zinsser teilte mit Adenauer die Liebe zur Musik. Im September 1919 heirateten die beiden trotz eines Altersunterschieds von neunzehn Jahren und der Tatsache, dass das Paar unterschiedlichen Konfessionen angehörte. Beides, der Altersunterschied und die Tatsache, dass die Braut für ihren Zukünftigen zum Katholizismus konvertierte, sollten aber nicht darüber hinwegtäuschen, dass auch Gussie eine ebenbürtige Partnerin für den ehrgeizigen Konrad war. Sie wuchs schnell in die Rolle der First Lady von Köln hinein und brachte Schwung in das gesellschaftliche Leben des Witwers. Sie engagierte sich sozial und politisch in der Zentrumspartei, im Katholischen Frauenbund und als Kuratoriumsmitglied der katholischen Vereinigung für Kinder- und Jugendhilfe. Mit Machtantritt der Nationalsozialisten wurde Konrad zum »Staatsfeind«, und auch Gussie geriet ins Visier der neuen Machthaber. Als der frisch ernannte Reichskanzler Adolf Hitler im Februar 1933 die Stadt besuchte, gab Adenauer Anweisung, die Hakenkreuzfahnen an der Deutzer Hängebrücke zu entfernen. Gussie unterzeichnete unterdessen an prominenter Stelle den Aufruf einer kleinen Gruppe innerhalb der Frauenorganisation der Zentrumspartei, der Frauen ermutigte, Verantwortung zu übernehmen an diesem politischen Wendepunkt und nicht zuzulassen, dass die gesellschaftliche Atmosphäre weiter vergiftet wurde: »Die traurigen Vorfälle lassen sich nicht allein aus der Erregung des Wahlkampfes erklären; sie sind Ausfluß einer Gesinnung, die hemmungslosen Haß predigt und die Vernichtung des Gegners will.« Wie ihr Mann wurde auch Gussie Adenauer wiederholt Ziel hetzerischer Angriffe der NS-Presse. Die ehemalige Erste Dame Kölns habe sich, so wurde behauptet, öffentlich despektierlich über den »Führer« geäußert. Und man fügte drohend hinzu, dass sie das besser unterlassen hätte, aber immerhin sei »diese ehrgeizige Frau nunmehr doch kaltgestellt«.[17]

Im März 1933 wurde der Kölner Oberbürgermeister des Amtes enthoben. Konrad und Auguste Adenauers Haus in Köln-Lindenthal war über viele Jahre Mittelpunkt des gesellschaftlichen und politischen Lebens der Stadt gewesen, nun gehörte man zu den Geächteten. Aus dem selbstsicheren Vater, so erinnert sich seine Tochter Libet, sei plötzlich ein betrübter und gehetzter Mann geworden. Auch Mutter Auguste habe unter den finsteren Drohungen, die nun allerorten gegen den Zentrumspolitiker ausgestoßen wurden, sehr gelitten. Die SA-Truppen vor dem Haus machten den Kindern große Angst. Nach dem missglückten Attentat auf Hitler im Juli 1944 aber spitzte sich die Situation zu, denn auch Konrad Adenauer geriet nun in den Kreis der Verdächtigen. Man internierte ihn in den Kölner Messehallen, unter einem Vorwand ließ er sich ins Krankenhaus Hohenlind einliefern. Während dieser Zeit durfte Gussie ihren Mann regelmäßig besuchen. Sie war auch bei ihm, als ihm die Flucht gelang. Der Politiker tauchte unter. Nun aber hielt sich die Gestapo an seine Frau. Gussie wurde brutal verhört und festgehalten. Als man ihr drohte, auch ihre Töchter zur Vernehmung ins Gefängnis Brauweiler bringen zu lassen, verriet sie schließlich das Versteck ihres Mannes. Während die Gestapo ausschwärmte, um ihren Mann festzusetzen, überkam Gussie Adenauer eine ausweglose Verzweiflung, und sie versuchte, sich in ihrer Zelle das Leben zu nehmen. Sie schluckte Schlaftabletten, die sie sich daheim heimlich in die Tasche gesteckt hatte, und schnitt sich die Pulsadern auf. Der Selbstmordversuch allerdings misslang. In der Zwischenzeit wurde Konrad Adenauer aus seinem Versteck nach Brauweiler transportiert. Das Ehepaar verbrachte seinen fünfundzwanzigsten Hochzeitstag im gleichen Gefängnis, allerdings in getrennten Zellen. Bevor Gussie aber entlassen wurde, durfte das Paar sich kurz sehen. Konrad versuchte, seine völlig niedergeschlagene und entkräftete Frau zu trösten. Libet Werhahn erinnert sich an den schockierenden Anblick, den ihre Mutter bot, als sie diese in Brauweiler abholen durfte. Tiefe Ringe unter den Augen habe sie gehabt, der Arm war dick eingebunden. Sie habe sich vernichtende Vorwürfe gemacht, den Unterschlupf des Ehemannes preisgegeben zu haben. Wenig später konnte aber auch die Entlassung des Vaters erreicht werden. In einem »Antragsformular für die Häftlinge der Konzentrationslager« schrieb Gussie Adenauer 1946 recht nüchtern über diese schrecklichsten Tage ihres Lebens: »*Grund der Gefangensetzung*: politische Gegnerschaft gegen die NSDAP und um Material gegen meinen Mann zu erpressen. – *Volle Einzelheiten über die Art Ihrer Haft*: Quälende Vernehmungen, ich erkrankte infolgedessen.«[18]

Schon kurz nach Kriegsende wurde Konrad Adenauer von den Amerikanern eingesetzt, um erneut die Verwaltung seiner Geburtsstadt zu übernehmen. Gussie, selbst ein echtes Kölsches Mädchen, begleitete ihn bei seinem ersten Besuch in der zerbombten Stadt und war entsetzt angesichts der Zerstörung. Sie selbst aber konnte nicht wieder an ihre Rolle als Kölner First Lady anknüpfen. Nicht nur, weil sie nach den Erlebnissen in Brauweiler niemals mehr die sein würde, die sie vor 1933 gewesen war, sondern auch, weil ihr Mann seine neue Position nur kurze Zeit innehatte. Auf Betreiben der Engländer wurde er bereits im Oktober 1945 seines Amtes enthoben und musste sich neu orientieren. Da ihm die lokale Politik versperrt war, wendete er seinen Blick nun auf die größere Bühne. Aber was bedeutete das in diesem gesellschaftlich, wirtschaftlich und politisch am Boden liegenden Land?

Gussie Adenauer hat noch miterlebt, wie sich ihr damals bereits siebzigjähriger Ehemann zielstrebig und überaus erfolgreich daranmachte, seine Machtposition in der neu gegründeten Christlich Demokratischen Union auszubauen. Die Kräfte der Mittfünfzigerin aber schwanden merklich. Zwar begleitete sie ihren Mann regelmäßig zu wichtigen Terminen, auch zu Gesprächen, die Adenauer mit französischen Offizieren führte – es ging um die künftigen Beziehungen zum Rheinland –, und hier wie bei so vielen Gelegenheiten zuvor, in denen Gussie Adenauer an der Seite ihres Mannes brilliert hatte, war ihr Charme Gold wert, aber ab dem Jahr 1947 verbrachte sie mehr und mehr Zeit auf dem Krankenlager. Die Vergiftung während ihrer Haft hatte Spuren hinterlassen. Die Bildung weißer Blutkörperchen war gehemmt und ihr Immunsystem daher schwer angegriffen. Jede Infektion konnte lebensgefährlich sein. Im Sommer 1947 fuhren die Adenauers noch einmal zusammen nach Chandolin im schweizerischen Wallis. Dort oben auf über zweitausend Metern Höhe hatte die Familie viele Sommerurlaube verbracht. Mehrere Wochen hatte man sich in den Vorkriegsjahren üblicherweise im Grand Hotel eingemietet und die frische Bergluft genossen, Wanderungen und Spaziergänge unternommen und mit der illustren Schar von internationalen Gästen Kontakte geknüpft. Auch in diesem Nachkriegssommer genossen die Adenauers das überwältigende Bergpanorama. Man registrierte, wie unverändert hier alles war, unberührt vom Chaos der letzten Jahre. Europa lag in Trümmern, aber hier im Val d'Anniviers schien alles wie eh und je. »Es ist wie ein Traum!«, schrieb Gussie in die Heimat,

»trotz der tollen Eindrücke in den Städten und der Liebe, die uns entgegengebracht wird, muß man dauernd an die arme Heimat denken. – Bei allem Genuß hat man immer einen ›Knubbel‹ im Hals ... Hier in Chandolin ist die Welt stehengeblieben.«[19]

Nach ihrer Rückkehr aus der Schweiz musste Gussie ins Krankenhaus. Konrad, voll eingespannt in sein politisches Comeback, verbrachte trotzdem jede freie Minute an ihrem Bett. Am 3. März 1948 starb die Dreiundfünfzigjährige. Ganz Rhöndorf, so der Eindruck, versammelte sich, um Abschied von Gussie Adenauer zu nehmen. Der Witwer aber war untröstlich und flüchtete sich in Arbeit. Der Krieg war überstanden, Schikane, Verfolgung und Haft hatte man ertragen, und jetzt, wo ein neues Leben beginnen konnte, musste er seine Ehefrau gehen lassen.

Man kann nur darüber spekulieren, was für eine Kanzlergattin Auguste Adenauer gewesen wäre. Die Ereignisse des Sommers und Herbstes 1944 setzten ihr dauerhaft körperlich und seelisch zu und waren schließlich Ursache für ihren frühen Tod. Aber nimmt man die Worte und das Wirken der Gussie Adenauer von vor 1944 zur Grundlage der Überlegungen, kann man wohl mit einiger Sicherheit sagen, dass sie eine stilsichere und kluge Ergänzung zu ihrem Mann gewesen wäre. Sie hatte sich in der Zwischenkriegszeit für Frauenfragen eingesetzt und war selbst in der Zentrumspartei aktiv gewesen. Vielleicht hätte sie auf diesen Feldern weitergewirkt und Zeichen setzen können. Dies nicht zuletzt in Abstimmung mit der Ehefrau des Bundespräsidenten, Elly Heuss-Knapp. Klar ist auch, dass Gussie Adenauer durch die langen Jahre an der Seite des Kölner Oberbürgermeisters, dessen Name zwischenzeitlich auch immer wieder für das Amt des Reichskanzlers gehandelt worden war, ein politischer Profi war. Und von denen, zumal politisch unbelastet, hatte die junge Bundesrepublik wahrlich zu wenige.

Frau Bundespräsident

Vier Jahre nach dem Tod seiner Frau Gussie reiste Bundeskanzler Adenauer nach Paris, um dort den Vertrag über die Gründung der Europäischen Gemeinschaft für Kohle und Stahl zu unterzeichnen. Diese Montanunion ging auf einen Plan des französischen Außenministers Robert Schuman zurück. Sechs Kernländer Europas, darunter die beiden ehemaligen »Erbfeinde« Deutschland und Frankreich, einigten sich nur sechs Jahre nach dem Krieg darauf, ihre Kohle- und Stahlindustrien gemeinsam zu kontrollieren und dabei auf gegenseitige Zölle zu verzichten. Das Abkommen darf als eine Art Grundstein für eine europäische Wirtschaftsgemeinschaft betrachtet werden. Nichts weniger als ein Schritt in Richtung eines dauerhaften Friedens also sollte in diesen Frühlingstagen 1951 in der französischen Hauptstadt unternommen werden.

Erstmals nach Kriegsende fuhr ein deutscher Regierungschef an die Seine. Der Besuch war nicht wenig heikel. Die Pariser hatten die Bilder der deutschen Besatzer noch lebendig vor Augen. Hitler mit seinen Männern in grauen Militärmänteln unterm Eiffelturm – diese unheilvolle Erinnerung spukte noch immer durch zahllose Köpfe. Natürlich ließ sich auch Adenauer einen Besuch dieses Wahrzeichens nicht nehmen. Und doch zeugt ein Foto, das bei diesem Anlass gemacht wurde, vom historischen Bewusstsein des Kanzlers. Nicht nur tritt die gesamte Delegation in ziviler Bürgerlichkeit auf – Adenauer mit dunklem Mantel, Schal, darunter weißes Hemd mit Schlips, und mit dem unverzichtbaren schwarzen Homburg auf dem Kopf –, der Kanzler hält die Hände verschränkt und hört André François-Poncet, dem französischen Hohen Kommissar in Deutschland, der ihn zum Eiffelturm begleitete, aufmerksam zu. Der Macht der Bilder, gerade in dieser sensiblen Phase des Aufeinanderzugehens, war sich der Vollblutpolitiker Adenauer absolut bewusst.

Der deutsche Bundeskanzler stattete am Rande seines Aufenthalts an der Seine aber nicht nur dem Eiffelturm und dem Champ de Mars einen Besuch ab, sondern auch den berühmten Kirchen der Stadt. Krieg und Besatzung hatten in Paris ihre Spuren hinterlassen, aber die altehrwürdige gotische Kathedrale Notre-Dame de Paris auf der Île de la Cité übte eine ungebrochene Faszination auf Adenauer aus. Er schickte eine Ansichtskarte mit einem Foto der Kirche an Elly Heuss-Knapp, die, wie er wusste, durch ihre Kindheit und Jugend in Straßburg der französischen Kultur und Sprache tief verbunden war. Auch an Theodor Heuss sandte er eine Postkarte. Auf ihr war der Place Vendôme abgebildet. Es ist bemerkenswert, dass Adenauer am Tag der Unterzeichnung des Vertrags über die Gründung der Europäischen Gemeinschaft für Kohle und Stahl nicht nur dem Staatsoberhaupt, sondern auch dessen Frau schrieb. Diesen wichtigen Schritt, dieses richtungsweisende Ereignis für Europas Zukunft wollte er mit beiden teilen. Wir können davon ausgehen, dass der Kanzler sich im Vorfeld nicht nur mit dem Bundespräsidenten, sondern auch mehrfach mit Elly Heuss-Knapp über diese Pläne ausgetauscht hat. Der Witwer Adenauer war ja im Palais Schaumburg gewissermaßen auch Nachbar der Heussens, die seit 1950 in der Villa Hammerschmidt residierten, und schaute regelmäßig und ohne große Formalitäten vorbei. Noch bemerkenswerter als die Tatsache, dass Adenauer auch Elly Heuss-Knapp aus Frankreich schrieb, ist seine Anrede: »Sehr verehrte Frau Bundespräsident!« Und er fährt fort: »In diesen herrlichen Kirchen gedenke ich Ihrer. Ihr sehr ergebener Adenauer.«[20] Natürlich ist in Rechnung zu nehmen, dass man auch noch in den frühen Fünfzigerjahren die Ehefrauen mit den beruflichen Positionen des Mannes verband und auf diese Weise so manche Dame zur »Frau Professor«, »Frau Direktor« oder »Frau Pfarrer« wurde. Dennoch dürfte bei Adenauers Anrede mehr mitschwingen. Nicht nur Theodor und Elly Heuss selbst verstanden das Bundespräsidialamt als gemeinsames Projekt. Auch für Beobachter und zweifellos für Konrad Adenauer waren sie ein »Power Couple« – beide seit jungen Jahren politisch aktiv, beide mit parlamentarischer Erfahrung, beide mit klarem moralischem Kompass.

Eine moderne Ehe

Theodor Heuss, gerade zum Vorsitzenden der Freien Demokraten gewählt, schrieb im Januar 1949 an seinen alten Freund Ernst Jäckh nach New York: »Die Position meiner Gruppe in Bonn ist nicht schlecht, da wir zwischen CDU und SPD, die gleich stark sind, als Waagscheißer fungieren. In der Presse werde ich denn auch neben Adenauer als künftiger Bundespräsident genannt, worauf ich aber geringen Wert lege. Für Elly wäre das eine wunderbare Funktion, wenn sie zehn Jahre jünger und frischer wäre.«[21] Auf den ersten Blick ist das nicht sehr schmeichelhaft – allerdings war die Tatsache, dass Heuss-Knapps Gesundheit sehr zu wünschen übrig ließ, nicht zu leugnen –, auf den zweiten Blick aber ist diese Aussage Beleg dafür, dass Theodor Heuss seine Frau als absolut ebenbürtige Politikerin und Intellektuelle betrachtete, die im Grunde vielleicht sogar geeigneter war, das Amt des Bundespräsidenten zu übernehmen als er.

Elly und Theodor verband 1949 nicht nur eine fast ein halbes Jahrhundert währende Liebe, sondern auch ein ebenso lange währender intellektueller Austausch. »Sie ist ein kluges und sehr fröhliches Mädchen und mit einem Fonds von Persönlichkeit, Wille, Kraft, Frische ausgestattet, der überaus wohltuend weiterwirkt«, schrieb Theodor Heuss 1906 an eine Freundin über seine erste Begegnung mit der jungen Straßburger Professorentochter Elly Knapp. »So ging sie wie eine schöne und weiße Wolke durch den Himmel unseres Frühlings und wir werden traurig sein, wenn sie hinter den Bergen entschwunden ist.«[22] Nun, so richtig entschwand Elly dem jungen Theodor seit ihrem ersten Treffen in Berlin im Kreis, der sich um den liberalen Denker Friedrich Naumann scharte, in den folgenden Monaten nicht mehr. Die beiden begannen nach Ellys Rückkehr ins Elsass einen regen Briefwechsel, auch wenn sie den Redakteur der Naumann'schen Zeitschrift *Die Hilfe* zunächst sanft, aber entschieden auf Abstand hielt. Theodor war drei Jahre jünger als sie, das war nicht die Welt, aber in der bürgerlichen Idealvorstellung eines perfekten Paars sollte der Ehemann der Frau einige Jahre, im besten Fall auch ein wenig an Lebenserfahrung voraushaben. Entscheidender für Elly war allerdings die Tatsache, dass sie sich ihrem Jugendfreund Walter Leoni verbunden fühlte. Im Laufe des Jahres 1906 aber wurde der Briefkontakt immer intensiver. Elly und Theodor tauschten sich über ihre Arbeit, ihre Reisen, ihre Lektüre aus, und im Frühjahr 1907 entschieden die beiden, sich zu verloben. Walter Leoni hatte inzwischen einer Bekannten Ellys einen Heiratsantrag gemacht, und doch scheint es ihr wichtig gewesen zu sein, dass die Freundschaft die Veränderungen, die nun anstanden, unbeschadet überdauerte. Am 17. April 1907 schrieb sie an Leoni: »Ich kam mir neulich, als Sie da waren, so verlogen vor, nicht wegen dem, was ich sagte, sondern wegen dem Verschweigen. Das kann und mag ich Ihnen gegenüber aber nicht. So will ich Ihnen erzählen, was die fremden Leute noch nichts angeht: daß ich mich verlobt habe. Mit dem Heuss. (…) Ich glaube nicht mehr daran, daß man in der Einsamkeit harmonisch wird. Nur in der Gemeinsamkeit. Für uns ist diese Gemeinsamkeit herausgewachsen aus einer schönen und starken Freundschaft, so lang, bis es ganz selbstverständlich *so* wurde, wie es jetzt ist.«[23] Und tatsächlich – Theodor und Elly fanden in der Gemeinsamkeit zur Harmonie, wenngleich dieses Unterfangen nicht immer konfliktfrei vonstatten ging. Das junge Paar war fest entschlossen, eine moderne Ehe zu führen, allerdings musste es immer wieder aufs Neue ausloten, was darunter zu verstehen war.

Noch während der Verlobungszeit wurde Elly klar, dass – moderne Ehe hin oder her – für sie zunächst die größeren Veränderungen anstanden als für den Bräutigam. Sie würde das heimatliche Straßburg und den geliebten Vater verlassen und zu Theodor nach Berlin ziehen. Wie um noch einmal ihre Freiheit voll auszukosten, begab sie sich im Sommer 1907 auf damals in bildungsbürgerlichen Kreisen überaus beliebte Kunstreisen in die Niederlande, nach Belgien und Frankreich. »Auf dem Eiffelturm«, schrieb sie aus Paris an ihren Verlobten, und unmittelbar muss man an Adenauers Zeilen fast fünfzig Jahre später denken, »ist mir das Herz ganz weit aufgegangen und beim Heimgehen – zum ersten Mal zu Fuß – war der Vendôme-Platz in seiner vornehmen Geschlossenheit unglaublich fein, und die Boulevards verschwammen in der Ferne in einem wunderbaren Goldduft. (…) Ja, wir müssen einmal zusammen hierher.« Zurück in Straßburg hatte sich die junge Frau dann mit handfesteren Dingen auseinanderzusetzen, und sie gab sich alle Mühe, zu reüssieren. Momentan, so schrieb sie Theodor, beschäftige sie, neben den Vorgängen in der Berliner Redaktion der *Hilfe*, die ihren Verlobten in Anspruch nahmen und über die folglich auch sie sich ihre Gedanken machte, vor allem das Kochen. »Ja, denk, ich werde noch ein pot-au-feu, der an die Farbe des Rotkrauts denkt, während er im Theater sitzt«, scherzte sie.[24] Dabei wusste die junge Frau genau, was es hieß, ein Haus zu führen. Da ihre Mutter aufgrund eines Nervenleidens viele Jahre ihres Lebens in Sanatorien zubrachte und Ellys ältere Schwester Marianne in Berlin studierte, fungierte Elly jahrelang als Dame des Hauses im Straßburger Professorenhaushalt Knapp. Allerdings dürften die Umstände in ihrem Elternhaus weitaus großzügiger gewesen sein als das, was Elly nach ihrer Hochzeit 1908 in Berlin erwartete. Schließlich heiratete sie einen zwar aufstrebenden, aber doch am Beginn seiner Karriere stehenden Zeitungsredakteur aus der schwäbischen Provinz.

Der Abschied vom Vater, mit dem Elly ein inniges Verhältnis verband, lastete auf ihr. Aber nicht nur das private Adieu fiel der jungen Frau schwer. Sie hatte sich in den vergangenen Jahren in Straßburg ein eigenes Wirkungsfeld aufgebaut, hatte keineswegs das Leben einer höheren Tochter geführt, die darauf wartete, »weggeheiratet« zu werden. Elly hatte das Lehrerinnenexamen gemacht, war vom Bürgermeister ihrer Heimatstadt in die Bezirkskommission der Armenverwaltung berufen worden und war eine gefragte Rednerin zum Thema Frauenarbeit. Außerdem hatte sie als Gasthörerin in Freiburg und Berlin zwei Semester Volkswirtschaftslehre studiert. Wenn Elly sagte, sie wolle eine moderne Ehe führen, bedeutete dies auch, dass sie ihr Vermögen allein verwaltete. »Der Theodor«, berichtet sie in einem Brief an ihren Vater, »findet sogar immer, daß wir ganz formell noch vor dem Notar einen Vertrag auf Gütertrennung schließen sollten als moderne Eheleute.«[25] Bei dieser Frage mag eine Rolle gespielt haben, dass Elly aus weit begüterterem Haus kam als ihr Mann. Durch die Ehe mit Elly Knapp erschlossen sich Heuss weitere gesellschaftliche Kreise. Da wollte er womöglich nicht auch noch in den Verdacht geraten, vom Geld seiner Frau zu leben.

Als Elly Knapp und Theodor Heuss zu Ostern 1908 von Albert Schweitzer, der seit Längerem mit Elly gut bekannt und mit ihrer Freundin Helene Bresslau liiert war, getraut wurden, da heiratete der junge Redakteur in eine weitverzweigte Gelehrtenfamilie ein. Theodor-Heuss-Biograf Peter Merseburger konstatiert, dass Elly ihrem Mann damals gesellschaftlich weit überlegen war.[26] Ihr Vater, Georg Friedrich Knapp, war einer der angesehensten Nationalökonomen des Kaiserreichs. Er war Mitbegründer des *Vereins für Socialpolitik*, hatte enge Kontakte zu Lujo Brentano, Gustav von Schmoller und Friedrich Naumann. Nach dem deutsch-französischen Krieg war Knapp 1871 als einer der ersten Professoren an die Universität Straßburg gegangen und fungierte dort 1891/92 und 1907/08 als Rektor. Da ihre Mutter Lidia Korganow, die einer russifizierten georgischen Adelsfamilie entstammte, aufgrund ihrer Krankheit wenig Zeit mit ihren Kindern verbringen konnte, war Elly oft bei ihren Großeltern in Braunschweig, wo ihr viel geliebter Großvater Chemieprofessor war. Friedrich Ludwig Knapp hatte seine Frau, Ellys Großmutter, über seinen Lehrer kennengelernt, sie war die Schwester des bekannten Chemikers Justus von Liebig. Zwei Enkelinnen von Liebigs, Ellys Großcousinen, waren mit dem Theologen Adolf von Harnack beziehungsweise dem Historiker Hans Delbrück verheiratet.

Wie gesagt, die Frage, wie eine moderne Ehe aussah, musste bei den Heussens wie bei vielen anderen Paaren damals wie heute immer wieder neu ausgelotet werden. Außer Frage stand dabei, dass die Ehefrau einem Beruf nachgehen durfte und sollte. Heuss-Knapp war während ihrer langen Ehe immer berufstätig, arbeitete als Lehrerin, Vortragsreisende, Redakteurin, Schriftstellerin. Zeitweise war sie sogar die Hauptverdienerin. Als Theodor Heuss nach der »Machtergreifung« der Nationalsozialisten nicht nur seinen Sitz im Reichstag, sondern auch seine Dozentenstelle an der Politischen Hochschule verlor und Publikationsverbot erhielt, brachte sie die Familie jahrelang durch. Dabei kam ihr ihr ausgeprägtes Schreibtalent zugute. Durch einen Zufall kam sie zur Werbetexterei und konnte schon bald erhebliche Erfolge verbuchen. Die Mittfünfzigerin scheute dabei auch nicht vor neuen Medien wie dem Radio und dem Film zurück. Im Gegenteil, sie arbeitete für Firmen wie Henkel und Baiersdorf und bewies dabei unerhörte Experimentierfreude. Heuss-Knapp setzte auf die Wiedererkennbarkeit der Produkte und behalf sich dabei des damals in Deutschland noch wenig bekannten Werbejingles, einer leicht wiedererkennbaren kurzen Melodie. Für Nivea produzierte sie sogar einen kurzen Werbefilm, der in den Kinos lief.

Ebenso unbestritten wie die Berufstätigkeit war für Elly offenbar von Anfang an, dass sie ihren Mädchennamen behalten und nach der Heirat einen Doppelnamen führen würde. Ein Punkt, der zwischen den Verlobten zwar für einige Diskussion gesorgt hatte, bei dem sie sich aber schließlich durchgesetzt hatte, war die Frage der kirchlichen Trauung. Während Elly sich seit ihrer Jugend für Theologie interessiert hatte und wohl durchaus als religiös zu bezeichnen war, hatte Theodor zunächst wenig am Hut mit der Kirche. Seiner Verlobten zuliebe aber stimmte er einem Jawort vor dem Altar zu. Und mit den Jahren hat sie ihrem Mann Religion und Kirche nähergebracht. Dabei spielten sicher auch die Erfahrung der dunkelsten Zeiten während des »Dritten Reichs« und die Nähe des Paars zur Bekennenden Kirche eine Rolle. Nach dem Krieg und dem totalen Zusammenbruch, in dieser Zeit der Spurensuche und Neuorientierung stellten das Christentum und seine Werte nicht nur für Elly, sondern auch für Theodor Heuss einen wichtigen Bezugspunkt dar.

Ähnlich wie Konrad Adenauer, der mit seiner ersten Frau Emma Weyer und später mit seiner zweiten Frau Auguste Zinsser in die Hautevolee Kölns einheiratete, wurde Theodor also durch die Beziehung zu Elly in höhere Kreise katapultiert. Vielleicht verband diese Erfahrung des sozialen Aufstiegs, durch eigenen Ehrgeiz und eigene Kraft, aber eben auch durch die Verbindung zu ihren Frauen, Adenauer und Heuss. Und vielleicht nahm diese Tatsache Adenauer sowohl für Theodor als auch für Elly Heuss-Knapp ein. Was Adenauer zweifellos von Elly Heuss-Knapp und damit auch von ihrem Mann überzeugte, war Ellys Religiosität.

Im August 1949, die Bundesrepublik war gerade einmal drei Monate alt, lud Adenauer die Spitzen von CDU und CSU in sein Haus nach Rhöndorf ein. Gerade waren die ersten freien und geheimen Wahlen seit 1933 abgehalten worden. Die SPD war auf 29,2 Prozent, die CDU/CSU auf 31 Prozent gekommen. Heussens Liberale hatten beachtliche 11,9 Prozent erreicht. Adenauer sträubte sich bei der Vorstellung an eine Große Koalition, die einige in Unionsreihen anstrebten. Er wollte ein Bündnis, in dem er der unbestreitbar starke Mann war. In einer Großen Koalition, noch dazu bei solch engem Wahlergebnis, hätte er mit dem Vorsitzenden der Sozialdemokraten Kurt Schumacher nicht nur ständig um die Wegrichtung der deutschen Politik, sondern auch um Aufmerksamkeit kämpfen müssen. Nein, er wollte eine Koalition mit der FDP. Es galt also, die Kollegen auf Linie zu bringen. Das Treffen in Rhöndorf gaukelte einen privaten Charakter vor. Adenauer war charmanter, vor allem aber bestimmender Gastgeber. Dem Hausherrn ließ sich schwer ins Wort fallen. Am Ende dieses Hochsommertags hatte man sich nicht nur auf eine schwarz-gelbe Koalition geeinigt, man sprach sich auch für Adenauer als Bundeskanzler und Theodor Heuss, der ebenfalls anwesend war, als Bundespräsident aus. Inzwischen hatte Heuss seine zögerliche Haltung gegenüber einer Kandidatur also geändert. »Ein, zwei Jahre«, so Heuss bescheiden und schlau zugleich, »könne er dieses Amt in seinem Alter nach Meinung seines Hausarztes noch ausüben.«[27] Die beiden älteren Herren erweckten in der versammelten Runde wohl den Eindruck, die idealen Übergangskandidaten zu sein. Keiner der Anwesenden konnte ahnen, dass der dreiundsiebzigjährige Adenauer und der fünfundsechzigjährige Heuss für das folgende Jahrzehnt gemeinsam an der Spitze des Staats stehen würden. Der Kanzler noch einige Jahre darüber hinaus.

Die Diskussion um einen Kandidaten für das Bundespräsidentenamt war indes keineswegs so reibungslos abgelaufen, wie man im Nachhinein glauben machen wollte. Es gab innerhalb der Union durchaus führende Politiker, die einen Präsidenten Heuss kritisch sahen. »Der Heuss, dieser Freigeist, der hat doch was gegen die Kirche«, wurde da eingewendet. Doch Adenauer beendete diese Diskussion mit einem Hinweis auf Elly: »Aber er hat eine fromme Frau – und das genügt.«[28] Dem klugen Taktiker und Katholiken Adenauer kam es wohl ganz gelegen, dass die Heussens als Protestanten dem christlichen Teil der Deutschen, den er nicht »abholte«, eine Art Heimat gaben.

»Ellychens Machtergreifung«

Wenn Theodor Heuss im Januar 1949 in seinem Brief an Jäckh konstatierte, dass das Bundespräsidentenamt eher etwas für Elly sei, so war das natürlich auch ein wenig kokettiert. Im Grunde aber, so kann man wohl annehmen, entsprach das seiner echten Überzeugung. Seine Frau war, solange er sie kannte, eine engagierte Sozialpolitikerin, ebenso wie er ausgezeichnet vernetzt in liberalen Kreisen. Nach dem Ersten Weltkrieg wagte sie, wie er, den Sprung in die Reichspolitik und kandidierte auf Drängen Friedrich Naumanns für die Deutsche Demokratische Partei (DDP) für die Deutsche Nationalversammlung, verpasste allerdings knapp den Einzug ins Parlament. In diesen bewegten Monaten im Herbst 1918, als die Welt kopfstand, gekrönte Häupter davongejagt wurden und das Deutsche Reich nach kurzer und weitgehend unblutig verlaufener Revolution eine parlamentarische Demokratie wurde, übernahm Elly außerdem den Vorsitz der »Propagandagruppe« der Frauenverbände Deutschlands, die Frauen zum Gang an die Wahlurnen ermutigen sollte. »Die Frauen hatten das Wahlrecht bekommen«, schrieb Elly Heuss-Knapp in ihren Erinnerungen. »Ich habe nicht zu denen gehört, die dafür gekämpft hatten oder sich große Illusionen über seine Bedeutung machten. Aber da es nun gegeben war – und nach der Kriegsarbeit der Frau kam es als Selbstverständlichkeit –, mußte man dafür sorgen, daß alle an die Wahlurne gingen.«[29] Ihr Wahlslogan »Frauen, werbt und wählt. Jede Stimme zählt. Jede Stimme wiegt. Frauenwille siegt« wurde tausendfach auf Plakate gedruckt und auf Flugblättern verteilt.

Auch nach dem Ende des Zweiten Weltkriegs, nach zwölf Jahren erzwungener politischer Abstinenz, in denen man sich nur im engsten, vertrautesten Kreis äußern durfte, war Heuss-Knapp wieder bereit, sich zu engagieren. Die Zeiten erforderten es. Während viele Junge desillusioniert waren, geschwächt, versehrt, damit beschäftigt zu überleben, sah Elly Heuss-Knapp eine neue Möglichkeit, Politik zu machen. Wieder ließ sie sich für die Liberalen aufstellen. Wie ihr Mann kandidierte sie für den Württembergischen Landtag, im November 1946 gelang beiden der Einzug. Elly knüpfte an ihre Vorkriegsarbeit an und beschäftigte sich vor allem mit sozialen und bildungspolitischen Fragen, nahm regelmäßig an Radiosendungen teil, in denen sie mit jungen Menschen diskutierte, arbeitete an einem Volksschullesebuch und einer Frauenzeitschrift mit und übernahm das Präsidium der Hoover-Speisung, die Schulkindern eine warme Mahlzeit ermöglichte.

Das tägliche Pensum war eindeutig eine Überforderung für die herzkranke Politikerin, und ihre Agenda sollte im September 1949, als ihr Mann von der Bundesversammlung zum ersten Bundespräsidenten gewählt wurde, nicht überschaubarer werden. Elly gab ihren Sitz im Landtag auf, um ihren Mann besser unterstützen zu können, und einmal mehr folgte sie ihm. Wenn es darum ging, wo die Familie ihre Zelte aufschlug, siegten bei den Heussens auch dieses Mal die Anforderungen, die das Berufsleben des Ehemanns stellten. Schon als junge Ehefrau hatte Heuss-Knapp diese Erfahrung gemacht und festgehalten, wichtig für die Frauenfrage sei nicht nur, wie man das Gestellt-Sein der Frau zwischen Haus und Beruf gestalte, sondern auch, wie sich die Frau zum Beruf des Mannes positioniere.[30] Nun also stand ein Umzug nach Bonn an.

Den 12. September 1949, den Tag, an dem Theodor Heuss zum ersten Bundespräsidenten der Bundesrepublik gewählt wurde, bezeichnete man in der Familie Heuss scherzhaft als den Tag von »Ellychens Machtergreifung«.[31] Heuss-Knapp selbst formulierte es in einem Brief weniger pointiert – inhaltlich aber ganz ähnlich: »Jetzt ist es schon einige Wochen her, daß wir das neue Amt angetreten haben.« In einem Rundbrief an die Freunde berichtete sie vom Tag der Amtseinführung am Bonner Rathausplatz. Sie selbst saß auf einem Podium und betrachtete die Szene: »Das war wirklich ein merkwürdiger Eindruck: Man sah keine Menschengesichter mehr, sondern von meinem ersten Stock, wo ich nahe dem Rathaus postiert worden war, sah alles aus wie ein Stiefmütterchenbeet. Dazu die Fackelbeleuchtung und zuletzt, als ich auf einmal das bange Gefühl bekam: ›Ja, was singt man denn als Nationalhymne, wenn man keine hat‹, kam das Lied ›Großer Gott, wir loben dich‹, das ganz überwältigend aus den tausend Kehlen klang. Plötzlich hielt der Rundfunkgehilfe meinem Mann das Mikrophon vor den Mund, so daß man ihn beinah allein singen hörte.«[32]

Theodor Heuss bezeichnete sich in den ersten Monaten seiner Amtszeit ganz bescheiden als »Bundespräsident in Ausbildung«, und doch ist festzuhalten, dass das Ehepaar Heuss für das Amt geradezu stilbildend wirkte. Das hing natürlich auch mit der Tatsache zusammen, dass sie das erste First Couple der Bundesrepublik waren und es daher noch keine ausgetretenen Pfade, ja noch kaum eingeschlagene Wege zu gehen gab. Man wollte möglichst auf Pomp und Schnörkel verzichten. Nicht nur, dass man im Hinblick auf das Ausland jeden Eindruck von Großspurigkeit und Weltmachtanspruch vermeiden wollte, auch gegenüber der eigenen Bevölkerung, die im Jahr 1949 nur ganz allmählich auf die Füße kam – überall im Land galt es, Flüchtlinge unterzubringen, Zehntausende Männer waren noch in Kriegsgefangenschaft, überall herrschte Wohnungsnot –, galt es ein Signal zu setzen. Die Heussens wollten in ihrer provisorischen Unterkunft auf der Viktorshöhe und später in der Villa Hammerschmidt nicht als »die da oben« betrachtet werden. Das Misstrauen der Deutschen gegenüber Politik und Politikern war nach zwölf Jahren Nationalsozialismus enorm. Viele redeten sich ein, von den braunen

[1] Die erste First Lady war eine leidenschaftliche Politikerin und eine versierte Rednerin. Hier spricht Elly Heuss-Knapp 1949 bei einer Weihnachtsfeier für Schulkinder verschiedener Nationen in der Frankfurter Paulskirche.

Machthabern verführt und betrogen worden zu sein. Und freilich war es einfacher und weniger schmerzhaft, die Schuld an Krieg und Niederlage ausschließlich bei der politischen Kaste zu suchen, als sich selbst die Frage nach der eigenen Verführbarkeit und dem eigenen Opportunismus zu stellen.

Der Bundespräsident und seine Frau waren, so sollten es die Welt und die deutsche Bevölkerung verstehen, in allererster Linie Bürger. Die Türmchen, Putten und Vasen, die die spätklassizistische Villa Hammerschmidt verziert hatten, wurden nun auf ausdrücklichen Wunsch Theodor Heuss' abgetragen. Das Erdgeschoss diente der Repräsentation, kleinere Gesellschaften empfing man im Speisesaal, das Säulenzimmer nutzte man für Besprechungen, außerdem gab es einen Salon mit Louis-seize-Möbeln. Standen größere Empfänge an, wich man ins Schloss Augustusburg in Brühl aus. Die First Lady bewegte sich in der Öffentlichkeit und auf dem gesellschaftlichen Parkett mit dem ihr eigenen Stil und Selbstbewusstsein. Ihr Freund Albert Schweitzer schrieb ihr kurz vor Theodors Amtsantritt: »Daß Du, Ellychen, Deine Sache perfekt machen wirst, daran zweifle ich nicht. Dir haben die Musen verliehen, daß Du in der Hütte und in dem Palast in gleicher Weise am Platze bist.«[33] Die einstige Professorentochter hatte im Haus ihres Vaters illustre Gäste aus Wissenschaft, Wirtschaft und Politik, ja sogar aus dem Hochadel empfangen. So war zum Beispiel Prinz August Wilhelm, Sohn von Kaiser Wilhelm II. und Kaiserin Auguste Victoria, einmal bei den Knapps zum Diner gewesen. Nachdem ihr Vater 1907 zum Rektor der Universität Straßburg ernannt worden war, hatte Elly lakonisch an Theodor geschrieben: »Neuigkeit: Mein Vater ist Rektor geworden, das heißt, ich muß im Winter ›Spitzenessen‹ geben und kriege den Statthalter zu Tisch und mehr solchen Klimbims. Es macht mir aber Spaß (…)«[34]. »Solchen Klimbims« gab es nun zuhauf für die First Lady und das neue Amt, das keines ist, bereitete der Achtundsechzigjährigen mindestens so viel Vergnügen wie einst die Straßburger Diners.

Während Elly von Jugend an in höchsten gesellschaftlichen Kreisen verkehrt hatte, behielt Theodor zeit seines Lebens sein unkonventionelles Wesen und pflegte eine betont schwäbische Bescheidenheit. So verzichtete er auf einen überdachten Weg von der Villa Hammerschmidt zum Bundespräsidialamt und ließ einfach einen großen Schirm anschaffen. Sehr zum Ärger des Protokolls weigerte er sich, in der Staatskarosse auf der rechten Seite, die ihm als Staatsoberhaupt zukam, Platz zu nehmen, sondern bestand darauf, dass seine Frau dort saß, um bequem am erhöhten Trottoir ein- und aussteigen zu können. Laut Protokoll durfte auch kein Gast bei Empfängen und Diners den Raum vor dem Bundespräsidenten verlassen, weswegen der Gastgeber sich jeweils zu einem bestimmten Zeitpunkt zu verabschieden hatte, um auch den anderen die Möglichkeit zu geben, nach Hause zu gehen. Dem persönlichen Referenten des Präsidenten kam nun die nicht undelikate Aufgabe zu, Heuss gelegentlich daran zu erinnern, dass es Zeit zum Aufbruch war. Einmal stand der Präsident zwar brav auf, aber nur um festzustellen: »Meine Herren, der Bundespräsident geht – der Heuss bleibt hocke!« Sprach's und ließ sich wieder nieder.[35] Markenzeichen des Präsidenten wurden rasch der graue Anzug, der Hut, der Stock und die obligatorische Zigarre. Wie aber hatte eine First Lady aufzutreten? Aufgrund ihres Alters und ihres Herzleidens machte Elly bei allem Enthusiasmus für ihre neue Aufgabe nicht gerade einen dynamischen Eindruck. Als Werberin wusste Heuss-Knapp allerdings nur zu gut, wie wichtig neben allen Inhalten die Optik war, daher heuerte sie eigens eine Baronin an, die sie in Fragen des Outfits, des Make-ups und der Frisur beraten sollte.[36]

Wenn hier die Rede davon war, dass die Präsidentschaft Heuss stilbildend war für das Amt, dann galt das allerdings viel mehr als in Fragen der Etikette oder bloßer Äußerlichkeiten in dem starken Akzent auf Zivilität. Hierin waren sich die Heussens einig, und hierin trafen sie sich auch mit Konrad Adenauer. Zivile Bürgerlichkeit prägte sowohl die Präsident- als auch die Kanzlerschaft in diesen ersten Jahren der Bundesrepublik. Von Säbelrasseln und Marschmusik hatten die Deutschen erst einmal genug. Heuss-Biograf Merseburger zufolge ergänzten sich die Persönlichkeiten des Bundespräsidenten und des Bundeskanzlers hervorragend. Adenauer, der Tat- und Machtmensch, stand dem Brückenbauer und Intellektuellen Heuss gegenüber. »Beides zusammen«, so Merseburger, »festigt den jungen Staat, der die Demokratie erst lernen muss.«[37]

Aber hatte Theodor Heuss eigentlich recht? Wäre das Amt des Bundespräsidenten eher etwas für Elly Heuss-Knapp gewesen? Nun, man muss wohl sagen, dass der erste Bundespräsident seiner Zeit mit dieser Ansicht etwas voraus gewesen ist. Würde eine Elly Heuss-Knapp heute leben, sie wäre ohne Zweifel eine sehr aussichtsreiche Kandidatin für das Amt. Auch wenn man als Zeitgenossin selbstkritisch konstatieren muss, dass bis heute Frauen von den Parteien meist nur dann als Kandidatin für das Amt nominiert wurden, wenn man im Grunde keine Chance hatte, sie durchzusetzen. Aber nach dreizehn Jahren mit einer Kanzlerin an der Spitze der Regierung sollte es wohl zukünftig auch möglich sein, dass eine Frau als Präsidentin ins Schloss Bellevue einzieht. Es ist nur eine Frage der Zeit, bis wir in Deutschland – um Konrad Adenauer zu zitieren – eine »Frau Bundespräsident« haben werden, auch wenn wir dann vielleicht »Frau Bundespräsidentin« sagen werden.

Die Situation kurz nach Ende des Zweiten Weltkriegs war eine andere. In den ersten Bundestag wurden bei einer Gesamtzahl von vierhundertzehn Abgeordneten gerade einmal achtundzwanzig Frauen gewählt. In Adenauers erstem Kabinett saß keine einzige Frau. Ein Bundesministerium für Familienfragen wurde erst im Jahr 1953 gegründet und dann mit einem Mann besetzt. Erst im Jahr 1986 wurde das Ministerium unter Rita Süssmuth umbenannt in Bundesministerium für Jugend, Familie, Frauen und Gesundheit. Nicht einmal eine Handvoll Frauen hatte von September 1948 bis Mai 1949 neben einundsechzig Männern im Parlamentarischen Rat gesessen, um das Grundgesetz auszuarbeiten. Diese sogenannten Mütter des Grundgesetzes – Elisabeth Selbert, Frieda Nadig, Helene Weber und Helene Wessel – mussten reichen, um die Perspektiven und Anliegen der Hälfte der Bevölkerung einzubringen. Vor allem der Hartnäckigkeit der

Sozialdemokratin Elisabeth Selbert war es dabei zu verdanken, dass der so knappe wie wirkungsvolle Satz »Männer und Frauen sind gleichberechtigt« ins Grundgesetz aufgenommen wurde und nicht die Formel aus der Weimarer Verfassung: »Männer und Frauen haben dieselben staatsbürgerlichen Rechte und Pflichten.« »Es war die Sternstunde meines Lebens«, so Selbert viele Jahre später, »als die Gleichberechtigung der Frau damit zur Annahme kam.« Bis Frauen rechtlich aber wirklich als gleichberechtigt gelten konnten, sollten Jahre vergehen, denn die eigentliche Ausformulierung von Artikel 3 Absatz 2 ließ auf sich warten. Zahlreiche Rechtsvorschriften mussten erst im Sinne des Grundgesetzes geändert werden. Die durch und durch männliche Regierung Adenauer aber ließ sich Zeit damit.[38]

Nein, man muss wohl feststellen, dass die Zeit für eine Bundespräsidentin 1949 noch nicht reif war. Umso krasser aber ist der Vergleich zur Innenarchitektur der Heuss'schen Ehe. Theodor Heuss' Hinweis im Brief an den alten Freund zeigt eindrücklich, dass die Gleichstellung der Geschlechter hier deutlich weiter gediehen war als im Rest der Gesellschaft.

Fackelträgerinnen

Die Baronin hatte ihre liebe Mühe mit Elly Heuss-Knapp. Die Frau, die eigens dafür eingestellt worden war, die First Lady in Fragen der Garderobe und der Frisur zu beraten, hatte nicht nur damit zu kämpfen, dass Elly und Theodor Heuss andere Fragen als jene des Outfits für wesentlich dringlicher hielten, die Herausforderung, vor der die Baronin stand, war tatsächlich beträchtlich. Elly Heuss-Knapp war schließlich an die siebzig, war klein und rundlich. Ihre Haare trug sie in einer etwas altmodischen Hochsteckfrisur, und ihre Röcke reichten fast bis zum Boden. Die ältere Dame war eben in einer Zeit modisch geprägt worden, als Deutschland noch eine Kaiserin hatte. Überhaupt – die Bundesrepublik wurde in diesen ersten Jahren von Menschen repräsentiert, die längst weit in der zweiten Lebenshälfte angelangt waren.

Und das ist kein Zufall. Konrad Adenauer, Theodor und Elly Heuss, aber auch Gustav und Hilda Heinemann mag etwas leicht Großväterliches beziehungsweise Großmütterliches angehaftet haben, aber in einer Zeit des Zusammenbruchs repräsentierten sie ein Deutschland, das weitgehend unbefleckt war von den Untaten der NS-Zeit. Adenauer, die Heussens und die Heinemanns standen vielmehr für das, was gut war an Deutschland und in Deutschland. Sie fungierten gleichsam als eine Generation der Fackelträger und Fackelträgerinnen. Sie alle waren 1933 nicht nur alt genug, sondern auch verwurzelt genug gewesen in ihren weltanschaulichen Überzeugungen, als dass Hitler und sein Regime sie verlocken oder gänzlich aus der Bahn hätten werfen können. Sie kannten ein Vorkriegsdeutschland – das Kaiserreich, aber auch die Weimarer Republik. Zwölf Jahre Nationalsozialismus waren eine Katastrophe gewesen, aber nichts, was ihr eigentliches Fundament ins Wanken hätte bringen können. In den Monaten nach der totalen Kapitulation waren sie gefordert, dem Land und seinen Menschen wieder eine Richtung zu geben – mit ihrer politischen Erfahrung, aber auch mit ihren Wertvorstellungen. Im Dezember 1946 schrieb Antonie, genannt Toni, Stolper aus New York an Theodor und Elly, die der Freundin zuvor von ihrer Wahl in den Landtag von Württemberg berichtet hatten: »Was Ihr und Euer Mut für Tausende dort bedeutet, das spüren wir auch. Wir können uns nicht lebhaft genug ausmalen, was Euer beider Auftreten für die bedrückten Deutschen bedeuten muß, so etwas wie Sauerstoffbomben für den Schweratmenden – eine Wonne und eine neue Lebenshoffnung.«[39]

Für die Nachgeborenen erscheint die zwölf Jahre währende Hitler-Diktatur oft völlig losgelöst von allem vorher Gewesenen und allem, was danach kam. Und vielen Deutschen damals mochte diese Zeit auch vorkommen wie ein böser Traum, aus dem sie im Mai 1945 erwachten. Tatsächlich aber gab es natürlich Kontinuitäten. Dass gerade Vertreter der älteren Generation in gewissem Sinne zu Orientierungs- und Bezugspunkten wurden, erscheint dabei logisch. Die junge Republik war auf ihre Aufbauarbeit angewiesen. Das Beispiel von Elly Heuss-Knapp zeigt, wie nahtlos sie an ihre Arbeit in der Weimarer Zeit anknüpfte. In einem Brief an Toni Stolper berichtete Elly im März 1947: »Ich stecke tief in Sozialpolitik. (…) Wir müssen versuchen, die menschlichen Gesichtspunkte wirklich in den Mittelpunkt zu rücken. (…) Für mich sind lauter Fäden wieder aufzunehmen, die vor vierzehn Jahren abgerissen sind.«[40] Schon als junge Lehrerin hatte Elly Knapp sich für die Wohlfahrtspflege engagiert, war herumgereist, um Vorträge über Frauenarbeit zu halten, und war schließlich vom Straßburger Bürgermeister Rudolf Schwander in die Armenverwaltung der Stadt geholt worden. In Berlin hatte Heuss-Knapp mit der Sozialreformerin Alice Salomon zusammen an deren Sozialer Frauenschule gearbeitet und außerdem eine *Bürgerkunde und Volkswirtschaft für Frauen* verfasst. Zu Hochtouren war sie während des Ersten Weltkriegs aufgelaufen. Sie baute eine Arbeitsbeschaffungsstelle für Frauen auf, für die schließlich rund neunhundert Frauen tätig waren. Elly setzte alle Hebel in Bewegung und besorgte dank ihrer guten Beziehungen einen Bankkredit von über 18 000 Mark. Mit dem Geld kaufte sie Stoff und Wolle, aus denen die Frauen in Heimarbeit Kleidung für die Soldaten an der Front schneiderten und strickten. Dank der kriegswichtigen Heimarbeit, die diese Frauen leisteten, konnten diese bei ihren Familien bleiben und wurden nicht in Waffenfabriken zur Arbeit verpflichtet.[41]

Der Erste Weltkrieg war für Heuss-Knapp das prägende Ereignis. So viele junge Männer aus ihrem Freundes- und Bekanntenkreis fielen oder kehrten versehrt von der Front zurück. 1945 sah Elly Heuss-Knapp, zum zweiten Mal in ihrem Leben, ihr Land besiegt und am Boden. Und nun, noch mehr als im November 1918, als die Monarchie zusammengebrochen war und Philipp Scheidemann auf dem Balkon des Reichstagsgebäudes die Republik ausgerufen hatte, fühlte sie die Verpflichtung, bei dem Neuen, das entstehen sollte, mitzuwirken. Die Städte lagen in Schutt und Asche, und die Menschen waren desillusioniert wie nie. In dieser Situation beschloss Elly, dort ihren Platz zu suchen, wo sie Erfahrung und Know-how einbringen konnte – in der Sozialpolitik. Sie hatte gerade begonnen, auf Landesebene »Fäden wiederaufzunehmen«, als sich ihr noch eine ganz andere, ungeahnte Chance auftat, für ihre Anliegen einzustehen. Elly Heuss-Knapp war Politprofi genug, um zu erkennen, dass sie als First Lady auf offene Ohren und Portemonnaies stoßen würde.

»Dann sähe die Welt anders aus«

Bereits im Juli 1949 hatte sie bei einer Tagung der bayerischen Wohlfahrtspflegerinnen in Nürnberg Antonie Nopitsch kennengelernt und war »so entzückt wie schon seit vielen, vielen Jahren nicht mehr«. Die Begegnung dieser beiden Frauen war zweifellos eine glückliche Fügung. Beide hatten nicht nur einen ungeheuren Erfahrungsschatz in Sachen Wohlfahrtspflege im Allgemeinen und Familien- und Frauenarbeit im Besonderen vorzuweisen, sie waren auch wild entschlossen, diesen zum Wohl von Frauen einzusetzen – jetzt erst recht. Voller Bewunderung berichtete Heuss-Knapp in einem Brief an ihre Freundin Gertrud Stettiner-Fuhrmann von ihrer Begegnung mit Antonie Nopitsch. Aus eigenen Kräften habe diese vier Erholungsstätten für Mütter aufgebaut. »Da werden die ärmsten Mütter, darunter viele Flüchtlinge, wieder einmal gesundgepflegt.« Nopitschs Idee leuchtete Heuss-Knapp unmittelbar ein. Viel war nach Kriegsende zunächst für die Schwächsten in der Gesellschaft, die Kinder, getan worden. Während die Väter in Gefangenschaft waren, kriegsversehrt oder gar gefallen, lastete auf den Müttern nicht nur die gesamte Sorge um den Nachwuchs, sie waren auch vielfach diejenigen, die zusahen, dass die Familie finanziell über die Runden kam. Diese ungeheure Kraftanstrengung hinterließ allerdings Spuren, und sowohl Antonie Nopitsch als auch Elly Heuss-Knapp war klar, dass man den Familien vor allem dadurch helfen konnte, indem man sich um die Mütter kümmerte. Schon in ihrem ersten Bericht an die Freunde, den sie nach dem Amtsantritt ihres Mannes verfasste, berichtete sie von einer erneuten Reise nach Stein bei Nürnberg, in ihr »geliebtes Mütter-Erholungsheim«: »Das ist eines der entzückendsten Häuser, die ich überhaupt kenne. Und wenn es in jeder Stadt zwei so Weibsbilder gäbe wie diese Frau Dr. Nopitsch, die es leitet, dann sähe die Welt anders aus.«[42]

Die frischgebackene First Lady nahm zu ihrem Besuch in Stein gleich die Ehefrau des bayerischen Ministerpräsidenten mit, die die Einrichtung noch gar nicht kannte, und nötigte der Frau des Nürnberger Oberbürgermeisters das Versprechen ab, sich das Heim auch bald anzusehen. Elly war in Sachen Networking und Fundraising ein alter Hase. Sie wusste genau, welche Frauen und Männer sie für ihre Sache gewinnen musste. Und seit der Begegnung mit Antonie Nopitsch stand für sie außer Frage, für welchen Zweck sie ihre Zeit als First Lady in erster Linie nutzen würde. Dass eine Gesellschaft sich in besonderer Weise um die Mütter kümmern musste, war ihr immer Anliegen gewesen und speiste sich auch aus ganz persönlichen Erfahrungen. Neben dem Erlebnis des Ersten Weltkriegs war ein weiteres, privateres Ereignis in ihrem Leben überaus prägend gewesen. Die schwere Geburt ihres Sohnes Ernst Ludwig im Sommer 1910 hatte sie nur mit knapper Not überlebt. »Ich war sehr nah am Tod gewesen«, schrieb Heuss-Knapp in ihren Erinnerungen, »seine Sichel streifte mich.« Viele Monate musste sie nach der Entbindung in Kliniken und Kurhäusern zubringen. Bei diesen Aufenthalten lernte sie viele junge Mütter, ihre Sorgen und Nöte kennen. Der Tod im Kindbett war für Frauen ein ständiger, unheimlicher Begleiter. Elly war schon damals überzeugt davon, dass Säugling und Kleinkind zur Mutter gehörten, und weigerte sich, auch als es ihr sehr schlecht ging, ihren kleinen Sohn in fremde Hände zu geben. Hier zeigt sich, wie modern Elly Heuss-Knapp dachte, denn in den ersten Jahrzehnten des 20. Jahrhunderts war die Ansicht weitverbreitet, dass Babys in erster Linie genügend Nahrung, eine saubere Windel und ausreichend Schlaf benötigten. Die Bindungstheorie, wonach das Neugeborene eine intensive Bindung zur Mutter beziehungsweise den Eltern aufbaut, kam in Deutschland erst viele Jahre später in Mode. Aber Elly hatte am eigenen Leib erfahren, was ein Verlust der Bezugsperson bedeutete. Nachdem ihre eigene Mutter, die zeitlebens mit psychischen Problemen zu kämpfen hatte, nach Ellys Geburt für viele Monate in ein Sanatorium musste, verbrachte das kleine Mädchen ihre ersten anderthalb Lebensjahre beim Großvater und der Großmutter in Braunschweig. In ihren Erinnerungen schrieb Heuss-Knapp: »Ich wurde im Dom getauft, lernte dort gehen, sprechen und – lieben.« Mit knapp zwei Jahren wurde Elly zurück zu ihren Eltern gebracht. Die Trennung vom geliebten Großvater muss für das Kind ein Schock gewesen sein. »Tatsächlich«, so schreibt sie, »soll ich tagelang wie ein treues Hündchen kaum etwas gegessen und schluchzend nach meinem ›Geheimrat‹ verlangt haben. An all das kann ich mich nicht erinnern, aber sicher wirken solche Erlebnisse und Bindungen für das ganze Leben nach.«[43]

Das Engagement für Antonie Nopitschs Erholungsheime und der Impuls, diese im ganzen Land auf tragfähige Beine zu stellen, fügten sich also nahtlos in Elly Heuss-Knapps persönliche Biografie, vor allem aber in ihr Lebenswerk. Ganz bewusst setzte sie mit dem Müttergenesungswerk einen eigenen Akzent. Vehement brachte sie ihre Stimme ein, um einer verunsicherten Nation den Weg zu weisen. Die Sorge um die durch die langen Jahre des Kriegs und die Entbehrungen der Nachkriegszeit erschöpften Mütter, so propagierte die First Lady, musste in einer Gesellschaft, die wieder auf die Beine kommen wollte, ganz oben auf der Prioritätenliste stehen.

Nach ihren Besuchen in Stein war die First Lady jedes Mal erschüttert, wie traurig und elend die Mütter aussahen. An ihre Freundin Toni schrieb sie: »Ich mache eine Aktion für die Mütter. Bisher tun nämlich alle etwas für die Kinder. Aber die Mütter können einfach nicht mehr. Schon daß die Schaufenster voll sind, ist für diejenigen, die kein Geld haben, viel schwerer zu ertragen als die Zeiten, in denen alle aus den alten Vorhängen neue Kinderkleider nähten.«[44] Gleichzeitig begeisterte Elly, wie schnell sich die Frauen in den Heimen wieder erholten. Weil Not an der Frau war, aber vielleicht auch, weil die First Lady ahnte, dass ihr wenig Zeit bleiben würde, machte sie Nägel mit Köpfen. Sie gründete das Müttergenesungswerk, und das sollte nicht im stillen Kämmerlein geschehen. Nicht nur die betroffenen Familien sollten schnell erfahren, dass es Hilfe gab, vor allem sollten auch Spender im großen Stil angesprochen werden. Mit dem Medium Radio war die First Lady durch ihre Werbearbeit, aber auch durch ihre politische Agitation seit Jahren vertraut, ihr Redetalent hatte sie vielfach unter Beweis gestellt, daher hielt sie am 31. Januar 1950 eine Ansprache, die im Rundfunk übertragen wurde. Sie stellte den Zuhörerinnen und Zuhörern ihre Stiftung vor und nutzte natürlich diese öffentliche Bühne, um für Unterstützung zu werben: »Ob es in einer Familie licht oder dunkel ist, das hängt wirklich in erster Linie von den Müttern ab. Es gibt keine andere Form der Unterstützung, die so aufbauend wirkt wie die Arbeit an der Gesundung der deutschen Familie, denn es sind ja bei uns nicht nur die Häuser, sondern auch die Familien zerstört, getrennt, zum Teil vernichtet worden. Wer einer Mutter wieder zur Gesundung, zur Frische, zum Lebensmut verhilft, der bewahrt die deutsche Familie vor dem Untergang.«[45]

In kürzester Zeit gelang es Elly Heuss-Knapp, sämtliche Frauenverbände, die Erholungsheime für Mütter unterhielten, zusammenzubinden. Nicht nur die verschiedenen regionalen Verbände, sondern auch jene unterschiedlicher weltanschaulicher Ausrichtung – »evangelisch, katholisch, sozialistisch, Rotes Kreuz – alle, die Mütterheime haben –, vereinigt bei mir in Godesberg«. Schon im ersten Jahr konnte man 26 000 Frauen auf Kur schicken. Das Müttergenesungswerk profitierte zweifellos von den langen Jahren, die Elly Heuss-Knapp sich während Kaiserreich und Weimarer Republik in der Fürsorge engagiert hatte. Sie wusste, dass eine Koordinierung der Abläufe und Aktivitäten nötig war. Gleichzeitig aber durften die einzelnen Verbände in ihrer Eigenständigkeit nicht beschnitten werden. Die First Lady hatte einen Plan, sie kannte das Terrain, und zum ersten Mal in ihrem Leben standen ihr alle Türen offen. Sie nahm Kontakt auf zu den einzelnen Landesregierungen, zum Städtetag und natürlich zu großen Unternehmen. Ein erster beachtlicher Erfolg war die Zusage der Unterstützung durch Innenminister Gustav Heinemann, dessen Frau Hilda neunzehn Jahre später als First Lady die Schirmherrschaft des Müttergenesungswerks übernehmen sollte. Elly Heuss-Knapp, das zeigte sich einmal mehr, war ein Kommunikationsprofi. Sämtliche Administrationsebenen – Bund, Länder, Kommunen – wurden mit Infomaterial versorgt, große Plakataktionen und Kinoreklame gestartet. Die jährliche Spendenaktion wurde stets begleitet von einer viel beachteten Pressekonferenz.[46]

Im Frühjahr 1952 spürte Elly Heuss-Knapp, dass ihr nicht mehr viel Zeit blieb. »Wenn man sein Haus bestellen muß«, schrieb sie im Mai 1952, »habe ich viel zu bestellen, wenn ich an alle die vielen Mütter denke, die von unserem Müttergenesungswerk betreut werden. Ich schicke Ihnen allen einen herzlichen letzten Gruß.« Das Müttergenesungswerk, so fährt sie fort, sei eine wirkliche Krönung ihres Lebens gewesen. Zugleich machte sie aber einmal mehr darauf aufmerksam, dass eigentlich nicht sie, sondern Antonie Nopitsch das Werk gegründet habe.[47] Nach Elly Heuss-Knapps Tod übernahm Helene Weber den Vorsitz der Stiftung. Wie Heuss-Knapp war auch Weber schon in der Weimarer Republik politisch aktiv gewesen. Von 1924 bis 1933 hatte sie für das Zentrum im Reichstag gesessen, nun war sie Bundestagsabgeordnete für die CDU. Und wie Heuss-Knapp hatte sich auch Weber in den Zwischenkriegsjahren für Frauen- und Sozialarbeit engagiert. Nach dem Krieg übernahm sie den Vorsitz des Bundesverbandes katholischer Fürsorgerinnen Deutschlands. Außerdem war sie als eine von vier Frauen im Parlamentarischen Rat zur Erarbeitung des Grundgesetzes gewesen. Aber auch der Bundespräsident selbst, Ellys Mann Theodor, blieb dem Müttergenesungswerk verpflichtet und setzte sich nach dem Tod seiner Frau noch vehementer für dessen Belange ein.

Bis heute hat jede Frau eines Bundespräsidenten die Schirmherrschaft für das von Elly Heuss-Knapp gegründete Werk übernommen. Die erste First Lady hat mit ihrer Professionalität, Erfahrung, Leidenschaft und Hartnäckigkeit Maßstäbe gesetzt und ihren Nachfolgerinnen ein wertvolles Erbe hinterlassen. Sie hat die Messlatte hoch gelegt und eine gewisse Tradition begründet: Für ihren guten Zweck hat sie sämtliche Hebel, die ihr zur Verfügung standen, in Bewegung gesetzt. Und einer First Lady stehen eben außergewöhnliche Hebel zur Verfügung. Elly Heuss-Knapp und die First Ladies nach ihr scheuten sich nicht, die Kontakte, die sich durch das Amt ihres Mannes ergaben, zu nutzen – die offene Tür, die direkte Durchwahl, den Platz am Tisch eines Staatsbanketts, den Ball mit Großindustriellen, den Small Talk mit Promis am Häppchenbüfett oder der Champagnerbar, den Plausch mit Journalisten im Flieger zum Staatsbesuch. Nicht alle sind dabei so weit gegangen wie Mildred Scheel, die sagte, für eine Millionenspende an die Krebshilfe würde sie nackt auf dem Tisch tanzen, aber sämtliche Erste Damen wussten, dass die Präsidentschaft der Sache, der sie sich verschrieben hatten, ein wertvolles Zeitfenster zum Handeln öffnete, und sie waren bereit, es zu nutzen.[48]

Traditionslinien

Elly Heuss-Knapp rettete das Wissen und die Erfahrung, die sie durch ihre jahrzehntelange soziale und politische Arbeit gesammelt hatte, über die Zeit des Nationalsozialismus und schuf in der jungen Bundesrepublik etwas Neues. Sie reiht sich damit ein in das Führungspersonal der ganz frühen Bundesrepublik, dem es gelungen war, Traditionslinien aus der Zwischenkriegszeit auch in den Jahren der Diktatur zu bewahren. Beim Neustart 1945 waren Adenauer, Heuss und Co. in der Lage, dem Land und seinen Menschen Impulse zu geben, wie die politische und gesellschaftliche Zukunft aussehen konnte. Diese Spitzenpolitiker teilten nicht nur eine tiefe Verwurzelung in Demokratie und Parlamentarismus, sondern konnten auch mit handfester Erfahrung in politischen, institutionellen und administrativen Prozessen aufwarten. Darüber hinaus brachte man etwas mit, was in diesen Nachkriegsjahren so sehr benötigt wurde – Glaubwürdigkeit. Der politisch-gesellschaftliche Werdegang eines Konrad Adenauer, eines Theodor Heuss und einer Elly Heuss-Knapp, aber auch eines Gustav Heinemann und einer Hilda Heinemann wies stabile und vertrauenerweckende Kontinuität auf.

Als die Heussens und die Heinemanns sich 1949 auf der politischen Bühne Bonns trafen, war Theodor Heuss Bundespräsident, Gustav Heinemann Innenminister im ersten Kabinett Adenauer. Wie Elly Heuss-Knapp war die Bremer Kaufmannstochter Hilda Ordemann von Kindheit und Jugend an im christlichen Glauben verwurzelt. Als die junge Hilda in den 20er-Jahren ihren zukünftigen Ehemann kennenlernte, war dieser, wie einst Theodor Heuss, ein Kirchenskeptiker. Erst durch die Beziehung zu Hilda und die Begegnung mit dem Essener Pfarrer Friedrich Graeber fand Gustav Heinemann in den Dreißigerjahren zum kirchlichen Engagement. Dabei spielte wohl auch die Bedrohung durch den Nationalsozialismus eine wichtige Rolle. In einer Zeit, in der politische Parteien verboten, Verbände und Organisationen »gleichgeschaltet« wurden, entwickelte sich innerhalb der evangelischen Kirche ein Kreis jener, die zentrale Maßnahmen der neuen Machthaber, vor allem aber ihren Totalitätsanspruch nicht unwidersprochen hinnehmen wollten. Als Pfarrer Graeber 1934 mit den linientreuen »Deutschen Christen« brach und daraufhin vom Dienst suspendiert wurde, pachteten die Heinemanns einen Saal, schafften achthundert Stühle an und stellten der Gemeinde so einen Versammlungsort zur Verfügung. Im Keller ihres Essener Hauses vervielfältigten sie Flugblätter gegen die Nationalsozialisten. Sie standen auch in engem Kontakt mit dem Theologen Karl Barth. Darüber hinaus war Gustav Heinemann beteiligt an der Ausformulierung des Barmer Bekenntnisses, das zur Grundlage der Bekennenden Kirche wurde.[49]

Das Bewusstsein, zu einem Kreis zu gehören, der entschieden gegen Hitler eingestellt war, bedeutete auch den Heussens während der Jahre der Diktatur viel. Die Diskriminierung und Verfolgung der deutschen Juden empörten sie. So gut es ging, versuchten sie, Kontakt zu den Bedrängten und Ausgegrenzten zu halten. So half Ellys und Theodors Sohn Ernst Ludwig der bekannten Heilpädagogin Annemarie Wolff-Richter 1937 bei ihrer Flucht nach Kroatien. Wolff-Richter, eine Freundin Ellys, war in den Fokus der Nationalsozialisten geraten, nicht nur weil ihr Mann Jude war, sondern auch, weil sie in Berlin ein Kinderheim leitete, in dem psychisch kranke und gesunde Kinder gemeinsam aufwuchsen. Auch das Schicksal ihres Freundes Otto Hirsch erschütterte das Ehepaar Heuss. Regelmäßig hatte man sich Ende der Dreißigerjahre in Stuttgart im Haus Otto Hirschs getroffen und zusammen mit Rabbiner Leo Baeck über Geschichte, Politik und – für Heuss-Knapp besonders aufschlussreich – Religion gesprochen. Hirsch war jahrelang der Leiter der Neckar AG gewesen, bis die Nationalsozialisten 1933 seinen Rückzug erzwangen. Wie Baeck gehörte er zur Führungsriege der »Reichsvertretung der deutschen Juden«. Anders als der Rabbiner aber überlebte er die Zeit der Verfolgung nicht, sondern starb kurz nach seiner Deportation im Konzentrationslager Mauthausen. Ihrem Freund, dem Gynäkologen, Schriftsteller und Numismatiker Ferdinand Mainzer, genannt »Don Fernando«, der sich mit seiner Familie zur Flucht entschlossen hatte, konnte Elly auf ganz unkonventionelle Weise helfen. Sie umhäkelte die wertvollsten Goldmünzen aus dessen Sammlung und schmuggelte sie selbst als Kleiderschmuck getarnt über die Grenze in die Schweiz.[50]

Die Heussens standen in dieser Zeit aber auch in Verbindung zu Klaus Bonhoeffer, dessen Ehefrau Emmi mit Elly verwandt war. Klaus Bonhoeffer war in die Attentatspläne des 20. Juli 1944 eingeweiht, wurde im Oktober 1944 verhaftet und nur wenige Tage vor Kriegsende in Berlin hingerichtet. Sein Bruder Dietrich, Theologe und Zentralfigur der Bekennenden Kirche, war bereits am 9. April im Konzentrationslager Flossenbürg ermordet worden. Über den Harnack'schen Familienzweig war Heuss-Knapp mit dem Sohn ihres Cousins, Ernst von Harnack, verbunden, der im sozialdemokratischen Widerstand aktiv war. Ernst Ludwig Heuss stand außerdem in ständigem Austausch mit Vertretern des Kreises um den ehemaligen Leipziger Oberbürgermeister Carl Friedrich Goerdeler, vor allem mit Fritz Elsas, dessen Tochter Hanne Heuss im August 1945 heiratete.[51]

Es hatte also durchaus auch biografische Ursachen, dass Theodor Heuss während seiner Präsidentschaft das Andenken an den Attentatsversuch vom 20. Juli 1944 hochhielt. Als sie in die Villa Hammerschmidt zogen, stand für Elly und Theodor Heuss fest, dass die Auseinandersetzung mit der Zeit des Nationalsozialismus und der Frage der Verantwortung für die Verbrechen, die in deutschem Namen begangen worden waren, oben auf der Agenda stehen musste. Beide besaßen durch ihre langjährige politische und gesellschaftliche Arbeit und durch ihr aufrechtes Verhalten während der NS-Zeit die moralische Autorität, hier Wegmarken zu setzen für ein Volk, das nach zwölf Jahren Diktatur und über fünf Jahren Krieg nach Orientierung, aber auch nach Trost und Hoffnung dürstete.

Ihre Erfahrung und die Tatsache, dass Konrad Adenauer, die Heussens, die Heinemanns, aber natürlich auch ein Kurt Schumacher und ein Erich Ollenhauer in anderen Systemen als der Diktatur gelebt und gearbeitet hatten, hatte es ihnen ermöglicht, selbst in dunkelsten Tagen die Fantasie beziehungsweise den rechten Realitätssinn dafür aufzubringen, dass es eine Zeit nach Hitler geben würde. Dann, so viel war ihnen klar gewesen, würde es politischer und intellektueller Führung bedürfen. Dass sie eine Rolle spielen wollten, wenn es so weit war, hatte für sie außer Frage gestanden. So symbolisierten diese Männer und Frauen nun, nach 1945, also einen gewissen Aufbruch, einen Optimismus und eine Vitalität – die zuweilen allerdings durch ihr vorgerücktes Alter und ihr leicht altbacken wirkendes Äußeres etwas verdeckt wurden.

Wie aber sollte dieses Land aussehen? Wohin sollte es streben? War man sich auch einig in der grundsätzlichen Ausrichtung, die auf dem gemeinsam ausgearbeiteten Grundgesetz basieren sollte, in vielen Fragen lag man doch weit auseinander. Adenauer war überzeugt, dass nur eine konsequente Westanbindung der Bundesrepublik Frieden und Sicherheit bringen würde, Kurt Schumacher und die SPD dagegen sahen in ihr vor allem eine Betonierung der Spaltung zwischen Ost- und Westdeutschland. Auch in der Auseinandersetzung mit der unmittelbaren Vergangenheit zeigten sich deutliche Unterschiede. Während Konrad Adenauer einen Grad an Flexibilität im Umgang mit ehemaligen Nationalsozialisten an den Tag legte – er holte sich unter anderem mit

Hans Globke einen Staatssekretär ins Kanzleramt, der 1935 Kommentare zu den »Nürnberger Gesetzen« verfasst hatte –, der politischen Gegnern und ehemaligen Verfolgten des Regimes die Zornesfalte auf die Stirn trieb, pochte Theodor Heuss auf eine selbstkritische Auseinandersetzung mit der braunen Vergangenheit des Landes.

Heuss selbst trug schwer daran, dass er am 23. März 1933 als liberaler Abgeordneter – wenn auch unter immensem Druck – dem »Ermächtigungsgesetz« zugestimmt hatte. Nach all dem Leid, das Deutschland über die Welt gebracht hatte, vertrat Heuss als Bundespräsident die Auffassung, dass es keine Kollektivschuld gebe, durchaus aber eine Kollektivscham. Das »Dritte Reich« stellte für ihn einen »Geschichtseinschnitt« dar. Aus diesem Grund setzte er sich auch für eine neue Nationalhymne ein und beauftragte Rudolf Alexander Schröder mit dem Text und Hermann Reutter mit der Komposition. Der Bundespräsident befasste sich aber auch höchstpersönlich mit einer Überarbeitung des Entwurfs, die den Text der *Hymne an Deutschland* noch stärker an den christlichen Dreiklang aus dem 1. Korintherbrief »Glaube, Liebe, Hoffnung« band. Vielfach wurde an dieser stark christlichen Ausrichtung des Lieds Anstoß genommen. Die überzeugte Protestantin Elly Heuss-Knapp dagegen setzte sich mit Verve ein für die neue Hymne, stand sogar im Studio, als die Schallplattenaufnahmen gemacht wurden. Letztlich konnten sich die Heussens aber nicht gegen Adenauer durchsetzen, der zumindest an der dritten Strophe von Fallerslebens *Deutschlandlied* festhalten wollte.[52]

Schon während des ersten Regierungsjahrs kam es auch innerhalb Adenauers Kabinett zu heftigen Diskussionen. Der Kanzler und sein Innenminister Gustav Heinemann konnten in Fragen einer potenziellen Wiederbewaffnung keine gemeinsame Linie finden. In Geheimverhandlungen hatte Adenauer zuvor im Angesicht des Koreakriegs und einer Zuspitzung des Kalten Kriegs mit dem amerikanischen Hochkommissar in Deutschland John McCloy die Möglichkeit der Aufstellung bundesdeutscher Streitkräfte besprochen. Der Alte erhoffte sich damit einen entscheidenden Schritt Richtung Souveränität. In der Bundesrepublik aber rührte sich Widerstand. Die sogenannte »Ohne mich«-Bewegung warnte vor einer Wiederbewaffnung, weil sie, so ihre Protagonisten, die Aussicht auf Vereinigung mit dem Ostteil des Landes in weite Ferne rücke und darüber hinaus das Land im Kalten Krieg in ein Schlachtfeld verwandeln würde. Innenminister Heinemann war nicht nur erbost darüber, dass der Kanzler solche Gespräche ohne sein Wissen begonnen hatte, er war auch zutiefst davon überzeugt, dass eine Wiederbewaffnung das völlig verkehrte Signal und eine potenziell lebensbedrohliche Entscheidung darstellte. Als erster Minister in der noch kurzen Geschichte der Bundesrepublik reichte Heinemann daher im Herbst 1950 seinen Rücktritt ein und wurde fortan zu einem der schärfsten Kritiker Adenauers. Als Präses der gesamtdeutschen Synode der Evangelischen Kirche in Deutschland stand er in den folgenden Jahren zusammen mit Pfarrer Martin Niemöller an der Spitze der pazifistischen »Ohne mich«-Bewegung. Wir können davon ausgehen, dass dieser Schritt – der Rücktritt als Innenminister, aber auch die Entscheidung, sich an exponierter Stelle gegen die Wiederbewaffnung zu engagieren – zwischen den Eheleuten Heinemann besprochen und abgewogen worden war. Die Verbindung zur evangelischen Kirche, die in den kommenden Jahrzehnten eine wichtige Rolle innerhalb der Friedensbewegung spielen sollte, dürfte bei Hilda Heinemann mindestens ebenso stark gewesen sein wie bei ihrem Mann. »Der wahre Seismograph. Interpret und schließlich Korrektor der Befindlichkeit des Gustav Heinemann«, so der Journalist Hermann Schreiber in einem Porträt, »ist wohl doch Hilda Heinemann, seine Frau. Der Rapport zwischen den beiden lebt offenkundig nicht allein von 42 Ehejahren, vier erwachsenen Kindern und dem Dutzend Enkeln, soviel das bedenken mag. Er lebt aus gemeinsamen Überzeugungen.«[53] Und diese Überzeugungen galt es nun in den Blutkreislauf der jungen Bundesrepublik einzuspeisen. Später als Bundespräsident wollte Heinemann explizit ein Bürgerpräsident sein und die Deutschen zu aktiver politischer und gesellschaftlicher Teilhabe inspirieren. Aber schon 1950 übte er Kritik am materialistischen Lebensstil, an der Reduzierung des Bürgers auf den Konsumenten und warnte im Hinblick auf die Frage der Wiederbewaffnung: »Sieht man denn nicht, daß die dominierende Weltanschauung unter uns aus den drei Sätzen besteht: viel verdienen, Soldaten, die das verteidigen, und Kirchen, die beides segnen? (…) Unsere Brüder und Schwestern drüben haben aber den Krieg nicht allein verloren.«[54]

Auch das Führungspersonal bei den »Brüdern und Schwestern drüben« entstammte übrigens einer Generation, die deutlich vor 1933 geprägt worden war – allerdings nicht wie die Heussens, die Heinemanns oder Konrad Adenauer von christlich-konservativen beziehungsweise liberalen Ideen, sondern von sozialistischen Idealen. Als Walter Ulbricht und Lotte Kühn im Frühling 1945 in Moskau ihre Koffer packten, galt es, Deutschland wiederaufzubauen. Das Land sollte eine sozialistische Republik werden. Mit Ulbricht und Kühn stand schon bald ein Power-Paar an der Spitze des jungen Staats, über dessen Treue und Loyalität zum sowjetischen Russland und der neu gegründeten SED kein Zweifel bestand.

»Mein Eheleben mit Walter Ulbricht«, so Lotte Ulbricht in ihren Memoiren, »begann 1935 in Moskau und kam aufgrund eines Zufalls zustande – auf der Eisbahn.« Beide waren bereits in ihrer Jugend mit dem Kommunismus in Berührung gekommen und hatten für den Spartakusbund gekämpft. Die überzeugte Kommunistin Lotte Kühn siedelte 1931 mit ihrem damaligen Mann, Erich Wendt, in die UdSSR über. Wendt wurde allerdings im Zuge der »stalinistischen Säuberungen« inhaftiert, Lotte erhielt eine Parteirüge und konnte erst mit Ausbruch des Zweiten Weltkriegs wieder in der Presseabteilung der Kommunistischen Internationalen arbeiten. Die beiden Emigranten Lotte Kühn und Walter Ulbricht – beide Bewohner des berühmten Hotel Lux, in dem so viele Emigranten untergebracht waren – verliebten sich fern der Heimat beim Schlittschuhlaufen im Gorki Park ineinander und waren fortan unzertrennlich. Dass beide zum damaligen Zeitpunkt noch anderweitig verheiratet waren, störte nicht weiter. Walter, so Lotte Ulbricht in ihren Erinnerungen, sei ihre große Liebe gewesen.[55]

Aber die beiden waren nicht nur Liebende, sie waren auch Gesinnungsgenossen. Als das Paar bei Kriegsende zurück nach Berlin beordert wurde, begann ihre intensive politische Zusammenarbeit für ein neues Deutschland. Gegen ihren Willen, so schreibt Lotte Ulbricht später, sei sie zum Verbindungsglied Ulbrichts, der inzwischen der leitende Funktionär der KPD in Berlin war, zur sowjetischen Besatzungsbehörde geworden. Ihre ausgezeichneten Russischkenntnisse machten sie für Walter schon bald unverzichtbar. Sie war sein Ohr und sein Mund gegenüber der russischen Besatzungsmacht. Wie Walter Ulbricht nahm auch Lotte als Delegierte Mitte April 1946 im Berliner Admiralspalast in der Friedrichstraße am Vereinigungsparteitag von KPD und SPD teil. Ab 1948 arbeitete sie als persönliche Mitarbeiterin Ulbrichts, den sie 1950 heiratete. Sie schrieb Reden für ihn, begleitete ihn durchs ganze Land. »Ich habe mich«, so Lotte Ulbricht, »in den folgenden Jahren stets bemüht, ihm durch sachliche Arbeit eine wirkliche Hilfe zu sein, ohne unser persönliches Verhältnis herauszustellen oder auszunutzen.« Sie verfasste auch einen Beschluss zur Gründung von Frauenausschüssen. Diese Organe, so führte sie aus, sollten den Frauen das Selbstvertrauen geben, dass sie ihre Rechte, die sie verfassungs- und gesetzmäßig hätten, auch wirklich durchsetzen könnten: »Es ist klar, dass man den Sozialismus aufbauen muss mit allen Menschen. Und die Frauen gehören bekanntlich dazu.«[56]

Darüber, dass Walter und Lotte Ulbricht sich stets rege über politische Fragen und natürlich auch über Karrierebelange ausgetauscht haben, dürfte kein Zweifel bestehen. So riet Lotte ihrem Partner im Jahr 1949 vehement davon ab, das Amt des Innenministers anzunehmen. Ulbricht lehnte ab und wurde 1950 Generalsekretär des ZK der SED und damit zum mächtigsten Mann der neu gegründeten DDR. Das Gerede aber, dass Lotte ihren Mann heimlich beeinflusse, muss wohl vor allem in den späten Jahren, als die Honeckers schon beträchtlich an seinem Stuhl sägten, als Teil der Kampagne gegen Walter Ulbricht betrachtet werden.

Die Ulbrichts sahen nach Kriegsende in der Tatsache, dass sie in den vorangegangenen zwölf Jahren gegen Hitler gekämpft hatten, eine Legitimation für ihren Anspruch, in Deutschland eine maßgebende Rolle zu spielen. Sie zählten sich zu den Siegern. Während sich das bundesdeutsche Führungspersonal, wenn auch sehr behutsam, schon recht bald mit Fragen der Schuld und auch einer möglichen Wiedergutmachung auseinanderzusetzen begann, wähnte sich die Spitze der Deutschen Demokratischen Republik auf der richtigen Seite der Geschichte. Man war ja schließlich mit der ruhmreichen Roten Armee aus dem Exil zurückgekehrt. Dass die Mehrheit der Deutschen, die den Krieg in der Heimat beziehungsweise als Soldaten an der Front erlebt hatten, den Einmarsch der Sowjets keineswegs als Sieg betrachtete, durfte dem Aufbau einer sozialistischen Gesellschaft nicht im Wege stehen. Strebten Adenauer und die Heussens danach, die Deutschen nach zwölf Jahren Menschen verachtender Diktatur und fast sechs Jahren Krieg für die parlamentarische Demokratie, die Marktwirtschaft und die Westintegration zu gewinnen, so stand für die Ulbrichts außer Frage, dass eine gedeihliche Zukunft Deutschlands nur in der engen Allianz mit der UdSSR und im Aufbau des Sozialismus liegen könne.

2 Wirtschaftswunder-Woman

Hausfrauen und Heldinnen

Im eleganten Kostüm und frisch frisiert saß die Ehefrau des Regierenden Bürgermeisters von Berlin neben dem weißhaarigen älteren Herrn im dunklen Anzug. Er hielt die Augen geschlossen, die Hände im Schoß gefaltet. Er schien die Oper zu genießen. Sie selbst war mit ihren Gedanken noch bei ihren beiden Buben, die inzwischen hoffentlich längst im Bett waren. Ihr Mann, ebenfalls im schwarzen Anzug mit Fliege, saß im Halbdunkel. Sein Gesicht war kaum zu erkennen, auch er war mit dem Kopf woanders.

Rut und Willy Brandt begleiteten Bundespräsident Heuss regelmäßig ins Opernhaus, wenn dieser Berlin besuchte. Und siehe da, der Eindruck täuschte, denn einmal gestand Heuss der jungen Frau, dass ihn diese Opernabende unglaublich langweilten, und er fügte resignierend hinzu, solche Sachen müsse er eben nun über sich ergehen lassen. Heuss war eher der gesellige Typ, der ungezwungenes Zusammensein bevorzugte. Am liebsten, so erinnerte sich Rut Brandt, saß er an seinem runden Tisch im Bellevue im intimen Kreis, wenn die meisten Gäste schon gegangen waren. Dann hatte auch der Bundespräsident sich längst zurückgezogen, der Heuss aber saß noch da. Er wusste ein Glas Rotwein unter Freunden und einen guten Witz zu schätzen. Der Bundespräsident suchte die Nähe des jungen Regierenden Bürgermeisters von Berlin, hielt große Stücke auf ihn und wusste um dessen exponierte Stellung. Gelegentlich kam er auch zu den Brandts nach Hause an den Schlachtensee. Er genoss es, in entspannter Atmosphäre mit Rut Brandt, ihrem Mann und ihren Söhnen Kaffee zu trinken. Aber die Besuche des Bundespräsidenten an der Spree hatten durchaus auch symbolischen Charakter. Heuss lag viel daran, mit regelmäßigen Berlinvisiten die Bewohner dieser belagerten Stadt seiner Solidarität zu versichern. Er wollte keinesfalls den Eindruck erwecken, Berlin sei für die Bonner inzwischen in weite Ferne gerückt. Immer wieder wurden Stimmen laut, die dazu rieten, die Villa Hammerschmidt in Bonn als Amtssitz vergrößern zu lassen. Heuss aber wehrte entschieden ab: »Ich lasse die Räume nicht ausbauen, wenngleich sie für die repräsentativen Pflichten eines Bundespräsidenten zu klein sein mögen. Aber die Berliner sollen nicht meinen: Jetzt hat uns der Heuss auch aufgegeben, jetzt richtet er sich endgültig in Bonn ein.«[1]

Man lebte in diesem ersten Jahrzehnt nach Kriegsende in einer merkwürdigen Gleichzeitigkeit von neuer Normalität und ständiger Ausnahmesituation. Einerseits war in Ost und West längst eine Art Alltag eingekehrt. Ob man wollte oder nicht, hatte man sich in den neuen Gegebenheiten eingerichtet. Deutschland war ein geteiltes Land, spätestens die Gründungen der Bundesrepublik und der DDR hatten diesen Schritt auch formell vollzogen. Und doch war man gerade an höchster staatlicher Stelle immer darauf bedacht, den provisorischen Charakter dieses Arrangements zu betonen. Machte man es sich zu gemütlich in einer neuen rheinischen Republik, konnte ganz schnell der Verdacht aufkommen, dass man sich mit der Zweistaatlichkeit abfand.

Gerade auch im Hinblick auf die Seelenlage der Berliner musste dieser Eindruck unter allen Umständen vermieden werden, denn kaum war der Krieg im Frühjahr 1945 beendet gewesen, war Berlin erneut zur Frontstadt geworden. Wie unter einem Brennglas bündelte sich hier der sich anbahnende Konflikt zweier Supermächte. Die Berliner wurden zu einer Art Faustpfand im Kampf der Systeme. In der Stadt wurden nach Ludwig Erhards Währungsreform die Unterschiede im Lebensstandard besonders gravierend sichtbar. Im Westteil spürten die Menschen nach und nach, dass es aufwärtsging. Die Schaufenster füllten sich, die Mägen auch. Den Ostberlinern konnte das nicht entgehen. Der ständige Vergleich mit den Landsleuten in Kreuzberg, Schöneberg oder Dahlem wuchs sich rasch zu einer echten Gefahr für die herrschende SED aus. Im Juni 1948 verhängten die Sowjets daher eine Blockade, um die Westberliner von ihrer Lebensader abzuschneiden. Eine dramatische Rettungsaktion begann. Rund neunhundert Flugzeuge – Rosinenbomber genannt – versorgten daraufhin den Westteil der Stadt fast ein Jahr lang mit allem Lebensnotwendigen.

Ein Jahr vor Beginn der Blockade war die Norwegerin Rut Bergaust, geborene Hansen, in die Stadt gekommen. Die Entscheidung, das gerade befreite Norwegen zu verlassen und mit Willy Brandt in dessen zerstörte Heimat und damit das Land der ehemaligen Besatzer zu gehen, fiel der jungen Frau nicht leicht. »Es war schwer, die Begegnung zu verkraften«, schreibt Rut Brandt in ihren Erinnerungen. »Zwei Jahre waren seit dem Krieg vergangen, als ich ankam, und für mich war er ja vorbei. Aber jetzt war er wieder präsent, in seinen erschütternden Spuren in den Menschen und im Leben der ganzen Stadt.« Rut Brandt schreibt, dass sie durchaus Vorbehalte gehabt habe: »Ich zeigte sie nicht, und sie hielten der Prüfung der Erniedrigung und des Mitleids nicht stand. Es reichte nicht, daß ich die Vergangenheit wegschieben wollte, denn ich hatte es mit der Gegenwart zu tun. Berlin war eine besetzte Stadt, verwüstet und gequält (…) Not und Elend nahmen mir den Atem (…) Ich sah ›Trümmerfrauen‹, die in den Ruinenhaufen standen, Mauersteine klopften und säuberten. Sie standen in langen Reihen in ihren dunkelblauen Hosen oder Kitteln und Kopftüchern. Die Steine wanderten von Frau zu Frau, von Hand zu Hand.«[2] Wie Willy Brandt arbeitete Rut zunächst bei der Norwegischen Militärmission in Berlin. Die beiden hatten während der Jahre im schwedischen Exil eine On-Off-Beziehung geführt, die durch die politischen Gegebenheiten – beide waren mehr oder weniger mittellose Emigranten – und die komplizierten privaten Umstände – beide waren anfangs noch anderweitig verheiratet – nicht gerade erleichtert worden war. Nun aber versuchte man zusammen einen neuen Anfang. Rut Brandts erster Ehemann Ole Olstadt Bergaust war 1946 an einem Lungenleiden gestorben, Willys Ehe mit der Norwegerin Carlota Thorkildsen, mit der er eine kleine Tochter hatte, wurde 1948 geschieden. So heirateten Rut und Willy noch im selben Jahr und bekamen im Herbst ihren ersten Sohn Peter. Anfangs freilich hieß die Familie noch Frahm, so Willys Geburts-Familienname.

Die Erfahrung, in einer belagerten Stadt zu wohnen, hat Brandt, wenn auch vielleicht nicht umgehend zur Deutschen, aber doch zur Berlinerin gemacht. Sie fühlte mit den Menschen, litt mit ihnen, hoffte mit ihnen. »In dem langen Blockadewinter«, so erinnert sie sich, »ermutigte sich Berlin durch große Massenkundgebungen vor dem alten, ausgebrannten Reichstag, der gleich an der Sektorengrenze lag.« Tief beeindruckt war die junge Frau von dem etwas gebückten Mann mit den schweren Gesichtszügen – Ernst Reuter, der mit seinen Worten aufrütteln wollte: »Ihr Völker der Welt, ihr Völker in Amerika, in England, in Frankreich, in Italien! Schaut auf diese Stadt und erkennt, daß ihr diese Stadt und dieses Volk nicht preisgeben dürft und nicht preisgeben könnt!« Tatsächlich wurde die Norwegerin sehr rasch aus ihrer Beobachterrolle in eine neue Position katapultiert. Als Rut Bergaust Willy Brandt 1948 das Jawort gab, hatte sie einen Journalisten geheiratet. Schnell merkte sie allerdings, dass ihr Mann seine Zukunft in der Politik sah. Als er 1954 zum Präsidenten des Abgeordnetenhauses gewählt wurde, weinte sie. »Ich gönnte ihm, daß *er* seine Ambitionen erfüllen konnte, aber *ich* hatte keinerlei Ambitionen, ins Rampenlicht zu treten. Ich hatte Angst vor dem Unbekannten. Jetzt mußte ich repräsentieren und nicht nur Ehefrau, Mutter und ich selbst sein.«[3]

Rut Brandt war seit ihrer Jugend ein politischer Mensch gewesen, war als Teenager zur Arbeiterjugend gestoßen. Nach der Besetzung Norwegens durch deutsche Truppen hatte sie sich zusammen mit ihrer Schwester Tulla einer Gruppe angeschlossen, die eine illegale Zeitung herausbrachte. Als sie entdeckt wurden, flüchteten die Schwestern ins neutrale Schweden. Die Auseinandersetzung mit Politik war für sie nichts Neues, ja, es war etwas, das sie ihr Leben lang beschäftigt hatte, das politische Geschäft an sich aber, das parteipolitische Klein-Klein interessierte sie wenig. Vieles war ihr zutiefst fremd. Die Schärfe der Diskussion, die Heftigkeit der Angriffe, die sie im politischen Betrieb in Deutschland nun erlebte, stießen sie ab. Aber als Frau Brandt war sie Teil eines Paars, das rasch ein nicht mehr wegzudenkender Teil des Westberliner Gesellschaftslebens wurde. Rut und Willy Brandt rangierten auf der Gästeliste für Cocktailpartys und Diners schnell auf den beliebtesten Plätzen.

Die attraktive Rut mit ihrem charmanten norwegischen Akzent hat zweifellos einiges zu Willys Ruf als der kommende Mann in Berlin beigetragen. Als Ehefrau des Präsidenten des Berliner Abgeordnetenhauses, ab 1957 als Frau des Regierenden Bürgermeisters, entfaltete Rut Brandt erstmals ihr ureigenes politisches Talent. Dieses bestand weniger darin, ihrem Mann in politischen Fragen mit Rat und Tat zur Seite zu stehen, wie das bei den Heussens zweifellos der Fall gewesen ist. Nein, Rut Brandt wirkte in allererster Linie atmosphärisch. Die Berliner Zeit bereitete sie auf ihre Rolle als spätere First Lady in Bonn vor. Der Regierende Bürgermeister Berlins war schließlich nicht der Bürgermeister irgendeiner Stadt, er stand an der Spitze einer Metropole, die durch den Kalten Krieg in den Fokus der Weltöffentlichkeit geraten war. In Berlin, so schien es zumindest einige Jahre, würde sich der Kampf zwischen Ost und West, zwischen Kapitalismus und Kommunismus entscheiden. Willy Brandt wusste diese Aufmerksamkeit der Welt und die Sympathien des Westens, vor allem der Amerikaner, zu nutzen. Und dass seine Frau dabei ein bedeutendes Pfund war, muss dem jungen Brandt sehr schnell klar gewesen sein. Ihre Natürlichkeit, ihre Fähigkeit, auch über politische Gräben hinweg Verbindlichkeit herzustellen, waren Gold wert. Rut Brandt war in dieser Hinsicht die ideale Ergänzung ihres Mannes. Viele Zeitgenossen berichten, dass Willy Brandt ein mitreißender Redner und ein charismatischer Politiker war, er konnte Menschenmengen begeistern, darüber besteht kein Zweifel. Im Kontakt mit dem einzelnen Menschen aber war Brandt oft zurückhaltend, geradezu schüchtern. Nicht selten fehlte ihm im rechten Moment das passende Wort. Rut dagegen öffnete mit ihrer freundlichen, unkomplizierten Art so manche Tür und führte im Zuhause der Familie am Schlachtensee ein offenes Haus. »In der Berliner Zeit«, so erinnert sich ihr Sohn Peter, »gab es keine strikte Trennung zwischen den politischen Treffen und dem familiären Leben. Und da hat sie einfach durch ihre Art der Gastlichkeit, der Herzlichkeit, jeder war willkommen, jeder war gut aufgenommen, da hat sie einfach atmosphärisch sehr viel bewirkt.«[4]

Mit Anfang vierzig verkörperte Willy Brandt eine neue Politikergeneration. Neben ihm wirkte das Führungspersonal der frühen Republik – Heuss, Adenauer, Erhard – etwas altväterlich und bieder. Der dynamische Regierende Bürgermeister Berlins erregte aber zuweilen durchaus auch Neid und Missgunst. So sorgte zum Beispiel ein Auftritt der Brandts bei einem Ball für Irritationen. Willy Brandt im Smoking, seine Frau im bodenlangen weißen Seidenkleid mit schwarzem Band um die Hüfte waren der Hingucker gewesen, mussten sich aber auch mit Vorwürfen auseinandersetzen, solche Sperenzchen seien unsozialdemokratisch. Bei Presse und Öffentlichkeit konnte man mit ein bisschen Glamour punkten – nach den langen Jahren der Entbehrungen ging es endlich bergauf, und das durfte man auch hin und wieder zeigen –, bei den Genossen herrschte dagegen noch eine gewisse Vorliebe für bescheidene Nüchternheit. In der politischen Auseinandersetzung, sei es innerhalb der eigenen Partei oder mit dem parteipolitischen Gegner, das verstand Rut Brandt schnell, war man nicht zimperlich. Und als Ehefrau stand man immer mit im Schussfeld.[5]

Boshaftigkeiten dieser Art waren lästig, die weltpolitischen Herausforderungen, vor denen Brandt in Berlin stand, waren aber wesentlich gravierender als die Missgunst einiger moralinsaurer Genossen. Seit am 17. Juni 1953 Menschen in der ganzen DDR auf die Straße gegangen waren und es vor allem in Ostberlin zu blutigen Ausschreitungen gekommen war, bei denen über fünfzig Menschen gestorben und russische Panzer durch die Straßen gerollt waren, fürchtete man in Berlin Großkundgebungen. Unabsehbar die Folgen, sollte ein Demonstrationszug die Zonengrenze überschreiten. Die Behörden Westberlins gingen dazu über, Demonstrationen möglichst nicht am alten Reichstag und dem Brandenburger Tor, sondern lieber tief im Westen am Schöneberger Rathaus stattfinden zu lassen. Berlin war nicht nur eine geteilte, sondern auch eine zutiefst nervöse Stadt. Am 5. November 1956 fanden sich denn in Schöneberg vor dem Rathaus des Regierenden Bürgermeisters auch Tausende von Menschen ein, um gegen die Niederschlagung des Volksaufstands in Ungarn durch sowjetische Truppen zu demonstrieren. Zu lebendig noch war die Erinnerung an die Erhebung in der DDR drei Jahre zuvor. »Ein Ruf ›Zum Brandenburger Tor‹, und die Massen setzten sich in aufgeheizter Begeisterung in Bewegung«, so Rut Brandt in ihren Erinnerungen. »Als die Demonstranten sich aufmachten, sprang ich mit Willy in ein Auto. Er wollte versuchen, an die Spitze des Demonstrationszuges zu gelangen und ihn zur Umkehr zu bewegen.« Immer wieder stiegen die Brandts aus, und Willy sprach zu der Menge, bat sie, kehrtzumachen, doch man wollte weiterziehen. »Erst als seine schnarrende Stimme die Nationalhymne anstimmte, gelang ihm das: ›Einigkeit und Recht und Freiheit …‹ Mehr und mehr Menschen stimmten ein, und es wurde ein mächtiger Chor. Damit bekam er die Leute endlich dazu, den Rückweg anzutreten.« Willy Brandts Biografen Peter Merseburger zufolge bedeutete sein besonnenes und charismatisches Vorgehen während der Demonstrationen gegen die Niederschlagung des Ungarnaufstands den Durchbruch zur großen politischen Karriere. Eine Eskalation an der Zonengrenze hätte Krieg bedeuten können. Durch ihr beherztes Auftreten aber wurden Rut und Willy Brandt über Nacht zu Helden in ihrer Stadt. Noch Jahre nach ihrem Tod im Jahr 2006 hört man ältere Berlinerinnen und Berliner schwärmend von »unserem Rutchen« reden. »Willy Brandt«, so sagen noch immer viele, »haben wir verehrt, Rut haben wir geliebt.«[6]

An dem Tag, als Willy Brandt Regierender Bürgermeister

wurde, gelang den Sowjets eine Sensation. Erfolgreich sandten sie den Satelliten *Sputnik* in den Weltraum und brachten damit die USA im Dauerwettstreit um die Eroberung der Raumfahrt in Bedrängnis. Wenig später folgte der zweite Schlag. Die Phase des Tauwetters, die im Kreml nach Stalins Tod eingesetzt hatte, war vorüber, die Niederschlagung des Aufstands in Ungarn hatte das auf brutale Weise gezeigt. Ende November 1958 sandte der neue starke Mann in Moskau, Nikita Chruschtschow, eine Note an die westlichen Besatzungsmächte Berlins, in der er erklärte, dass die UdSSR die Kontrolle über die Verbindungswege zwischen der Bundesrepublik und Westberlin der DDR übertragen würden, wenn man nicht bereit sei, Berlin zu einer Freien Stadt zu erklären. Das, so viel war allen Beteiligten klar gewesen, hätte die Aufgabe Westberlins bedeutet und wurde sowohl von der Adenauer-Regierung als auch von den drei Westmächten abgelehnt. In dieser Bedrängnis richteten die Berliner ihren Blick auf Brandt, und mehr denn je wurde der Sozialdemokrat zum Hoffnungsträger. Der weltläufige Brandt, der neben Deutsch nicht nur fließend Norwegisch und Schwedisch, sondern auch perfekt Englisch sprach, mit seiner skandinavischen Frau, die im noch immer etwas ungelüfteten und auf sich selbst konzentrierten Nachkriegsdeutschland ein gewisses internationales Flair versprühte, schien der perfekte Mann, um Amerikaner, Engländer und Franzosen stets daran zu erinnern, dass Berlin eine Bastion der freien Welt bleiben musste. Brandt prägte den Slogan »Berlin bleibt frei« und wurde nicht müde, die westalliierten Entscheidungsträger immer wieder auf diesen Satz zu verpflichten.

Lu & Lulu

Der Regierende Bürgermeister Berlins erlangte so große Popularität über die Grenzen seiner Stadt hinweg, dass Konrad Adenauer mit sicherem Instinkt erkannte, dass hier ein Konkurrent heranwuchs, der ihm gefährlich werden konnte. In den eigenen Reihen hatte der Alte bislang erfolgreich dafür gesorgt, dass seine Macht unangetastet geblieben war. Den ewigen Kronprinzen und überaus beliebten Wirtschaftsminister Ludwig Erhard verstand er geschickt und zuweilen auch listenreich hinzuhalten. Um zu verhindern, dass der Wirtschaftsminister als Kanzlerkandidat aufgebaut werden konnte, brachte Adenauer den Namen Erhard sogar ins Spiel, als 1959 die zweite Amtszeit Theodor Heuss' zu Ende ging. Heuss war so beliebt, dass man kurzzeitig erwogen hatte, für ihn eine Ausnahme zu machen und eine dritte Amtszeit zuzulassen. Der Bundespräsident aber lehnte eine sogenannte Lex Heuss entschieden ab. Nun also wollte Adenauer den Wirtschaftsminister in die Villa Hammerschmidt wegloben. Heuss gegenüber gestand Erhard, dass seine Frau durchaus Gefallen daran fände, wenn er Bundespräsident würde.[7] Vermutlich war Luise Erhard die ewigen Auseinandersetzungen zwischen Adenauer und ihrem Mann und die fortwährenden Demütigungen, die Letzterer hinnehmen musste, leid und erhoffte sich in der Villa Hammerschmidt ein Leben, das deutlich weniger geprägt war vom politischen Hickhack des Kabinettalltags. Luise und Ludwig Erhard, die im privaten Kreis Lu und Lulu genannt wurden, hatten mit diesem Kanzler schon so einiges erlebt. Adenauer hielt Erhard für einen »Lebemenschen«, traute ihm das Amt des Bundeskanzlers schlicht nicht zu. Wobei die Frage erlaubt sein muss, ob der Alte nach vierzehn Jahren im Amt überhaupt irgendeinen Nachfolger für geeignet gehalten hätte. Fällt es Spitzenpolitikern schon unter »normalen« Umständen nicht selten schwer, loszulassen – bisher ist noch kein Kanzler freiwillig aus dem Amt geschieden –, so muss es dem ersten Kanzler der Bundesrepublik, der dem Land auf einzigartige Weise seinen Stempel aufgedrückt hat, geradezu unmöglich gewesen sein, sich vorzustellen, dass jemand anderes als er selbst im Palais Schaumburg die Zügel führen sollte.

Angesichts Erhards Äußerung gegenüber Heuss liegt der Verdacht nahe, dass Lu ihrem Lulu zugeraten hat, das Amt des Bundespräsidenten anzunehmen. Vielleicht hat sie – dem Vorbild Elly Heuss-Knapps folgend – auch eigene Ambitionen gehabt, die sich in der Villa Hammerschmidt verwirklichen hätten lassen. Wie Elly Heuss-Knapp war auch Luise Erhard ihrem Mann fachlich durchaus gewachsen. Wie er war sie Volkswirtin. Beide waren im fränkischen Fürth aufgewachsen und kannten sich seit ihrer Kindheit. Nachdem ihr erster Mann im Ersten Weltkrieg gefallen war, kehrte die junge Frau mit ihrer Tochter zu ihren Eltern zurück und schrieb sich an der Nürnberger Handelshochschule ein, wo sie Ludwig wiedertraf. Die beiden machten gemeinsam Examen, heirateten 1923, und Luise Erhard gab ihre eigenen beruflichen Ambitionen auf. Lu wurde zu einer wichtigen Ratgeberin für ihren Mann, auch als dieser die Wirtschaftswissenschaften gegen die Politik eintauschte. Erhard-Biograf Jess M. Lukomski konstatiert, dass Luise Erhard für ihren Mann eine gute Zuhörerin und enge Vertraute war.[8] In der Frage der Bundespräsidentschaft allerdings hat Erhard nicht auf seine Frau gehört, sondern hielt am Ziel der Kanzlerschaft fest.

Als Ludwig Erhard Adenauer einen Strich durch die Rechnung machte und partout nicht aus der Parteipolitik scheiden wollte, überlegte der Kanzler kurz, ob das Amt nicht etwas für ihn selbst sei. Er spürte, dass seine Zeit im Palais Schaumburg irgendwann zu Ende gehen musste. Vielleicht aber konnte man im Amt des Bundespräsidenten noch mehr für sich rausholen. Mehrfach hatte er in den vorangegangenen Jahren den französischen Staatspräsidenten Charles de Gaulle getroffen und war beeindruckt gewesen von der Machtfülle, die dieser innehatte. Nach einem Besuch in Paris hatte Adenauer Heuss von de Gaulles Möglichkeiten vorgeschwärmt. Warum also nicht das Kanzleramt durch die Villa Hammerschmidt ersetzen und dem Amt des Bundespräsidenten einen Machtzuwachs verpassen? Wichtig war dem Alten wohl auch, einem unvermeidbaren Kanzler Erhard nach Lust und Laune hineinregieren zu können. Selbst mit Mitte achtzig erschien Adenauer die Aussicht auf eine rein repräsentative Aufgabe und vor allem eine Reduzierung seiner Macht wenig verlockend. »Er will de Gaulle spielen«, schrieb Heuss an seine Freundin Toni Stolper nach New York. »Ich will gar nicht von Taktlosigkeit reden oder gar von ›Unfairneß‹, sondern das ist ganz primitive Fahrlässigkeit eines Mannes, der die Nuancen nicht kennt … und hier ganz schlicht und einfach dumm daher schwätze, als ob er ein internes Parteigremium vor sich habe, dem er klarmachen wollte, in dem neuen Amt stecke auch eine ihm gemäße Aufgabe.« Zu spät erkannte Adenauer, dass er Heuss empfindlich kränkte, indem er das Amt des Bundespräsidenten für reformbedürftig ausgab und die Rolle des Präsidenten momentanen Zuschnitts auf die eines händelschüttelnden Grußonkels kleinredete. Heuss hielt mit seiner Verärgerung nicht hinterm Berg und konfrontierte den Kanzler daraufhin: »De Gaulles Stellung imponiert Ihnen – ich sagte Ihnen ja kürzlich, so etwas würde Ihnen passen. Es paßt aber nicht zu Deutschland!« Heuss verteidigte vehement seine historische Reputation: »Ich wehre mich um des Staates willen, für den ich mich mitverantwortlich fühle, daß mein Mühen bagatellisiert wird.«[9]

Die Diskussion um das Amt des Bundespräsidenten sorgte für einige Unruhe, und schließlich ließ Adenauer den Plan fallen. Man einigte sich unionsintern auf Heinrich Lübke, der bis dato als Bundesminister für Ernährung, Landwirtschaft und Forsten wenig aufgefallen war, aber auch wenig polarisiert hatte. Scharfzüngig nannte der *Spiegel* den Kandidaten, der sich schließlich gegen den äußerst beliebten SPD-Kandidaten Carlo Schmid durchsetzte, den »Lübkenbüßer«. Der renommierte Staatsrechtler Carlo Schmid wäre an und für sich der perfekte Kandidat für die Villa Hammerschmidt gewesen, allerdings lebte er getrennt von seiner Frau – und das war in den späten Fünfzigerjahren noch immer ein moralisches Ausschlusskriterium. Ein Präsident ohne Frau wäre noch angegangen, schließlich hatte man mit Heuss jahrelang einen Witwer an der Spitze des Staats gehabt, aber ein Präsident, der in Trennung von seiner Frau lebte – dafür war die Republik 1959 noch nicht reif.

Noch nicht reif, so entschied Adenauer überdies, war die Zeit Ludwig Erhards. Er ließ es sich nicht nehmen, 1961 nochmals als Kanzlerkandidat der Union anzutreten. Der Abschied von der Macht fiel dem ersten Kanzler der Bundesrepublik spürbar schwer. Die Zeiten änderten sich, das Land wurde langsam erwachsen, aber im Palais Schaumburg bewegte sich wenig. So enorm die Leistungen Adenauers in der frühen Phase der Republik gewesen waren, so modern, ja zuweilen visionär er sich außenpolitisch zeigte, so staubig wirkten nun, Anfang der Sechzigerjahre, seine innenpolitischen Vorstellungen. Unter seiner Führung war das Land fest eingebunden in die westliche Welt und wieder zu einigem Wohlstand gelangt, gleichzeitig aber stammten die familien- und frauenpolitischen Vorstellungen der Regierung Adenauer aus einer anderen Zeit.

Rollback & Rock 'n' Roll

Innenpolitisch kann man die Adenauer-Ära durchaus als eine Zeit der Restauration betrachten. Mitte der Fünfzigerjahre waren die letzten Russlandheimkehrer in Deutschland angekommen. Für die meisten deutschen Kriegsgefangenen waren die Jahre in russischen Gefangenenlagern aber bereits Ende der Vierzigerjahre zu Ende gegangen. Ein Großteil der Familien hatte längst einen Modus Vivendi gefunden. Dieser bestand allerdings in der Regel darin, dass die Herren wieder das Zepter übernommen hatten. Wie so viele Frauen in Kriegs- und Krisengesellschaften dies vor und nach ihnen erlebt haben, waren auch die deutschen Frauen nun mit einem massiven Rollback konfrontiert. Hatten sie während des Kriegs und kurz danach als Alleinerziehende für das Wohl der Familie gesorgt, eigene Entscheidungen getroffen und in Ermangelung männlicher Arbeitskräfte dort Dienst getan, wo sonst nur Männer ihr Brot verdient hatten, wurden sie mit der Rückkehr dieser Männer vehement aus dem Erwerbsleben zurück- und in die Rolle der Hausfrau hineingedrängt. Eine Berufstätigkeit der Frau wurde nun plötzlich als potenzielle Gefahrenquelle für die Familie betrachtet. War ein Ehemann der Ansicht, seine Frau solle ihn abends, wenn er nach Hause kam, hübsch zurechtgemacht und mit dem fertigen Essen auf dem Tisch begrüßen, dann konnte er ihre Arbeitsstelle ohne ihr Einverständnis kündigen. Dass diese Phase der Restauration nicht gänzlich ohne Diskussionen vonstattenging, versteht sich. Schließlich aber setzten sich die Vorkriegsrollenmuster wieder durch. Die Schmach der Niederlage und die Erschütterung der

Gesellschaft durch die Jahre der Diktatur und des Kriegs führten darüber hinaus vielfach dazu, dass die traditionelle Rollenverteilung mit Vehemenz reklamiert und durchgesetzt wurde. Dem staatlichen Eingriff in die Familien, den man im Nationalsozialismus erlebt hatte und den man nun in der Familienpolitik der DDR kritisierte, stellte man das Ideal der bürgerlichen Familie gegenüber. Und diese bestand aus einem alleinverdienenden Vater und einer Mutter, die sich als Hausfrau um die heranwachsenden Kinder kümmerte. Trotz Artikel 3 Absatz 2 des Grundgesetzes, der besagt, dass Männer und Frauen gleichberechtigt sind, sah die Realität zumindest verheirateter Frauen noch viele Jahre anders aus. Der Ehemann bestimmte, ob und wie viele Stunden seine Frau arbeitete. Er allein vertrat die Kinder in rechtlichen Fragen, bestimmte den Wohnort und den Namen der Familie. Die Frau hatte sich um den Haushalt zu kümmern. Wenige Jahre nachdem die Frauen in Deutschland quasi in Eigenregie den Laden geschmissen hatten, wurden sie in den frühen Jahren der Bundesrepublik gewissermaßen aus demselben wieder rausgeworfen. Das Patriarchat hatte ein Comeback. Als ob es nie anders gewesen wäre, saßen nun wieder die Herren in den Büros, standen hinter den Ladentheken, führten die Geschäfte und hatten das Sagen am Familientisch.

Erst 1957 verhalf man Artikel 3 Absatz 2 des Grundgesetzes mit dem *Gesetz zur Gleichberechtigung von Mann und Frau auf dem Gebiet des Bürgerlichen Rechts* zumindest teilweise zu seiner Geltung. Erst jetzt wurde das alleinige Entscheidungsrecht des Ehemanns über Ehe und Erziehung der Kinder eingeschränkt. Er war nicht mehr in Eigenregie zuständig für die Verwaltung des Vermögens und durfte auch nicht mehr an seiner Frau vorbei deren Job kündigen. Allerdings blieb das Ideal der Hausfrauenehe weiter unangetastet. Die Ehefrau müsse, so hieß es, eine eventuelle Berufstätigkeit mit ihren hausfraulichen und mütterlichen Pflichten in Einklang bringen.[10] Die Zeiten des greif- und sichtbaren Umbruchs, des spürbaren weiblichen Aufbegehrens waren noch nicht gekommen, und doch ließ sich die Uhr nicht vollständig zurückdrehen. Frauen, die in der Zwischenkriegszeit der bürgerlichen Frauenbewegung nahegestanden hatten, die sich nun für Friedensarbeit und gegen Wiederaufrüstung, für Kindergärten und Schulspeisungen einsetzten – Frauenkreise im Übrigen, denen eine Elly Heuss-Knapp, aber auch eine Hilda Heinemann nahestanden –, machten unermüdlich Lobbyarbeit, um die im Grundgesetz verankerte Gleichberechtigung auch in die Tat umzusetzen. Dass diese Frauen in der bundesrepublikanischen Gegenwart der Fünfzigerjahre mit einer überwältigenden männlichen Mehrheit in sämtlichen Entscheidungsinstanzen konfrontiert waren – im Bundestag, im Bundesverfassungsgericht, in der Verwaltung, in den Chefetagen –, machte ihre Arbeit nicht eben leichter. Die parlamentarischen Einflussmöglichkeiten der Frauen in der jungen BRD, so die Einschätzung der Historikerin Miriam Gebhardt, waren marginal. Erst 1961 wurde mit Elisabeth Schwarzhaupt die erste Frau zur Bundesministerin ernannt und übernahm das Ressort Gesundheit.[11]

Der Aufbruch aber war auch kulturell zu spüren. Allerdings noch recht zaghaft. Während in den USA ein junger Mann mit pomadiger Haartolle und engen Hosen seinen Siegeszug antrat, trällerten aus deutschen Radios zunächst noch überwiegend biedere Volksmusik und harmlose Schlager. Während Elvis Presley provokativ seine Hüften schwang und sein Hit *Jailhouse Rock* in England und den USA auf Platz eins der Charts kletterte, pries die deutsche Gruppe »Die Heimatsänger« in ihrem Nummereins-Hit *Köhlerliesel* die Schönheiten des Harzer Landes, besang Bergeshöhen, Haselsträucher und ein Mädel mit braunen Haaren und einem Rosenmund. Viele Deutsche, das machte der Erfolg der *Köhlerliesel* deutlich, sehnten sich noch immer nach einer heilen Welt. Über die Leinwände der frühen Bundesrepublik flimmerten denn auch jahrelang zahllose Heimat- und Liebesfilme, in denen in idyllischer Bergwelt oder in unberührter Heidelandschaft am Ende der anständige Bursche sein Mädchen eroberte. So ausgeprägt aber die Sehnsucht nach einer harmonischen Welt nach den Jahren des Kriegs und des Zusammenbruchs auch gewesen sein mag, die Bundesrepublik war keine isolierte Insel. Gerade die Einflüsse der angelsächsischen Musik-

und Filmindustrie schwappten im Laufe der Fünfzigerjahre immer unaufhaltsamer herüber. Als Elvis Presley 1958 schließlich in Uniform nach Deutschland kam, war er nicht nur in seiner Heimat, sondern auch in Deutschland längst ein Superstar. Überflüssig zu erwähnen, dass auch die Knie der deutschen »Fräulein« schwach wurden, wenn der gut aussehende Elvis lasziv die Oberlippe hochzog. Spürbar veränderten sich die Seh- und Hörgewohnheiten. Nach und nach wurden die Türen und Fenster der deutschen Wohnzimmer für internationale Stars geöffnet. Bemerkenswert dabei ist, dass Sängerinnen wie Connie Francis, Dalida oder Nana Mouskouri ihre Hits auf Deutsch einspielten. Songs auf Englisch, Französisch oder Griechisch – das war einer Mehrheit der Deutschen noch nicht zuzumuten. Aus vielerlei Sprachen wurden nun auch Filme synchronisiert. Und was da aus Hollywood, Cannes und Rom in die deutschen Lichtspielhäuser kam, setzte neue Maßstäbe. Die Deutschen gruselten sich mit Alfred Hitchcock, ließen sich von Audrey Hepburn verzaubern, von Federico Fellini verführen, staunten mit François Truffaut. Statt Ruth Leuwerik und Dieter Borsche verlangte das jüngere Kinopublikum nun nach Horst Buchholz und Karin Baal.

Als der greise Kanzler sich Ende der Fünfzigerjahre entschloss, ein weiteres Mal in den Wahlkampf zu ziehen, hatte sein Stern bereits zu sinken begonnen. Der Wahlkampf 1961 wurde zu einer Strapaze, nicht nur, weil die Sozialdemokraten mit Willy Brandt einen Kanzlerkandidaten gekürt hatten, der gegen Adenauer geradezu jugendlich wirkte, sondern auch, weil Berlin in diesem Sommer einmal mehr in den Fokus der Weltöffentlichkeit rückte. Als Angehörige der Nationalen Volksarmee und der Grenzpolizei in der Nacht vom 12. auf den 13. August damit begannen, die Sektorengrenze abzuriegeln, stockte den Menschen in Ost und West der Atem. Niemand wusste, was genau die Machthaber in Ostberlin und Moskau planten, vor allem aber, welche Reaktionen das vonseiten der Westmächte nach sich ziehen würde. Wie schnell konnte eine derartig angespannte Situation eskalieren. Dramatische Szenen spielten sich ab, als den Menschen in Ostberlin klar wurde, dass die Teilung ihrer Stadt nun im wahrsten Sinne des Wortes zementiert werden sollte. Nicht wenige versuchten, in letzter Minute die Seite zu wechseln, ließen alles zurück – ihr Zuhause, ihre Arbeit, ihre Familie.

Heinrich Albertz, der Chef der Senatskanzlei, rief bereits am Morgen dieses 13. August zu früher Stunde bei den Brandts an, um die Frau des Regierenden Bürgermeisters über die Vorgänge an der Sektorengrenze zu informieren. Willy Brandt war in Westdeutschland auf einer Wahlkampfveranstaltung und wollte das erste Flugzeug zurück nehmen. Rut Brandt und die Kinder verbrachten den Tag vor dem Fernseher, sahen, wie verzweifelte Menschen versuchten, über die Absperrungen zu gelangen. Willy Brandt fuhr, kaum gelandet, sofort ans Brandenburger Tor, wo sich auf beiden Seiten Tausende Menschen versammelt hatten. Es dauerte achtundvierzig Stunden, bis die Stadtkommandanten der Briten, Amerikaner und Franzosen den Sowjets ihre Protestnoten anlässlich dieser Verletzung des Vier-Mächte-Status der Stadt zukommen ließen. Der Unmut der Berliner, die so sehnsüchtig auf ein Signal der westlichen Welt warteten, wuchs. Vor dem Schöneberger Rathaus versammelten sich 300 000 Berliner und protestierten gegen die brutale Teilung ihrer Stadt. Auch ihr Regierender Bürgermeister verlangte eine deutliche Reaktion. In einem Brief an Präsident Kennedy forderte Brandt ein schnelles Eingreifen, wurde aber enttäuscht. Der Westen reagierte eher mit Erleichterung auf dieses Festzurren des Status quo durch die UdSSR. Hatte man zuvor stets befürchtet, Chruschtschow könnte seine Hand auch nach Westberlin ausstrecken, was die Amerikaner nicht unbeantwortet hätten lassen können und was sehr wahrscheinlich Krieg bedeutet hätte, war das Signal nun ein anderes. So grausam eine Mauer mitten durch Berlin für die Menschen auch war, sie steckte doch die Ansprüche der ehemaligen Alliierten verbindlich ab und stellte sie nicht mehr infrage.

War Kennedy zunächst äußerst verärgert über die harschen Worte des Regierenden Bürgermeisters, so schickte er wenig später den Vizepräsidenten Lyndon B. Johnson und General Lucius D. Clay, den die Berliner aus den Tagen der Luftbrücke in bester

Erinnerung hatten, in die Stadt. Außerdem wurden 1500 zusätzliche Soldaten in Westberlin stationiert. »Sie konnten ungehindert passieren und wurden vom Vizepräsidenten, Willy und einer halben Million Berliner willkommen geheißen«, so erinnert sich Rut Brandt. »Jetzt glaubten wir wieder an die Amerikaner, Westberlin jubelte und Johnson fuhr in der Stadt herum mit einem breiten Lächeln, winkend und händeschüttelnd, er streichelte Kinder und verteilte Kugelschreiber.« Rut Brandt sah ihren Mann in diesen Tagen selten und wenn, dann auf großer politischer Bühne. An einem Abend während Johnsons Besuch bat der Vizepräsidenten die Frau des Regierenden Bürgermeisters ins Hilton, weil er sie unbedingt kennenlernen wollte. »Es wurde eine lange, anstrengende Nacht. Johnson war glücklich und fröhlich wegen der stürmischen Begeisterung der Berliner.«[12] Die hochschwangere Bürgermeistergattin – ihr dritter Sohn Matthias sollte einen Monat später zur Welt kommen – wäre eindeutig lieber im Bett geblieben an diesem Abend, aber Berlin befand sich in einer Notlage, und der wichtigste Verbündete musste bei Laune gehalten werden.

In diesen heißen Augusttagen blickte die ganze Welt auf Berlin. Merkwürdig abwesend aber in der verunsicherten Stadt war der Bundeskanzler. Adenauer saß in Bonn und konnte sich erst neun Tage nach Beginn des Mauerbaus zu einem Besuch durchringen. Die Berliner bereiteten ihm einen dementsprechend kühlen Empfang. Die Tatsache, dass der Alte im Sommer 1961 zu spät erkannte, was nicht nur Berlin, sondern ganz Deutschland beschäftigte, kann wohl als Anzeichen dafür gewertet werden, dass dem Kanzler nach und nach der Draht zu den Bürgern abhandenkam. Der instinktgetriebene Politiker Adenauer verlor in seinen letzten Amtsjahren jenen sicheren Riecher dafür, was die Deutschen bewegte. Während Willy Brandt den Wahlkampf umgehend unterbrach angesichts dieser nationalen Notlage, aber natürlich auch, weil er nun in Berlin dringend gebraucht wurde, gingen Adenauers Angriffe auf seinen Kontrahenten ungebremst weiter. Adenauer prägte eine Formel, die Brandt ins Zwielicht rücken sollte. Der Alte sprach, wenn er Brandt meinte, von

»Brandt alias Frahm« und zielte dabei auf Punkte, die den SPD-Kandidaten aus seiner Sicht und, wie er annahm, aus Sicht vieler Deutscher verwundbar machten. Mit »Brandt alias Frahm« spielte er auf Brandts uneheliche Geburt an, die in den Augen des konservativen Katholiken einen nicht wettzumachenden Makel darstellte. Gleichzeitig verwies das Schlagwort darauf, dass der Sozialdemokrat seinen Namen geändert hatte, was als suspekt gelten musste. Vor allem wenn man die Umstände der Umbenennung mitdachte, schließlich hatte sich Brandt den neuen Namen im Exil zugelegt.

»Was mich am meisten wütend machte«, so Rut Brandt in ihren Erinnerungen, »waren die Verdächtigungen gegen ihn, weil er emigriert war. Als Adenauer in der ihm eigenen Art von ›Herrn Brandt alias Frahm‹ sprach, gab er den Ton für ein Thema an, das andere bis zu einem Übermaß an Unanständigkeit durchspielten: Er war nicht nur im Exil gewesen, er hatte seine Haut, seine Heimat und sein Vaterland gewechselt.« Während der Kanzler also in der Andeutung blieb, scheuten sich andere nicht, den Vorwurf auszubuchstabieren. Der ehemalige Wehrmachtsoffizier und Stalingrad-Veteran Franz Josef Strauß etwa giftete: »Eines wird man Herrn Brandt doch fragen dürfen: Was haben Sie zwölf Jahre lang draußen gemacht? Wir wissen, was wir drinnen gemacht haben.« Mit solcherlei Reden konnte man zu Beginn der Sechziger punkten. Viele Menschen hatten sich inzwischen eingerichtet in der bundesrepublikanischen Gegenwart, die bloße Tatsache, dass Brandt nicht mitgemacht, sondern im Exil gegen den Nationalsozialismus gekämpft hatte, erinnerte aber viele immer wieder unangenehm daran, dass man selbst auf die eine oder andere Art »dabei« gewesen war. Daher war es essenziell, es so zu drehen, dass nicht den Daheimgebliebenen, sondern dem Emigranten daraus ein Vorwurf gemacht wurde. Und in einer Gesellschaft ehemaliger Wehrmachtssoldaten und ehemaliger Nazis war es allemal leichter, dem Emigranten mangelnden Patriotismus zu unterstellen, als das eigene Tun kritisch zu überdenken.[13]

Rut Brandt musste als erste Ehefrau eines Kanzlerkandidaten

das erleben, worunter nach ihr vermutlich am stärksten Hannelore Kohl gelitten hat: Ob sie wollte oder nicht – sie stand mit am Pranger. Die Kampagne traf die ganze Familie. Wie Hannelore Kohl Jahre später versuchte Rut Brandt, das Schlimmste wenigstens von den Söhnen fernzuhalten. Aber wiederum wie Hannelore Kohl vermied sie es auch, den Kindern die Angriffe auf den Vater zu erklären. Im Nachhinein hielt sie dieses Vorgehen für falsch. »Wieviel besser wäre es gewesen, wenn ich – oder besser noch Willy – mit ihnen gesprochen hätte (…) Ich habe mich gefragt, ob diejenigen, die Verleumdung als politische Waffe benutzen, daran denken, was sie den Familien antun, nicht nur, welches Unheil sie anrichten zwischen Mann und Frau, sondern auch zwischen Eltern und Kindern.« Diesen Wahlkampf 1961 betrachtete Rut Brandt rückblickend als die unglücklichste Zeit ihres Lebens.[14] Vor allem der Vorwurf, Willy habe sich seiner Heimat gegenüber illoyal verhalten, als er sich zur Emigration entschloss, machte ihr zu schaffen. Und sie fand es falsch, dass die SPD diese diffamierenden Anschuldigungen unkommentiert ließ. Ob sie von sich aus den Versuch gemacht hat, Willy oder seine Berater davon zu überzeugen, dass man sich nicht alles gefallen lassen musste und die Unterstellungen von Adenauer und Co. vehement zurückweisen sollte, erwähnt sie in ihren Memoiren nicht. Wohl aber berichtet sie, dass ihr Mann von sich aus in dieser Zeit nicht das Gespräch mit ihr suchte. Es zeichnet sich schon hier ab, dass Willy Brandt dazu neigte, sich in sich zurückzuziehen, je stärker er angegriffen wurde. Für seine Frau wurde er dann unerreichbar. Er saß am Familientisch und war doch weit weg, in seine eigenen Gedanken versunken. Das Schweigen, in das ihr Mann immer wieder verfiel, sollte in den Jahren der Kanzlerschaft für Rut Brandt zur Qual werden.

Im Wahlkampf scheute man in Bonn keine Mühen, um den SPD-Kandidaten in schlechtes Licht zu rücken. Bis nach Rom ließ man seine Beziehungen spielen. Als die Brandts 1960 in der italienischen Hauptstadt zu Besuch waren, erhielten sie auch eine Einladung zu einer Audienz beim Papst. Rut Brandt ließ extra, wie vom Heiligen Stuhl angeordnet, ein langes schwarzes Kleid anfertigen. Außerdem sollte sie einen schwarzen Schleier tragen. Kaum in Rom angekommen, wurde den Brandts allerdings mitgeteilt, dass Rut leider nicht mitkommen könne, da der Papst keine Protestanten und keine Geschiedenen empfange. Dem deutschen Botschafter, der die unangenehme Nachricht überbringen musste, brach der Schweiß aus. Die Frau des Regierenden konterte zwar spitz, dass ja Willy der Geschiedene sei und nicht sie, aber ihr Herz hing ohnehin nicht an einem Besuch bei Johannes XXIII. Sie nahm diese Unhöflichkeit auch nicht persönlich, war ihr doch sofort klar, dass es eigentlich darum ging, Willy fernzuhalten. Aber dieser ließ sich nicht beirren. Als man die Audienz spontan auf die Morgenstunden des folgenden Tages verschob, um den Gast aus Berlin vor vollendete Tatsachen zu stellen, erwies sich dieser als Frühaufsteher. »Während ich noch schlief, zog er seinen Frack an und machte sich zum Vatikan auf, wo er zu guter Letzt seine Audienz bei Papst Johannes XXIII. erhielt.« Als der mitreisende Berliner Protokollchef von der CDU, Walter Klein, sich über die Ausladung Rut Brandts echauffierte, erwiderte diese gelassen: »Sie können Ihre Freunde in Bonn grüßen und ihnen sagen, daß ich nicht das Gefühl habe, als ob mir ein Zacken aus der Krone gebrochen wäre. Im Grunde ist es doch eine unglaublich gute Geschichte.«[15]

Die Familie Brandt musste in diesen heißen Monaten des Wahlkampfs so manche Verunglimpfung und Demütigung vonseiten des politischen Gegners hinnehmen, bekam anonyme Briefe und Drohungen, insgesamt aber kann man wohl feststellen, dass Willy Brandts Image als Verteidiger der Stadt kaum angekratzt werden konnte durch Adenauers Kampagne. In Berlin unterstützten den Sozialdemokraten zum Teil auch jene, die sonst eher dem anderen politischen Lager zuzuordnen waren. Wenn Rut und Willy Brandts Sohn Peter zurückdenkt, so hat er während seiner Kindheit in Berlin kaum Anfeindungen erlebt. »Da spielte«, so meint er, »mit rein, dass er der Anführer der Frontstadt im Kalten Krieg war. Da haben sich auch viele hinter ihn gestellt, bei denen das vielleicht unter anderen Verhältnissen nicht der Fall gewesen wäre.«[16] Mochte der Sturm aus Bonn noch so heftig sein, für die Berliner waren Rut und Willy Brandt seit den Protesten während des Ungarnaufstands und Chruschtschows Berlin-Ultimatum, spätestens aber seit dem Mauerbau zu Idolen geworden. Regelmäßig zierten Konterfeis der eleganten und doch sportlichen Rut Brandt die Cover der Illustrierten und der Berliner Zeitschriften mit Überschriften wie »Die Berliner schwören auf ihre Rut«. Sie wurde gepriesen als »Willys gute Fee« und »taktische Waffe«. Während des Wahlkampfs 1961 wurde Rut Brandt schließlich einem bundesweiten Publikum als »Berlins First Lady« vorgestellt.[17]

Insofern lag Konrad Adenauer durchaus nicht falsch, wenn er spürte, dass Willy Brandt ihn auf einem Terrain konfrontierte, das so gar nicht seines war. Der Wahlkampf 1961 war für den Alten kein Heimspiel, und das lag auch daran, dass Willy eine junge, attraktive Frau an seiner Seite hatte, die sich in einer belagerten Stadt als authentische Identifikationsfigur erwiesen hatte. Aber noch überwog die Wechselstimmung nicht. Am 17. September 1961 entschieden sich 45,3 Prozent der Wähler für die Union, 36,2 Prozent für die SPD. Brandt musste sich nach einem zermürbenden Wahlkampf geschlagen geben, und Adenauer hatte es noch einmal geschafft. Allerdings musste auch er empfindliche Einbußen hinnehmen. Hatte die Union bei der Wahl 1957 noch die absolute Mehrheit errungen, so musste sie nun Verluste von fast fünf Prozent hinnehmen. Die parteiinternen Kritiker sahen sich bestätigt. Zudem setzte die FDP einen Preis für eine Koalition an, den vor allem der Kanzler zu zahlen hatte. Adenauer musste sich bereit erklären, im Laufe der Legislaturperiode zurückzutreten und den Weg für einen Nachfolger frei zu machen. Wie schwer Adenauer der Rückzug fiel, zeigt sich auch an seinem langen Zaudern, einen konkreten Termin für seinen Rücktritt zu nennen. Erst als er durch die *Spiegel*-Affäre erneut in schweres Fahrwasser geriet, kam er unter Zugzwang und musste sich festlegen. Am 15. Oktober 1963, nach vierzehn Jahren Kanzlerschaft, trat der Siebenundachtzigjährige zurück. An seine Stelle rückte derjenige, den er zuvor nach Leibeskräften hatte verhindern wollen: Ludwig Erhard.

Im Kanzlerbungalow

Während ihr Mann Ludwig mit diesem Schritt einen lange gehegten Traum erfüllt sah, musste sich Luise Erhard mit den Erwartungen auseinandersetzen, die die Öffentlichkeit an eine First Lady stellte. Obwohl sie als studierte Volkswirtin, wie ihr Mann, vom Fach war, musste sie sich nun von einer Zeitschrift als »deutsches Hausmütterchen« verunglimpfen lassen. Luise Erhard hatte mit Mitte zwanzig beschlossen, ihrem Mann die wissenschaftliche Karriere zu überlassen, und hatte nach dem Krieg loyal seine politischen Ambitionen mitgetragen – aber das konnte sie nun doch nicht auf sich sitzen lassen. In einem Gespräch mit der Wochenzeitschrift *Die Zeit* stellte sie klar, dass sie nie ein braves Hausmütterchen gewesen sei. »Ich bin eine ganz normale Frau, die an der Seite ihres Mannes ein bewegtes Leben durchgemacht hat.« Eine »Nur«-Hausfrau, das betonte Luise Erhard, die am häuslichen Herd letzte Erfüllung findet, sei sie bestimmt nicht. Das Gespräch mit der *Zeit* führte beispielhaft den Balanceakt vor Augen, den unzählige Politikerfrauen seit Luise Erhard vollführen mussten. Einerseits sieht man sich nicht gern auf die Rolle der liebenden Ehefrau und des Heimchens am Herd reduziert, andererseits muss man sich davor hüten, den Eindruck zu erwecken, eigene politische Ambitionen zu hegen, zu Hause womöglich die zu sein, die die Hosen anhat. Luise Erhard beeilte sich denn auch, nach Ausführungen über ihre eigenen wirtschaftswissenschaftlichen Studien zu betonen, dass sie ihrem Mann natürlich nicht in sein Geschäft hineinrede. Sie gelte, so konstatierte der Journalist, in Bonn als die aufmerksamste Kritikerin ihres Mannes. Ob sie denn die Kritik auch auf wirtschaftspolitische Fragen beziehe? Hier musste Luise Erhard natürlich vehement widersprechen: »Mulier taceat in ecclesia! Auf diesem Gebiet maße ich mir Kritik an meinem Mann nicht an. Natürlich diskutieren wir auch wirtschaftliche Themen. Wenn ich etwas nicht verstehe, frage ich ihn und bitte ihn um eine Aufklärung. Aber Kritik? Nein, dazu gibt es – wenn überhaupt – sicherlich Berufenere als mich.« Natürlich fehlte im *Zeit*-Artikel auch nicht der Hinweis darauf, dass Luise Erhard ihre ökonomischen Kenntnisse zum sparsamen Haushalten nutzte.[18]

Am Ende musste also doch wieder die gute deutsche Hausfrau überwiegen. Luise Erhard erwies sich in den Jahren der Kanzlerschaft ihres Mannes aber vor allem als geschickte Bauherrin und Innenarchitektin mit einer Vorliebe fürs Moderne. Sie gab den Impuls, den renommierten Münchner Architekten Sep Ruf, der auch das Erhard'sche Eigenheim am Tegernsee entworfen hatte, damit zu beauftragen, ein Haus für den Bundeskanzler zu entwerfen. Noch während Erhard auf seinen Einsatz als Kanzler wartete, hatte er zusammen mit seiner Frau und Ruf über den Plänen gebrütet. Er brauche, so sagte er, Räume, in denen er menschliche Beziehungen pflegen könne. Das nüchterne Palais Schaumburg und das beengte Reihenhaus, das er mit Luise Erhard bewohnte, schienen ihm dafür nicht geeignet. In der Nachbarschaft des Bundespräsidenten sollten nun im Park des Palais Schaumburg am Rheinufer zwei ineinander verschachtelte Bungalows entstehen. Ein kleinerer für private, ein größerer für offizielle Zwecke. Die Fläche des privaten Bungalows belief sich auf hunderteinundzwanzig Quadratmeter und umfasste ein Speisezimmer, zwei Arbeitsräume, zwei Ankleideräume, zwei Schlafzimmer, drei kleine Gästezimmer und zwei Badezimmer. Die Räume waren komplett möbliert, sodass die Erhards nur wenige private Stücke mitbringen konnten, darunter etwa ein kleines schwarzes Ledersofa aus den ersten Ehejahren, aber auch einige griechische und römische Vasen sowie Figurinen aus Nymphenburger Porzellan. Ihre Lieblingsstücke wollte Luise Erhard beim Umzug nicht den Packern überlassen und verstaute sie selbst, sorgfältig verpackt, im Dienstwagen ihres Mannes. Der Chauffeur brachte die kostbare Fracht denn auch sicher in ihr neues Domizil, den sogenannten Kanzlerbungalow. Dieser wurde in den folgenden Jahren immer wieder Gegenstand von Kritik. Luise Erhard aber schätzte sowohl seine Zweckmäßigkeit als auch seine Ästhetik. Wenngleich internationale Gäste in folgenden Jahren zuweilen überrascht waren von der Schlichtheit des Wohnhauses und der Repräsentationsräume des deutschen

Kanzlers, Rufs Bau war in den frühen Sechzigerjahren genau das richtige Signal. Mit seinen großen Fensterfronten und klaren Linien strahlte er Modernität und Offenheit aus und bewies zugleich, dass die Bundesrepublik in ihrem zweiten Jahrzehnt an ihrer Politik des Low Profile festhielt.[19]

Obgleich der Kanzlerbungalow Luise Erhards Vorstellungen vom modernen Wohnen exakt entsprach, wünschte sie sich in den folgenden Jahren vermutlich nicht selten, ihr Mann hätte auf sie gehört und wäre mit ihr in die Villa Hammerschmidt gezogen. Als Bundespräsident hätte er seine politische Karriere wohl weniger schmerzhaft beenden können. Ludwig Erhards Kanzlerjahre werden häufig mit dem Adjektiv »glücklos« beschrieben. So viele Jahre hatte der Wirtschaftswunder-Macher auf seinen Einsatz warten müssen. Als es endlich so weit war, schien es fast so, als hätte er auf dem Weg ins Kanzleramt zu viel Kraft verloren. Die meisten Historiker sehen in ihm einen eher schwachen Regierungschef, betrachten seine Kanzlerschaft als Zeit des Übergangs. Im Gegensatz zu Konrad Adenauer, der einen einigermaßen autoritären Führungsstil gepflegt hatte, trat Erhard nicht bestimmend auf. Seine Idee, ein bodenständiger Kanzler zu sein, der direkt mit dem Volk kommunizierte, konnte sich aber ebenso wenig durchsetzen wie sein Konzept von der »formierten Gesellschaft«. Auch wenn man ihm zugutehalten mag, dass er damit der Zersplitterung der Gesellschaft entgegentreten und einen stärkeren Akzent auf das Gemeinwohl legen wollte, so ist doch zu konstatieren, dass auch Erhard, wie schon Adenauer zuvor, offenbar nicht mehr gänzlich am Puls der Zeit war. Die Zeichen standen auch in Deutschland längst auf Pluralismus und Individualismus, die Mehrheit der Bürgerinnen und Bürger war für die Idee einer »formierten Gesellschaft« nicht mehr zu begeistern.[20]

Zwar gewann Ludwig Erhard im September 1965 die Bundestagswahl, und ein deprimierter Willy Brandt, der sich gegen den schwachen Kanzler Chancen ausgerechnet hatte, zog sich einmal mehr nach Berlin zurück, im Dezember 1966 aber musste Erhard zurücktreten. Zuvor hatte der einstmals so erfolgreiche Ökonom auf seinem ureigenen Feld empfindliche Niederlagen hinnehmen müssen. Nicht nur forderten die Amerikaner angesichts des Vietnamkriegs und der Besatzungskosten enorme zusätzliche Zahlungen von Bonn, auch die Arbeitslosenquote stieg nun erstmals seit Gründung der Bundesrepublik. In der Folge hatte die Union bei Landtagswahlen herbe Niederlagen eingefahren, die nun dem ohnehin angeschlagenen Kanzler angekreidet wurden.

Ende 1966 also musste Luise Erhard den Kanzlerbungalow, dessen Inneneinrichtung sie so liebevoll mitgestaltet hatte, schon wieder verlassen. Umziehen musste nun auch Rut Brandt, denn in Bonn wurde ein neues Kapitel aufgeschlagen. Zum ersten Mal in der Geschichte der Bundesrepublik waren die Sozialdemokraten im Kabinett nun mit von der Partie. Unter dem Christdemokraten Kurt Georg Kiesinger war inzwischen eine Große Koalition zustande gekommen. Auch wenn sich Willy Brandt noch immer gegen eine Koalition mit der Union sträubte – vorangetrieben hatte dieses Bündnis vor allem Herbert Wehner in ungewöhnlichem Bündnis mit dem Bundespräsidenten Heinrich Lübke –, nun war er Vizekanzler und Außenminister. Deutschland wurde ein Stück erwachsener und gelassener. Siebzehn Jahre nach ihrer Gründung musste die Bundesrepublik nicht mehr furchtsam an Adenauers Diktum »Keine Experimente« festhalten, sondern konnte sich auf etwas Neues einlassen.

Botschafterinnen

Als Michelle Obama im Frühling 2009 zusammen mit ihrem Mann im Buckingham-Palast eingeladen war, unterlief der amerikanischen First Lady ein Missgeschick, das dank zahlreicher Kameras um die Welt ging. Die gut aussehende Michelle im eleganten schwarzen Kostüm stand eng neben Königin Elizabeth und legte der Monarchin leger den Arm um die Schultern. Den anwesenden Damen und Herren vom Protokoll muss der Angstschweiß ausgebrochen sein angesichts solch bürgerlicher Vertrautheiten. Die Königin selbst allerdings zögerte nicht lange und legte ihrerseits ihren weiß behandschuhten Arm um Michelles Taille. Michelle Obama war sicher nicht die erste und wird auch nicht die letzte First Lady sein, die sorgfältig auf einen Besuch bei Elizabeth II. vorbereitet wird und dann unter dem Eindruck der unmittelbaren Begegnung bewusst oder aus einem Impuls heraus Protokoll Protokoll sein lässt.

Über vierzig Jahre vor dem Besuch der Obamas in London machten die Ersten Damen Deutschlands – die Gattin des Bundespräsidenten, Wilhelmine Lübke, die Frau des Kanzlers, Luise Erhard, aber auch Berlins First Lady, Rut Brandt – eifrig Termine bei ihren Schneidern, Friseuren und Kosmetikerinnen und beschäftigten sich intensiv mit Fragen des Protokolls: Hofknicks ja oder nein, Händedruck erwünscht oder lieber nicht, ansprechen oder abwarten, bis man selbst angesprochen wird. Mitte Mai 1965 bereitete sich Deutschland auf eine Sensation vor. Zwanzig Jahre nach Ende des Kriegs sollte erstmals die englische Monarchin das Land besuchen. Dieser Gegenbesuch Königin Elizabeths war lange erwartet worden: Bereits im Oktober 1958 hatte Bundespräsident Theodor Heuss das Königreich bereist, wobei die Londoner ihm einen unterkühlten Empfang bereitet hatten. Quälende zwanzig Minuten war Heuss in der offenen Galakutsche neben Elizabeth II. und Prinz Philip durch die Hauptstadt gefahren. Wenn es überhaupt Applaus gab, so stellte Heuss später fest, galt dieser zu achtzig Prozent der Queen, zu zehn Prozent den Gardekavalleristen und höchstens zu zehn Prozent ihm, dem Gast aus Deutschland. Inzwischen aber waren weitere sieben Jahre vergangen, sowohl bei den Deutschen als auch bei den Briten war es stetig bergauf gegangen. Außerdem hegte man in Downing Street durchaus politische Absichten, als man die junge Königin in ehemaliges Feindesland schickte. Die britische Regierung hoffte inständig, dass sich die Deutschen in ihrer Begeisterung für die Queen auch für einen Beitritt des Königreichs zur Europäischen Wirtschaftsgemeinschaft stark machen würden. Ein Schritt, den Frankreich gerne verhindern wollte. Dieses Kalkül ging auf, Kanzler Erhard sicherte der Queen die volle Unterstützung der Bundesregierung bei den Bemühungen um einen

Beitritt zu. Dass das Königreich ein halbes Jahrhundert später dafür votieren sollte, diese Gemeinschaft wieder zu verlassen, konnte damals freilich keiner ahnen.[21]

Für die Deutschen zählte aber etwas anderes. Zwei Jahrzehnte nachdem sie vor der Weltgemeinschaft als die Verlierer dagestanden hatten, als die Verursacher eines Vernichtungskriegs, als die Schande Europas, war England bereit, seine Königin und ihren Prinzgemahl zu entsenden. Und das mit allem Pomp, der nun einmal dazugehörte. Dieser elftägige Besuch des glamourösen Paars sollte Deutschland für alle Welt sichtbar aus der außenpolitischen Schmuddelecke herausholen. Die ausgestreckte Hand der Engländer wussten die Deutschen umso mehr zu schätzen, als in den vorangegangenen Monaten im Zuge der Auschwitzprozesse das ungeheure Ausmaß der Verbrechen der nationalsozialistischen Vernichtungspolitik offengelegt worden war. Die Zuwendung des einstigen Gegners war überaus wohltuend. Die Deutschen sehnten sich nach einem harmlos massenwirksamen Spektakel, waren die bundesrepublikanischen Rituale doch bewusst nüchtern angelegt. Und welcher Grund für Massenbegeisterung, Fähnchen schwenken und Marschmusik konnte unverfänglicher sein als die Visite einer ausländischen Monarchin?

Am 18. Mai 1965 wurde die neununddreißigjährige Elizabeth II. mit ihrem Ehemann Philip am Flughafen Köln-Bonn von Bundespräsident Lübke, Bundeskanzler Erhard und seinem gesamten Kabinett, unzähligen Fotografen und einundzwanzig Salutschüssen in Empfang genommen. Als die Königin in quietschgelbem Mantel mit luftig-fedrigem Hut im selben Farbton neben dem weißhaarigen Bundespräsidenten stand, um den beiden Hymnen zu lauschen, war das zweifellos ein ergreifender Moment und wurde allgemein als Geste der Versöhnung aufgefasst. Beim prunkvollen Empfang auf Schloss Brühl wenige Tage später begrüßte Lübke die Gäste aus dem Königreich dann auch mit den Worten: »Wenn ich Sie, meine hohen Gäste, heute herzlich willkommen heiße, dann kann ich es in der frohen Gewissheit tun, im Namen aller meiner Landsleute zu sprechen. Wir sind sehr glücklich und froh, dass Sie hier sind. Ihren Besuch,

[2] Die Erhards empfangen königlichen Besuch: Königin Elizabeth II. und Prinz Philip sorgten 1965 in der jungen Bundesrepublik für Begeisterung.

Majestät, verstehen wir auch als ein Zeichen wachsenden Vertrauens zu unserem Volk.«[22]

Die Deutschen standen in diesen Tagen zu Tausenden an den Straßen Spalier, wedelten mit dem Union Jack, warteten Stunden, um einen Blick auf die Königin und ihren Prinzen zu erhaschen. Auf ihrer Tour durch die Bundesrepublik bereitete man Elizabeth einen warmherzigen Empfang, und der Besuch konnte von beiden Seiten als voller Erfolg verbucht werden. Nicht nur die Bevölkerung war hingerissen vom Glamour des königlichen Besuchs, auch Wilhelmine Lübke war äußerst angetan. Mehrfach traf man während dieser elf Tage zusammen, und offenbar fand man einen Draht zueinander. Einer Anekdote zufolge entspann sich sogar eine derart ungezwungene Atmosphäre zwischen den zwei Frauen, die problemlos Mutter und Tochter, ja fast Großmutter und Enkelin hätten sein können, betrug der Altersunterschied doch über vierzig Jahre, dass sich die beiden bei einem Galadiner auf Schloss Herrenhausen bei Hannover unter dem Tisch die Schuhe abstreiften und den vom langen Stehen und Gehen geschundenen Füßen eine kleine Erholung gönnten. Prinz Philip, so heißt es, habe die Damen daraufhin ermahnt, die Schuhe nicht zu vergessen, wenn sie wieder aufstünden.[23]

Elizabeth II. reiste selbstverständlich auch nach Berlin. Die Mauer stand nun schon vier Jahre, und ein Besuch in der umzingelten Stadt war ein Muss. Als Willy Brandt die Königin vom Flughafen abholte, durfte keiner merken, dass es im Vorfeld hektische Änderungen im Ablauf gegeben hatte. Zunächst hatte es geheißen, Ludwig Erhard werde nicht nach Berlin kommen. Allerdings befand man sich Ende Mai bereits wieder im Wahlkampf für die im Herbst anstehende Bundestagswahl, und dem Kanzler dämmerte vermutlich, dass ihm die Bilder von einer jungen attraktiven Königin und einem jugendlich wirkenden, vitalen Regierenden Bürgermeister zum Nachteil gereichen konnten. Kurzerhand entschloss er sich also, auch nach Berlin zu kommen. Wo aber sollte der Kanzler sitzen bei der Fahrt im offenen Wagen? Das Protokoll sah eigentlich vor, dass Willy Brandt in der Karosse neben der Königin, Rut neben Prinz Philip sitzen sollte. »Das Einfachste war«, so erinnert sich Rut Brandt, »mich hinauszuschubsen und Erhard neben Prinz Philip zu setzen. Ich hatte damit keine Probleme. Als ›Trost‹ erhielt ich die Aufgabe, die Königin nach dem Essen ins Charlottenburger Schloß zum ›powder room‹ zu geleiten.« Ob sich zwischen Elizabeth und Berlins First Lady beim Nasepudern ein anregendes Gespräch entsponnen hat, erfahren wir aus Brandts Memoiren leider nicht. Sicher ist aber, dass sich die Frau des Regierenden Bürgermeisters streng an den Dresscode gehalten hat. Da die Königin in kräftiges Eidottergelb gekleidet war, sollten die anderen anwesenden Damen diese Farbe meiden. Einen Hofknicks allerdings machte die Sozialdemokratin nicht, und sie hatte auch nicht den Eindruck, dass die Königin einen solchen erwartete.[24] Natürlich fuhren die Brandts mit ihren englischen Gästen auch an die Mauer. Für einen Moment legten dort das bunte Besuchsprogramm und der Jubel der begeisterten Berliner eine Pause ein, und Beklommenheit machte sich breit.

Der Staatsbesuch klang wenig später im hohen Norden prunkvoll aus. Bei schönstem Wetter luden Elizabeth und Philip die deutschen Gastgeber zu einem Dinner auf die Königliche Jacht *Britannia*, die im Hamburger Hafen ankerte. Elizabeth mit Diamantdiadem, tief dekolletiertem Kleid und weißer Pelzstola und der Duke of Edinburgh im schwarzen Frack verfolgten mit ihren Gästen die große Flaggenparade. Auch die deutschen First Ladies hatten sich in Schale geworfen, allerdings bevorzugten sowohl Wilhelmine Lübke als auch Luise Erhard hochgeschlossene Garderobe. Die Bilder der winkenden Monarchen an der Reeling, als das Bundespräsidenten- und Kanzlerehepaar am späten Abend von Bord gingen, flimmerten durch die *Wochenschau* und bewiesen den Deutschen, dass sie wieder mit von der Partie waren. Die deutschen First Ladies aber hatten diesen lang ersehnten Staatsbesuch ohne Fehltritte überstanden. Ein wenig vom Glanz der zierlichen Königin und des strammen Prinzen blieb zurück und tauchte diesen Frühsommer des Jahres 1965 in mildes Licht.

Wilhelminisches Zeitalter

In der Villa Hammerschmidt war seit Herbst 1959 wieder eine Frau im Haus. Und was für eine. Mehr noch und schneller als ihr Mann freundete sich Wilhelmine Lübke mit ihrer Tätigkeit an der Spitze des Staats an. Sie wuchs so schnell in die neuen Aufgaben und bewegte sich dabei so selbstverständlich, dass Konrad Adenauer sie sogar daran erinnern musste, dass nicht sie, sondern ihr Mann zum Bundespräsident gewählt worden sei.[25] Schnell sprach man in Bonn vom Wilhelminischen Zeitalter. Dass hinter Wilhelmine Lübkes Engagement mehr steckte als die Freude am Repräsentieren und Reisen, die sie zweifellos hegte, sollte vielen Zeitgenossen zunächst verborgen bleiben.

Seit mit Elly Heuss-Knapp 1952 die erste First Lady der Bundesrepublik verstorben war, hatte das Land einen beachtlichen

Senkrechtstart Richtung Wohlstand hingelegt. Mit Aufbauwille, Fleiß und natürlich einem beachtlichen Maß an amerikanischer Unterstützung war den Bürgerinnen und Bürgern ein wirtschaftlicher Aufstieg gelungen, den 1945 beim Anblick der zerbombten Städte wohl kaum jemand für möglich gehalten hätte. Das sogenannte Wirtschaftswunder beseelte die Deutschen, gab ihnen wieder etwas, worauf sie stolz sein konnten. Hatten sich Anfang der Fünfzigerjahre noch viele Haushalte zum Teil selbst versorgt, verwandelte sich die Bundesrepublik nun rasch und gänzlich in eine Konsumgesellschaft. Statt im Hinterhof Hasen und Hühner zu halten, im Garten Kartoffeln und Bohnen anzubauen oder Obst für den Winter einzukochen, kaufte man nun alles, was die Familie brauchte, im Einzelhandel. Kleine Tante-Emma-Läden wurden nach und nach von Selbstbedienungsläden verdrängt, die mit immer größerem Sortiment und immer günstigeren Preisen um Kundinnen buhlten. Anfang der Sechzigerjahre trat Mirácoli seinen Siegeszug an. Durch Konservendosen und Fertiggerichte sollte das Leben der Hausfrau, die nun zur begehrten Konsumentin avancierte, leichter werden. Auch die zunehmende Technisierung des Haushalts sollte sie entlasten. Staubsauger, Waschmaschine, Kühlschrank, Mixer und Pürierstab durften, so suggerierte die Werbung bald, in keinem modernen Haus mehr fehlen.

Mit zunehmendem Wohlstand reichte auch bei mehr und mehr Familien das Ersparte für einen jährlichen Urlaub. Man packte den neu erstandenen VW Käfer oder DKW Junior und machte sich auf den Weg nach Österreich oder Italien. Schon Mitte der Fünfzigerjahre hatten Caterina Valente und Peter Alexander in der Komödie *Bonjour Kathrin* gelockt: »Komm ein bisschen mit nach Italien. Komm ein bisschen mit ans blaue Meer. Und wir tun als ob das Leben eine schöne Reise wär«, nun konnten mehr und mehr Bundesbürger ihr Fernweh stillen und sich ein paar Tage Ferien leisten. Die Löhne stiegen, die Konten füllten sich, und Anfang der Sechzigerjahre kam es zur ersten größeren Reisewelle. Nach den Jahren der Entbehrungen hatte man nun auch wieder Sinn und Geld übrig für solchen Luxus wie

Mode. Die moderne Bundesbürgerin gönnte sich Perlonstrümpfe und bunte Accessoires, schneiderte sich nach den neuesten Burda-Schnittmustern Tulpenröcke und Etuikleider oder setzte mit den aktuellen Caprihosen auf sportlichen Chic.[26] In den Kinopalästen, auf den Showbühnen und Magazincovern wurden die braven, rotwangigen Mädel wie Marianne Hold oder Sonja Ziemann von Frauen mondäneren, selbstbewussteren Typs abgelöst. Deutsche Stars wie Nadja Tiller und Hildegard Knef, aber auch internationale Schauspielerinnen wie Brigitte Bardot, Gina Lollobrigida, Sophia Loren und Elizabeth Taylor verkörperten eine Sinnlichkeit, die zuweilen durchaus für gehobene Augenbrauen sorgte.

Wilhelmine Lübke, die neue First Lady, hatte vielleicht keine übertrieben sinnliche, aber doch eine sehr feminine Ausstrahlung. Sie legte großen Wert auf gepflegtes Auftreten, sah sie sich doch als Botschafterin Deutschlands in aller Welt. Man kreidete ihr zuweilen an, dass sie ihre Friseurin mit um den gesamten Globus schleppte, wenn das Bundespräsidentenpaar wieder einmal zu einem Staatsbesuch aufbrach. Ob feuchtes Klima in Liberia, Nieselregen in Paris oder Hitze in Bangkok – Wilhelmine Lübke war stets perfekt frisiert. Die Bundespräsidentengattin wusste sehr wohl, dass Bilder im *Wochenschau*- und beginnenden Fernsehzeitalter von wachsender Bedeutung waren, und sie war fest entschlossen, ihren vierundsiebzig Lebensjahren zum Trotz, der Bundesrepublik ein vitales, weltoffenes Antlitz zu verleihen. Während der beiden Amtszeiten ihres Mannes hatte sie tatsächlich reichlich Gelegenheit dazu. Die Lübkes waren in diesen zehn Jahren ständig auf Tour, und in zahlreichen Ländern, die sie bereisten, war der Besuch eines deutschen Bundespräsidenten ein Novum. Theodor Heuss hatte im Grunde erst in seiner zweiten Amtszeit begonnen, größere Reisen zu unternehmen – in die USA, nach Kanada und Großbritannien. Da Elly Heuss-Knapp bereits 1952 verstorben war, reiste der Witwer meist alleine. Auch Bundeskanzler Adenauer bestritt viele Reisen solo oder nahm eine seiner Töchter mit. Nun konnte das Protokoll, das durch die fehlende Frau an der Seite des Präsidenten hin und wieder in

Bedrängnis geraten war, endlich aufatmen. Sechsunddreißig Reisen unternahm Wilhelmine Lübke als First Lady. Zahlreiche dieser Staatsbesuche führten die Lübkes in weit entfernte, exotische Länder. Während ihre Landsleute vorsichtig Kärnten, Südtirol und die Adria erkundeten, flog das Bundespräsidentenpaar um die halbe Welt, machte Station in Ländern, die gerade erst zu Nationalstaaten geworden waren, wie die Elfenbeinküste, der Tschad und Niger, reiste aber auch nach Pakistan, Indien, Thailand und zahlreiche Länder Südamerikas. Der Bundespräsident hatte es sich von Anfang an zum Anliegen gemacht, die Entwicklungshilfe voranzubringen. Außerdem war die Bundesrepublik ein aufstrebender, expandierender Industriestaat, ständig auf der Suche nach neuen Abnehmern seiner Güter und Dienstleistungen. Die Weltkarte bekam nach dem Zweiten Weltkrieg ein neues Gesicht. Imperien zerfielen, neue Staaten entstanden, und Westdeutschland sollte keinesfalls den Anschluss verpassen. Politisch übte man größte Zurückhaltung, militärisch sowieso, aber wenn es ums Geschäft ging, spielte man Ende der Fünfzigerjahre längst wieder oben mit.

Das neue First Couple in Bonn hatte sich spät gefunden. Die resolute Mathematiklehrerin Wilhelmine Keuthen war über vierzig, als sie den neun Jahre jüngeren Heinrich Lübke Ende der Zwanzigerjahre in Berlin kennenlernte. Auf einem Treffen von »Exil-Sauerländern« in der Hauptstadt stellten beide rasch fest, dass sie aus benachbarten Orten stammten und viel füreinander übrighatten. Wie bei den Heussens war auch bei den Lübkes der Altersunterschied ein erkennbares, aber nicht unüberwindbares Problem. Bis ins hohe Alter sollte Wilhelmine Lübke sich ihre Vitalität erhalten, gleichzeitig aber einen für eine Mathematikerin bemerkenswert unorthodoxen Umgang mit Zahlen an den Tag legen – vor allem, wenn es um ihre eigenen Lebensjahre ging. Aber dazu später mehr. Die Heirat änderte ihr Leben von Grund auf. Nicht nur war das respektierte, aber zuweilen eben auch belächelte oder bemitleidete vierzigjährige Fräulein Keuthen plötzlich eine Frau Lübke und stand an der Seite eines aufstrebenden, jungen Verbandspolitikers, sie musste sich auch eine neue Aufgabe suchen. Ihr Ehemann betrachtete die Idee, dass seine Frau weiterhin ihrem Beruf nachging – was diese offenbar gerne getan hätte – sehr kritisch. Einer Anekdote zufolge hat Heinrich Lübke auf Wilhelmines Vorschlag, zumindest stundenweise weiter zu unterrichten, da mit eigenem Nachwuchs ja nicht mehr zu rechnen war, geantwortet: »Ich kenne Dich, Mineken, Du übernimmst eine halbe Stelle, bist mit Deiner ganzen Seele in der Schule, und ich schaue in den Mond.« Dennoch scheint Lübke die Wandlung von der erfolgreichen Singlefrau zur liebevollen und sorgenden »Nur-Ehefrau« mühelos gelungen zu sein. Dass die aufgeschlossene und eloquente Wilhelmine Lübke für den zuweilen etwas spröden Heinrich im Berliner Gesellschaftsleben ein deutliches Upgrade bedeutete, dürfte sie ebenso registriert haben wie er. Nach außen lebten die Lübkes damals und auch später eher konservative Rollenmuster. Dass das Innenleben dieser Beziehung anders beschaffen war, blitzte für damalige und spätere Beobachter allerdings immer wieder auf.

In Ermangelung einer eigenen Berufstätigkeit kniete sich Lübke nun in die Karriere ihres Mannes. Schon in der ersten Zeit ihrer Ehe übernahm sie den sozialen, den zugewandten, den verbindenden Part, machte durch ihre freundliche, aufgeschlossene Art Türen auf, baute Brücken, wo ihrem Mann manchmal vielleicht das Gehör für die Zwischentöne abging. Sie begann damals auch, ihr außerordentliches Interesse und ihre Begabung für Fremdsprachen auszubauen, und nahm privaten Unterricht. Französisch, Spanisch, Englisch und Italienisch beherrschte sie bald fließend. Natürlich konnte Wilhelmine Lübke Ende der Zwanzigerjahre nicht ahnen, dass sie als First Lady einmal Botschafterin ihres Landes werden sollte, und doch war dieses Sprachenstudium die perfekte Vorbereitung auf ihre Zeit in der Villa Hammerschmidt.[27]

Als die Weimarer Republik bereits in eine schwere Krise geraten war, gelang Heinrich Lübke ein beachtlicher beruflicher Aufstieg zum Geschäftsführer der *Deutschen Bauernschaft* und der *Siedlungsgesellschaft Bauernland*, außerdem saß er von 1932 bis

1933 für die Zentrumspartei im Reichstag. Nach der Machtübernahme der Nationalsozialisten aber verlor Lübke seine Posten und wurde darüber hinaus, wie nicht wenige dem Regime unliebsame Unternehmer, der Korruption bezichtigt. Über zwanzig Monate saß er in Untersuchungshaft, war in Berlin-Moabit und -Plötzensee interniert, wo ihn Wilhelmine Lübke alle zwei Wochen besuchen durfte. Plötzlich musste sie wieder für sich selbst sorgen und hielt sich mit Nachhilfestunden über Wasser. Außerdem vermietete sie in ihrer Wohnung Zimmer unter. Als ihr Mann im Herbst 1935 aus der Haft entlassen wurde, waren seine einstmals roten Haare weiß geworden. Völlig entkräftet zog er sich zunächst auf den Hof seines Bruders in Schleswig-Holstein zurück. Später fand er wieder eine Anstellung, die das Paar finanziell über die Jahre des Kriegs brachte, die seinem Ansehen aber später als Bundespräsident erheblich schaden sollte: Ab 1944 war er stellvertretender Leiter jener Baugruppe des Architektur- und Ingenieurbüros Schlempp, die für Albert Speer tätig war. Unter anderem war Lübke als Bauleiter zuständig für die Heeresversuchsanstalt Peenemünde, bei deren Bauarbeiten auch KZ-Häftlinge zum Einsatz kamen. Das Kriegsende erlebten die beiden in relativer Sicherheit. Heinrich machte in einem kleinen Bauunternehmen im westfälischen Höxter Pläne für einen Wiederaufbau nach dem Krieg, Wilhelmine Lübke war aufgrund der massiven Bombardierungen aus Berlin ins heimatliche Ramsbeck geflüchtet.[28]

Nach dem Krieg stieg Heinrich Lübke lückenlos wieder in die Politik ein. Seine Inhaftierung unter den Nationalsozialisten galt in diesen Jahren als Ausweis seiner politischen Unbescholtenheit. Seine Tätigkeit in Peenemünde sollte erst während seiner zweiten Amtszeit als Bundespräsident Thema werden. Zunächst machte Lübke aber beachtliche Karriere in der CDU und wurde im zweiten und dritten Kabinett Adenauer Bundesminister für Ernährung, Landwirtschaft und Forsten. Die Lübkes ließen sich in Bonn nieder und bauten ein Haus auf dem Venusberg. Wilhelmine Lübkes Geschmack schlug sich in diesem Haus ebenso nieder wie jener Luise Erhards im Kanzlerbungalow. Der bekannte

Bonner Journalist Walter Henkels schrieb über das Haus der Lübkes: »Es sieht aus wie das westfälische Landhaus eines bemittelten Kleinfabrikanten, der Geschmack hat bis zum letzten i-Pünktchen, selbst in der Innenarchitektur.« Henkels beschrieb auch, dass die Herrin des Hauses jeden Morgen um sechs Uhr barfüßig eine Runde durch das feuchte Gras drehte, um anschließend noch ein Stündchen zu schlafen. Der Atmosphäre des Hauses könne man sich schwer entziehen. Die Kunst, der Flügel, die vielen Bücher in verschiedenen Sprachen beeindruckten Henkels sehr.[29]

Wilhelmine Lübke zeichnete eine große Neugier aus, sie war selbst in fortgeschrittenem Alter immer wieder bereit, sich auf Neues einzulassen. Als 1959, nach all dem Hickhack zwischen Konrad Adenauer und Ludwig Erhard, ihren Mann der Ruf ereilte, sich als Unionskandidat für das Bundespräsidentenamt aufstellen zu lassen, zögerte dieser zunächst, während seine Frau in dieser Aufgabe eine faszinierende Herausforderung erblickte. Später nahm Adenauer immer wieder Anstoß am für seinen Geschmack zu selbstbewussten Auftreten der First Lady, zunächst aber war die kluge Wilhelmine Lübke im Hinblick auf eine Kandidatur des Sauerländers wohl eher ein Plus auf seinem Zettel. Die zukünftige Herrin in der Villa Hammerschmidt war nicht nur gut katholisch, sie hatte als Lehrerin auch viele Jahre an einem Oberlyzeum der Franziskanerinnen unterrichtet. Hatte schon Elly Heuss-Knapps Frömmigkeit den Alten für sie eingenommen und ihrem Mann dadurch Vorteile verschafft, so dürfte auch Wilhelmines enge Verbindung zur katholischen Kirche Adenauer beruhigt haben. Obwohl man betonen muss, dass auch Heinrich Lübke selbst durchaus ein gläubiger Mann war und nicht zufällig für das katholische Zentrum im Reichstag gesessen hatte.

Hatte es Elly Heuss-Knapp in den unmittelbaren Nachkriegsjahren für ihre vornehmste Aufgabe gehalten, den desillusionierten Deutschen den Glauben an die Zukunft zurückzugeben, die Menschen für ein demokratisches und liberales Gemeinwesen zu interessieren, vor allem aber mit dem Müttergenesungswerk ganz praktisch die bitterste Not der Familien zu lindern, so lag Wilhelmine Lübkes Mission ihrer eigenen Auffassung zufolge auf einem anderen Feld. Nach der Bescheidenheit, die Elly und Theodor Heuss an den Tag gelegt hatten, nahmen sich die Lübkes durchaus die Freiheit, die neue Bundesrepublik selbstbewusst zu repräsentieren. Das Land hatte in den vorangegangenen Jahren immerhin Erstaunliches vollbracht, und vorsichtig, aber doch wahrnehmbar mauserte sich auch das Amt des Bundespräsidenten. Wilhelmine Lübke hatte daran einen maßgebenden Anteil. Das Reisepensum des neuen Bundespräsidenten wuchs, wie erwähnt, enorm an. Entscheidend dabei war ohne Zweifel, neben wirtschaftlichen und politischen Überlegungen, auch die Bereitschaft der Lübkes, im Dienst ihres Landes rund um den Erdball zu jetten. Dabei spielten die Reiselust Wilhelmines, ihre Neugier auf fremde Kulturen, ihre Vielsprachigkeit, ihre Gewandtheit und ihre Freude am Repräsentieren eine wichtige Rolle. Gerade in Heinrich Lübkes zweiter Amtszeit, als der Bundespräsident aufgrund einer beginnenden Demenz immer stärker auf Hilfe angewiesen war, wären Fernreisen, wie die Lübkes sie weiterhin unternahmen, ohne die First Lady gar nicht denkbar gewesen.

Die Bundespräsidentschaft Lübkes stand also vor allem im Zeichen einer Öffnung des Landes. Das Paar legte einen bewundernswerten Rhythmus an den Tag. Kaum waren die Koffer ausgepackt, brachen die Lübkes schon wieder auf. Die Staatsbesuche zeugten auch von der zunehmenden Normalisierung der Verhältnisse. Das Staatsoberhaupt und seine Frau wurden überall empfangen und waren selbst versierte Gastgeber. Und doch war vieles noch improvisiert, suchte man noch nach einem eigenen Weg. Erst in den Siebzigerjahren sollte das Amt mit Walter Scheel und seiner Frau Mildred einen weiteren Professionalisierungsschub erfahren, sollten Rituale und Prozedere auf eine solide und verbindliche Basis gestellt werden.

Viele Länder, in die die Lübkes kamen, empfingen zum ersten Mal Gäste aus der Bundesrepublik. Da war noch wenig eingespielt. Die Lübkes genossen also einige Freiheit, eigene Akzente zu setzen. Die Bundesbürgerinnen und Bundesbürger verfolgten die Reisen ihres First Couple mit großem Interesse. Vor allem die Trips in weit entfernte Länder weckten die Neugierde der Menschen. Journalisten, Fotografen und Kameraleute begleiteten das Paar und gaben den Lesern und Zuschauern ihrer Zeitschriften, Zeitungen und Programme die Möglichkeit, selbst ein wenig Exotik zu schnuppern. Die Kinos zeigten eigens produzierte Kurzdokumentationen der *Wochenschau*. Die Filme begannen jeweils mit opulentem Vorspann und pompöser Orchestermusik, den damals so beliebten *Sissi*-Filmen nicht unähnlich. Danach wurden Aufnahmen vom Bundespräsidenten und seiner Gattin auf den verschiedenen Stationen ihrer Reise gezeigt. 1962 beispielsweise flogen die Lübkes zu einem fünftägigen Besuch nach Thailand. Die Bundesbürger konnten in der *Wochenschau* beobachten, wie die First Lady und ihr Mann bei strahlendem Sonnenschein in Bangkok das Flugzeug verließen und raschen Schritts die Gangway hinabstiegen. Am Rollfeld wartete nicht nur der gut aussehende König Bhumibol in weißer Gardeuniform, sondern auch seine junge Frau, Königin Sirikit, in einem roséfarbenen Seidengewand, einen farbenfrohen Sonnenschirm in den Händen haltend. Unten angekommen, ging es ans Händeschütteln, und man kann sich nicht des Eindrucks erwehren, dass Wilhelmine Lübke, im hellen Kostüm, mit Hut und Sonnenbrille, dem König ihre Hand zuerst hinstrecken wollte, obwohl das Protokoll zunächst einen Händedruck der beiden Staatsoberhäupter vorsah. Die beiden Paare kannten sich bereits von einem Besuch der thailändischen Monarchen in Bonn zwei Jahre zuvor. Man schätzte und mochte sich. König Bhumibol hatte Wilhelmine Lübke noch in lebhafter Erinnerung. Nicht zuletzt, weil die westdeutsche First Lady, bezaubert von Sirikits Schönheit, den König bei einem Abendessen dazu gebracht hatte, seiner Frau über die Tafel zuzurufen: »Sirikit, you are beautiful.« Derlei unkonventionelles Verhalten irritierte zuweilen das Protokoll, und auch die deutsche Presse mokierte sich hin und wieder darüber. Königin Sirikit allerdings hatte offenbar keine Probleme mit Wilhelmine Lübkes Direktheit. Die beiden Frauen pflegten auch in späteren

Jahren einen regen Briefwechsel. Ähnlich offen und unverblümt zeigte sich Wilhelmine Lübke übrigens auch gegenüber dem tunesischen Präsidenten Habib Bourguiba. Auf einem Empfang in Bonn sagte sie auf Französisch zu ihm: »Ich liebe Ihre blauen Augen sehr.« Ob die Erklärung der First Lady den Tunesier in Verlegenheit brachte, ist nicht überliefert.[30]

Die Bundesbürger konnten ihren Präsidenten und dessen Frau auf dem Bildschirm vor eindrucksvoller Kulisse – unter hohen Palmen, in prächtigen Tempeln und kostbaren Palästen – bewundern. Sie konnten zusehen, wie Wilhelmine Lübke sich in einer Fabrik in Bangkok kostbare handgesponnene Seidenfäden vorführen ließ, konnten mit dem First Couple zusammen eine Vorführung von Arbeitselefanten bewundern und sich mit den Lübkes darüber freuen, dass dem deutschen Präsidentenpaar überall ein rauschender Empfang bereitet wurde. Unverkennbar schwang bei der zumindest anfänglichen Begeisterung der Öffentlichkeit für die Fernreisen der Lübkes auch eine gewisse Sehnsucht nach Inszenierung, nach schönen, farbenprächtigen Bildern mit. Ein Hauch von Königsglanz wehte durch die Bundesrepublik. Nach den Jahren der nüchternen Witwer befriedigten die Aufnahmen, die die Lübkes in aller Welt zeigten, nicht nur das wiedererwachte Verlangen der Öffentlichkeit nach ein bisschen Glanz, sie bewiesen den Deutschen auch, dass man in der Welt wieder willkommen war. Wilhelmine Lübke, 1885 geboren – das ließ sich hie und da nicht leugnen –, war ein Kind der Kaiserzeit. Wie bewusst sie Anleihen nahm aus dem monarchischen Erbe Deutschlands oder auch jenem anderer Länder, lässt sich nicht eindeutig klären. Dass ihre Art, die Rolle der First Lady zumindest auf internationaler Bühne zu interpretieren, für die Bundesrepublik ein Novum war, das zuweilen an vergangene Zeiten erinnerte, steht allerdings zweifelsfrei fest. Die Lübkes erhielten auf ihren zahllosen Reisen Ehren und Orden. Am Ende der zweiten Amtszeit ihres Mannes hatte Wilhelmine Lübke sechsundzwanzig Großkreuze aus aller Welt in ihrer Sammlung.[31]

Eigenes zu etablieren – das galt auch für den Alltag in der Villa Hammerschmidt. Das Paar bestand zum Beispiel darauf, jeden

Mittag zusammen zu essen. Und gewisse schrullige Eigenheiten, die die Lübkes, wie so viele ältere Ehepaare, an den Tag legten, wurden vom Umfeld, wenn auch süffisant lächelnd, toleriert. So zum Beispiel wenn Wilhelmine bei offiziellen Anlässen ihren Mann irgendwann zur Seite nahm und sagte: »Heini, wir gehen zu Bett.« Eins steht bei alldem aber fest. Wilhelmine Lübke nahm ihre neue Aufgabe sehr ernst. Jeden Morgen ließ sie sich von ihrem Fahrer im Privathaus am Haager Weg 69 abholen und in die Villa fahren. Dort erledigte sie die umfangreiche Korrespondenz, widmete sich ihren karitativen Aufgaben, bereitete sich auf Veranstaltungen und Reisen vor, empfing Besuch. Nach zwei Jahren im »Amt« konnte sie eine eigene Sekretärin durchsetzen. Wenn auch vieles neu war für die Mittsiebzigerin, so hatte sie doch kaum Anlaufschwierigkeiten. Auf die Frage einer Journalistin, ob es ihr leichtgefallen sei, die Rolle der Frau des Staatsoberhaupts zu lernen, entgegnete sie: »Lernen? Ich war eigentlich sofort drin.« Dabei war sie aber durchaus beratungsoffen. Wie Elly Heuss-Knapp ließ Wilhelmine Lübke sich in Sachen Outfit coachen. In Isa von Holleben, der Frau des Protokollchefs, und Elisabeth Herwarth von Bittenfeld, der Gattin des Staatssekretärs im Bundespräsidialamt, hatte sie stilsichere Expertinnen in Garderobenfragen.[32]

»Ruthie«

Berlins First Lady sammelte zwar keine Orden. Aber sie fungierte ähnlich der Bonner First Lady als Aushängeschild, als Sympathieträgerin. Die meisten offiziellen Gäste, die der Bundesrepublik in diesen Jahren einen Besuch abstatteten, machten auch in Berlin halt. So empfingen Willy und Rut Brandt nicht nur regelmäßig wichtige Staatsgäste, sondern wurden im Gegenzug auch immer wieder eingeladen. Im Jahr 1959 sollte der Regierende Bürgermeister in die USA kommen, um zum 150. Geburtstag Abraham Lincolns eine Rede in Springfield, Illinois, der Heimatstadt des 16. amerikanischen Präsidenten, zu halten. »Ruthie, du mußt auch mit!«, insistierte der amerikanische Stadtkommandant General Barksdale Hamlett, als es an die Vorbereitung der Reise ging. Rut Brandt zögerte zunächst, sie wollte die Kinder nicht so lange allein lassen. Ihre Söhne waren damals acht und elf Jahre alt. Schließlich aber stimmte sie zu, und sie sollte es nicht bereuen. Es ist wohl nicht übertrieben zu sagen, dass die Brandts das Land im Sturm eroberten. New York schmiss eine *Ticker-tape*-Parade für den Regierenden Bürgermeister, eine Ehre, die nur wenigen zuteilwird. Stundenlang wurde Brandt, in einer Limousine stehend, durch die Stadt gefahren. Auf den Trottoirs entlang des Broadways standen Menschenmassen unerschrocken unter dem Konfettiregen, der sich mit echten Tropfen vermischte, und schwenkten Fähnchen. Das schlechte Wetter konnte der Stimmung nichts anhaben. Die »Willy, Willy«-Rufe wollten nicht verstummen. Die Menge bekundete aber nicht nur überschwänglich Sympathie für den Bürgermeister, sondern zollte seiner Stadt Respekt und versicherte sie ihres Beistands. Dass man dabei auch sich selbst feierte, verstand sich von selbst. Schließlich waren die USA der wichtigste Verbündete und Beschützer des verletzlichen Berlins. Rut Brandt fand New York faszinierend, die New Yorker Rut ihrerseits hinreißend. Die amerikanische Presse überschlug sich, sie war das, was man an der Ostküste *headline stuff* nannte. Sie bewege sich mit Grazie und Sicherheit auf dem politischen Parkett, habe auf den ersten Blick die Herzen erobert. Jedermann sei von der blauäugigen Blondine begeistert. Für die junge Frau war das Programm aber auch ungemein anstrengend: »Wir jagten atemlos von einem Ort zum anderen, von Mittagessen zu Cocktailpartys, von Abendessen zu Nightcaps. Man holte mich vom Friseur ab, bevor das Haar trocken war, und wir sausten zum Empfang bei Bürgermeister Bob Wagner im Waldorf Astoria, wohin auch der Herzog und die Herzogin von Windsor kamen.« Die *Washington Post*, die von diesem Abend berichtete, kam zu dem Schluss, dass Rut Brandt neben der Herzogin von Windsor durchaus bestehen konnte in ihrem rosa Spitzenkleid. Und Wallis Simpson gelte ja bekanntlich als eine der bestangezogenen Frauen der Welt. Die deutsche *Wochenschau* berichtete eingehend vom USA-Besuch der Brandts, zeigte Willy Brandt, wie er in New York bejubelt wurde, Rut Brandt neben dem New Yorker Bürgermeister, strahlend im hellen Mantel, an ihrer modischen Kappe eine große Blume. Allen Strapazen der Reise zum Trotz sieht man Rut und Willy Brandt auf diesen Bildern ihre Überwältigung an, ihre Freude angesichts des überschwänglichen Empfangs. Auf wenigen Aufnahmen wirkt der zurückhaltende Brandt so ausgelassen und fröhlich wie auf jenen aus New York. Die *Wochenschau* kam denn auch zu dem Ergebnis, dass die Reise der Brandts ein voller Erfolg gewesen sei, an dem Rut Brandt einen gehörigen Anteil gehabt habe.[33]

Als Rut endlich wieder zurück in Berlin war und ihren Kindern ausführlich berichtet hatte, wurden Peter und Lars zu Cowboy und Indianer, »und ich mußte eine ganze Woche ins Bett, um wieder ein Mensch zu werden«. Bei einer weiteren Amerikareise Willy Brandts im Herbst 1961 war seine Frau übrigens nicht dabei, da die Geburt ihres dritten Sohnes kurz bevorstand. Rut Brandt fürchtete sich sehr davor, denn die vorangegangenen Entbindungen waren alles andere als leicht gewesen, aber Willy meinte, es werde schon alles gut gehen, und packte seine Koffer. Als der kleine Matthias wenig später mit einem Notkaiserschnitt auf die Welt geholt werden musste, gab eine der Sekretärinnen im Bürgermeisterbüro die Einwilligung zu dem Eingriff, da der Ehemann nicht erreichbar war. Dieser bekam denn auch nur die Meldung über den Atlantik gesendet, dass Mutter und Kind wohlauf seien. Dass ihr Mann damals einfach gefahren sei, habe sie tief verletzt, erinnert sich Rut Brandt viele Jahre später. »Diese Reise hätte er verschieben müssen. Irgendwie.«[34] Rut Brandt erlebte das, was sämtliche Frauen der Kanzler nach ihr erlebten: Die Politik geht vor. Hannelore Schmidt, Hannelore Kohl, Doris Schröder-Köpf – sie alle mussten sich damit auseinandersetzen, dass sie in Fragen der Kindererziehung und anderen persönlichen Angelegenheiten nicht selten auf sich gestellt waren. Ja, im Grunde kamen sich diese Frauen sicher hin und wieder vor wie Alleinerziehende. Aber dazu später mehr.

Rut Brandt zog Lehren aus ihrer Amerikareise, die ihr später als Kanzlergattin zugutekommen sollten. Sie wollte fortan selbst entscheiden, wie ihre Agenda aussah, und setzte durch, dass sie bei der Planung von Reiseprogrammen von nun an ein Wörtchen mitzureden hatte. Das galt auch für die vielen Berlinbesucher. »Ich führte sie stolz herum«, so Rut Brandt in ihren Erinnerungen. »Sie sollten sehen, was wieder aus Berlin geworden war.« Im Februar 1962 empfingen die Brandts Bob und Ethel Kennedy, Bruder und Schwägerin des amerikanischen Präsidenten. Ethel und Rut verstanden sich gut, besuchten gemeinsam die Mauer, die Oper, die deutsch-amerikanische Schule und zu guter Letzt das KaDeWe – schließlich musste Ethel in der Spielwarenabteilung Geschenke für ihre sieben Kinder besorgen. Die Kennedys wollten auch unbedingt die Brandt'schen Kinder kennenlernen. Als Rut einwandte, dass die vormittags in die Schule müssten, die Kennedys aber ja schon morgens zurückflögen, beschloss Bob Kennedy spontan, ihnen eine Entschuldigung zu schreiben. Die Buben, so notierte er am Flughafen auf ein Stück Papier, hätten an einer sehr wichtigen Unterredung teilgenommen, die die Freiheit der Vereinigten Staaten und Berlins betreffe: »Ich hoffe, wir können auch später mit ihnen rechnen. Es war sehr nützlich. Vielen Dank! R. F. Kennedy.« Zurück in den USA schrieb Ethel noch einen Dank an Rut Brandt und berichtete, dass die Berliner Bären, die sie für ihre Kinder gekauft habe, gut angekommen seien. Berlin sei zweifellos der Höhepunkt ihrer Reise gewesen, so Ethel, und der Mut der Berliner werde ihr immer in Erinnerung bleiben.[35]

An einem warmen Junitag 1963 kam schließlich der, auf den ganz Berlin so sehnlich gewartet hatte: John F. Kennedy, »jugendlich, im grauen Flanell, mit einem breiten Lächeln«, wie sich Rut Brandt erinnert. Ganz Berlin war aus dem Häuschen, und man veranstaltete nun seinerseits für den Präsidenten eine *Ticker-tape*-Parade. Es regnete weiße Papierschnipsel, als Kennedy, Adenauer und Brandt im offenen Wagen stehend durch die Straßen fuhren. Neben den beiden charismatischen jungen Männern wirkte Adenauer plötzlich sehr alt. Außerdem hatten die Berliner ihm noch nicht verziehen, dass er sich in jenem Sommer 1961, als durch ihre Stadt eine Mauer gezogen worden war, so lange nicht hatte blicken lassen. Hunderttausende warteten auf dem Platz vor dem Schöneberger Rathaus auf den amerikanischen Präsidenten und wurden Zeuge, wie er vor aller Welt sein Bekenntnis zu Berlin ablegte. »Ick bin een Berliner«, hallte über den Platz, und Rut Brandt war ebenso gerührt und ergriffen wie all die Frauen und Männer um sie herum.[36]

Beschützerin

Wilhelmine Lübke und Rut Brandt waren in den späten Fünfziger- und den Sechzigerjahren sicher die herausragendsten Botschafterinnen des Landes. So unterschiedlich sie waren, so sehr lag ihnen daran, dass die Welt Anteil nahm an Deutschlands Schicksal und dass Deutschland in der Welt willkommen war. Schon als Heinrich Lübke noch Minister war, war seine Frau zu einer festen Größe in Bonn geworden. Wilhelmine Lübke war in der Lage, die Defizite ihres Mannes mit ihrer Aufgeschlossenheit, ihrem Selbstbewusstsein und ihrer Verbindlichkeit auszugleichen. Ein ausländischer Diplomat sagte einmal über sie, sie sei eine »unbesoldete und unbezahlbare Botschafterin ehrenhalber«. Als Lübkes Amtszeit zu Ende ging und man sich auf die Suche nach einem Nachfolger machte, war aus Bonn durchaus zu hören: »Warum lange suchen? Wählen wir einfach Frau Wilhelmine!«[37]

Ende der Fünfzigerjahre war die Rolle der First Lady in Deutschland noch ein weitgehend unbeschriebenes Blatt. Elly Heuss-Knapp hatte mit dem Müttergenesungswerk einen wichtigen Meilenstein gesetzt, für ihre Nachfolgerin aber noch reichlich Platz gelassen. So viele Felder waren noch gänzlich unbeackert. 1962 gründete Wilhelmine Lübke mit ihrem Mann das *Kuratorium Deutsche Altershilfe*, das sich dem damals noch kaum bekannten Bereich der Gerontologie widmete. Die Altenhilfe, das erkannten beide auch dank ihrer zahlreichen Reisen, musste in einer modernen Industriegesellschaft auf neue Füße gestellt werden. Die Versorgung der Alten innerhalb der Familien konnte weniger und weniger bewerkstelligt werden, die bestehenden

Altenheime waren unzureichend ausgestattet. Hier gab es viel zu tun. Und Wilhelmine Lübke packte entschlossen an. Aus England und den USA kannte die First Lady eine Organisation, die sich *Meals on Wheels* nannte. Durch die Lieferung fertiger Mahlzeiten konnten Senioren länger in den eigenen vier Wänden bleiben. Die First Lady setzte sich sehr dafür ein, *Essen auf Rädern* nach Deutschland zu bringen. Sie lenkte so den Blick der bundesrepublikanischen Öffentlichkeit, die sich endlich wieder hier und da einen kleinen Luxus erlauben konnte, auf diejenigen, die vom wachsenden Wohlstand nur wenig profitierten. Die Gesellschaft veränderte sich rasant, jetzt galt es die im Auge zu behalten, die am verletzlichsten waren. Für Wilhelmine Lübke waren das nicht zuletzt die Alten. Diese Generation hatte, wie sie selbst, zwei Weltkriege erlebt, Jahre der Inflation, der bitteren Not, viele waren aus ihrer Heimat geflohen, hatten alles zurücklassen müssen. Nun, das war der First Lady wichtig, sollten sie ihren Lebensabend in Würde zubringen können.

Wilhelmine Lübke war eine politische Frau. Zu Beginn der Amtszeit ihres Mannes äußerte sie sich hin und wieder noch recht ungeschützt, wurde aber rasch vorsichtiger, nachdem sie durch eine polarisierende Äußerung zwischen die Fronten geraten war. Kurz nach der Vereidigung ihres Mannes hielt sie einen Vortrag vor indischen Studenten aus Kerala, in dem sie die Hoffnung kundtat, dass man den Kommunismus aus dieser stark christlich geprägten Provinz Indiens zurückdrängen werde: »Ich bin voller Zuversicht, daß der Sieg unser ist, wenn wir all unsere Mühen unter das Kreuz Christi stellen.« Ihre Rede wurde anschließend unter der Überschrift »Der Hauptfeind des Christentums ist der Kommunismus« im regierungsoffiziellen *Bulletin* des Bundespressedienstes abgedruckt und erhielt damit »Quasi-Staatsrede«-Charakter. Es hagelte Kritik, und natürlich beeilte man sich von offizieller Seite hinterherzuschieben, dass die Gattin des Bundespräsidenten lediglich als Privatperson gesprochen habe. Fortan nahm sich die First Lady vor allzu deutlichen politischen Statements in Acht. Wie ihr Mann nahm sie aber großen Anteil am Schicksal des geteilten Berlin, der Stadt, in der sie selbst viele Jahre zu Hause gewesen war. Auch die Aussöhnung mit Frankreich war beiden Lübkes überaus wichtig. Und wie der Bundespräsident kannte seine Frau keine Berührungsängste gegenüber der politischen Opposition. So pflegten die Lübkes ein gutes Verhältnis zu den Brandts.[38]

Zum Geburtstag Heinrich Lübkes, so berichtet Matthias Brandt, 1961 geborener, jüngster Sohn der Brandts in seinem autobiografischen Buch *Raumpatrouille*, habe er regelmäßig mit seiner Klasse vor dessen Haus ein Ständchen bringen müssen. »An der Seite seiner Frau kam er vor die Tür und nahm die Prozedur reglos zur Kenntnis. Am Ende des Kanons bedankte sich Frau Lübke dann bei der Schuldirektorin, und der Präsident wurde, nachdem er uns etwas zögerlich zugewunken hatte, schnell wieder hineingeführt.« Matthias Brandts Schilderungen beziehen sich auf die frühen Siebzigerjahre und damit auf eine Zeit, in der Lübke nicht mehr im Amt war, zeigen aber, wie schnell dessen Erkrankung fortschritt und wie sehr er auf seine Frau angewiesen war.

Matthias' Vater war in der von Lübke durchaus favorisierten Großen Koalition 1966 Außenminister und Vizekanzler geworden, und die Familie zog in die Dienstvilla am Kiefernweg um. Rut Brandt war der Abschied aus Berlin schwergefallen, aber wie sich herausstellen sollte, gelang es ihr, im Gegensatz zu vielen anderen Ehefrauen Bonner Politiker, schnell Fuß zu fassen in der Stadt am Rhein. In kurzer Zeit baute sie sich hier einen festen Freundeskreis auf, zu dem allen voran die Autorin Heilwig von der Mehden und die Ärztin und spätere First Lady Mildred Scheel gehörten. Regelmäßig traf man sich im Lokal *Maternus* in Bad Godesberg. Bei Ria Maternus ging die Bonner Prominenz ein und aus. Politiker und Journalisten trafen sich hier auf ein Glas Wein oder ein Bier. Der aufgeschlossenen Rut Brandt fiel die Umstellung vom herben Berliner Charme zur rheinischen Fröhlichkeit offenbar nicht allzu schwer. Auch zu ihren neuen Nachbarn auf dem Venusberg, den Lübkes, pflegte sie schnell ein herzliches Verhältnis. Matthias Brandt berichtet in seinem Buch, dass er hin und wieder, von seiner Mutter adrett zurechtgemacht, bei

[3] Die Lübkes und die Brandts konnten miteinander. Offenbar fanden Wilhelmine Lübke und Willy Brandt auch auf der Tanzfläche den gleichen Rhythmus.

den Lübkes zum Kakaotrinken eingeladen war. Meist schweigend saßen die drei – Matthias, Wilhelmine und Heinrich – dann zusammen und tranken heiße Schokolade. Jedes Mal aber fragte Matthias nach Lübkes Geburtstag. »Herr Lübke schaute zu seiner Frau. ›Am vierzehnten Oktober, Heini‹, sagte sie, und obwohl ich die Antwort wegen des alljährlichen Ständchens schon kannte, klatschte ich in die Hände, strahlte scheinbar überrascht und rief: ›Nur eine Woche nach mir! Wir haben dasselbe Sternzeichen!‹ In seinen Augen sah ich, dass er sich freute, hauptsächlich wohl darüber, dass *ich* mich freute. Frau Lübke nickte mir kaum wahrnehmbar zu.«[39]

Wilhelmine Lübke war während ihres gesamten Ehelebens eine zentrale Ratgeberin ihres Mannes. Je mehr aber seine Kräfte nachließen, desto stärker übernahm sie. Natürlich merkte seine Frau als Erste, dass der Bundespräsident hin und wieder Dinge vergaß, durcheinanderbrachte, dass er zuweilen stur an seiner Meinung festhielt, auch wenn Berater versuchten, ihn vom Gegenteil zu überzeugen. Wilhelmine Lübke kannte ihren Mann besser als jeder andere Mensch in seinem Umfeld, und es entging ihr nicht, dass Heinrich abbaute. Sie tat das, was vermutlich viele Partner von Demenzkranken tun, vor allem, wenn die Krankheit noch in einem frühen Stadium ist: Sie versuchte, ihren Mann vor ungewohnten, potenziell schwierigen oder peinlichen Situationen zu bewahren. Also stand Wilhelmine Lübke bei offiziellen Anlässen noch präsenter als zuvor an der Seite des Bundespräsidenten, leitete ihn, half, wenn das Gespräch in eine Sackgasse geriet, glich durch ihren Charme manchen Fauxpas aus. Auf einer Reise nach Afghanistan 1967 musste die First Lady auch ganz konkret eingreifen. Heinrich Lübke war unzufrieden mit dem Kommuniqué, das die Bundesregierung mit der afghanischen Regierung vorab vereinbart hatte. Er bestand darauf, dass ein Satz eingefügt werde, der besagte, Afghanistan werde durch seine Haltung in der deutschen Frage seinen Dank für die westdeutsche Entwicklungshilfe zum Ausdruck bringen. Der mitreisende Minister für Entwicklungshilfe Wischnewski versuchte, dem Bundespräsidenten auseinanderzusetzen, dass dies unmöglich durchsetzbar sei. Afghanistan erhalte enorme Entwicklungshilfe aus der Sowjetunion, die ja unmittelbar an das Land angrenze. Da sei es schon beachtlich, dass das Land bisher keine diplomatischen Beziehungen zur DDR aufgenommen habe. Mehr könne man von den Afghanen nicht verlangen. Als sich Lübke weigerte, von seinem Standpunkt abzurücken, drohte Wischnewski als Vertreter der Bundesregierung abzureisen. Ein Eklat zeichnete sich ab. Mit größter Mühe gelang es Wilhelmine Lübke, ihren Mann von seinem Kurs abzubringen. Schließlich gab er nach. Zurück in Bonn erhielt Wischnewski einen Brief des Präsidenten, in dem er sich entschuldigte.[40] Man kann wohl davon ausgehen, dass auch dieses Schreiben nicht zuletzt auf Betreiben der First Lady zustande kam.

Jahre später hat die ganze Welt Anteil genommen an der Alzheimererkrankung des amerikanischen Präsidenten Ronald Reagan. Wann genau Reagans Leiden begann, ist unklar, dass seine Frau aber immer stärker das Ruder ergriff, ist unbestritten. Nancy Reagan hatte von jeher starken Einfluss auf ihren Mann ausgeübt, hat vor allem in Sachen Personalpolitik im Weißen Haus immer ein beachtliches Wörtchen mitgeredet. Angeblich war sie aber auch die treibende Kraft hinter Reagans Aufgeschlossenheit gegenüber Michail Gorbatschow und seiner Glasnost-Politik. Ohne Nancy, so Reagans Sohn Ron, hätte es sehr wahrscheinlich keinen Präsident Reagan gegeben.[41]

Ähnliches kann man wohl über die Lübkes sagen. Heinrich war nicht ohne seine Frau zu denken. Als nun in seiner zweiten Amtszeit ab 1964 der Wind rauer wurde – nicht nur hatte Lübke gesundheitliche Probleme, auch brachte ihn seine Vergangenheit während des Nationalsozialismus in Bedrängnis –, stand seine Frau fest an seiner Seite. Sie litt wie er unter den massiven Anschuldigungen, die nun, von der DDR lanciert, in die Öffentlichkeit getragen wurden. Die Lübkes wurden während der zweiten Amtszeit zweifach attackiert: Zum einen wurde der Bundespräsident, dem nun häufiger als früher hier und da eine falsche Formulierung herausrutschte, in der Presse immer wieder gnadenlos lächerlich gemacht. Man amüsierte sich über den weißhaarigen alten Mann, der nicht mehr auf der Höhe war. Das war schmerzhaft, vor allem, wenn man wie Wilhelmine Lübke wusste, dass hinter der Vergesslichkeit und Tatterigkeit des Präsidenten eine Krankheit steckte. Ebenso schmerzhaft war allerdings der Blick in die Vergangenheit, der dem Paar nun in aller Öffentlichkeit aufgezwungen wurde. Jahrelang hatte niemand von Lübkes Tätigkeit als Bauleiter für das Büro Schlempp und im weiteren Sinne auch für Albert Speer wissen wollen, man hatte Lübke sogar eher als Opfer der Nationalsozialisten eingestuft – was er zu Beginn des »Dritten Reichs« zweifellos war. Nun aber drehte sich der Wind. Dass es Ostberlin war, das die Kampagne ins Rollen gebracht hatte, die den Bundespräsidenten schwer beschädigen sollte, darüber kann kein Zweifel bestehen. Die westlichen Medien, allen voran der *Spiegel*, griffen die »KZ-Baumeister«-Anschuldigungen auf, referierten ausführlich die Vorwürfe, prüften, diskutierten. Die Debatte flammte über Monate immer wieder auf, ebbte nie ganz ab. Wie sind die Vorwürfe gegen Lübke einzuschätzen? Tat ihm die bundesdeutsche Öffentlichkeit unrecht, wenn sie seine Verstrickung in den Blick rückte? Der Historiker und heutige Geschäftsführer der Stiftung niedersächsische Gedenkstätten, Jens-Christian Wagner, kommt zu dem Urteil, dass Lübke sicher kein Kriegsverbrecher gewesen sei, vielmehr war er »einer der vielen vermeintlich technokratischen Ingenieure und Verwaltungsfachleute, die ihre Kenntnisse in den Dienst des Systems gestellt und dabei die dehnbare Trennlinie zwischen Mitwisser- und Mittäterschaft überschritten haben, ohne selbst überzeugte Nationalsozialisten gewesen zu sein«.[42]

Die Kampagne gegen Lübke konnte nur deshalb eine derart enorme Wucht entwickeln, weil der Bundespräsident schon vor seiner zweiten Kandidatur angeschlagen war. Aus den Reihen der FDP, aber auch aus der Union, deren Kandidat er ja ursprünglich gewesen war, kamen nun kritische Töne. Es mehrten sich Stimmen, die Anstoß nahmen an seiner Einmischung in die Tagespolitik, sein Wohlwollen gegenüber der Idee einer Großen Koalition vergrätzte nicht nur die FDP, sondern auch einige Christdemokraten und Christsoziale. Immer häufiger wurde über echte und vermeintliche sprachliche Entgleisungen des Präsidenten berichtet. Im März 1968 erschien ein langer Artikel im *Spiegel* unter der Überschrift »Überall ist Sauerland«. Auf dem Cover ein Porträt des Präsidentenpaars, Wilhelmine Lübke sitzend und erkennbar im Vordergrund, dahinter stehend Heinrich Lübke, daneben der Titel: »Die Präsidenten-Krise«. Ganz offen wurde Lübke in dem Artikel die Tauglichkeit für das höchste Amt abgesprochen. Man nahm kein Blatt mehr vor den Mund. Parteipolitischer Eigennutz, nicht aber die Absicht, den besten Repräsentanten zu finden, habe zur Wahl Lübkes geführt.[43]

Es gibt noch eine weitere Parallele zwischen Wilhelmine Lübke und Nancy Reagan. Die amerikanische First Lady konnte Illoyalität, oder was sie als solche empfand, weder vergeben noch vergessen. Parteifreunde, Mitarbeiter, Journalisten, die ihrem Mann ihrer Auffassung nach unrecht getan hatten, bekamen ihren Zorn zu spüren. »Man wollte nicht auf der Abschussliste meiner Mutter stehen«, sagte Nancy Reagans Sohn auf ihrer Trauerfeier halb im Scherz, halb im Ernst. Auch in Wilhelmine Lübkes Visier wollte man nicht geraten. Vor allem, als ihr Mann sich immer weniger selbst verteidigen konnte, wurde seine Frau seine grimmigste Beschützerin. So hegte sie jahrelang einen Groll vor allem gegen jene Parteifreunde, die ihren Mann während seiner zweiten Amtszeit aus ihrer Sicht im Stich gelassen hatten. Allen voran gegen den Bundeskanzler der Großen Koalition: Kurt Georg Kiesinger. Die First Lady als Verteidigerin ihres Mannes, als allseits loyale Kampfgefährtin – das ist ein roter Faden, der sich durch die Geschichte der Ersten Damen wie kaum ein anderer zieht. Wer so im Fokus steht wie ein Bundespräsident oder ein Bundeskanzler, macht sich auch angreifbar wie wenige andere. Die Ehefrau ist seine natürliche Verbündete. Und auch sie zahlt einen Preis. Das belegen die Biografien von Luise Erhard bis Doris Schröder-Köpf, von Elly Heuss-Knapp bis Elke Büdenbender.[44]

Auf dem Höhepunkt der Diskussion um ihren Mann geriet Wilhelmine Lübke schließlich selbst ins Kreuzfeuer. Und zwar nicht nur als Frau an seiner Seite, quasi in Mithaftung, sondern für eine Unkorrektheit, die sie sich zuschulden kommen hat lassen und die nun in der aufgeheizten Stimmung des Jahres 1968 aufgebauscht wurde. Die Lübkes hatten sich immer als gleich alt ausgegeben, nach dem Krieg aber ergriff Wilhelmine eine Gelegenheit, sich ganz offiziell zehn Jahre jünger zu machen. Ein Beamter vertippte sich bei einem offiziellen Dokument und notierte als Geburtsdatum statt des 9. Mai 1885 den 9. Mai 1895. »Frau Lübke nahm die schmeichelhafte Veränderung widerspruchslos hin und rührte sich auch nicht, als die falsche Altersangabe später in Bonn von der Personalbescheinigung den Weg in Meldekartei, Personalausweis, Reisepaß und schließlich in die Presse fand«, schrieb der *Spiegel*, als es im Dezember 1968 zur Aufnahme von Ermittlungen kam, die wenig später allerdings wieder eingestellt wurden. Der *Spiegel* berichtete auch, dass Wilhelmine Lübke dem Ortspfarrer, dessen Kirchenbuch Auskunft über ihr wahres Alter geben konnte, Stillschweigen auferlegt und seine Bedenken mit dem Hinweis weggewischt habe, sie sei als Gattin des Bundespräsidenten ohnehin immun. Von einer solch angeheirateten Immunität konnte natürlich überhaupt keine Rede sein.[45] Diese Episode zeugt zum einen von Wilhelmine Lübkes Eitelkeit, möglicherweise auch davon, wie sehr sie darunter gelitten hat, gegen die bürgerliche Norm zu verstoßen, der zufolge die Ehefrau jünger zu sein hatte als ihr Mann. Zum anderen belegt sie aber auch, wie akut die Gefahr ist, im höchsten Amt beziehungsweise als Partnerin eines Spitzenpolitikers die Bodenhaftung zu verlieren. Jahrelang steht man im Mittelpunkt, verfügt über Fahrer, Hausdame und Sekretär, auf Staatsbesuchen winken einem Tausende begeisterter Menschen zu. Die Versuchung, hin und wieder zu vergessen, dass Ämter in Demokratien eben nur verliehen werden, ist offenbar groß. Auch die Frau des Bundespräsidenten erfüllt eine Aufgabe, und keine geringe, aber sie tut das nur für eine gewisse Zeit. Wenn die Blase, in der sich Spitzenpolitiker bewegen, zerplatzt, sind die Auswirkungen brutal.

Der Druck auf die Lübkes wuchs im Laufe des Jahres 1968 enorm, bis der Bundespräsident schließlich zustimmte, sich früher zurückzuziehen, als es turnusgemäß fällig gewesen wäre. Um die Bundestagswahl im Herbst 1969 nicht mit der Diskussion um seine Nachfolge zu belasten, so die offizielle Sprachregelung, trat Heinrich Lübke im Frühjahr 1969 zurück und machte den Weg frei für ein neues Kapitel in der Geschichte der Bundesrepublik. Die Zeit war reif für ein Experiment, das die Menschen noch Jahre zuvor hätte zurückschrecken lassen. Nun aber wollte man es wagen. Und Lübkes Nachfolger wies den Weg.

3 Bonn ist eine Frau

Bürgerinnen

Bundespräsident Heinemann war erst kurze Zeit im Amt, als er mit seiner Frau Hilda deren Heimatstadt Bremen besuchte. Vor dem Rathaus hatten sich einige Studenten mit langen Haaren, angetan in Jeans und Parka, versammelt und skandierten politische Slogans. Als das Bundespräsidentenpaar die Gruppe, die sich der Außerparlamentarischen Opposition, genannt APO, zurechnete, passierte, versuchte Heinemann, mit den Demonstranten ins Gespräch zu kommen. Er habe nicht recht verstanden, was sie gerufen hätten, sagte er und blieb stehen. Die jungen Leute waren verdutzt, und einer feixte: »Und Frieden auf Erden, Herr Bundespräsident.« Daraufhin schüttelte Heinemann ihm die Hand und sagte: »Sie haben vollkommen recht.« Als der Bundespräsident sich zu seinem Wagen umwandte, ging es los. Im Rhythmus klatschend rief die Menge: »Ha-Ho-He, Heinemann okay!«[1]

Äußerlich unterschieden sich die Heinemanns auf den ersten Blick nicht fundamental von ihren Vorgängern, den Lübkes. Ende des 19. Jahrhunderts geboren, waren sie Generationsgenossen, ehrwürdige und ergraute Ehepaare in fortgeschrittenem Alter. Und doch brach mit den Heinemanns eine neue Zeit an. Dieses ältere Paar in all seiner Nüchternheit erwies sich als glückliche Wahl für eine Gesellschaft, in der eine junge Generation nicht nur begann, Fragen zu stellen, sondern zunehmend auch wagte, Überkommenes infrage zu stellen. Die Bundesrepublik bestand zwanzig Jahre, als die Heinemanns in die Villa Hammerschmidt zogen. Unter Kanzler Erhard und Kanzler Kiesinger, aber auch Bundespräsident Lübke war eine »Normalisierung« vorangeschritten: Die Bundesrepublik war wirtschaftlich wieder wer, der Lebensstandard stieg, die Beziehungen zu den westlichen Nachbarn gediehen erfreulich. Und doch geriet gerade jetzt etwas in Bewegung. Weltweit wurden im Laufe der Sechzigerjahre Stimmen laut, die die gängigen Konventionen kritisch in den Blick nahmen. Von Berkeley bis Berlin, von Prag bis Paris trieb es junge Menschen auf die Straßen. In Westdeutschland allerdings mischte sich zur Kritik an Konsum, Establishment und Vietnamkrieg noch eine weitere Ingredienz. Zwei Jahrzehnte nach dem Ende der nationalsozialistischen Diktatur fragten die jungen Frauen und Männer, was ihre Mütter und vor allem ihre Väter während des Nationalsozialismus getan hatten.

Die Gräben verliefen durch die eigenen Familien. So auch bei Beate Künzel, 1939 in Berlin geboren. Die junge Frau begann früh, ihren Eltern, die zwar keine überzeugten Nationalsozialisten, wohl aber Wähler der NSDAP gewesen waren, Vorwürfe für ihr Verhalten zu machen. Zu Beginn der Sechzigerjahre ging sie als Au-pair-Mädchen nach Paris, wo sie den Historiker und Rechtsanwalt Serge Klarsfeld kennenlernte, dessen Vater in Auschwitz ermordet worden war. Beate setzte sich in den folgenden Jahren intensiv mit der deutschen Vergangenheit auseinander und war empört, als Kurt Georg Kiesinger 1966 Kanzler wurde. Kiesinger war bereits im Februar 1933 in die NSDAP eingetreten und hatte während des Zweiten Weltkriegs unter Ribbentrop im Reichsaußenministerium gearbeitet. Wie im Fall Lübkes wurde auch Kiesingers Karriere im »Dritten Reich« im Laufe der Sechzigerjahre verstärkt zum Thema gemacht. Dabei war seine Biografie, wie jene Lübkes, nie ein Geheimnis gewesen. In den späten Vierzigern und Fünfzigern hatte, wie der Philosoph Hermann Lübbe es ausdrückte, allerdings ein Klima des Beschweigens geherrscht, eine gewisse Diskretion gegenüber der Vergangenheit. Damit war nun Schluss. Die Auschwitzprozesse und der Prozess gegen Adolf Eichmann in Jerusalem hatten ein neues gesellschaftliches Bewusstsein für die während der Diktatur begangenen Verbrechen geschaffen. Auch die Presselandschaft hatte sich gewandelt. Das linksliberale Magazin *Der Spiegel* wurde durch eine immer größere Leserschaft einflussreicher und schreckte auch vor den Mächtigsten nicht zurück.

Dabei war die Regierung Kiesinger an sich schon Ausdruck einer gewandelten politischen Szenerie, handelte es sich doch in Wahrheit um eine Regierung Kiesinger/Brandt und damit zum ersten Mal in der Geschichte der Republik um eine Große Koalition. Das ehemalige NSDAP-Mitglied Kiesinger und der ehemalige Emigrant Brandt – das war wahrlich keine Liebeshochzeit, eher eine sehr nüchterne Vernunftehe, die beiden Seiten einiges abverlangte. Seiner Frau vertraute Brandt einmal an, dass er sich psychisch und physisch unwohl fühle, wenn er mit Kiesinger zusammen sei.[2] Für den Sozialdemokraten aber, das sollte sich drei Jahre später herausstellen, ebnete die Große Koalition den Weg ins Kanzleramt. Für Kiesinger hingegen endete das Experiment bitter.

Aber zunächst zurück ins Jahr 1966. Als der unglückliche Ludwig Erhard von seiner eigenen Partei gestürzt worden war und die Union auf den erfolgreichen baden-württembergischen Ministerpräsidenten Kiesinger als Kanzlerkandidaten zurückgriff, gab es hier und da bereits kritische Stimmen. Zunächst die ausländische, später auch die deutsche Presse berichtete ausführlich über seine Vergangenheit. Dass die Diskussion aber in den folgenden Jahren eine solche Dynamik entfalten würde, konnten die CDU-Granden, die Kiesinger 1966 aufs Schild hoben, kaum ahnen. Vielen von jenen älteren Herren fehlte wohl schlicht die Fantasie für die Umwälzungskräfte, die bald spürbar werden sollten. Sie hatten die Fragen und Anliegen einer neuen Generation offenbar überhaupt nicht auf dem Schirm und reagierten auf altväterliche Weise pikiert, als sie mit Kritik konfrontiert wurden.

Kurt Georg Kiesinger hatte zunächst gar nicht ins Kanzleramt gestrebt, sondern sich Hoffnungen auf die Villa Hammerschmidt gemacht, war aber enttäuscht worden, als Heinrich Lübke 1964 noch einmal kandidierte. Vermutlich wäre der eloquente und schöngeistige Kiesinger in der Villa besser aufgehoben gewesen, und vielleicht hätte auch seine Frau dies vorgezogen. Noch lieber freilich wäre sie wohl in Stuttgart geblieben. Knapp zehn Jahre zuvor hatte Marie-Luise Kiesinger ihrem Mann geraten, Bonn den Rücken zu kehren und lieber Ministerpräsident im Ländle zu werden. Als Kiesinger nun 1966 aufs Bonner Parkett zurückkehrte, unterstützte ihn seine Frau, hielt sich aber meist im Hintergrund. Bei den Kiesingers herrschte ein recht traditionelles Rollenverständnis. Für ihren Mann hatte Marie-Luise einst ihr Medizinstudium an den Nagel gehängt, und selbstverständlich zog sie regelmäßig an jene Orte, die seiner Karriere jeweils förderlich waren. Mit Bonn wurde sie aber nie recht warm. Sie war unglücklich, dass ihre schönen Biedermeiermöbel nicht in die nüchternen Räume des modernen Kanzlerbungalows passten, und verbrachte, wann immer es ging, ihre Zeit lieber in ihrer behaglichen Wohnung in Tübingen. Wie Luise Erhard vor ihr trat die elegante und gebildete Marie-Luise Kiesinger öffentlich kaum in Erscheinung. Philipp Gassert, Biograf Kurt Georg Kiesingers, kommt zu dem Schluss, dass sich in Kiesingers privaten Lebensumständen sein konservativer Zuschnitt deutlicher gezeigt habe als in der Politik. »Marie-Luise Kiesinger trug das mit (...) Indem sie ihrem Mann einen sehr privaten Raum schuf, übernahm sie eine wichtige Funktion in seiner Politikerkarriere, wie überhaupt die wenigsten politischen Laufbahnen in Kiesingers Generation ohne ›die Frau‹ so recht vorstellbar sind.«[3]

Der ausgestreckte Zeigefinger

1968 brachte einen vorläufigen Höhepunkt der politischen und gesellschaftlichen Auseinandersetzung. Als Rut Brandt am Gründonnerstag dieses Jahres die Nachricht hörte, dass Rudi Dutschke, der Wortführer der westdeutschen Studentenbewegung, angeschossen und schwer verletzt worden war, als er mit dem Fahrrad auf dem Kurfürstendamm unterwegs gewesen war, um Medizin für seinen kranken Sohn Hosea-Che zu besorgen, erschrak sie zutiefst. Diese Tat, das war ihr sofort klar, würde die ohnehin aufgeheizte Atmosphäre noch zusätzlich anschüren. Aber Rut sorgte sich nicht nur um das Land und die Stimmung in der Bevölkerung, sie hatte auch ganz konkret Angst um ihren eigenen Sohn. Peter kannte Rudi Dutschke gut. Wie Dutschke war Peter in der Studentenbewegung aktiv und entfernte sich politisch immer weiter von seinem Vater. Auch in der Familie Brandt gab es einen Generationskonflikt. Die Gräben verliefen nicht so tief wie in manch anderen Familien, in denen die Eltern konservativ, vielleicht sogar in Teilen noch nationalsozialistisch gesinnt waren. Willy und Rut Brandt waren Sozialdemokraten, die selbst in ihrer Jugend weit links gestanden hatten. Andererseits befand sich die Familie Brandt im Brennpunkt des öffentlichen Interesses. Die Presse verfolgte sehr genau, was der Sohn des ehemaligen Regierenden Bürgermeisters von Berlin, des aktuellen Außenministers so trieb. Peter Brandts politisches Engagement stellte die Vater-Sohn-Beziehung vor große Herausforderungen. Aber auch für Rut war diese Zeit nicht leicht. Sie konnte ihren Sohn verstehen, konnte seine Ungeduld, seinen brennenden Wunsch nach Veränderung nachvollziehen, andererseits sah sie, wie sehr Willy unter den Anfeindungen der Presse und des politischen Gegners litt. Der Außenminister, so hieß es vielfach, habe seinen Sohn nicht im Griff. »Es war auch nicht so einfach, Mutter zu sein«, schreibt Rut in ihren Erinnerungen. »Es gab ja mindestens zwei, auf die ich Rücksicht nehmen mußte. Ich versuchte zu vermitteln, wenn ich es für notwendig fand, und ich versuchte, für beide eine Stütze zu sein. Aber ich fand wohl, daß Peter am meisten meiner Unterstützung bedurfte.« Nach dem Attentat auf Dutschke eskalierten die Demonstrationen, die Studenten gaben der Springer-Presse eine Mitschuld an der Tat, weil sie in den vorangegangenen Monaten hemmungslos gegen den Wortführer der Studentenbewegung gehetzt hatte. Die Demonstranten versuchten, das Springer-Haus in Berlin zu blockieren, die Auslieferung von Zeitungen zu verhindern. Es wurden sogar Lieferwägen in Brand gesteckt. Rut redete ihrem Sohn ins Gewissen, und schließlich gelang es ihr, zu ihm durchzudringen: »Mensch, was macht ihr da für

[4] Marie-Luise Kiesinger im Gespräch mit Farah Diba Pahlavi. 1968 reisten die Kiesingers in den Iran. Der Staatsbesuch des Schahs in Deutschland im Jahr zuvor war hoch umstritten. Bei einer Demonstration in Westberlin war der Student Benno Ohnesorg von einem Polizisten erschossen worden.

einen Mist«, konfrontierte sie ihn, »viele Menschen wären jetzt so offen gewesen, die Dinge neu zu betrachten.« Die Worte der Mutter, so der Sohn viele Jahre später, hätten ihn schon nachdenklich gemacht.[4]

Kiesinger brach angesichts der Eskalation auf deutschen Straßen zwar seinen Osterurlaub ab, fand aber nicht die richtigen Worte, um die aufgebrachten jungen Menschen zu erreichen. Dass Kiesingers Sprachlosigkeit nicht unbedingt eine Altersfrage war, bewies indes Gustav Heinemann, zu diesem Zeitpunkt noch Bundesjustizminister der Großen Koalition. »Wer mit dem Zeigefinger allgemeiner Vorwürfe auf den oder die vermeintlichen Anstifter oder Drahtzieher zeigt«, so Heinemann in einem Versuch, die Situation zu beruhigen, »sollte daran denken, daß in der Hand mit dem ausgestreckten Zeigefinger zugleich drei andere Finger auf ihn selbst zurückweisen.«[5] Heinemann war klar, dass man die politischen Forderungen der jungen Generation, so radikal sie zum Teil auch sein mochten, anhören musste. Die CDU-Spitze dagegen reagierte nach altbekanntem Muster, als im Herbst 1968 ein Skandal den Parteitag in Berlin erschütterte. Die Sicherheitsvorkehrungen waren in diesen Jahren, bevor der RAF-Terror begann, noch recht lax, und so gelang es Beate Klarsfeld – inzwischen zur selbst erklärten Nazijägerin avanciert –, bis ans Podium vorzudringen und Kiesinger eine Ohrfeige zu geben. Dass sie dazu noch laut »Nazi« rief, ging in dem anschließenden Rummel fast unter. Einzig der Kanzler saß zunächst regungslos da. Die Art und Weise, wie das Partei-Establishment und auch Kiesinger dann aber reagierten – man ließ die laufende Rede einer Delegierten unterbrechen und sprach von einem »unmöglichen Vorgang« –, führte auf dem Parteitag, zum Teil auch darüber hinaus zunächst zu einer Solidarisierung mit dem Kanzler, hatte aber auch zur Folge, dass die Szene zu einer Ikone der 68er-Bewegung werden konnte.[6]

Aber nicht nur die Bürgerinnen und Bürger gerieten in den späten Sechzigern in Bewegung. Auch innerhalb der politischen Landschaft kam es zu tektonischen Verschiebungen. Die Wahl Gustav Heinemanns zum Bundespräsidenten im Frühling 1969 zeigte das und gab gleichzeitig einen Vorgeschmack auf die anstehende Bundestagswahl im Herbst. Die kleine FDP, durch die Große Koalition in die Oppositionsrolle gedrängt und in eine Identitätskrise geraten, machte sich auf, Neuland zu betreten. Dabei spielte das gute Verhältnis zwischen dem neuen Mann der Liberalen, Walter Scheel, und dem Parteivorsitzenden der Sozialdemokraten, Willy Brandt, eine nicht unwichtige Rolle. Scheel, der seine Partei nicht nur modernisieren, sondern auch wieder koalitionsfähig machen wollte, gelang es tatsächlich, die FDP-Abgeordneten in der Bundesversammlung auf den SPD-Kandidaten Gustav Heinemann einzuschwören. Das Ergebnis war allerdings denkbar knapp. Heinemann wurde am 5. März 1969 im dritten Wahlgang mit nur sechs Stimmen Vorsprung vor seinem Gegenkandidaten Gerhard Schröder von der CDU zum Bundespräsidenten gewählt.

Rut Brandt schickte Hilda Heinemann anschließend einen Blumenstrauß und kritzelte auf das Kärtchen: »Hurra!« »Es war der Durchbruch zu einer neuen Zeit«, schrieb Brandt in ihren Memoiren. Heinemann sei auch ihr Präsident gewesen, ein Politiker mit weitem menschlichem Horizont und mit Verständnis für die 68er-Generation. Das war für Rut in dieser Zeit entscheidend. In ihrer eigenen Familie sah sie, wie wichtig es war, nicht in Schweigen zu verfallen, auch wenn die Differenzen noch so groß sein mochten. Ihr Sohn Peter geriet in diesen Monaten aufgrund seiner politischen Aktivitäten nicht nur in die Schlagzeilen, sondern auch in den Fokus der Polizei und der Justiz. Während der Demonstrationen nach dem Attentat auf Rudi Dutschke wurde er in Berlin verhaftet und dreißig Stunden festgehalten. In einem anschließenden Prozess wurde er zu zwei Wochen Dauerarrest verurteilt, was schließlich in eine Geldstrafe von zweihundertfünfzig DM umgewandelt wurde. Die Richterin interpretierte sein Verhalten als Auflehnung gegen den Vater. Sowohl Rut als auch Willy Brandt waren empört über die Ignoranz der Justiz. »Wenn eine Richterin«, so der Bundesaußenminister, »die vermutete Protesthaltung eines Sohnes gegen seinen Vater als kindliche Unreife betrachtet, dann frage ich mich, wie wir bei solcher Weltfremdheit zu einem besseren Verständnis der Jugend kommen können.« Dass der Faden der Kommunikation bei den Brandts nie abriss, beweisen zwei Briefe Peters an seine Eltern aus diesem heißen Sommer 1968. »Ich möchte«, schrieb er an seinen Vater, »daß Du weißt, wie sehr die familiäre Auseinandersetzung mich dauert. (…) Ich möchte Dir auch sagen (…) daß ich Dich für aufrichtig und ziemlich konsequent halte.« Und er fährt fort: »Mutti wird wohl nie verstehen, wie weit die politische Bindung gehen kann; Du weißt es. Ich möchte von Herzen gerne, daß es nie zum persönlichen Bruch kommt. Aber wir wissen beide, daß es dazu kommen kann. Ich hoffe, in Zukunft alles zu vermeiden, was Dir schadet, ohne daß ich es von meinem Standpunkt aus als sehr wichtig – als unbedingt wichtig ansehe.« Im Brief an seine Mutter versuchte Peter Brandt, der davon ausgehen konnte, dass sein Vater der Mutter sein Schreiben gezeigt hatte, Rut zu erklären, was er gemeint habe, wenn er konstatierte, dass sie nie verstehen könne, wie weit politische Bindung gehe. »Du verstehst mich sicher als politisch denkender Mensch«, so Peter, »kannst aber auch als Mutter und Ehefrau nicht billigen, wie sich zwei Menschen auseinanderentwickeln. Auf jeden Fall möchte ich auch Dir noch einmal sagen: Ich glaube heute, meine Erziehung war – innerhalb der Gesellschaft, die ich für unmenschlich halte und ändern will, – eine richtige, sozusagen ›antiautoritäre‹. Um Mißverständnisse zu vermeiden, möchte ich das ausdrücklich als Lob verstanden wissen.«[7]

Rut Brandt suchte immer ganz bewusst den Dialog mit ihren Söhnen und deren Freunden. Auch wenn Rut in erster Linie für die Erziehung der Jungen zuständig gewesen war – Willy war ja als Regierender Bürgermeister, später als Außenminister und Kanzler selten anwesend –, waren sich die Eltern doch einig, dass man den Kindern ihre Freiräume lassen musste, dass sie auch politisch ihren eigenen Weg gehen mussten. Hier machte sich wohl auch das skandinavische Erbe Rut Brandts bemerkbar. Während ihre Generation in Deutschland noch vielfach von stark autoritären Erziehungsmethoden geprägt war, hatte sie in Norwegen bei ihrer verwitweten Mutter in relativer Freiheit aufwachsen können. Dieses Gefühl wollte sie auch ihren Söhnen vermitteln.

Dass aber auch ihre diplomatischen Fähigkeiten immer wieder auf schwere Proben gestellt wurden, zeigt eine Episode, die sich beim SPD-Parteitag in Nürnberg im Frühjahr 1968 zutrug. Vor der Halle hatten sich linke Demonstranten versammelt, die Atmosphäre war aufgeheizt. Als die SPD-Granden an den Protestierenden vorbeikamen, wurden sie nicht nur verbal angegriffen. Willy Brandt bekam einen Hieb mit einem Regenschirm ab. Auch Herbert Wehner wurde attackiert, man schlug ihm die Brille vom Gesicht. Empört rief Brandt anschließend seine Frau an. Seine Geduld sei nun wirklich am Ende, die Demonstranten bezeichnete er als Peters »Gesinnungsgenossen«. »Auch wenn es sich keineswegs um Peters ›Gesinnungsgenossen‹ handelte, rief ich ihn am Nachmittag an und erzählte ihm, was geschehen war und wie ungehalten sein Vater sei. Peter war sehr getroffen und wollte etwas tun.« Und tatsächlich setzte Peter ein Telegramm auf, rief erneut seine Mutter an und las es ihr vor. Sie ermutigte ihn, es abzuschicken. »Ich bin empört über die gewaltsamen Angriffe gegen Dich vor dem Parteitag«, schrieb er. »Dadurch wurde die – wie ich meine – berechtigte Demonstration gegen die Politik der SPD entwertet und diskreditiert. Der Marxismus unterscheidet sich vom Anarchismus nicht zuletzt dadurch, dass er den individuellen Terror abgelehnt. Abgesehen von den tiefgreifenden und grundsätzlichen Gegensätzen, die uns im politischen trennen, finde ich es ungerecht – wenn schon solch falsche Methoden angewandt werden – gerade gegen den liberalsten SPD Führer vorzugehen.« Am nächsten Tag konnte Rut aufatmen. Willy rief sie an und berichtete stolz, dass er das Telegramm zum Parteitag mitgenommen und es auch den anderen in der Führung gezeigt habe.[8]

Als Hitler zum zweiten Mal den Krieg verlor

Nur sechs Monate nach der Wahl des SPD-Kandidaten Gustav Heinemann zum Bundespräsidenten folgte ein weiterer Schlag für die Union. Bei der Bundestagswahl 1969 erreichten die Konservativen zwar 46,1 Prozent der Stimmen, Kiesinger sah sich schon als Gewinner, Richard Nixon sandte Glückwünsche und die Junge Union machte sich auf zum Fackelumzug, am späteren Abend aber trat Willy Brandt vor die Kameras. Seine Frau war auch dieses Mal skeptisch gewesen, was den Wahlausgang betraf. Zu oft waren sie enttäuscht worden. Dass aber auch sie sich von der euphorischen Stimmung hatte anstecken lassen, die in SPD-Kreisen vorab geherrscht hatte, belegt, dass Rut einige Freunde eingeladen hatte, mit ihr zu Hause auf dem Venusberg die Wahlsendungen zu verfolgen. Bei Hühnersuppe und kalten Getränken wurden sie nun Zeugen, wie Brandt im Interview mit Peter Merseburger erklärte, dass die SPD das Kanzleramt für sich beanspruche und er den Liberalen Gespräche angeboten habe. Mit diesem Schritt überrumpelte Brandt die Union, die offenbar stillschweigend davon ausgegangen war, dass die Liberalen wieder bei ihnen im Boot sitzen würden. Die geheimen Treffen von Brandt und Scheel im Vorfeld zahlten sich nun aus. Die sozialliberale Koalition war geboren. Am nächsten Morgen rief Brandt Gustav Heinemann an, der ihm den Rat gab: »Willy ran, mach's!« Die rot-gelbe Mehrheit war äußerst knapp. Rut Brandt verfolgte die Wahl des Kanzlers angespannt von der Diplomatenloge aus. Als das Ergebnis feststand, kamen ihr die Tränen: »Endlich hatte er sein Ziel erreicht.«[9]

Für Willy Brandt war die Tatsache, dass er es als ehemaliger Emigrant ins Kanzleramt geschafft hatte, ein Beweis dafür, dass Deutschland sich verändert hatte. Ausländischen Pressevertretern gegenüber erklärte er, dass Hitler nun zum zweiten Mal den Krieg verloren habe. Kein Zweifel, dass seine Frau diese Auffassung teilte. Die vielen Demütigungen und Schmähungen, die auch sie während der langen Wahlkämpfe hatte hinnehmen müssen, waren sicher nicht vergessen, aber das Wahlergebnis und die phänomenalen Zugewinne für die SPD waren doch ein Signal der Versöhnung für sie. Und das politische Programm, das ihr Mann nun auf die Agenda setzte, trug sie uneingeschränkt mit. Brandt wollte die Bürger zu mehr Mitwirkung und Teilhabe ermuntern. Vermutlich führte das Paar keine langen Diskussionen über Brandts Motto »Mehr Demokratie wagen«. Vielmehr war es selbstverständliches Erbe der skandinavischen Erfahrung Willy Brandts, inspiriert durch das Exil in Schweden, aber durchaus auch durch seine norwegische Frau, die Art, wie sie die gemeinsamen Kinder erzog, wie sie selbstbewusst und selbstbestimmt durchs Leben ging und damit auch für zahlreiche Frauen in Deutschland zum Vorbild wurde. Der Machtwechsel 1969, schrieb der Journalist Günter Gaus, sei auch ein Stilwandel gewesen, der nicht zuletzt mit der neuen Kanzlergattin zusammenhing. Aus Norwegen, so Gaus, habe Rut Brandt »viel Lebensart und Weitläufigkeit in die deutsche Provinz in Berlin und Bonn gebracht«: »höfliches, aber entschiedenes Festhalten an einer abweichenden Meinung auch gegenüber versammelten großen Tieren, unbezähmbare Lachlust über diesen oder jenen politisch-öffentlichen Vorgang (...).« Rut Brandt, resümierte auch Helmut Schmidt, sei für die Deutschen ein Glücksfall gewesen.[10]

Programmatisch standen sich der Bundespräsident und der Kanzler ab 1969 in ihrem bürgernahen Ansatz sehr nahe. So zufrieden man mit der Entwicklung der Bundesrepublik in vielem sein konnte, machten die zunehmende Fixierung auf den Konsum und den eigenen Vorteil, aber auch der Raubbau an der Natur den Heinemanns Sorgen. Nach der wirtschaftlichen Konsolidierung musste nun auch die demokratische Verankerung der Bürgerinnen und Bürger in den Blick genommen werden. Heinemann versuchte, der Vätergeneration die Enttäuschung und Verweigerung ihrer Töchter und Söhne begreifbar zu machen, und warnte die Jugend zugleich vor einem Glauben an eine absolute Gerechtigkeit, die es nun mal nicht gebe auf der Welt. Hilda Heinemann teilte den politischen Ansatz ihres Mannes auf ganzer Linie. In einem Interview sagte sie einmal: »Ich nehme teil an der Ungeduld meines Mannes dem Zeitgeschehen gegenüber.« Beide waren geprägt von den Erfahrungen während des Nationalsozialismus, beide waren überzeugt, dass der mündige Bürger die beste Versicherung gegen autokratische und diktatorische Bestrebungen sei. Die Heinemanns erteilten dem Obrigkeitsstaat eine klare Absage. Die Bundesrepublik sollte ein offenes Land mündiger Bürger sein. Hilda Heinemann besuchte Wohngemeinschaften und Kommunen, sprach mit deren Bewohnerinnen und Bewohnern und äußerte sich durchaus verständnisvoll: »Mag man denken über die linke Jugend, wie man will. Sie haben geschrien, um vieles aufzudecken. Ohne ihre Mithilfe würde vieles nicht vorangehen.«[11]

Über ihre Zeit in der Villa Hammerschmidt sagte Hilda Heinemann später: »Das war, als ob ich nochmal ein neues Leben gemacht hätte.« Wie Wilhelmine Lübke war auch Hilda Heinemann bereits über siebzig, als sie First Lady wurde. Und wie Wilhelmine Lübke ging sie die neuen Aufgaben frontal an. Sie reiste gerne und begleitete ihren Mann auf zahlreichen Staatsbesuchen in alle Welt. Den Schwerpunkt ihrer Tätigkeit aber sah sie in Deutschland. Dass ihr Mann Präsident geworden war, stellte für sie übrigens eine Art Wiedergutmachung dar. So oft war Heinemann in den Augen seiner Frau von politischen Gefährten im Stich gelassen worden. Wie so viele First Ladies konnte auch Hilda Heinemann einen heiligen Zorn hegen. Dieser loderte manchmal noch lange fort, selbst wenn ihr Mann längst seinen Frieden mit der Situation oder einem politischen Widersacher gemacht hatte. Wenn ihr Mann mit negativen Schlagzeilen bedacht wurde, war Hilda oft nur schwer von einem Anruf in der Redaktion abzubringen. »Hilda Heinemann«, erinnert sich ihre langjährige Mitarbeiterin Ruth Bahn-Flessburg, »besaß ein durch die Jahre geschultes Gespür für Unrecht – oder was sie für Unrecht hielt –, das ihrem Mann widerfuhr.« Während Gustav Heinemann irgendwann zur Tagesordnung überging, »suchte seine Frau den Angreifer. Sie war schwer zurückzuhalten. Diplomatisches Fingerspitzengefühl kam ihr dann nicht zur Hilfe. Die Reaktion des unwillig Beschützten: ›Komm mir nicht mit deinen Emotionen.‹«[12]

Gustav Heinemanns berühmter Satz »Ich liebe keine Staaten, ich liebe meine Frau« war übrigens weniger eine Liebeserklärung an Hilda als eine Klärung seines Verhältnisses zu Deutschland. Die Beziehung Heinemanns zum Staat war eine rationale, eine nüchterne. Militärisches Brimborium, ergreifendes Pathos, überschwängliche Emotionen im Zusammenhang mit dem, was die Menschen Vaterland nannten, waren dem Protestanten zutiefst suspekt. Ein Gefühl wie Liebe, das war die Botschaft Heinemanns, war seiner Auffassung nach für Menschen reserviert. Dass die Heinemanns ein überaus enges und inniges Miteinander pflegten, darüber kann kein Zweifel bestehen. Die Journalistin Heli Ihlefeld, die dabei war, als Gustav Heinemann nach gewonnener Präsidentenwahl seine Frau wiedersah, erinnert sich: »Seine Frau streichelt zur Begrüßung seinen Arm und sagt: ›Na, du!‹ Nur zwei kurze Worte, eigentlich nichtssagend, aber sie enthalten viel Zärtlichkeit. Selten sah ich Glück und Stolz so aus einem Gesicht einer Frau leuchten wie bei Hilda Heinemann.«[13]

Als First Lady entdeckte Hilda Heinemann Fähigkeiten und Begabungen, die sie bislang nicht hatte ausleben können. Und sie verstand schnell, dass man, wollte man ein Anliegen voranbringen, nicht scheu sein durfte. Rasch knüpfte sie Kontakte zur Presse und baute ein Netzwerk auf. »Ich glaube«, so Christina Rau, »meine Großmutter ist als Lernende in diese Aufgabe reingegangen und hat ihre Chancen gesehen.«[14] Aber schon am Tag der Vereidigung ihres Mannes erkannte Hilda Heinemann, dass die Rolle der First Lady einige Unstimmigkeiten aufwies. So bedankte sich Bundestagspräsident Kai-Uwe von Hassel ausdrücklich bei Wilhelmine Lübke: »Sie haben, gnädige Frau, sich aufgeopfert, die Ihrem Manne übertragene Last mitzutragen. Sie verdienen unseren hohen Respekt.«[15] Wie sehr sie die Last vor allem in den späten Jahren der Amtszeit mitgetragen hatte, wussten viele im Saal und empfanden es daher als doppelt unpassend, dass die ehemalige First Lady diese Worte von der Tribüne für das Diplomatische Corps aus anhören musste und nicht neben ihrem Mann im Bundestag Platz nehmen hatte dürfen. Das hat sich inzwischen geändert. Heute sitzen die Partnerinnen der Bundespräsidenten bei der Vereidigung und der Verabschiedung ihrer Männer mit im Plenum. Die Ambivalenz des Amtes, das keines ist, aber besteht fort.

In der Villa Hammerschmidt, die vor dem Einzug der Heinemanns erst einmal renoviert werden musste, beanspruchte Hilda Heinemann ein eigenes Arbeitszimmer. Mit Ruth Bahn-Flessburg hatte sie eine erfahrene Referentin, die über ihre Zeit bei den Heinemanns später sagte: »Ich habe noch nie so hart gearbeitet und dabei so viel gelacht.« Außerdem waren zwei Sekretärinnen für sie tätig. Nicht selten kam ihr Mann in ihr Zimmer, setzte sich und sah seine Frau an, bis diese aufblickte und ungerührt mahnte: »Gustav, ich arbeite.« Heinemann machte sich Sorgen um die angeschlagene Gesundheit seiner Frau, die unter Diabetes litt und immer wieder ins Krankenhaus musste. Aber sie ließ sich nicht aufhalten. In der Villa Hammerschmidt begann mit den

Heinemanns eine neue Ära, denn anders als die Lübkes kamen sie nicht nur zum Arbeiten, sondern bewohnten die Räume auch. Im Garten wurde eine Schaukel aufgestellt, schließlich hatten die Heinemanns eine ganze Schar Enkelkinder, die zuweilen zu Besuch kamen. Eine Enkelin, Christina, begegnete hier ihrem zukünftigen Ehemann, der als politischer Ziehsohn häufiger Gast bei den Heinemanns war. An Johannes Raus Seite sollte sie Jahre später selbst First Lady werden.

Hilda Heinemann liebte ihre englischen Möbel, war umgeben von Porzellan und vielen Fotos. Die Wände der Villa Hammerschmidt und auch der Berliner Dependance, des Schlosses Bellevue, schmückte sie mit Gemälden der Moderne – Klee, Nolde, Jawlensky, Kandinsky –, was den einen oder anderen weniger aufgeschlossenen Besucher durchaus irritierte. Das war aber auch schon alles an Extravaganzen, die sich die Heinemanns leisteten. In der Villa herrschte seit ihrem Einzug pietistische Bescheidenheit. Das Paar genoss es, nach Veranstaltungen noch mit einigen Vertrauten bei einem Glas Wein und einem Imbiss zur Manöverkritik zusammenzusitzen. Zuweilen ging der Hausherr dann auch selbst in den Keller und holte eine Flasche Wein. Die betont bürgernahe und schnörkellose Interpretation des Amtes führte hin und wieder zum empörten Einspruch des Protokolls. Als Gustav Heinemann äußerte, solange es auf der Welt Hunger gäbe, wolle er in der Villa Hammerschmidt keine Sechs-Gänge-Menüs veranstalten, entgegnete ihm sein Protokollchef Graf von Podewils-Dürniz: »Wir müssen in der Bundesrepublik versuchen, einen internationalen Stil zu pflegen. Dazu gehört, daß man einen ausländischen Besucher gut füttert und ihn gepflegt unterbringt.«[16]

Vermutlich gab es kein Präsidentenpaar in der Geschichte der Bundesrepublik, dessen Arbeiten auch inhaltlich derart aufeinander abgestimmt war wie jenes der Heinemanns. Wie Elly und Theodor Heuss begegneten sich auch Hilda und Gustav Heinemann intellektuell auf Augenhöhe. Hilda Ordemann hatte vor ihrer Heirat in München und Marburg Deutsch, Geschichte, Philosophie und Theologie studiert und das Staatsexamen abgelegt.

In weltanschaulichen Fragen dürfte es wenig Dissens gegeben haben zwischen den Heinemanns. Um es mit Hilda Heinemanns eigenen Worten zu sagen: »Wir laufen auf einem Gleis.« Als Bundesjustizminister hatte Heinemann eine groß angelegte Justizreform auf den Weg gebracht. Das »Abschneiden alter Zöpfe« beinhaltete auch die Abschaffung von Zuchthäusern. Eine Gefängnisstrafe sollte nicht nur zur Abschreckung und Strafe dienen, sondern auch den Aspekt der Resozialisierung beinhalten. Heinemann nahm ganz gezielt die gesellschaftlichen Randgruppen in den Blick, unter anderem jene, die eine Strafe absitzen mussten. Seine Frau unterstützte ihn in diesem Anliegen und setzte dabei eigene Akzente. Als »Staatssekretär ehrenhalber«, wie ihr Mann es ausdrückte, kümmerte sie sich um jene, die der Aufmerksamkeit aus ihrer Sicht besonders bedurften: sogenannte gefallene Mädchen, Drogenabhängige, inhaftierte Mütter und ihre Kinder, geistig Behinderte. Die immer wieder geäußerte Kritik, die Heinemanns betrieben »Randgruppenpolitik«, zielte durchaus auch auf die Präsidentengattin. Für die First Lady aber trug dieser Vorwurf nicht, denn aus ihrer Sicht, die stark durch ihre tiefe Verwurzelung im Christentum beeinflusst war, stellten jene »Randgruppen« einen Teil der Gesellschaft dar, und ein Land musste sich daran messen lassen, wie es mit den Schwächsten umging. Dabei schreckte Hilda Heinemann nicht davor zurück, sich selbst in die Schusslinie zu bringen. So besuchte sie einmal eine junge Drogenabhängige in einem Berliner Heim. Sie saß neben dem Mädchen und unterhielt sich mit ihr, während die Presse eifrig Fotos machte. Dass über dem Sofa, auf dem sie saßen, ein Poster hing mit der Aufschrift »Zerschlagt den Staat mit dem Joint in der Hand«, war der First Lady und ihrem Team offenbar entgangen. Die Bilder gingen durch die Presse und lösten Empörungswellen aus. Vor allem aus den Reihen der CDU kam Kritik, zuweilen wurde sogar unterstellt, man habe das Bild bewusst so aufgenommen. Hilda Heinemann aber erinnerte an die Pressefreiheit und mahnte die CDU, sie sei als Partei nicht allein die Hüterin des Staats. Sie war nicht bereit, sich Vorschriften machen zu lassen. Ganz im Gegenteil. Sie beschloss, fortan auch ohne ihren Mann Haftanstalten in Augenschein zu nehmen – ein absolutes Novum. Als sie im Dezember 1969 ein Frauengefängnis in Frankfurt-Preungesheim besuchte, überzeugte die dortige Direktorin, Helga Einsele, Heinemann davon, dass es das Verantwortungsbewusstsein der Frauen stärke, wenn sie ihre Kinder an ihrer Seite hätten. Die Tatsache, dass Einsele die First Lady schließlich sogar als Schirmherrin für das Kinderheim des Gefängnisses gewinnen konnte, rückte ihr Anliegen in den Fokus der öffentlichen Diskussion.[17]

Ebenso prägend wie ihr Aufenthalt in Preungesheim war ein Besuch der Sozialwerkstätten im Martinshof in Bremen ganz zu Beginn der Amtszeit ihres Mannes. Im Martinshof arbeiteten geistig behinderte Jugendliche und Erwachsene. Anfang der Siebzigerjahre, also rund ein Vierteljahrhundert nach dem Ende der nationalsozialistischen Diktatur, spukte der Begriff »unwertes Leben« immer noch durch viele Köpfe. Bei einer Umfrage gaben 50 Prozent der Befragten an, bedingt der Ansicht zu sein, dass es für geistig Behinderte besser wäre, früh zu sterben. 70 Prozent der Befragten gaben den Eltern die Schuld, durch Trunksucht, Inzucht oder mangelnde Liebe eine Behinderung ihres Kindes verursacht zu haben. Anwohner wehrten sich zum Teil heftig gegen die Unterbringung von geistig Behinderten in der Nachbarschaft. Hilda Heinemann war erschüttert von ihren Besuchen in Behindertenheimen. Hier musste man aufklären, Öffentlichkeit schaffen, helfen. »Meine Großmutter«, so Christina Rau, »mit ihrem großen Herz für Menschen in Not war dann offensichtlich besonders bewegt vom Schicksal behinderter Kinder und Jugendlicher und auch der Frage: Was wird aus ihnen, wenn sie aus diesen Kinderheimen herauswachsen?«[18] Während es leichter war, Aufmerksamkeit und Spenden für behinderte Kinder zu bekommen, machte sich kaum jemand Gedanken darüber, wie geistig Behinderte als Erwachsene ein einigermaßen selbstbestimmtes und zufriedenes Leben führen konnten. So schicksalhaft für Elly Heuss-Knapp das Zusammentreffen mit Antonie Nopitsch gewesen war, so wichtig war es für Hilda Heinemann, Sofie Quast, die Leiterin des *Zentralinstituts für soziale*

Fragen in Berlin, kennenzulernen. Inspiriert durch Quast, gründete die First Lady einen Gesprächskreis. Zusammen mit Käte Strobel, der sozialdemokratischen Ministerin für Jugend, Familie und Gesundheit, dem Hamburger Unternehmer Kurt A. Körber und Tom Mutters, dem Gründer und Bundesgeschäftsführer der *Bundesvereinigung Lebenshilfe für geistig Behinderte*, feilte man an der Idee, bundesweit Wohnstätten für geistig Behinderte zu erwerben und zu bauen.

Wie viele First Ladys nach ihr setzte Hilda Heinemann damit ein Thema auf die Agenda, das sich bislang weit unterhalb des gesellschaftlichen Radars abgespielt hatte, vielfach scham- und angstbesetzt war und selbst von den Betroffenen zum Teil hartnäckig beschwiegen wurde. »Es schmückt«, so stellte Hilda Heinemanns Referentin Ruth Bahn-Flessburg fest, »im Alltag berichten zu können, daß man gemeinsam mit der ›Ersten Dame‹ tätig ist. Diese wiederum macht keinen Hehl aus ihrer Hoffnung, den Niederschlag dieser kleinen Eitelkeit auf dem Spendenkonto zu finden.« Die *Hilda-Heinemann-Stiftung* machte es sich zur Aufgabe, gesellschaftliches Bewusstsein zu schaffen für die Anliegen geistig Behinderter. Etwas mehr als zwei Jahrzehnte erst waren vergangen, seit Menschen mit geistiger Behinderung weggesperrt und ermordet worden waren. In der Bundesrepublik, so Heinemanns Botschaft, sollten sie Teil der Gesellschaft sein, sollten sie dazugehören. Und für diese Botschaft zog sie alle Register. Sie gab Interviews und Pressekonferenzen, veranstaltete Konzerte und gewann den bekannten und beliebten Humoristen und Karikaturisten Loriot für ihre Sache. Vicco von Bülow entwarf für die Stiftung den sogenannten »Schaukelpaul«, ein Loriot-typisches Männchen mit einer dicken Nase und Hosenträgern, dessen Unterleib kugelförmig war und daher hin- und herschaukelte. Hilda Heinemann und Loriot stellten den Schaukelpaul 1974 auf der Nürnberger Spielwarenmesse vor, und er wurde schnell zum Riesenhit. Achtzig Pfennig des Verkaufspreises von 5,50 DM gingen an die *Hilda-Heinemann-Stiftung*, und der liebenswerte Knollennasenmann vollbrachte es, das ernste Thema behutsam und mit einem Augenzwinkern ins Gespräch zu bringen.[19]

Aber Hilda Heinemann beschränkte sich nicht auf die Innenpolitik. Wenn sie etwas als ungerecht wahrnahm, machte sie aus ihrem Herzen keine Mördergrube. Und genau das brachte sowohl das Protokoll als auch das diplomatische Corps zuweilen gehörig in die Bredouille. Schon vor der Wahl ihres Mannes hatte Hilda Heinemann *Amnesty International* nahegestanden. Als sie nun First Lady wurde, hätte die deutsche Sektion sie gerne zur Ehrenvorsitzenden gemacht. Da allerdings schritt das Auswärtige Amt ein und meldete Bedenken an. Es kam sogar zu Gesprächen zwischen der Präsidentengattin und Außenminister Scheel. Hier zeigten sich einmal mehr die Merkwürdigkeiten der Institution »First Lady«. Sie ist nicht gewählt, wird nicht bezahlt, und doch tritt sie quasioffiziell auf. Das Auswärtige Amt warnte vor dem Engagement für eine Organisation, die sich in die Innenpolitik anderer Staaten einmischt. Dies könne sich negativ auf das Gleichgewicht außenpolitischer Beziehungen auswirken. Am Ende verzichtete Heinemann auf den Ehrenvorsitz, betonte aber auch öffentlich ihre Verbundenheit mit der Organisation. So unterschrieb die First Lady 1973 als Erste für die Bundesrepublik einen internationalen Appell von *Amnesty International* an den Präsidenten der Vollversammlung der UNO, der dazu aufrief, Folter zu ächten. Als im September 1970 der indonesische Präsident Suharto Bonn besuchte, pochte Hilda Heinemann im Vorfeld auf ein Treffen mit dem deutschen Außenminister. Ihr Mann war über Hildas leidenschaftliches politisches Engagement übrigens keineswegs immer glücklich, sondern fragte sie, wo sie denn noch überall »hineinregieren« wolle, ließ sie aber machen. Unter den etwa 100.000 politischen Gefangenen der indonesischen Diktatur befand sich auch der Schriftsteller Pramoedya Ananta Toer. Hilda Heinemann machte Scheel auf dessen Schicksal aufmerksam und gab ihm eine Bittschrift mit, die er Suharto überreichen sollte. Scheel erinnerte sich später: »In der Zeit, in der ich Außenminister war, habe ich erlebt, mit welcher Energie sie gegen die Verletzung der Menschenrechte, in welchem Land auch immer, eingetreten ist.« Dass die Interventionen der First Lady für ihn durchaus anstrengend sein konnten, erwähnte er nicht explizit. In diesem speziellen Fall übrigens konnte Heinemann durchaus Erfolge verbuchen, denn die indonesische Regierung änderte ihre Politik gegenüber *Amnesty International.* Die Organisation bedankte sich anschließend ausdrücklich bei ihr: »Im indonesischen Außenministerium hat man unsere Delegation wissen lassen: Das verdanken wir Frau Heinemann.«[20] Pramoedya Ananta Toer allerdings blieb inhaftiert. Erst eine Intervention der US-Regierung unter Jimmy Carter erreichte 1979 seine Freilassung.

Walter Scheel blieb nicht der einzige Minister, mit dem Hilda Heinemann immer wieder das Gespräch suchte. So bat sie auch Verteidigungsminister Helmut Schmidt zu sich, um mit ihm unter anderem über die Lage in Vietnam zu sprechen. Vor allem Frauen schrieben der First Lady, baten sie, sich für Frieden einzusetzen. Bei Hilda Heinemann, die wie ihr Mann schon in den Fünfzigerjahren für die »Ohne mich«-Bewegung aktiv geworden war, stießen sie auf offene Ohren. Wie sehr Helmut Schmidt sich die Bibelworte, die die First Lady ihm mit auf den Weg gab, zu Herzen nahm, wissen wir nicht. Aber Hilda Heinemann fühlte sich verpflichtet, die Türen, die sich ihr qua Ehe mit dem Staatsoberhaupt öffneten, für die Anliegen der vielen zu nutzen, die sich an sie wandten. Das waren eine ganze Menge. Und bis heute erreicht eine wahre Flut von Briefen jeden Tag das Büro der jeweiligen First Lady. Gustav Heinemann nannte den Bundespräsidenten einmal die »Bundesklagemauer«. Die First Lady, das muss man hier betonen, trägt stets einen ganz erheblichen Teil dieser Last mit.[21]

»Wir haben abgetrieben«

Anfang Juni 1971 stockte nicht wenigen Zeitungskäufern am örtlichen Kiosk der Atem. Auf der Titelseite des Magazins *Stern* prangten Fotos zahlreicher prominenter Frauen, darüber die Headline: »Wir haben abgetrieben.« Den Initiatorinnen, der Frauenrechtlerin Alice Schwarzer und ihren Mitstreiterinnen, war ein Coup gelungen. Für die Selbstbezichtigungskampagne hatte man 374 Frauen, darunter Stars wie Romy Schneider, Senta Berger und Veruschka von Lehndorff gewinnen können. Das Bekenntnis zu einer Abtreibung war für diese Frauen keineswegs ungefährlich, und gerade deshalb entfaltete die Aktion eine derartige Wucht. Tausende Frauen folgten dem Beispiel und berichteten von ihrer eigenen Abtreibung, erklärten ihre Solidarität. Dass der *Stern*-Artikel derartig einschlagen konnte, lag aber nicht nur an der kalkulierten Provokation, an der Risikobereitschaft der Frauen. Nein, in den vergangenen Jahren war der Boden bereitet worden für eine breite gesellschaftliche Diskussion des Paragrafen 218. Die Geschlechterrollen waren schon im Verlauf der Sechzigerjahre auf den Prüfstand gestellt worden und hatten einen erheblichen Modernisierungsschub erfahren. Die Antibabypille veränderte das Leben von Millionen Frauen. Mehr und mehr strebten sie nicht nur ins Berufsleben, sondern auch nach Selbstbestimmung, nach eigenen Lebensentwürfen. Das Scheidungsrecht wurde reformiert, das Schuldprinzip wurde abgeschafft, uneheliche Kinder ehelichen gleichgestellt. Schließlich beseitigte man auch den überholten »Kuppelei-Paragrafen«, der es Unverheirateten bis dahin unmöglich gemacht hatte, eine gemeinsame Nacht im gleichen Hotelzimmer zu verbringen. Frauengruppen, Frauencafés, Kinderläden schossen aus dem Boden. Die Studentenbewegung und die 68er entwuchsen diesen gesellschaftlichen Umbrüchen und wirkten auf sie wiederum wie ein Katalysator.

Schon in der Großen Koalition war der Paragraf 218 diskutiert worden, die sozialliberale Koalition packte die Sache nun an. 1972 legte die Regierung einen Entwurf vor, der Frauen in schwerwiegenden Notsituationen eine Abtreibung erlauben sollte. Einundfünfzig Abgeordneten aber ging das nicht weit genug, sie erarbeiteten einen Gegenentwurf, der eine Fristenlösung vorsah, die im Bundestag auch verabschiedet, wenig später aber vom Bundesverfassungsgericht wieder kassiert wurde. Aus konservativen Kreisen, aber auch aus der Ärzteschaft und von den Kirchen kam zum Teil heftiger Gegenwind. Erst 1976 konnte eine erweiterte Indikationslösung durchgesetzt werden. Lagen bestimmte Bedingungen vor, etwa soziale Schwierigkeiten, eine gesundheitliche Gefährdung der Mutter, eine Vergewaltigung oder eine schwerwiegende Behinderung des Kindes, blieb eine Abtreibung nun straffrei. In der DDR dagegen galt bereits seit 1972 eine Fristenlösung.[22] Seit 1993 gilt im vereinten Deutschland de facto eine Fristenlösung. Ein Schwangerschaftsabbruch bis zur zwölften Woche ist zwar rechtswidrig, bleibt aber straffrei, wenn die Frau sich vorab beraten hat lassen und eine dreitägige Bedenkzeit eingehalten hat.

Die beiden Bonner First Ladies, die Gattin des Bundespräsidenten und die Frau des Bundeskanzlers, waren sich einig in Sachen Paragraf 218. Sowohl Hilda Heinemann als auch Rut Brandt – weder die eine noch die andere Feministin im nun aufkommenden modernen Sinne – befürworteten die Fristenlösung. Rut Brandts Ehemann dagegen, der deutsche Bundeskanzler, dessen Regierung die Reform des Ehe- und Familienrechts vehement vorantrieb, zögerte. Seine ganz eigene Biografie machte es ihm unmöglich, aus vollem Herzen für eine Liberalisierung des Abtreibungsrechts einzutreten. Sein Sohn Peter erinnert sich: »Willy hat zu mir gesagt: Ich kann dem nicht zustimmen aus rein persönlichen Gründen. Wahrscheinlich gäb's mich gar nicht, wenn …«[23] Die hochemotionale Diskussion um den Schwangerschaftsabbruch wurde in den späten Sechziger- und Siebzigerjahren in ganz Europa geführt und machte auch vor dem Haushalt der Familie Brandt nicht halt. Bei allem Verständnis für ihren Mann und sein Aufwachsen als uneheliches Kind überwog für Rut Brandt doch der Wert des Selbstbestimmungsrechts der Frau. Auch die Gattin des amtierenden Verteidigungsministers und spätere First Lady Loki Schmidt war übrigens entschieden für eine Reform des Paragrafen 218 und bewunderte den Mut, den jene Frauen aufbrachten, die sich im *Stern*-Artikel öffentlich dazu bekannten, abgetrieben zu haben.[24]

Die Forderung, selbst über den eigenen Körper zu entscheiden – »Mein Bauch gehört mir« –, wurde zu dem identitätsstiftenden Moment für die Frauenbewegung schlechthin.[25] Die Diskussion um die Abtreibungsfrage und die Formierung der neuen

Frauenbewegung stand aber im weiteren Kontext eines erwachenden gesellschaftlichen und politischen Engagements der Bürgerinnen und Bürger. Einen ersten Höhepunkt erreichte dieses Engagement wohl im Wahlkampf 1972. Die vorgezogenen Wahlen waren nötig geworden, weil die hauchdünne Mehrheit der sozialliberalen Koalition dahinbröckelte. Im April war die Koalition derartig wackelig, dass sich Rainer Barzel von der CDU Chancen ausrechnete, den Kanzler zu stürzen. Ein konstruktives Misstrauensvotum wurde anberaumt. »Mildred, Heilwig und ich«, so erinnert sich Rut Brandt an diese Stunden Ende April 1972, in denen über das Schicksal ihres Mannes entschieden wurde, »hatten uns auf die Zuschauertribüne des Bundestages gesetzt, wo wir den Saal gut überblicken konnten. Ein paar Reihen vor uns saß Frau Strauß; Frau Barzel sahen wir nicht.« Während die Stimmen ausgezählt wurden, nippte man unruhig an den Kaffeetassen und begab sich schließlich wieder in den Saal, wo die Entscheidung verkündet wurde. An nur zwei Stimmen scheiterte Barzels Misstrauensvotum, und Rut Brandt, Mildred Scheel und Heilwig von der Mehden, die Frau von Regierungssprecher Conrad Ahlers, konnten aufatmen. Dass die beiden Stimmen durch Bestechungsgelder aus der DDR erkauft worden waren, um eine Regierung Barzel zu verhindern, war damals noch ein Gerücht. Unterlagen des Ministeriums für Staatssicherheit beweisen inzwischen die Beteiligung Ostberlins.[26]

Beim Misstrauensvotum hatte es noch mal gereicht für Brandt, die Mehrheitsverhältnisse im Bundestag aber hatten sich nicht geändert, und effektives Regieren war kaum möglich. Deswegen, vielleicht aber auch wegen der Gerüchte um von Ostberlin gekaufte Stimmen, wollte Willy Brandt durch eine Wahl über seinen innen-, vor allem aber seinen außenpolitischen Kurs abstimmen lassen. »1972 war der optimistischste Wahlkampf, den ich je erlebt habe«, schreibt Rut Brandt in ihren Erinnerungen, »und sogar ich glaubte an den Sieg.« Das Ausmaß der Mobilisierung der Menschen überraschte sowohl Rut als auch Willy Brandt. Dem Slogan »Bürger für Brandt« schlossen sich nicht nur Prominente, Künstler und Intellektuelle an, sondern tatsächlich auch zahllose Bürgerinnen und Bürger. Wie schon zuvor aber hielt sich Rut Brandt weitgehend zurück. »Es lag mir auch nicht«, so erklärte sie später, »mich in den Wahlkämpfen als Willy Brandts glückliche und bewundernde Ehefrau hinzustellen.« Manche im Wahlkampfteam hätten gerne gesehen, dass sich Rut Brandt mehr engagierte, hätten sie gerne stärker inszeniert, vermutlich durchaus auch im Hinblick auf die Frauen – obwohl man wohl konstatieren kann, dass Willy auch bei den Wählerinnen zog. Von Beginn der Kanzlerschaft, so Rut Brandt, habe sie klargemacht, dass sie sich nicht in einen Käfig sperren lasse. Ihre Zurückhaltung resultierte aber keineswegs aus politischem Desinteresse: »Im Gegenteil: es gab Gelegenheiten, wo ich gern dabei gewesen wäre. Aber da paßte ich dann nicht in die Landschaft.«[27]

Rut Brandt legte großen Wert darauf, selbst zu entscheiden, wo und wie sie sich engagierte. Sie wollte nicht nur eine Figur auf dem politischen Schachbrett ihres Mannes sein. In ihrer Autobiografie lässt sie immer wieder durchblicken, dass sie unter Willys Schweigsamkeit litt, dass er wichtige Entscheidungen oft mit sich selbst ausmachte und sie nur dabeistehen konnte. Sie entschied schon zu einem frühen Zeitpunkt der Karriere ihres Mannes, dass sie in dieser Konstellation dennoch so selbstbestimmt wie möglich ihre Rolle interpretieren würde. Ihr Mann war Politiker, und das hatte er nie zur Diskussion gestellt. Er hatte diesen Weg, der auch ganz gewaltige Auswirkungen auf das Leben seiner Frau hatte, eingeschlagen und ihr im Grunde keine Wahl gelassen. Wohl aber hatte sie eine Wahl, wie sie ihren Part gestaltete. Und das wollte sie sich weder von ehrgeizigen Wahlkampfberatern noch von ihrem Ehemann nehmen lassen. Sie machte sich also rar, während die Republik »Willy wählen« skandierte, und ihr Mann ließ sie gewähren. »Willy Brandt weiß genau, wie nützlich ihm seine attraktive Frau im politischen Geschäft sein könnte«, beobachtete Heli Ihlefeld schon im Wahlkampf 1969, »aber er ist viel zu tolerant, als daß er sie umzustimmen versuchte.«[28]

Die SPD wurde 1972 die stärkste Kraft, und auch der FDP gelang es, ordentlich zuzulegen. Rut Brandt war überwältigt.

[5] Rut Brandt wurde in den Siebzigerjahren zur Stilikone. Hier informierte sich die First Lady bei einer Modenschau über die neuesten Trends.

Reinhard Wilke, Willy Brandts persönlicher Referent, war Zeuge, als Rut ihren Mann nach dem Sieg im Kanzlerbungalow empfing: »Sie ist sehr zart und sphärisch und weint an seiner Schulter.« Im Bungalow war an diesem Abend Partystimmung, und Rut Brandt glänzte als umwerfende Gastgeberin. Umwerfend war auch die Wahlbeteiligung von 91,2 Prozent. Die Selbstermächtigung der Bürger, wie die Heinemanns und die Brandts sie sich gewünscht hatten, war Realität geworden. Die neue Bürgernähe in der Ära Brandt/Heinemann fand ihren Ausdruck aber nicht nur in der hohen Wahlbeteiligung, sondern auch in den legendären Partys, die man nun in Bonn und Berlin schmiss. Das Sommerfest im Park des Palais Schaumburg sollte »ein Fest für jedermann« sein. »Im Park und im Bungalow«, so Rut Brandt, »wurde die Nacht hindurch getanzt, wie es nie vorher am deutschen Regierungssitz geschehen war.« Die Wochenzeitung *Die Zeit* schwärmte nach gelungener Party: »Und ganz gewiß ist, daß Rut Brandt dieses Fest zu einem Erfolg gemacht hat. Sie war, wie die Berliner sagen würden, die Seele vom Buttergeschäft, der gute Geist des Festes – nicht nur als hübsche Gastgeberin, sondern auch mit einer unermüdlich sprühenden Fröhlichkeit, der sich keiner entziehen konnte, und obendrein als begeisterte Tänzerin. Da faßten sich denn selbst Schüchterne ein Herz, die ›Frau Kanzler‹ zu engagieren, mitunter zur maßlosen Verblüffung ihrer Ehefrauen. Rut Brandts Natürlichkeit entwaffnet jedes Vorurteil und jede Verklemmung gegenüber ›denen da oben‹.« Aber nicht nur in Bonn wurde das Tanzbein geschwungen. In Berlin luden die Heinemanns alljährlich zu Bürgerfesten. Berlinerinnen und Berliner kamen in Scharen zusammen auf »Justav seinen jrünen Rasen«.[29]

Ein Handkuss von Breschnew

Als Rut und Willy Brandt im Sommer 1975, ein Jahr nach seinem Rücktritt, in die Sowjetunion reisten, wurde die ehemalige First Lady von der Journalistin einer Moskauer Frauenzeitschrift angesprochen. »Sie sind die erste Frau im Abendkleid, die wir auf der Titelseite gebracht haben«, überraschte die Russin sie. »Bis dahin hatten wir nur Frauen auf dem Traktor.«[30] Zwei Jahre zuvor war der Staatschef und Generalsekretär des ZK der KPdSU in Bonn zu Besuch gewesen. Fotos von Leonid Breschnew und Rut Brandt, lächelnd in ein Gespräch vertieft im Garten der Brandts am Venusberg, waren damals um die Welt gegangen und hatten, wie sie nun erfuhr, offenbar auch ihren Weg in sowjetische Magazine gefunden.

1969 war Willy Brandt Kanzler geworden, fest entschlossen, wichtige Reformen anzustoßen – nicht nur innenpolitisch. Als Regierender Bürgermeister Berlins und als Außenminister in der Großen Koalition kannte er die Härten des Kalten Kriegs aus erster Hand. Seit dem Mauerbau war der Konflikt quasi eingefroren.

Hochgerüstet mit Atombomben, standen sich die beiden Supermächte gegenüber. Von außen betrachtet, bewegte sich lange Zeit gar nichts. Allerdings begannen Brandt und sein enger Mitarbeiter Egon Bahr nun, inspiriert durch John F. Kennedys »Strategie des Friedens«, über eine neue Ostpolitik nachzudenken. Die Politik des »Wandels durch Annäherung«, die sich die beiden auf die Fahne schrieben, war im Grunde eine Umkehrung der bis dato gültigen Logik. Hatte man bisher auf die Einheit der beiden deutschen Staaten als Vorbedingung einer Annäherung bestanden, so änderte man nun die Vorgehensweise. Zunächst, so waren Brandt und Bahr überzeugt, musste man für Entspannung sorgen. Das Ziel, BRD und DDR zu einen, blieb aber bestehen. Die »Politik der kleinen Schritte« sollte vor allem das Leben der Menschen im Osten erleichtern.

Dass sich die sozialliberale Regierung einer neuen Ostpolitik verschrieb, hatte aber durchaus auch mit Außenminister Scheel zu tun, der sich schon in den Sechzigerjahren innerhalb der FDP für ein Umdenken in Sachen Deutschlandpolitik eingesetzt hatte. Während die Regierung in Ostberlin misstrauisch blieb, kamen Bonn und Moskau sich also zu Beginn der Siebzigerjahre spürbar näher. Ein Aspekt kam dabei zu Hilfe, der in der Politik zuweilen entscheidend sein kann, aber schwer kalkulierbar ist: Die Chemie zwischen dem deutschen Kanzler und dem obersten Sowjet stimmte einfach. Gerade bei einem derart aufgeladenen und historisch belasteten Verhältnis wie jenem zwischen der Bundesrepublik und Russland war der persönliche Faktor nicht zu unterschätzen. Die Sowjetunion war von Hitlers Truppen überfallen worden, die Rote Armee hatte unvorstellbare Verluste hingenommen, um Deutschland zu besiegen, nun stand ein Teil des Landes unmittelbar im sowjetischen Machtbereich. Der Beziehungsstatus zwischen Bonn und Moskau war kompliziert, um es milde auszudrücken. Und doch fanden Brandt und Breschnew einen Draht zueinander. Das lag sicher auch, wie Egon Bahr vermutet, an den Vorlieben, die die beiden teilten. »Sie liebten Wein, Weib und Gesang«, erinnert sich Bahr, »und auf Mahnungen der Ärzte, kürzer zu treten, hätten beide bestimmt beschlossen, das Singen einzustellen.«[31] Vermutlich aber fiel es Breschnew auch leichter, Zutrauen zu Brandt zu fassen, weil dieser nachweislich kein Nationalsozialist gewesen war. Der Emigrant Brandt entsprach nicht der in Russland landläufigen Vorstellung vom Deutschen. Als Sozialist hatte er seine Heimat verlassen müssen, verkörperte eine selbstverständliche Weltgewandtheit. Letzteres galt zweifellos auch für Willys »Geheimwaffe« in Sachen neue Ostpolitik: seine Frau Rut. »Mit Rut an seiner Seite werden für Willy Brandt politische Gesprächspartner zu Freunden«, schrieb die Journalistin Heli Ihlefeld.[32] Im Fall Breschnews kann man wohl sagen, dass die Ehefrau des Bundeskanzlers einiges dazu beigetragen hat, dass der mächtige Generalsekretär des ZK der KPdSU seinen westdeutschen Verhandlungspartnern vertrauensvoll gegenübertrat.

Rut unterstützte voll und ganz Willy Brandts Politik der Annäherung. In der Öffentlichkeit aber musste der Kanzler massive Anfeindungen ertragen. Vor allem die Warschauer Verträge und die Tatsache, dass ehemals deutsche Gebiete nun als Polen zugehörig anerkannt werden sollten, erhitzten die Gemüter. Rut Brandt hatte lange genug in Berlin gelebt und die Tragödie der deutschen Teilung ganz aus der Nähe mit ansehen müssen: Ost- und Westdeutschland gehörten zusammen, das stand für sie fest. Gleichzeitig aber war sie davon überzeugt, dass die Gebiete jenseits von Oder und Neiße aufgegeben werden mussten, um mit den Nachbarn in Frieden leben zu können. In einem Gespräch mit ihrem Sohn äußerte sie schon Anfang der Sechzigerjahre, sie könne nicht nachvollziehen, dass dieses Thema behandelt werde wie ein ungelöstes Problem. »Das war damals noch ein Tabu«, erinnert sich Peter Brandt. »Das hätte sie natürlich nie öffentlich gesagt.«[33]

Als Willy Brandt 1970 als erster deutscher Bundeskanzler in die DDR fuhr, war Rut nicht an seiner Seite, fieberte aber daheim am Fernseher mit. Die Reise war hoch umstritten, weil allein die Tatsache, dass ein Bonner Kanzler in die »Zone« – wie man damals im Westen sagte – reiste, eine gewisse Anerkennung der DDR bedeutete. Der Empfang, den die Menschen in Erfurt ihrem Mann bereiteten, bewegte Rut Brandt sehr. Zu Tausenden strömten sie zum Bahnhof und zum Hotel, in dem Brandt abgestiegen war, und durchbrachen die Absperrungen. Die Volkspolizei war gänzlich unvorbereitet auf die überschwänglichen und dem SED-Regime so unliebsamen Sympathiebekundungen der Erfurter für den Gast aus Bonn. Die Menge skandierte »Willy, Willy«, dann aber, um keine Verwechslung mit Willi Stoph aufkommen zu lassen, »Willy Brandt, Willy Brandt« und schließlich »Willy Brandt ans Fenster!« Rut Brandt, zu Hause auf dem Venusberg, konnte beobachten, wie es ihrem Mann gelang, durch seine bloße Präsenz an die Gemeinsamkeiten zwischen Ost und West zu appellieren. Als die Rufe nicht verhallten, trat Brandt schließlich ans Fenster, lächelte, machte eine beschwichtigende Handbewegung. »Das war«, so Rut Brandt, »eine unerwartete Situation und eine echte Reaktion, die mich tief beeindruckte.« Die Szene war herzzerreißend, denn Rut wusste, wie sehr ihr Mann sich in dieser Situation beschränken, wie sehr er sich zurückhalten musste. Aber mehr als dieses warme, empathische Lächeln, mehr als diese kleine Handbewegung waren in diesem Moment einfach nicht drin, ohne den Zorn Ostberlins heraufzubeschwören.

Beindruckt war Rut Brandt auch von der großen Versöhnungsgeste ihres Mannes in Warschau im Dezember 1970. Als er am Mahnmal für den Aufstand im Warschauer Ghetto einen Kranz niederlegte, sank der Bundeskanzler plötzlich auf die Knie. Die wirkmächtige Geste machte die Gastgeber sprachlos. Das Bild des knienden Willy Brandt steht wie wenige andere bis heute für das neue Gesicht Deutschlands. Brandt, der selbst während der NS-Zeit keine Schuld auf sich geladen hatte, wollte an diesem Ort, der von vielen Zeitzeugen als Vorhof der Hölle beschrieben wurde, an dem Hunderttausende polnische Juden eingepfercht und in den Tod geschickt worden waren, um Vergebung für sein Volk bitten. Die Welt hielt den Atem an. Zu Hause aber sorgte Brandts Kniefall für hitzige Debatten. »Ich saß wie versteinert vor dem Fernseher und litt mit ihm«, erinnert sich Rut Brandt. »Ich wußte, daß ich niemals eine so ernsthafte Geste zustandegebracht hätte.« Als ihr Mann nach Hause kam, stellte sie als Erstes die Frage, die ihr auf den Nägeln brannte: War das spontan? Hatte er nicht anders gekonnt? »Er zuckte nur mit den Schultern und sagte: ›Irgend etwas mußte man tun.‹« Nicht nur die Kanzlergattin bekam keine konkrete Antwort, und so ist bis heute unklar, ob Brandt diese Geste geplant hatte oder ob er vor Ort einer Eingebung folgte. Im Dezember 1971 wurde Brandt für seine Entspannungspolitik in Oslo der Friedensnobelpreis verliehen. »Als Kanzler der Bundesrepublik Deutschland und im Namen des deutschen Volkes«, so hieß es in der Begründung des Komitees, »hat Willy Brandt seine Hand zur Versöhnung zwischen Völkern ausgestreckt, die lange Zeit Feinde waren.«[34]

Im Mai 1973 erwartete man den wichtigsten geostrategischen Gegner in Bonn. Schon nach der Unterzeichnung des Vier-Mächte-Abkommens im Sommer 1971 war der Bonner Kanzler Gast gewesen auf Breschnews Sommersitz auf der Krim. Bei gutem Essen und dem einen oder anderen Drink hatte man sich ausgetauscht und war sich nähergekommen. Die beiden Staatschefs gingen schwimmen, machten eine Bootstour auf dem Schwarzen Meer, behielten sich in guter Erinnerung. Nun also stand der Gegenbesuch an. Leonid Breschnews Visite in Bonn war eine Sensation und sollte beweisen, dass der Kalte Krieg nicht mehr ganz so frostig war. Beim offiziellen Diner im Palais Schaumburg war auch die First Lady dabei. Als man beim Kaffee zusammensaß, fragte Breschnew seinen Gastgeber plötzlich, ob er sich ein paar Minuten mit Rut aufs Sofa setzen dürfe. Der überzeugte Kommunist folgte offenbar recht altmodischen Anstandsregeln, die eher ins Russland der Zarenzeit passten als in das Bonn der Siebzigerjahre. Rut Brandt, die zunächst gedacht hatte, der Generalsekretär wolle ihr vielleicht etwas Wichtiges mitteilen, merkte rasch, dass Breschnew vor allem ein paar Anekdoten zum Besten geben wollte. »Breschnew faßte mich am Arm, lächelte, hob seine dichten, schwarzen Augenbrauen und sah mich schelmisch an. Es war deutlich zu merken, daß er Eindruck machen wollte, und ich machte den Spaß mit.« Wenige Tage später war der sowjetische Staatschef bei den Brandts auf dem Venusberg zu einem sogenannten Herrenessen eingeladen. In der männerdominierten politischen Szene dieser Jahre saß man bei

[6] Wandel durch Annäherung: Bei seinem Besuch in Bonn 1973 konnte Leonid Breschnew sich dem Charme der Kanzlergattin nicht entziehen.

solchen Runden gewohnheitsmäßig eher informell zusammen und tauschte sich aus. Zunächst musste man sich aber gedulden, denn der Gast aus Moskau überzog sein Mittagsschläfchen ganz gehörig. Als Breschnew schließlich eintraf, gesellte sich auch Rut Brandt für eine Weile dazu, denn »wie so oft bei Herrenessen hatte Willy mich gebeten, vor dem Essen auf einen Drink herunterzukommen«. Brandt wusste sehr wohl, dass seine Frau mit ihrer Natürlichkeit eine Atmosphäre schuf, in der sich Gäste wohlfühlten. Darauf setzte er jetzt. Und auch dieses Mal ging die Rechnung auf. Breschnew ging ihr sofort entgegen, als sie auf die Terrasse trat, griff mit beiden Händen ihre rechte und küsste diese. Breschnew sei sehr angetan gewesen, so erinnert sich Egon Bahr, von der offenen Atmosphäre bei den Brandts. Nicht minder habe er die Bekanntschaft mit Rut genossen. »Am liebsten, so sah es aus«, erinnert sich Bahr, »hätte er ihr nicht nur die Hand lange geküßt.« Die Journalistin Wibke Bruhns berichtet: »Rut hat ihn einfach mit ihrem umwerfenden Charme derartig eingehüllt, der konnte sich gar nicht wehren. Wollte er auch nicht. Sie sorgte für eine runde Atmosphäre, und das ist ja die halbe Miete in dem Geschäft.« Und wieder fragte der Russe bei Brandt um Erlaubnis, sich eine Weile mit seiner Frau unterhalten zu dürfen.[35] Keine Frage – bei Breschnews Besuch in der Bundesrepublik auf dem Höhepunkt der neuen Ostpolitik trug die Frau des Kanzlers ihren Teil zur Entspannungspolitik bei.

Die Neue in Ostberlin

Leonid Breschnew erlag aber in den frühen Siebzigerjahren nicht nur dem Charme der Ehefrau des westdeutschen Kanzlers, sondern erwies sich auch als anfällig für jenen der ehrgeizigen Gattin des kommenden Mannes im Ostberliner Politbüro: Margot Honecker. Die Honeckers intrigierten seit den späten Sechzigerjahren heftig gegen die Nummer eins, Walter Ulbricht. Margot Honecker setzte im Vorfeld des Machtwechsels, der im Frühjahr 1971 vollzogen wurde, ihr politisches Geschick und ihre Attraktivität ganz gezielt ein. Und das nicht nur, um ihrem Mann an die Spitze des Staats zu verhelfen, sondern weil die mächtige Ministerin für Volksbildung den Antireformkurs Honeckers voll und ganz mittrug. Sie wusste aber, dass sie Ulbricht nur loswerden konnten, wenn Moskau den Machtwechsel abnickte. Die Kampagne gegen den Ersten Sekretär des Zentralkomitees der SED lief in diesen Monaten, auch mit Margots Hilfe, auf Hochtouren. Man stellte Ulbricht als alt und gebrechlich dar, suggerierte, dass seine Zeit abgelaufen sei.[36]

Walter Ulbrichts Frau und damalige First Lady der DDR, Lotte Ulbricht, litt sehr unter der Demontage ihres Mannes. Sie selbst hatte schon Jahre zuvor erleben müssen, wie es sich anfühlte, von der eigenen Partei schachmatt gesetzt zu werden. Bis 1953 war sie die engste Mitarbeiterin ihres Mannes im ZK gewesen, was allerdings vielen im Politbüro ein Dorn im Auge war. Als im Gefolge

[7] Die Aufbauarbeit für den sozialistischen Staat verband sie. Hinter den Kulissen jedoch waren die Ostberliner First Lady und die junge Ministerin für Volksbildung Rivalinnen um die Macht: Lotte Ulbricht und Margot Honecker beim Neujahrsempfang 1965.

von Stalins Tod die DDR-Bürger im Sommer 1953 aufbegehrten, geriet Walter Ulbricht in eine schwere Krise. Seine Frau riet ihm, vor dem ZK Selbstkritik zu üben. Das rettete ihn, aber Lotte wurde zum Bauernopfer. Jene, die an ihrer Präsenz im ZK immer Anstoß genommen hatten, bestanden nun darauf, dass sie entlassen wurde. Quasi zum Trost durfte die Fünfzigjährige anschließend Gesellschaftswissenschaften studieren und wurde wissenschaftliche Mitarbeiterin am Institut für Marxismus-Leninismus beim ZK der SED in Berlin. In den folgenden Jahren wurden die Ulbrichts beim Volk aber nicht beliebter, auch wenn sie sich nun als heile Familie inszenierten. Da Lotte keine Kinder bekommen konnte, hatte das Paar 1946 eine fast zweijährige Waise adoptiert, die Tochter einer ukrainischen Zwangsarbeiterin. Maria Pestunowa oder Beate Ulbricht, wie sie nun hieß, ging in Pankow in eine spezielle Russischschule, die viele Funktionärskinder besuchten, und doch erlebte sie von früh an, was es hieß, die Tochter des ersten Mannes im Staat zu sein. Sozialismus hin oder her – die Ostberliner First Family genoss erhebliche Privilegien. Gleichzeitig litt das sensible Kind unter der exponierten Stellung. Von klein auf wurde Beate immer wieder das Opfer von Mobbing, wurde in der Schule gehänselt und verprügelt und musste dafür büßen, dass die Ulbrichts vor allem bei den Berlinern verhasst waren. Auch um sie zu schützen, schickten ihre Eltern sie schließlich nach Leningrad, wo sie das Abitur machte und studierte. Aber auch dort fand Beate nicht zu sich. Um den Eltern zu entfliehen, stürzte sie sich in eine Ehe, bekam eine Tochter. Auf Druck der Ulbrichts kam Beate zusammen mit ihrem Ehemann, dem Sohn eines italienischen Kommunisten, zunächst zurück in die DDR, floh aber schon bald wieder in die UdSSR. Die Ehe zerbrach, und die Entfremdung zwischen Tochter und Eltern wuchs. Beate heiratete erneut und brachte einen Sohn zur Welt. Doch auch diese Ehe hielt nicht. Die junge Frau begann zu trinken und kehrte erst nach dem Tod Walter Ulbrichts in die DDR zurück. Lotte und Beate hielten in den folgenden Jahren immer Kontakt, fanden aber nicht zueinander. In einem Interview mit der Boulevardzeitung *Super!* äußerte sich Beate nach dem Zusammenbruch des SED-Regimes über ihre schwierige Kindheit als First Daughter.[37]

Beate Ulbricht wuchs quasi in einem Versuchslabor auf, das ihre Eltern leiteten, und dieses Labor hieß DDR. Die Ulbrichts prägten diesen Staat auf einzigartige Weise. Ihre Vision von einer sozialistischen Gesellschaft machte auch vor ihrem eigenen Heim, ihrer eigenen Tochter nicht halt. Die First Family musste eine sozialistische Musterfamilie sein. Dass das entwurzelte Waisenkind überfordert war mit dieser Rolle, dass es litt unter den viel beschäftigten, ehrgeizigen Eltern – all das haben die Ulbrichts vermutlich nicht oder zu spät verstanden. Im Dezember 1991 wurde Beate Ulbricht in ihrer Berliner Wohnung erschlagen. Die Hintergründe konnten nie aufgeklärt werden.

Aber zunächst zurück ins Jahr 1971. Während Lotte Ulbricht sah, wie sehr die Kampagne der Honeckers ihrem Mann Walter zusetzte, verschlechterte sich auch ihre eigene Gesundheit. Sie war hin- und hergerissen zwischen Parteidisziplin und Loyalität gegenüber ihrem Mann. In diesen Monaten machte ihr eine schwere Gastritis zu schaffen. Während der Stern Lotte Ulbrichts zu sinken begann, brachte sich Margot Honecker in Stellung. Nicht nur aus Ehrgeiz drängte sie auf Ulbrichts politisches Ende, auch persönliche Rache spielte eventuell eine Rolle. Nur zu gut erinnerte sich Margot daran, dass Erichs erste Frau Edith damals bei Ulbricht selbst vorstellig geworden war, um ihre Affäre mit Honecker zu unterbinden. Kurz nach der Geburt ihrer kleinen, unehelich geborenen Tochter Sonja hatte die Parteileitung Margot 1953 für ein Jahr nach Moskau auf die Komsomol-Hochschule verbannt. Sonja war bei Honecker in Ostberlin zurückgeblieben und von den Großeltern väterlicherseits versorgt worden. Dass sie also das erste Lebensjahr ihrer Tochter in der weit entfernten sowjetischen Hauptstadt verbringen hatte müssen, hatte Margot den Ulbrichts zu verdanken gehabt. Im gleichen Jahr war die Ehe zwischen Erich Honecker und Edith geschieden worden.

Ulbricht – da waren sich Margot und Erich Honecker zu Beginn der Siebzigerjahre einig – hatte ausgedient. Um für sich gut Wetter zu machen, zogen sie bei Breschnew alle Register. Erich ging mit ihm jagen, während Margot nicht müde wurde, an ihre geteilte Verehrung für Josef Stalin zu erinnern. Dass Breschnew Stalin 1966 auf dem XXIII. Parteitag der KPdSU aus dem historischen Abseits zurück in den Glanz des Parteitags gerückt hatte, begeisterte Margot nach wie vor. Die Ehe zwischen den Honeckers scheint bereits in den Sechzigern in schwieriges Fahrwasser geraten zu sein. Immer wieder wurde über Affären Margots gemunkelt. Aber vielleicht verpasste der gemeinsame Kampf an die Spitze des Staats, dem sie sich beide verschrieben hatten, Erichs und Margots Beziehung eine Frischekur. Zweifellos verfügte die attraktive Frau über ein gehöriges Maß an Charme, das sie nun für die politische Karriere ihres Mannes und im Grunde auch ihre eigene einsetzte. Margot beherrschte die Kunst des Flirts, und wie Rut Brandt spielte sie Breschnews Spiel mit und schenkte ihm die Aufmerksamkeit, die sein Ego verlangte. Margot und Erich Honeckers Mühen zeitigten schließlich den gewünschten Erfolg. Breschnew machte Ulbricht klar, dass er keinen Rückhalt mehr in Moskau hatte. Als der alte Mann verstand, dass auch das Politbüro sich von ihm abgewandt hatte, unterschrieb er im Frühjahr 1971 das Rücktrittsgesuch, das Honecker ihm während eines dramatischen Vieraugengesprächs auf Ulbrichts Sommersitz Groß Dölln vorgelegt hatte. Honecker zeigte Lotte und Walter Ulbricht vorab die Meldung, die er vorbereitet hatte, um über Ulbrichts Rücktritt zu informieren. In aller Eile versuchte Lotte noch zu glätten und umzuformulieren, um das historische Erbe ihres Mannes zu retten. Ihr Mühen aber blieb vergeblich, Honecker ignorierte die neue Fassung und gab seine Meldung weiter.[38]

»Ich war eigentlich immer ein Partei- und Staatsfunktionär«, erinnerte sich Margot Honecker in den Neunzigerjahren, »unabhängig also von meinem Mann. Ich wollte nie First Lady werden und ich bin es, glaube ich, auch nie gewesen. In der Öffentlichkeit nie, nur wenn ich musste. Das war für mich immer eine schreckliche Sache.« Und tatsächlich versuchte Margot Honecker, ihren ganz eigenen Weg zu gehen. In erster Linie war sie eine mächtige Ministerin und erst in zweiter die Frau des Generalsekretärs des ZK der SED und Vorsitzenden des Staatsrats. Während Lotte Ulbricht ihren Mann stets auf Reisen begleitet hatte, in den Sechzigerjahren an seiner Seite viel beachtete Staatsbesuche unter anderem in Ägypten und Jugoslawien absolviert hatte, waren Margot derlei Repräsentationspflichten verhasst. Sie setzte im Politbüro sogar durch, dass sie die Rolle der First Lady nur bedingt wahrnehmen musste. Das aber sollte nicht darüber hinwegtäuschen, dass ihr politischer Einfluss und ihre Macht in der DDR ganz erheblich waren. »Sie begleitet, um es vorsichtig auszudrücken, ihren Mann an die Macht und als Frau des ersten Mannes im Staate nimmt sie Einfluss auf politische Entscheidungen«, so ihr Biograf Ed Stuhler. Laut Helga Labs, die wie Honecker zeitweilig Vorsitzende der Pionierorganisation »Ernst Thälmann« gewesen war und einige Jahre im Ausschuss für

Volksbildung gesessen hatte, war Margot dominierend. »Sie war die Intelligentere und hat die Linie bestimmt – in der Ehe wie in der Politik«, so Labs.[39]

Wie auch immer es um die Machtverhältnisse innerhalb der Honecker'schen Ehe bestellt gewesen sein mag, zweifellos war Margot Honecker jahrzehntelang die einflussreichste Frau in der DDR. Aber sie blieb eine Ausnahme. Bei aller demonstrativen Gleichberechtigung in der DDR, dem im Vergleich zur Bundesrepublik deutlich höheren Anteil von Frauen im Beruf, dem fortschrittlicheren Scheidungs- und Abtreibungsrecht muss man doch darauf hinweisen, dass auch der Osten Deutschlands weit entfernt war von einer realen Gleichstellung der Geschlechter. Nicht nur waren Margot Honecker und die berüchtigte Justizministerin Hilde Benjamin zwei von nur wenigen einflussreichen Frauen auf Ministerposten, das gesamte Politbüro blieb zudem eine reine Männerveranstaltung. Wie im Westen machten in diesen Jahren vor allem die Herren Gesetze und gestalteten so die Umstände, unter denen beiderlei Geschlechter lebten. In der BRD landete 1977 Johanna von Koczian mit dem Schlager »Das bisschen Haushalt« einen Hit, in dem sie den vermeintlich harten Büroalltag des Mannes mit dem angeblich so leichten Hausfrauendasein kontrastierte. Während verheiratete Frauen und Mütter im Westen damals allerdings noch überwiegend zu Hause blieben oder in Teilzeit arbeiteten, litten die Bürgerinnen der DDR bereits unter einer immensen Doppelbelastung. Sie waren mehrheitlich voll berufstätig und verdienten ihr eigenes Geld. Schaut man aber in die Familien, wird klar, dass auch in Ostberlin, Halle und Leipzig noch immer recht klassische Rollenmuster herrschten. So fiel es trotz Vollzeitjob meist der Frau zu, sich um die Familienarbeit zu kümmern. Kaum raus aus dem Büro oder der Fabrik, begann für die Frauen also ihr zweiter Arbeitstag: Einkaufen, Kochen, Waschen, Kinder versorgen. Die Tatsache, dass all das in einer Mangelwirtschaft wie der DDR mit einigen Mühen verbunden war und Geschirrspüler sowie andere Haushaltsgeräte, die im Westen längst zum Standard gehörten, unerschwinglich waren, machte die Hausarbeit nicht angenehmer.[40]

Urlaub mit Spion

Nicht nur in der DDR hielten sich Gerüchte um eheliche Krisen des First Couple hartnäckig, auch in der Bundesrepublik munkelte man, um die Ehe der Brandts sei es nicht gut bestellt. Immer seltener traten Rut und Willy gemeinsam auf, immer häufiger reiste der Kanzler alleine – sehr zur Enttäuschung der ausländischen Gastgeber. Im Haus der Brandts, das nicht zuletzt durch die Impulse der First Lady zu einem Treffpunkt von Künstlern und Intellektuellen geworden war, verstummte man mehr und mehr. So glorreich Willy Brandt und die SPD die Bundestagswahl 1972 auch gewonnen hatten, die folgenden Monate zehrten den Kanzler aus. Er war gesundheitlich angeschlagen, fühlte sich von seinen engsten Parteikollegen hintergangen, die Inflation und die Arbeitslosigkeit stiegen, die Ölkrise wurde spürbar. Als im November 1973 dann auch noch die Fluglotsen in Bummelstreik traten, wurde es Brandt zu viel. Sein engstes Umfeld war es schon gewohnt, dass er sich jedes Jahr im Herbst für einige Tage abschottete und für niemanden mehr zu sprechen war. Der Kanzler habe eine Erkältung, leide an einem grippalen Infekt, hieß es dann. In diesem November 1973 war es schlimmer als sonst. Wie jedes Jahr sah seine Frau sich das einige Tage an, dann telefonierte sie mit Egon Bahr, der versuchte, den Freund aus seinen düsteren Gedanken zu reißen. Die Phasen des Schweigens waren schwer zu ertragen für Rut. Und doch kannte sie ihren Mann, wusste, dass er sein Herz nicht auf der Zunge trug. Nicht von ungefähr war Brandts Lieblingswitz jener von den beiden norwegischen Gebirgsbauern. Der eine besucht den anderen und stellt eine Flasche Aquavit auf den Tisch. Sie trinken schweigend. Beim letzten Glas sagt der eine von ihnen »Prost«, worauf der andere entgegnet: »Sag mal, sind wir hier, um dummes Zeug zu reden, oder um zu trinken!«[41]

Nicht nur Willy Brandt kämpfte mit psychosomatischen Beschwerden, auch Rut bekam die Zumutungen des Lebens an der Seite des Kanzlers zuweilen körperlich zu spüren. Sie litt an Kopfschmerzen und an schweren Schüben von Gastritis. »Das rührte natürlich daher, daß ich soviel runterschlucken mußte«, meint Rut Brandt in einem Gespräch viele Jahre später. Offenbar aber fand sie auch in den Krisen der Siebzigerjahre einen Weg, um bei sich selbst zu bleiben: Sie ließ sich nicht vereinnahmen, blieb so gut es ging die Herrin ihrer eigenen Agenda. Von jeher hatte sie selbst bestimmt, zu welchen Terminen sie ihren Mann begleiten wollte. Mehr noch als früher aber nahm sie sich jetzt regelrechte Auszeiten und fuhr mit ihrem Jüngsten, Matthias, nach Norwegen. Ihr Haus in Vangsasen in der Nähe von Hamar, so Peter Brandt, sei das Refugium seiner Mutter gewesen. Sein Bruder Matthias erinnert sich in seinem Buch *Raumpatrouille* an die lange Schiffsreise nach Norwegen, während der er regelmäßig seekrank wurde. »Neben mir die lesende Mutter, bereit, meinen Kopf beizeiten über die Kloschüssel zu halten. Vorsichtig drehte ich mich zu ihr und sah sie an. In ihr Buch vertieft, bemerkte sie es nicht. Wie verändert sie im Vergleich zur letzten Zeit aussah. In den Tagen und Wochen zuvor war sie oft krank gewesen, von Kopf- und Magenschmerzen geplagt. (…) Man konnte zusehen, wie etwas von ihr abfiel und sie zu sich fand.«[42] Im Rückblick lässt sich sagen, dass es Rut Brandt gelungen ist, sich nicht selbst zu verlieren in diesen politischen und privaten Krisen der zweiten Amtszeit ihres Mannes. Für sie, wie für sämtliche First Ladies, gilt wohl: Je stärker sie in sich ruhten, je besser sie wussten, wer sie selbst waren, desto besser wurden sie mit den Herausforderungen fertig, die die Karriere des Mannes an sie stellte.

Die Auswirkungen, die Rut Brandts schleichender Rückzug hatte, waren allerdings durchaus spürbar. Nicht nur Staatsgäste nahmen ihr Fernbleiben mit Bedauern wahr, auch Mitarbeiter und Parteifreunde ihres Mannes registrierten es: Die Frau, die jahrelang gutes Wetter gemacht hatte, machte sich rar. Brandts persönlicher Referent Reinhard Wilke schreibt in seinen Notizen, dass Rut ihren Mann 1973 auf einer wichtigen Reise nach Israel nicht begleitete: »Seine Frau Rut war nicht mitgekommen, sie hatte sich aus solchen protokollarischen wie politischen Pflichten zurückgezogen, was die damals schon spürbare Entfremdung zwischen beiden sicherlich noch beschleunigt hat.«

Willy Brandt, so Wilke einige Monate später im Dezember 1973, sei Selbstmitleid nicht fremd, und seine Frau, die Einzige, die ihm darin wohl helfen könne, indem sie ihm den Kopf wasche, sei in diesen Monaten fast immer verreist.[43]

In den Monaten, die seinem überwältigenden Wahlsieg folgten, geriet Willy Brandt immer wieder schwer in die Kritik, auch und vor allem bei seinen wichtigsten Parteikollegen. Die Beziehung zwischen Willy Brandt und Fraktionschef Herbert Wehner war von jeher problematisch gewesen. Als aber Wehner ausgerechnet bei einem Aufenthalt in Moskau im September 1973 öffentlich über den Kanzler herzog, ihn »abgeschlafft« und »entrückt« nannte, da schien die Beziehung endgültig zerrüttet. Rut Brandt hatte immer ein gutes Verhältnis zu Wehner gehabt, die beiden unterhielten sich meist in einem Mix aus Norwegisch und Schwedisch miteinander, »und wenn Wehner Schwedisch sprach«, so Brandt, »war er mild und herzlich«. Immer wieder hatte sie in den vorangegangenen Jahren versucht, zwischen den beiden zu vermitteln, hatte sogar einmal einen Fahrradausflug initiiert, auf dem Wehner und Brandt in ungezwungener Atmosphäre miteinander ins Gespräch kommen sollten. Matthias Brandt berichtet in seinem Buch von diesem diplomatischen Trick seiner Mutter, denn der Junge hatte die beiden Männer als eine Art »Anstandskind« begleiten sollen. Leider wurde der Ausflug ein Reinfall, denn der unsportliche Brandt stürzte, schmiss das Fahrrad daraufhin in die Büsche und ging zu Fuß nach Hause. Zurück blieben der verdutzte Matthias auf seinem Bonanzarad und der ratlose Wehner. Nach dem verhängnisvollen Moskau-Interview bot die First Lady an, mit Wehner unter vier Augen zu reden. Am Ende sprachen die beiden Männer direkt miteinander und suchten einen Neuanfang. »Ihr Verhältnis«, so Rut Brandt, »kam nie mehr in Ordnung.«[44]

Obwohl Rut Brandt also im Laufe des Jahres 1973 mehr und mehr das Gefühl gewann, dass sie nichts ausrichten konnte und nicht mehr an ihren Mann herankam, so ganz konnte und wollte sie sich nicht zurückziehen. Als Wibke Bruhns einen langen Artikel über das schwierige Verhältnis zwischen Brandt und Wehner schrieb und darin den SPD-Fraktionsvorsitzenden exklusiv zu Wort kommen ließ, wurde die Journalistin von Rut Brandt auf den Venusberg bestellt. Die Ehefrau des Kanzlers, so Wibke Bruhns, habe sie damals wissen lassen, dass sie diese Aktion nicht in Ordnung fände.[45]

Die First Lady war vermutlich besonders verärgert, weil das Wehner-Interview von Bruhns stammte, die den Brandts sehr nahestand. Die Journalistin hatte den Sommer mit der Familie Brandt in Norwegen verbracht. Auch das übrigens auf Initiative Ruts: Willy Brandts sechzigster Geburtstag stand vor der Tür, und der *Stern* wollte gerne ein großes Porträt des Kanzlers bringen. Da Bruhns und Brandt aber nur schwer Termine für Interviews finden konnten, hatte Rut kurzerhand vorgeschlagen, dass die *Stern*-Redakteurin mit in die Ferien fahren sollte. Sie organisierte also eine Hütte für Bruhns und ihre Töchter. Rut Brandts Vorgehen belegt zum einen ihren Pragmatismus: Es gab ein Problem, sie fand eine unkomplizierte und unkonventionelle Lösung. Zum anderen beweist es aber auch, dass Brandt selbst längst zum Politprofi geworden war. Sie kannte die Bonner Journalisten, wusste genau, dass Wibke Bruhns' Brandt-Porträt wichtig war, um das Image ihres Mannes nach den Schwierigkeiten der vorangegangenen Monate wieder aufzupolieren. Und noch ein Faktor kam hinzu: Der persönliche – die beiden Frauen mochten sich. Noch heute schwärmt Wibke Bruhns von Rut Brandt: »Das gab es damals auf der deutschen Agenda noch nicht. Sie war selbstbewusst, ungeheuer warmherzig, hinreißend mit ihren Kindern.« Jeden Morgen kam die *Stern*-Journalistin also zum Frühstück zu den Brandts, danach gingen Willy und sie spazieren, und Bruhns versuchte, Stoff für ihr Porträt zusammenzusammeln, was aufgrund von Brandts weitschweifigen Antworten und seiner Einsilbigkeit, wann immer es um Gefühle und Befindlichkeiten ging, durchaus eine Herausforderung war. Wibke Bruhns bekam in diesen Wochen einen gewissen Einblick in die Familie Brandt. »Ich war da akzeptiert, als wenn ich ein Mitglied der Familie gewesen wäre«, erinnert sich die Journalistin. Nicht nur Matthias war bei diesem Urlaub dabei, auch Peter Brandt kam nach Vangsasen. »Das familiäre Netz«, so Bruhns, »hat sie zusammengehalten, nicht er.« Der Umgang zwischen den Eheleuten sei aber sehr harmonisch gewesen.[46]

Mit von der Partie bei diesem Sommerurlaub in Norwegen 1973 war aber nicht nur die Journalistin Wibke Bruhns, sondern verhängnisvollerweise auch ein gewisser Günter Guillaume, dessen Frau Christel und Sohn Pierre. Guillaume arbeitete als persönlicher Referent eng mit Brandt zusammen und galt als gewissenhaftes Organisationstalent. Was in Vangsasen weder Rut Brandt noch Wibke Bruhns wussten: Guillaume und seine Frau waren DDR-Agenten. Willy Brandt allerdings war unterrichtet. Der Kanzler war den Wünschen des Verfassungsschutzes entgegengekommen, der gebeten hatte, Guillaume zunächst auf seinem Posten zu belassen, um belastendes Material gegen ihn sammeln zu können. Es muss als ein schwerwiegender Fehler betrachtet werden, dass der Verfassungsschutz Brandt mit dessen Einwilligung zum Lockvogel machte. Brandts Annahme, dass Guillaume in Norwegen observiert werde, erwies sich als Irrtum. Und so lief nicht nur wichtiger Briefverkehr ungehindert über den Schreibtisch Guillaumes, Christel Guillaume und Rut Brandt machten auch gemeinsame Ausflüge, waren doch die Söhne fast im gleichen Alter. Es muss ein Schlag gewesen sein für Rut, als sie Ende April 1974 von der Enttarnung Guillaumes erfuhr. Der Spion war dort eingedrungen, wo sie sich am sichersten fühlte – in Vangsasen. Und ihr Mann hatte es zugelassen. Sie konnte es erst gar nicht glauben, als sie die Neuigkeiten erfuhr. »Guillaume ein Spion? Das war fast zum Lachen.« Willy Brandt erreichte die Nachricht von der Enttarnung seines Referenten bei der Rückkehr von einer Nordafrikareise. Die folgenden Tage verbrachte er mit Sitzungen und Besprechungen. Er nahm sich keine Zeit, seine Frau ins Bild zu setzen, die sich ihren eigenen Reim auf die Geschehnisse machen musste. Auch als die Zeitungen begannen, über die Verbindungen der Guillaume-Affäre zu Brandts Privatleben zu schreiben, suchte Willy Brandt nicht das Gespräch mit seiner Frau. Der Kanzler geriet zunehmend unter Druck. Nicht nur, weil man monatelang einen Spion im Kanzleramt schalten und walten hatte lassen, sondern auch, weil im Zuge der Geschichte um Guillaume nun immer öfter von angeblichen Affären Willy Brandts die Rede war. Aus den Kreisen der Sicherheitsbeamten wurde kolportiert, Guillaume habe Brandt während des Wahlkampfs »Frauen zugeführt«. Was genau das bedeutete, ließ man im Ungewissen. Der Generalbundesanwalt befragte Personenschützer und weitere Mitarbeiter bezüglich Brandts Privatleben, um zu klären, ob der westdeutsche Bundeskanzler unter Umständen durch kompromittierendes Material des DDR-Spions erpressbar wäre. Brandt selbst gab Anfang Mai vor dem Generalbundesanwalt zu Protokoll, dass an diesen Vorwürfen nichts dran sei. Er habe eine längere Beziehung mit einer Bonner Journalistin gehabt, seine Frau sei darüber im Bilde gewesen und toleriere das. Viele Jahre ist darüber spekuliert worden, wer diese Journalistin gewesen ist. Erst Brandts dritte Ehefrau Brigitte Seebacher-Brandt lüftete das Geheimnis: Bei Willy Brandts »lieber Freundin«, wie er sie selber nannte, handelte es sich um die Journalistin Heli Ihlefeld. Die beiden hatten sich über einige Jahre immer wieder getroffen. Mit der Enttarnung Guillaumes aber war die Beziehung beendet.[47]

Die Stille, die zwischen den Eheleuten in diesen Maitagen, in denen es so viel zu besprechen gegeben hätte, herrschte, war schon fast unheimlich. Brandt steckte in seiner größten politischen Krise, und Rut konnte nicht mit ihm darüber reden, weil diese Krise zugleich eine gravierende Bedrohung für ihre Ehe bedeutete und weil ihr Mann wie so oft auf Tauchstation ging. Sie musste nicht nur selbst mit den sensationslüsternen Schlagzeilen fertigwerden, sie musste auch ihren jüngsten Sohn so gut wie möglich davor schützen. »Willys Neigung in diese Richtung war mir nicht unbekannt, aber jetzt kam es trotzdem überraschend und schockierte mich«, erinnert sich Rut Brandt. »Ich hatte angenommen – vielleicht etwas naiv –, daß das wohl nicht so einfach wäre, wenn er als Kanzler ständig von Sicherheitsbeamten und vielen Leuten umgeben wäre. Es war entsetzlich, wie diese Dinge in den Zeitungen ausgebreitet und hochgespielt wurden (...).« Ihr Mann sei »wie ein Fremder im Haus« umhergegangen. Seiner

Frau konnte Brandt aus dem Weg gehen, seine Partei aber drängte auf Entscheidungen. Am 4. und 5. Mai berieten sich die Spitzen der SPD in Münstereifel. Während Finanzminister Helmut Schmidt auf Brandts Ankündigung, zurückzutreten, empört reagierte – »Wegen dieser Lappalien kann ein Bundeskanzler sein Amt nicht aufgeben!« –, kam von Wehner kein Einspruch. »Eine klare Unterstützung hat Brandt von Wehner nicht gehört«, erinnert sich Egon Bahr, »Dieses negative Ergebnis führte ihn in der Nacht zu dem Entschluss, zurückzutreten.« Brandts Koalitionspartner und Vizekanzler Walter Scheel versuchte noch, Brandt von dem Entschluss abzubringen, und entgegnete: »Herr Bundeskanzler, das sitzen wir doch auf einer Backe ab.« Für Brandt aber war die Entscheidung gefallen. Am Morgen des 6. Mai kam er in das Zimmer seiner Frau, die noch im Bett lag. Sie erinnert sich: »Er stellte sich ans Fußende und sagte: ›Ich werde heute zurücktreten.‹ Ich war nicht erstaunt und sagte: ›Das finde ich richtig. Einer muss die Verantwortung auf sich nehmen.‹ Mehr wurde nicht gesprochen.«[48] Später, so schreibt Brandt, habe ihr Mann ihr und Wehner die Schuld an seinem Rücktritt gegeben. Es muss aber als sehr unwahrscheinlich gelten, dass Brandt seine Meinung geändert hätte, wenn Rut ihm von diesem Schritt abgeraten hätte. Der Kanzler war aufgerieben, hatte keine Kraft mehr.

»Der Fall Guillaume«, so Brandts Biograf Peter Merseburger, »war bestenfalls der Anlass, nicht aber die Ursache für Willy Brandts Rücktritt.« Schon zu Beginn des Jahres 1974 hatte Brandt einen Rückzug erwogen. Auch damals hatte er seine Frau um ihre Meinung gebeten. Damals noch hatte sie ihm Mut gemacht: »Jetzt solltest du lieber kämpfen.« Rut Brandt schreibt in ihren Erinnerungen, dass sie schon in diesem Katastrophenfrühjahr 1974 an Trennung gedacht hat. Vor allem der Gedanke an Matthias aber, der damals erst zwölf Jahre alt war, ließ sie an der Ehe festhalten. Dennoch begann mit der Guillaume-Affäre der »Anfang vom Ende«. Es dauerte noch sechs Jahre bis zum tatsächlichen Aus für ihre Ehe, die im Dezember 1980 geschieden wurde. Dieser amtliche Termin wurde mit einem Glas Wein besiegelt.

»Wir lachten und waren freundlich. Aber wir erwähnten nicht die 33 Jahre, die wir zusammen gelebt hatten. (...) Wir hatten zusammen drei Kinder und eine Karriere erlebt, die für Willy und mich etwas Großartiges gewesen war. Und das mußte doch trotz allem eine Grundlage für eine Freundschaft bilden. Aber es sollte meine letzte Begegnung mit Willy Brandt sein.« Brandt begann in Unkel mit Brigitte Seebacher ein neues Leben, auch Rut fand eine neue Liebe und lebte bis zu dessen Tod mit dem dänischen Journalisten Niels Nørlund zusammen. Als Willy Brandt im Oktober 1992 starb und auf dem Zehlendorfer Waldfriedhof beigesetzt wurde, waren die Berliner entsetzt bei dem Gedanken, dass die ehemalige First Lady der Stadt nicht beim Staatsbegräbnis dabei sein würde. Eine Frau schrieb an Rut Brandt: »Es ist uns Berlinern ein Bedürfnis, Ihnen und Ihren Kindern unsere Anteilnahme mitzuteilen. Wir würden es sehr bedauern, wenn Sie an der Trauerfeier in Berlin nicht teilnehmen, denn Sie sind hier sicher gern gesehen – Schließlich waren Sie unsere Kanzlergattin.«[49]

Mrs Bundesrepublik & Frau Deutschland

»Ich fand da«, erinnert sich Loki Schmidt viele Jahre später an die Ereignisse des Frühlings 1974, »einen aufgeregten Bienenschwarm vor. Jeder sagte nur einen halben Satz, sodass ich mir alles zusammenreimen musste.« Schmidt war gekommen, um ihren Mann aus Münstereifel, wo die SPD-Führung nach der Enttarnung Guillaumes in einer Krisentagung über die Zukunft der Regierung Brandt beraten hatte, abzuholen. Ob die Frau des Finanzministers eine Vorahnung hatte? Sie konnte nicht wissen, dass der Kanzler beschlossen hatte zurückzutreten. Nach und nach aber muss ihr an diesem Abend gedämmert haben, was da auf ihren Mann und damit auch auf sie zukam. Die Schmidts fuhren noch mit in die Bonner Wohnung Alfred Naus, des SPD-Schatzmeisters. Dort wurde im kleinen Kreis weiterdiskutiert. Die Entscheidung aber fiel bei den Schmidts zu Hause. Nach langen Beratungen kam Schmidt zu dem Ergebnis: »Das muss ich wohl machen.«[50]

Willy Brandt selbst hatte Schmidt die Nachfolge vorgeschlagen, obwohl die Atmosphäre zwischen ihnen oft angespannt gewesen war. Der ehrgeizige und selbstbewusste Minister hatte mit seiner Kritik am Kanzler, der die Zügel für seinen Geschmack zu sehr hatte schleifen lassen, nie hinter dem Berg gehalten. In dieser Krisensituation aber wollte Brandt den Stab an Schmidt übergeben. Auch Loki Schmidt traute ihrem Mann das Amt zweifellos zu. Seit fünf Jahren lebte sie inzwischen in Bonn, und noch immer fremdelte sie ein wenig mit der Stadt am Rhein. Schweren Herzens hatte sich die Lehrerin, als ihr Mann Verteidigungsminister wurde, von ihrer Stelle beurlauben lassen und den Beruf schließlich ganz aufgegeben. Die Schmidts lebten also ab 1969, nach vielen Jahren der Fernbeziehung, zusammen in Bonn, ihre Heimat blieb aber immer Hamburg. Das Paar versuchte, wann immer möglich, die Wochenenden in der Hansestadt zu verbringen. Loki Schmidt sah die Chance für ihren Mann, die Regierungsarbeit jetzt noch substanzieller zu prägen, als es ihm als Finanzminister möglich gewesen war. Zugleich machte sie sich aber auch Sorgen um ihn, hatte er doch seit einigen Jahren immer wieder mit gesundheitlichen Problemen zu kämpfen. Der Stress, das war ihr klar, würde im neuen Amt nicht weniger werden. Sie selbst hatte aber auch ein wenig Manschetten, wenn sie an ihre eigene neue Rolle dachte. »In seiner kleinen Wohnung in der Schedestraße bastelte Schmidt an der Kabinettsliste«, erinnert sich Egon Bahr an diese Wochen im Mai. »Ich saß mit Loki in der Küche und versuchte, ihr die ganz unnötige Sorge zu nehmen, ob sie der Rolle gerecht werden könnte, die Rut so zurückhaltend wie elegant gespielt habe.«[51]

Loki Schmidt und Rut Brandt waren sich selbstverständlich immer wieder begegnet, und es herrschte große Sympathie zwischen den beiden Frauen, wirklich eng ist das Verhältnis aber nie geworden. Schmidt erkannte von Anfang an, dass sie die Rolle der Kanzlergattin anders interpretieren würde als ihre Vorgängerin. Brandt hatte sich ganz gezielt eingebracht, sich aber noch

[8] Nach Willy Brandts Rücktritt im Mai 1974 zogen die Schmidts in den Kanzlerbungalow im Park des Palais Schaumburg. Heimat aber blieb Hamburg.

gezielter herausgehalten. Sie war der glänzende Mittelpunkt bei gesellschaftlichen Ereignissen, bei Besuchen ausländischer Regierungschefs, aber auch bei den berühmten Kanzlerfesten gewesen, aber sie hatte sich stets geweigert, sich parteipolitisch oder für Wahlkampfzwecke einspannen zu lassen. Als Willy Brandt Kanzler wurde, hatte Rut schon jahrzehntelange Erfahrung im Repräsentieren, die Berliner Zeit und die Jahre als Frau des Außenministers waren eine gute Vorbereitung gewesen. Loki Schmidt dagegen lernte das internationale Parkett erst jetzt ganz aus der Nähe kennen. Sie habe sich, so Schmidt, anfangs schon überlegt, ob sie an ihrem Auftreten als First Lady etwas ändern müsse: »Ja, natürlich habe ich mich gefragt, ob ich nicht vielleicht eine etwas gepflegtere Sprache sprechen müsste. Aber ich war immerhin schon fünfundfünfzig, und nach ganz kurzer Zeit habe ich mir gesagt: ›Du hast ja wohl einen Vogel, dich irgendwie zu verbiegen.‹«[52]

Hier spricht eine Frau, die weiß, wer sie ist. Loki Schmidt, geborene Glaser, kam aus einer Arbeiterfamilie. Ihr Mann erzählte einmal, dass er Loki als Schulbub eine Baskenmütze, die sie in der Klasse vergessen hatte, zu Hause vorbeibrachte. Die ärmlichen Wohnverhältnisse der Glasers hätten ihn damals schockiert. Loki Schmidt aber, so erzählt sie es zumindest rückblickend, war immer stolz auf ihre Familie gewesen. Auch wenn die Glasers jeden Groschen zweimal umdrehen mussten, war Lokis Elternhaus geprägt von Wärme und einer unendlichen Neugier und Bildungslust. Es wurde viel gelesen, musiziert und gemalt. Da Loki das Schulgeld erlassen wurde, konnte das Kind die renommierte Lichtwarkschule besuchen. Die Parallelen zur ehemaligen US-amerikanischen First Lady Michelle Obama stechen ins Auge. Auch Michelle Obama kam aus ganz einfachen Verhältnisse, wuchs auf in Chicagos South Side. Und auch ihre Eltern haben allergrößten Wert auf die Ausbildung ihrer Kinder gelegt. Schon zu Beginn der Kandidatur ihres Mannes, so Michelle Obama, habe sie eine ziemlich klare Vorstellung von sich selbst gehabt. Als das Gerede begann und man sie öffentlich kritisierte, so Obama, habe sie das relativ leicht wegstecken können: »Weil ich weiß, wer ich bin.« Darin scheint ein Schlüssel zu liegen. Das politische Geschäft ist nicht nur für ihre Männer hart, auch die First Ladies geraten zuweilen ins Kreuzfeuer. Manchmal für Dinge, die sie selbst tun oder sagen, viel häufiger aber für das, was ihre Ehemänner vertreten. Dieses Gerücktsein ins Rampenlicht, dieses In-Mithaftung-genommen-Werden für Entscheidungen, die ein anderer trifft, ist manchmal schwer auszuhalten, und die Last, die diese Frauen mittragen, wurde für einzelne, wie wir noch sehen werden, schier erdrückend. So viel steht fest: Wer, wie Loki Schmidt, Rut Brandt und auch Michelle Obama, von seinem Elternhaus mit einer ordentlichen Portion Selbstbewusstsein ausgestattet worden ist, hat es im Leben und auch auf dem politischen Parkett leichter. Selbstbewusstsein sollte hier im doppelten

Sinne verstanden werden. Zum einen im Sinne von selbstsicher, zum anderen aber auch im Sinne von: sich seiner selbst bewusst sein. Und noch ein Punkt kommt hinzu. Grundsätzlich ist das Geworfensein ins Bonner, später das Berliner Haifischbecken wohl dann besser zu ertragen, wenn man selbst die politische Agenda des Partners mitträgt, sie auch ein Stück weit als sein eigenes Projekt betrachtet. Rut Brandt gab ihrer Nachfolgerin im Frühjahr 1974 übrigens den Rat, im Umgang mit Journalisten Vorsicht walten zu lassen. Nach alldem, was Brandt in den vorangegangenen Wochen durchgemacht hatte, ein allzu verständlicher Hinweis. Schmidt nahm sich den Tipp zu Herzen, pflegte schon bald einen professionellen, aber auch recht unverkrampften Umgang mit der Presse. Sie ließ sich außerdem, und auch das zeigt ihren Pragmatismus, ganz bewusst beraten, was ihr öffentliches Auftreten betraf. Dennoch war Loki Schmidt, so Sabine Gräfin von Nayhauß, wohl die uneitelste aller deutschen First Ladies.[53] In diesem Sinne war sie der späteren ersten Kanzlerin nicht unähnlich.

Kommen und Gehen

Mit Loki Schmidt begann eine neue Ära. Kanzlergattin-Sein wurde quasi zum Beruf. Der Alltag in Bonn, so Schmidt, sei »ganz schön anstrengend« gewesen. Zum einen begleitete sie ihren Mann auf Reisen und empfing ihrerseits in Bonn und Hamburg Staatsgäste. Zum anderen wandten sich aber auch mehr und mehr Bürgerinnen und Bürger an die Frau des Kanzlers mit ihren Fragen, Sorgen und Nöten. Allerdings gab es für Schmidt weder Büro noch Sekretärin, das erstritten erst ihre Nachfolgerinnen. Peter Walter, der als persönlicher Referent im Finanzministerium für Schmidt gearbeitet hatte, unterstützte sie quasi nebenher, bereitete die Korrespondenz vor, die die First Lady dann in ihrem winzigen Arbeitszimmer im Kanzlerbungalow erledigte. Im ersten Jahr der Regierung ihres Mannes war Schmidt zuweilen unsicher, suchte noch nach ihrem eigenen Weg, schnell aber fand sie ihre eigene Interpretation der Rolle. »Ich habe die Frau des

Bundeskanzlers gemacht«, erzählt sie rückblickend, »das war ein 12- bis 15-Stunden-Tag. Das Familienleben war auf ein Minimum reduziert. Morgens saß mein Mann, ohne ein Wort zu sagen, am Tisch. Ich stellte ihm ein paar Blümchen hin, die er auch meistens gesehen hat. Dann verloren wir uns aus den Augen. Nachts sahen wir uns wieder. (…) Dass man im Ausland nicht als Loki Schmidt auf dem roten Teppich stand, sondern als ›Frau Deutschland‹, war, wenn man so will, eine Art Belohnung.«[54]

So anspruchsvoll es ist, in die Rolle der First Lady hineinzufinden, so schwierig ist es zuweilen auch, wieder herauszufinden. Besonders heftig ist der plötzliche Machtverlust nach einer verlorenen Wahl oder, wie im Fall Brandts, nach einem Rücktritt natürlich für den Amtsinhaber. Von einem Tag auf den anderen ist man nicht mehr die Nummer eins. In einem sehr offenen Interview berichtete der ehemalige bayerische Ministerpräsident Günther Beckstein, wie er die Entmachtung erlebte, die er erlitt, nachdem die CSU unter seiner Führung im September 2008 eine herbe Niederlage bei der Landtagswahl eingefahren hatte: »Der Verlust von Macht ist sehr, sehr schmerzhaft. In der Politik besonders, weil es selten selbstbestimmt geschieht, sondern meist von außen gesteuert wird. Das ist ein massiver Verlust.« Das fühle sich an, als würde man jemanden verlieren – durch den Tod oder wenn eine Freundschaft zerbreche. Der Schritt in die zweite Reihe hat aber auch ganz praktische Auswirkungen. All die Privilegien, die mit dem Amt verbunden sind, fallen weg: »Ich stand plötzlich allein da, ohne meinen Fahrer, vor dem Landtag und fragte: Wer bringt mich denn jetzt eigentlich nach Hause? Ein Mitarbeiter hat das dann für mich organisiert.«[55]

Lars Brandt erinnert sich, dass sein Vater in den Kanzlerjahren weder Armbanduhr noch Portemonnaie mit sich führte. Er verließ sich einfach darauf, dass seine Mitarbeiter ihn pünktlich zum nächsten Termin bugsierten, zahlten, für ihn in die Niederungen des täglichen Lebens hinabstiegen. Dennoch war Willy Brandt unmittelbar nach dem Rücktritt zunächst wohl erleichtert. Der Druck war einfach zu groß geworden. »Gustav, ich bin zum erstenmal seit langer Zeit wieder fröhlich.« Mit diesen Worten begrüßte Brandt Gustav Heinemann, um mit dem Bundespräsidenten über den Rücktritt und die weiteren Schritte zu sprechen. Rut Brandt war allerdings fest davon überzeugt, dass Willy diesen Schritt nie verwunden habe.[56]

Aber was bedeutete der Rücktritt für Rut Brandt selbst? Sie hatte die politische Agenda ihres Mannes voll mitgetragen. »Mehr Demokratie wagen«, die neue Ostpolitik, die Reformen in der Sozialpolitik – die sozialliberale Koalition hatte zweifellos viele Punkte auf die Agenda gesetzt, die Rut Brandt am Herzen lagen. Der Rücktritt veränderte ihr Leben drastisch, auch ihre Arbeit als Frau des Kanzlers war damit beendet. Matthias Brandt erinnert sich, wie er am 7. Mai 1974 ins Zimmer seiner Mutter kam: »Sie lag noch im Bett und weinte und erzählte mir, was vorgefallen war. Sie war sehr getroffen von dem Vorgang (…) Dafür lege ich meine Hand ins Feuer: Der Rücktritt meines Vaters war für meine Mutter eine absolute Tragödie! Für sie bedeutete es das Scheitern einer guten und richtigen Sache (…) Sie war ernsthaft traurig und empfand das als Unglück, und zwar nicht als privates.« In Rut Brandts Erinnerungen findet man keine Spur von Selbstmitleid. Aber hier und da blitzt auf, mit welchen Herausforderungen auch sie in den dem Rücktritt folgenden Monaten zu kämpfen hatte. Die öffentliche Abhandlung angeblicher und realer Affären ihres Mannes, der brutale und vorzeitige Abbruch eines politischen Projekts, das sie unterstützt und durchaus mitgestaltet hatte – all das war schwer zu ertragen. Hinzu kam, dass es auch für sie eine Umstellung war, nicht mehr die Frau der Nummer eins zu sein. In der ersten Zeit sei sie fast überall hingegangen, wohin man sie »aus Freundlichkeit oder Mitleid« eingeladen hatte, zum Tanz in Botschaften, zu Diners, zum Damenlunch. »Zu einem solchen Arrangement für Loki Schmidt war ich«, schrieb Rut Brandt, »– wie es sich gehört – mit den anderen Damen vor dem Ehrengast gekommen. Wir standen beim smalltalk, als plötzlich Bewegung aufkam und ich hörte: ›Sie kommt, sie kommt.‹« Sie habe lachen müssen über diesen Rummel und habe ihre Freundin Heilwig von der Mehden später gefragt, ob das auch so gewesen sei, als »ich Frau Bundeskanzler war«.

»›Aber natürlich‹, sagte Heilwig. ›Hm‹, sagte ich und dachte mir meinen Teil.«[57]

Eine Angeheiratete der Regierungspolitik

Helmut Schmidt interpretierte die Kanzlerschaft anders als sein Vorgänger. Das berühmte Bonmot »Wer Visionen hat, soll zum Arzt gehen« sagt viel über Schmidt. Anders als Brandt, der in der sozialliberalen Koalition Deutschlands zweite Geburtsstunde sah und sich nicht scheute, in großen Entwürfen zu denken, vom innenpolitischen Klein-Klein aber zuweilen gelangweilt war, verstand sich Schmidt als Pragmatiker. Seinem Biografen Hans-Joachim Noack zufolge betrachtete er sich als »Boss« einer international agierenden »Firma namens Deutschland«. Sein Verständnis der Kanzlerschaft war überaus nüchtern. Nach den großen Gefühlen und Dramen der Regierung Brandt sollte nun eine neue Sachlichkeit einziehen. Wenn Helmut Schmidt sich quasi als Geschäftsführer der Bundesrepublik sah, blieb für Loki der Part der Frau des CEO. Und dem entsprach auch vielfach ihre Auslegung der Rolle der First Lady. Sie hat sich dem Auftreten ihres Mannes sicher ein Stück weit angepasst. Ein allzu glamouröser Stil wäre aber auch gar nicht ihre Sache gewesen. Die Schmidts empfingen internationale Gäste im Kanzlerbungalow, aber auch in ihrem Hamburger Haus am Neubergerweg und in ihrem Ferienhäuschen am Brahmsee. Dass sich die hohen Gäste zuweilen über die bescheiden anmutenden Domizile des deutschen Kanzlers wunderten, ließ sowohl Helmut als auch Loki kalt. Verglichen mit dem Élysée-Palast, 10 Downing Street oder dem Weißen Haus wirkten die Wohnsitze der Schmidts natürlich sehr nüchtern, aber genau das passte wohl zu keinem Kanzlerpaar besser als zu den Schmidts. Leonid Breschnew kam bei seinem Besuch in Hamburg-Langenhorn gar nicht darüber hinweg, dass die Schmidts mitten in einer ganz normalen Siedlung, zwischen ganz normalen Bürgern wohnten.[58]

Loki Schmidt betrachtete sich als eine »Angeheiratete der Regierungspolitik«. Nach dem Motto »mitgefangen, mitgehangen« geriet sie in den Fokus der Öffentlichkeit und kam als Frau des Kanzlers hautnah mit den entscheidenden politischen und gesellschaftlichen Herausforderungen dieser Jahre in Berührung. Wie so viele Politikerfrauen vor und nach ihr hatte Schmidt gelernt zu warten. Helmut Schmidt war kein *early bird*, er schlief morgens etwas länger und nahm sich Zeit, mit seiner Frau zu frühstücken. Dafür kam er aber selten vor Mitternacht nach Hause. Meistens war Loki dann noch wach, machte ihm eine Kleinigkeit zu essen, während er noch ein bisschen »Krach machte«. Schmidt setzte sich dann an den Flügel und widmete sich seinen Improvisationen. »Sie waren«, so Loki Schmidt, »manchmal sehr dissonant.« Auch wenn es sie vielleicht hin und wieder juckte zu fragen, mit was er tagsüber beschäftigt war, verbat sie sich doch, in ihn zu dringen, wenn er nicht von selbst zu reden begann: »Man kann von ihm nicht verlangen, daß er dann noch von den Dingen spricht, an denen er gerade sechzehn Stunden gearbeitet hat.«[59]

In späteren Jahren, als Helmut Schmidt längst zu einem medial omnipräsenten und überaus beliebten Elder Statesman geworden war, avancierten die Schmidts zu einer Art Traumpaar. Der Blick auf dieses beeindruckende Paar, das sich von Kindheit an kannte und mochte, das über so viele Jahrzehnte zusammengeblieben war, sollte aber nicht darüber hinwegtäuschen, dass es auch in der Schmidt'schen Ehe Untiefen gegeben hat. Die Fernbeziehung, die das Paar geführt hatte, während Loki noch in Hamburg unterrichtete und Helmut schon Abgeordneter in Bonn war, sei, so Loki, für ihre Ehe nicht gerade förderlich gewesen. In diesen Jahren hatte ihr Mann eine Affäre, und Loki bot ihm sogar die Trennung an. Er aber wollte an der Ehe festhalten. »Ich kann mich doch nicht von dir trennen«, entgegnete Helmut seiner Frau. In seinen Augen, so erklärte er später, sei das eine ganz und gar abwegige Idee gewesen. Dennoch durchlitt Loki nicht zuletzt wegen Helmuts außerehelicher Beziehung Mitte der Sechzigerjahre eine schwere persönliche Krise. Doch auch als sie sich entschloss, ins Rheinland zu ihrem Mann zu ziehen, hatten die beiden nicht unbedingt mehr Zeit füreinander. »In den gemeinsamen

Bonner Jahren habe ich meinen Mann ja kaum gesehen«, erinnert sich Schmidt, »nein, die Bonner Jahre waren für uns beide harte Arbeitszeiten.«[60] Nicht ausgeschlossen, dass sie sich hin und wieder fragte, ob es die richtige Entscheidung gewesen war, ihren Beruf aufzugeben für die politische Karriere ihres Mannes, ob es klug gewesen war, ihr Leben von Hamburg nach Bonn zu verpflanzen für eine Tätigkeit an der Seite des Kanzlers, für die sie nicht bezahlt wurde, die aber dennoch große Hingabe forderte. Schmidt, 1919 geboren, folgte ihrem Mann nach Bonn auch, weil es dem entsprach, was sie unter Partnerschaft verstand, und vielleicht auch, um ihre Ehe zu retten. Sie war sicher eine selbstbewusste Frau, aber genauso sicher war sie keine Feministin im modernen Sinne. Ihr Platz war, Lokis Auffassung nach, an der Seite ihres Mannes. Wenn dieser Minister oder Bundeskanzler wurde, dann hatte das Implikationen für ihren Lebensplan, die sie mittrug.

Von Rut Brandt wissen wir, dass sie der politischen Karriere ihres Mannes zumindest anfangs mit einiger Skepsis gegenüberstand. Es wäre ihr wohl lieber gewesen, wenn Willy Brandt Journalist geblieben wäre. Wie aber sah es bei Loki Schmidt aus? Sie unterstützte ihren Mann, das steht fest, war sogar bereit, finanzielle Einbußen hinzunehmen, als dieser 1953 Bundestagsabgeordneter wurde. Als Hamburger Senator zeigte er während der Sturmflut 1962 seine Tatkraft und seine Bereitschaft, in brenzligen Situationen Verantwortung zu übernehmen – eine Eigenschaft, die er als Kanzler im Deutschen Herbst eindrucksvoll unter Beweis stellen sollte. Loki Schmidt hielt Helmut zweifellos für den geeigneten Mann, und wie wir noch sehen werden, war sie eine effektive und leidenschaftliche Wahlkämpferin. Und sie war, auch das wird noch ausführlicher zu besprechen sein, während seiner gesamten Karriere eine wichtige Stütze für ihn. Conrad Ahlers zufolge war Loki Schmidts Anziehungskraft so stark, »daß sich ein so erfolgreicher, von sich überzeugter, überaktiver und unruhig schweifender Mensch wie Helmut Schmidt im wahrsten Sinne des Wortes an ihr festhält«. Sie selbst hat es etwas anders ausgedrückt: »Ich habe eines begriffen, das kann vielleicht sogar stehen bleiben: Ich bin sein Zuhause. Das hat er wörtlich so nicht gesagt, aber er hat es mir gezeigt. Und das ist ein Schatz, wenn man für einen anderen Menschen das Zuhause ist.«[61]

Dr. Wirtz

Im Frühjahr 1974 zog aber nicht nur in den Kanzlerbungalow eine neue Hausherrin, auch in der Villa Hammerschmidt stand ein Wechsel an. Während der neue Mann im Amt des Regierungschefs quasi über Nacht an die Spitze gerückt war, hatte man den Übergang im Präsidialamt von langer Hand geplant. Der überaus beliebte Gustav Heinemann hatte früh angekündigt, dass er für eine zweite Amtszeit nicht zur Verfügung stehe. Grund dafür war auch der angegriffene Gesundheitszustand seiner Frau Hilda, die zunehmend mit ihrem Diabetes zu kämpfen hatte. Nachdem er abgeklärt hatte, dass Willy Brandt selbst kein Interesse an dem Posten hatte, brachte sich Vizekanzler, Außenminister und FDP-Vorsitzender Walter Scheel in Stellung. Dass der talentierte, volksnahe und lebenslustige Scheel der richtige Mann in der Villa Hammerschmidt sein würde, darüber gab es wenig Zweifel. Dass er und seine Frau dieses Amt und die Rolle der First Family geradezu revolutionieren würden, konnte man allerdings bestenfalls erahnen.

Walter Scheel hatte als Außenminister eng mit Willy Brandt zusammengearbeitet, hatte die neue Ostpolitik ganz entscheidend mitgetragen und mitgeprägt. Die beiden – der Kanzler und sein Vize – hatten gut miteinander gekonnt. Gleiches galt für die beiden Frauen. »Mildred mochte ich vom ersten Augenblick an«, erinnert sich Rut Brandt, »obwohl wir sehr verschieden waren.«[62] Man freundete sich rasch an.

Als Walter Scheel Mildred Wirtz kennenlernte, war sie Ärztin, unverheiratet und alleinerziehende Mutter einer vierjährigen Tochter – in den Sechzigerjahren noch eine unkonventionelle, ja unerhörte Kombination. Obwohl sie wohl ahnte, welcher Kraftakt auf sie zukommen würde, hatte Mildred Wirtz sich damals

[9] Die Scheels lösten die Heinemanns im Sommer 1974 in der Villa Hammerschmidt ab und sorgten für einen Generationenwechsel.

entschieden, ihr Kind zu bekommen und trotzdem weiterzuarbeiten. Ein Schritt, der viel über sie aussagt. Sie scherte sich wenig um Konventionen, zog ihr Ding durch. Allerdings war es selbst für die taffe Medizinerin nicht leicht, ihre Mutterschaft und ihren Traumberuf zu vereinbaren. Geld zu verdienen, allein für sich und ihre Tochter zu sorgen – das war in Zeiten, in denen der Begriff Kindertagesstätte in der Bundesrepublik noch ein Fremdwort war, eine kaum zu bewältigende Aufgabe. Und so fand die junge Ärztin eine Lösung, die ihr und auch ihrer kleinen Tochter fast Unmenschliches abverlangte. Cornelia Scheel schreibt in ihrem Buch *Mildred Scheel. Erinnerungen an meine Mutter* eindrucksvoll und berührend, wie sie als erwachsene Frau, lange nach dem Tod ihrer Mutter herausfand, dass sie die ersten beiden Lebensjahre überwiegend in einem Kinderheim zugebracht hatte. Das sollte von Anfang an keine Dauerlösung sein, und als Cornelia zwei war und die Ärztin sich beruflich etabliert hatte, holte sie das Kind wieder ganz zu sich nach München.[63]

Mildred Scheels Entscheidung, ihre Tochter zur vorübergehenden Pflege in ein Kinderheim zu geben, war der Not geschuldet. Kindergärten nahmen die Kleinen erst ab einem Alter von drei Jahren, und eine Kinderfrau konnte die junge Ärztin sich nicht leisten. Um in kurzer Zeit möglichst viel Geld zu verdienen und sich beruflich weiterzuentwickeln, ging sie darüber hinaus regelmäßig in die Schweiz, wo sie kein soziales Netzwerk hatte. Wohin also mit Cornelia? Das Heim blieb für sie der einzige Ausweg. Dass sie sich für diesen schmerzvollen Weg entschied, hat Mildred Scheel ihrer Tochter zeitlebens verschwiegen. Vielleicht hatte sie Angst, diese Offenbarung könnte die Beziehung zu ihrer Tochter belasten. Vielleicht nahm sie damals an – und diese Ansicht war weitverbreitet –, die ersten Monate im Leben eines Menschen würden später ohnehin keine so große Rolle spielen, weil das Kind sich nicht an sie erinnern könne. Wie wichtig die frühkindliche Prägung und gerade die ersten Lebensmonate für die Beziehung zwischen Mutter und Kind sind, wurde in Deutschland erst in den Siebzigerjahren in der breiteren Öffentlichkeit diskutiert. 1969 veröffentlichte der britische Kinderarzt und Kinderpsychiater John Bowlby sein Buch *Bindung – Eine Analyse der Mutter-Kind-Beziehung*, und auch in Deutschland begann man Säuglinge und Kleinkinder mit neuen Augen zu sehen. Babys, so erkannte man, benötigten neben Nahrung und ausreichend Schlaf vor allem eine feste Bezugsperson. Die intensive Bindung zwischen Mutter und Kind wurde nun als Voraussetzung betrachtet für die Fähigkeit des Kindes, ein selbstsicheres Verhalten und Beziehungen zu entwickeln.

Die Verbindung zwischen Tochter und Mutter wurde trotz oder gerade wegen der Abwesenheit Mildred Scheels in den ersten Lebensmonaten Cornelias eine sehr enge. Doch die frühkindliche Trennung von der Mutter hat, davon ist Cornelia Scheel überzeugt, Folgen gehabt: »Ich verstehe mich plötzlich besser. Mein schon früh empfundenes Gefühl, verloren zu sein. Mein großer Wunsch, möglichst jede Minute in der Nähe meiner Mutter zu sein.«[64] Ab Mitte der Sechzigerjahre bildeten Mutter und Tochter eine verschworene Gemeinschaft, zu der sich aber bald immer häufiger ein Mann gesellte: Walter Scheel. Die Ärztin hatte den Politiker im Alpensanatorium in Bad Wiessee am Tegernsee kennengelernt, wo er sich von einer Nierensteinoperation erholte. Allerdings wollte Scheel einfach nicht richtig auf die Beine kommen. An einem Sonntagmorgen, als Dr. Wirtz Dienst hatte, entschied sie kurzerhand, dass der Patient in die Klinik gehöre, ein weiterer Eingriff sei unumgänglich, erklärte sie ihm und sollte recht behalten. Scheel wurde nach München in die Universitätsklinik gebracht und notfallmäßig operiert. Die Ärztin kam ihn dort sogar besuchen. Als sie sich wenig später zufällig auf einer Veranstaltung in der bayerischen Landeshauptstadt wiedertrafen, funkte es. Beide beschlossen angesichts des eher müden gesellschaftlichen Events, das Weite zu suchen, und Mildred nahm Walter mit in die Bohèmekneipe *Tröpfchen* in Schwabing. Die Ärztin hatte viele Freunde in der Künstlerszene, und der liberale Scheel hegte in dieser Hinsicht keinerlei Berührungsängste. Dass der neue Mann in ihrem Leben Politiker war, so Cornelia Scheel, habe ihre Mutter damals weder besonders reizvoll noch besonders abschreckend gefunden. Die junge Frau hat von Anfang an mit offenen Karten gespielt und hat Scheel schon bald ihre kleine Tochter vorgestellt. Sie habe sich, so Cornelia Scheel, bei Walter Scheel von Beginn an wohl und hochwillkommen gefühlt. Sie habe sich immer gefreut, wenn er ihr zuzwinkerte und sagte: »Heimlich habe ich Deine Mutter nur wegen Dir geheiratet.« Bei der Hochzeit wurde der Politiker auch offiziell ihr Vater, denn er adoptierte die Sechsjährige.[65]

Die Bonner Journalistin Heli Ihlefeld war überrascht, als sie von Scheels Neuer erfuhr. Sie hatte noch die erste Frau des Politikers gekannt, Eva Charlotte Scheel, die 1966 an Krebs gestorben war. Mildred sei anders gewesen, sehr unkonventionell. »Eine Frau, die ihn wirklich herausgefordert hat.« Die beiden waren ganz eigenständige Charaktere, in vielem sehr verschieden, ja zuweilen gegensätzlich, und doch verband die Scheels eine große Liebe. Für ihren Mann gab Mildred Scheel ihr Leben in München auf, was ihr sehr schwerfiel. Die Journalistin Sabine Gräfin von Nayhauß erinnert sich, dass Mildred einen Graus davor hatte, nach Bonn zu gehen. Anfangs hatte sie wohl noch gehofft, in Bonn eine Praxis eröffnen zu können. Schnell aber wurde der jungen Frau klar, dass sie an der Seite des Bundesaußenministers nicht als Ärztin praktizieren konnte. Zu häufig musste sie ihren Mann auf Reisen begleiten. Außerdem wuchs die Familie stetig. 1970 brachte Mildred Scheel ihre Tochter Andrea Gwendolyn zur Welt, ein Jahr später adoptierte das Paar einen Jungen aus Bolivien. Auf einem Staatsbesuch in Südamerika hatten die Scheels ein Waisenhaus besucht, und Mildred war sofort der unterernährte Bub mit dem aufgeblähten Bauch und der schlechten Haut aufgefallen. Ihr Entschluss, das Kind zu sich zu nehmen, stand sofort fest, und Walter Scheel hatte vermutlich seine liebe Mühe, seine resolute Frau davon zu überzeugen, dass das gar nicht so einfach war, auch wenn das Kind keine Angehörigen mehr hatte. Am Ende hat sich die Frau des Außenministers aber durchgesetzt, und Simon Martin wurde Teil der Familie.[66]

Zunächst lebten die Scheels auf dem Venusberg, in direkter Nachbarschaft zu den Brandts. Cornelia Scheel und Matthias Brandt waren Klassenkameraden. Der Außenminister schaute regelmäßig am Sonntagvormittag bei den Brandts vorbei, kam einfach durchs Gartentürchen rein, besprach mit dem Kanzler die wichtigsten Themen der Woche. Die Familien machten sogar im Januar 1973 gemeinsam ein paar Tage Urlaub auf Fuerteventura. »Die beiden gestandenen Politiker«, so Cornelia Scheel, »entspannten sich bei gutem Wein und erlesenen Zigarren, Rut und Mildred lagen am Strand in der Sonne, und von Zeit zu Zeit ertönte ihr vergnügtes Lachen, das mit Sicherheit bis zur Nachbarinsel zu hören war.« Später, als Walter Scheel vom Außenministerium ins Bundespräsidialamt wechselte, wurde die Villa Hammerschmidt ihr neues Zuhause, und auch die Brandts zogen nach dem Rücktritt des Kanzlers weg. Die Verbindung zwischen Rut und Mildred aber blieb eng. Und nicht nur mit Rut Brandt freundete sich Mildred in Bonn rasch an, sie gehörte schon bald zum festen Kreis, der sich regelmäßig in launiger Runde bei Ria Maternus zusammenfand. Auch in Bonn zog es sie in die Gesellschaft von Journalisten und Künstlern. Regelmäßig fuhr sie nach

Köln und besuchte Alfred Biolek, der damals die beliebte Fernsehsendung *Am laufenden Band* mit Rudi Carrell produzierte. Alfred Biolek und Mildred Scheel hatten sich 1976 kennengelernt, als die First Lady in Carrells Show zu Gast war. Wenig später trafen sie sich auf dem Bundespresseball wieder. Sie bat ihn, an ihrem Tisch Platz zu nehmen. »Das tat ich natürlich gerne. Als ich dann zwei, drei Mal verschwand, drohte sie scherzhaft: ›Wagen Sie es ja nicht, nicht wiederzukommen.‹« Mildred Scheel hatte auch als First Lady keine Lust, sich zu langweilen. Sie suchte gezielt die Gesellschaft, die sie interessierte. Das trieb das Protokoll zuweilen zur Verzweiflung, denn es konnte schon mal vorkommen, dass die First Lady kurzerhand die Platzkarten bei einem Galadiner umsortierte. »Sie sah es«, so Cornelia Scheel, »überhaupt nicht ein, den gesamten Abend neben irgendeinem eitlen, selbstverliebten Wirtschaftsmogul mit Logorrhö zu sitzen, und vertauschte seine Sitzkarte beschwingt mit der eines viel amüsanteren Unterhaltungskünstlers.« Mit Biolek schloss Mildred Freundschaft. Noch heute schwärmt der Entertainer: »Mildred Scheel war eine der tollsten und faszinierendsten Frauen, die ich in meinem Leben kennengelernt habe.«[67]

Dabei konnte Mildred Scheel durchaus polarisieren. »Die ließ sich nichts sagen von ihrem Mann, die Mildred«, erinnert sich Sabine Gräfin von Nayhauß, »Die konnte ja auch ziemlich robust sein, hat kein Blatt vor den Mund genommen. Sie konnte mit Ausdrücken um sich werfen.« Das Protokoll, Berater und auch ihr eigener Mann gaben wohl bald auf, ihr Tipps in Sachen öffentliches Auftreten zu geben. Mildred Scheel, so scheint es zumindest, war die First Lady in der Geschichte der Bundesrepublik, die am wenigsten Konzessionen gemacht hat an die Erwartungen, die man an sie stellte. »Sie war nicht zu kontrollieren«, resümiert Gräfin von Nayhauß. Dieser Eindruck deckt sich mit Rut Brandts Erinnerungen. »Sie legte die Zunge nie auf die Waagschale«, so Rut Brandt, »sagte frei heraus, was sie meinte, ohne Rücksicht auf ihre Stellung oder auf ihre Gesprächspartner.« Dass sie einmal zur am schlechtesten angezogenen Frau des Jahres gewählt wurde, war ihr herzlich egal, meint ihre Tochter Cornelia heute. Sie war der sportliche Typ und hat sich überhaupt nicht für Mode interessiert. Während ihr Mann immer wie aus dem Ei gepellt war und großen Wert auf Etikette legte, konnte es schon mal vorkommen, dass Mildred Scheel mit Sandalen auf einen Staatsempfang ging. »Wieso? Hat doch keiner gesehen. Ich habe doch ein langes Kleid getragen. Sei doch froh! Da war ich ausnahmsweise nur einen halben Kopf größer als du«, entgegnete sie dem entsetzten Gatten. »Können Sie sich diesen skurrilen Menschen in der Villa Hammerschmidt vorstellen?«, fragte denn auch Walter Scheel Rut Brandt, kurz bevor er Präsident wurde, und sicher hat die Kanzlergattin eine diplomatische Antwort gefunden. »Sie war eben gar nicht das, was man sich unter der Frau des ersten Mannes im Staate vorstellt mit so einer gewissen Distanz«, erinnert sich Mildreds Freund Alfred Biolek. Ihr Lachen übertönte jeden Staatsempfang. Und auch der Historiker Arnulf Baring bekam eine eindrucksvolle Demonstration ihrer eigenwilligen Interpretation der Rolle der First Lady: »Ich kann mich erinnern, dass sie einmal bei einem dieser Abendessen ein langes schwarzes Gewand anhatte mit einer großen roten Blume. Und ich machte ihr ein Kompliment. ›Wissen Sie, Sie sehen prima aus in dem Aufzug, in dem Kleid.‹ Und da sagte sie zu mir: ›Das ist kein Kleid. Das ist mein Morgenmantel. Ich hatte keine Lust, mich umzuziehen.‹« Nur bei außergewöhnlich wichtigen Anlässen holte Mildred Scheel sich Rat bei modischen Experten. Da wog der Wunsch, keinen Anlass für Gerede zu bieten und einen guten Eindruck zu machen, schwerer als der Drang nach Autonomie. Sie hat, so Cornelia Scheel, einen guten Mittelweg gefunden, um bei sich zu bleiben und dennoch die wichtigsten Regeln einzuhalten.[68]

Anstandsregeln waren ihre Sache nicht, aber Mildred Scheel hatte ein ziemlich gutes Gespür für Menschen. Das hing vielleicht auch mit ihrer Tätigkeit als Ärztin zusammen, sie galt als hervorragende Diagnostikerin. Wolfgang Teske, der über viele Jahre für die Pressearbeit des Bundespräsidialamts zuständig und auch für die Scheels tätig war, erinnert sich, dass die Präsidentengattin genau registrierte, wer sich einschmeicheln wollte. Sie war

[10] Für ihr Lachen war Mildred Scheel berühmt. Hier amüsierte sie sich an der Seite ihres Mannes im Karneval 1974 bei der Verleihung des Ordens »Wider den tierischen Ernst«.

dann ganz klar und bat Teske, solche Leute fernzuhalten. »Sie konnte sehr direkt sein«, erzählt auch Horst Arnold, der langjährige Protokollchef der Villa Hammerschmidt.[69]

Eine solide Menschenkenntnis und ein guter Riecher in Personalfragen zeichnen zahlreiche First Ladies aus. Berühmt und berüchtigt ist die amerikanische Präsidentengattin Nancy Reagan, die persönlich dafür sorgte, dass Mitarbeiter, die sie für unfähig oder illoyal hielt, gefeuert wurden. Aber auch die deutschen Ersten Damen waren vielfach unverzichtbare Ratgeberinnen ihrer Männer, wenn es darum ging, Menschen in ihrem professionellen Umfeld einzuschätzen. Die Fähigkeit zu erkennen, wer der eigenen Sache zu- oder eher abträglich, wer verlässlich, wer ein Opportunist ist, erweist sich im Laufe einer langen politischen Karriere als ebenso wichtig wie das Gespür für Themen, die den Menschen unter den Nägeln brennen, und ein ausgeprägter Machtinstinkt. Je höher ein Politiker oder eine Politikerin allerdings steigt, desto weniger wird er oder sie mit Widerspruch konfrontiert. Der Partner beziehungsweise die Partnerin ist dann oftmals einer der wenigen Menschen, die dagegenhalten und die offene, unparteiische Einschätzungen abgeben. Hin und wieder werden First Ladies deswegen sogar von Mitarbeitern ihres Mannes gefürchtet. Wird die Urteilskraft des Präsidenten oder Kanzlers getrübt, weil er zu sehr in parteipolitische Überlegungen verstrickt ist, weil er zu nah dran ist, weil sein Ego sich Schmeicheleien nicht entziehen kann – die First Lady behält vielfach einen klaren Blick, schon allein, weil sie stets eine einzigartige Position einnimmt, die gleichermaßen von Nähe und Distanz gekennzeichnet ist. Die First Lady ist die Beschützerin und Verteidigerin ihres Mannes und zugleich zuweilen die aufrichtigste Kritikerin. Vor allem im engsten Umfeld ihres Ehemanns achtet sie misstrauisch auf potenzielle Eindringlinge, die das ihnen entgegengebrachte Vertrauen missbrauchen. Es war bereits die Rede davon, dass Rut Brandt die Journalistin Wibke Bruhns zu sich bestellte, als diese nach den verheerenden Äußerungen Wehners ein Interview mit dem Fraktionsvorsitzenden machte. Nach dem Gespräch war die Situation geklärt, und die beiden Frauen pflegten weiterhin ein freundschaftliches Verhältnis zueinander. Doch bei einem Menschen, der so nah nicht nur an Willy herankommen durfte, sondern an die ganze Familie, wollte Rut sicher sein, woran sie war. Peter Brandt zufolge hatte seine Mutter in Bezug auf ihre Mitmenschen einen ausgeprägten Instinkt und ist diesem durchaus gefolgt. Allerdings ergänzt er, dass sein Vater die Mutter in Personalfragen wohl nicht sehr häufig um Rat gefragt hat. »Wäre vielleicht manchmal ganz gut gewesen, weil Menschenkenntnis war nicht seine größte Stärke.« Helmut Kohl gesteht seiner Frau in dieser Hinsicht in seinen Memoiren eine herausragendere Stellung zu. Sie habe, so ihr Mann, eine realistische Einschätzung anderer gehabt, von der er sehr profitiert habe. »Wie niemand sonst«, so

Helmut Kohl selbstkritisch, »erkannte sie Wichtigtuer und Einschmeichler und bewahrte mich vor mancher personellen Fehlentscheidung. Hätte ich noch öfter auf sie gehört, mir wäre mancher Ärger erspart geblieben.« Und auch Helmut Schmidt rühmte in seinen Erinnerungen die Menschenkenntnis seiner Frau: »Loki hatte ein Gespür für die charakterlichen Anlagen eines Menschen und durchschaute schnell, ob einer im Kern anständig und auf Dauer zuverlässig war.«[70]

Waren ihre Outfits auch noch so umstritten, zuckte das politische Etablissement in Bonn auch hin und wieder vor ihrer burschikosen Art zurück, in der Riege der ausländischen Staatschefs und Monarchen, aber auch unter deutschen Spitzenpolitikern war Mildred Scheel überaus beliebt. Leonid Breschnew und König Juan Carlos von Spanien suchten ihre Gesellschaft, Helmut Schmidt, aber auch Rainer Barzel verstanden sich ausgezeichnet mit der Frau an der Seite des neuen Bundespräsidenten. Ihre direkte, unkonventionelle Art machte Eindruck, schuf eine Ebene, auf der gerade ausländische Gäste leicht anknüpfen konnten. Die Tatsache, dass ihre Kinder ein nicht zu unterschlagender Teil des Lebens in der Villa Hammerschmidt waren, brachte ihr überwiegend Sympathien ein, bereitete dem einen oder anderen Mitarbeiter des Protokolls aber durchaus Kopfzerbrechen. Eines machte die First Lady, ein Ausdruck übrigens, den sie für sich ablehnte, nämlich von Anfang an klar: Ihre Kinder gingen immer vor. Für sie verstand es sich von selbst, dass sie den Kleinen abends Gute Nacht sagte. Wenn gerade Gäste im Haus waren, bei Diners und anderen Abendveranstaltungen, kamen Andrea und Martin dann auch mal frisch gebadet im Schlafanzug die Treppe herabgetrippelt und holten sich ihr Küsschen. »Die Gäste waren entzückt, und den Verantwortlichen des Protokolls brach mit großer Regelmäßigkeit der kalte Schweiß aus.« Eigentlich herrschte eine strikte Trennung zwischen »oben« und »unten« – den offiziellen Räumen der Villa im Erdgeschoss und der Privatwohnung im ersten Stock. Kleinkindern allerdings war dieser Unterschied zuweilen nur schwer begreiflich zu machen, und so kam es vor, dass die Mitarbeiter der Villa vor offiziellen Anlässen die Räume auf Dreiräder und Spielzeug durchsuchen mussten. Einmal musste kurzfristig auch eine großflächige Wachsmalkreiden-Wandmalerei in der Empfangshalle noch rasch vor einem offiziellen Abendessen mit Möbeln zugestellt werden, was für einige Aufregung sorgte. Ihre Mutter aber, so Cornelia Scheel, habe den Standpunkt vertreten: »Lieber kaputte Sprungfedern in den kostbaren Sofas der Villa Hammerschmidt als den Psychiater im Haus.«[71]

Die Scheels brachten zweifellos Schwung ins Protokoll. Aber so unkonventionell Mildred Scheel und so innovativ diese erste Patchworkfamilie in der Villa Hammerschmidt auch waren, man sollte nicht übersehen, dass das Amt des Bundespräsidenten mit Walter Scheel eine Art Professionalisierungsschub erfuhr. Scheel war es, der im Bundespräsidialamt eine eigene Protokollabteilung installierte. Bis dahin war man ans Außenministerium angebunden gewesen. Unter ihm wurde das staatliche Protokoll, die Repräsentation des Staats aufgebaut, wie sie bis heute gilt. Er war mit gerade mal fünfzig jünger als alle Präsidenten vor ihm, hatte kleine Kinder, eine junge, attraktive Frau und stand wie kaum ein Zweiter für den erfolgreichen Aufstieg der Bundesrepublik. Nicht umsonst wurde er »Mr. Bundesrepublik« genannt. Scheel war stolz auf den Weg, den sein Land in den vergangenen drei Jahrzehnten zurückgelegt hatte, und war der Meinung, dass man allen Grund habe, selbstbewusst zu repräsentieren. »Und plötzlich«, so Protokollchef Arnold, »haben wir am Auto des Bundespräsidenten die Standarte gehabt. Wir haben für Staatsbesuche Geschirr von KPM mit dem Adler des Bundespräsidenten gekauft. Wir haben überall die Bundesfahne gezeigt, wir haben die Hymne wieder spielen lassen.« Die Zeichen standen auf Öffnung, auf Dialog, auf Miteinander. Bonner Schulklassen wurden eingeladen, damit sie mit ausländischen Staatsgästen diskutieren konnten. Man veranstaltete Konzerte mit Anneliese Rothenberger und Dietrich Fischer-Dieskau. Man lud Spitzenköche in die Villa und ließ sie typische Gerichte aus ihrer Region kochen, um den ausländischen Botschaftern deutsche Küche und Kultur zu zeigen. »Dieser Aufschwung, der kam«, erzählt Horst Arnold, »und dazu gehörte natürlich auch die junge Familie.«[72]

In Angst

Die neue Offenheit und Bürgernähe, die mit den Heinemanns und Brandts begonnen hatte und nun mit den Scheels und Schmidts fortgeführt wurde, wurde allerdings bald in grauenhafter Weise auf die Probe gestellt. Schon das Jahr 1972 war durch brutale Terrorakte gekennzeichnet. Am Morgen des 5. September hielt die Welt den Atem an, als während der Olympischen Spiele in München Mitglieder der palästinensischen Terrororganisation *Schwarzer September* das israelische Team überfielen. Der Optimismus und die Begeisterung dieser Spiele, die perfekt zur Aufbruchsstimmung der Ära Brandt gepasst hatten, fanden ein jähes Ende. Die Olympischen Spiele in der bayerischen Landeshauptstadt hatten zeigen sollen, dass Deutschland ein weltoffener und moderner Gastgeber war, dass es im wahrsten Sinne des Wortes wieder mitspielen durfte. Die Tatsache, dass sich sechsunddreißig Jahre nach den Olympischen Spielen unter Naziregie in Berlin wieder Sportler aus aller Welt auf deutschem Boden versammelten, wurde von vielen Bürgern als eine Art Rehabilitierung interpretiert. Die Geiselnahme und anschließende Ermordung von elf israelischen Teammitgliedern und eines Polizisten waren ein umso größerer Schock. Dass die Opfer Israelis waren, Bürger eines Staats, der von Überlebenden der Schoah gegründet worden war, zu dem die junge Bundesrepublik erst seit wenigen Jahren diplomatische Beziehungen unterhielt, schmerzte besonders und machte die Sache darüber hinaus politisch heikel.

Im Jahr 1972 lancierte aber noch eine weitere Terrororganisation eine brutale Kampagne, die die Republik für die nächsten Jahre in Atem halten sollte: die *Rote Armee Fraktion*. Bombenanschläge erschütterten das Land und forderten zahlreiche Opfer. Allerdings konnte im Laufe des Jahres mit Andreas Baader, Ulrike Meinhof, Gudrun Ensslin, Irmgard Möller und Jan-Carl Raspe die gesamte Führungsriege festgenommen werden, die ab 1973 in

Stammheim in Haft saß. Wenn man aber angenommen hatte, dass die Bewegung nun, da ihre Anführer im Gefängnis waren, die Orientierung verlieren und im Sande verlaufen würde, so hatte man sich getäuscht. Mit der sogenannten zweiten RAF-Generation begannen Terrorjahre, die die Republik und ihre Institutionen auf eine harte Probe stellten. Im Februar 1975 wurde der Spitzenkandidat der Berliner CDU, Peter Lorenz, von der RAF entführt, um inhaftierte Terroristen freizupressen. Die Regierung ließ sich auf den Handel ein, Kanzler Schmidt selbst lag während dieser nervenaufreibenden Tage im Februar mit hohem Fieber im Bett. Im Nachhinein machte Schmidt sich große Vorwürfe, dass er dem Deal zugestimmt hatte, und auch seine Frau hielt es für einen schweren Fehler, sich erpressbar zu machen. Wenige Monate später, im April 1975, überfiel ein Kommando der RAF die deutsche Botschaft in Stockholm und nahm zwölf Geiseln. Während man verzweifelt überlegte, wie man die Geiseln retten konnte, bewies sich einmal mehr die enorme Belastbarkeit der Schmidt'schen Ehe in Zeiten der Krise. Der Kanzler war vor eine unmenschliche Entscheidung gestellt. Ließ er sich auf einen neuerlichen Handel ein, ermutigte man nicht nur die RAF zu weiteren Entführungen und Geiselnahmen, sondern entließ auch gefährliche Terroristen aus der Haft. Blieb er standhaft, riskierte er den Tod unschuldiger Geiseln. Bei einem nächtlichen Spaziergang durch den Park, der das Kanzleramt umgab, besprachen Helmut und Loki Schmidt dieses quälende Dilemma und beschlossen für sich persönlich, dass man sich für den Fall, dass einer von ihnen entführt werden sollte – in diesen Tagen kein unwahrscheinliches Szenario –, keinesfalls auf einen Austausch einlassen sollte. Das hielten sie anschließend auch schriftlich fest und hinterlegten die Vereinbarung. »Anschließend war uns beiden wohler«, erinnert sich Loki Schmidt. Die Stockholmer Geiselnahme endete blutig. Zwei Diplomaten starben, die restlichen zehn konnten gerettet werden. Wenig später war die Frau des deutschen Botschafters in Stockholm in Bonn zu Besuch und traf sich auch mit Loki Schmidt. Als sie ihr Vorwürfe machte für die Entscheidung des Krisenstabs, nicht mit den Terroristen zu verhandeln, erzählte die Kanzlergattin von ihrem nächtlichen Spaziergang und ihrem Entschluss. »Da hat sie aber, glaube ich, begriffen«, so Schmidt, »dass es hier um Deutschland geht und nicht um eine einzelne Person.« Auch wenn Loki Schmidt nicht in die Einzelheiten der Überlegungen des Krisenstabs eingeweiht wurde, so kann man doch sicher davon ausgehen, dass die schweren Entscheidungen, vor denen der Kanzler in diesen Terrorjahren stand, von den beiden eingehend besprochen wurden und Helmut Schmidt von seiner Frau bestärkt wurde in seinem Handeln. Im Rückblick auf ihr gemeinsames Leben, so Schmidt, erscheine es ihm als ein besonderes Glück, dass er mit seiner Frau in allen wichtigen Fragen weitgehend übereingestimmt habe. »Wir waren uns so ähnlich, wie sich Mann und Frau ähnlich sein können. (...) Heute weiß ich, dass ich einen nicht unerheblichen Teil des öffentlichen Ansehens, das mir im Laufe der Zeit zugeflossen ist, Loki zu verdanken habe.«[73]

Vor seiner größten Herausforderung stand Helmut Schmidt im September 1977, im sogenannten Deutschen Herbst, als die RAF den Arbeitgeberpräsident Hanns Martin Schleyer entführte. Über einen Monat befand sich der Unternehmer in der Gewalt der Terroristen, und je länger der Nervenkrieg dauerte, desto schwieriger wurde es, bei der entschiedenen Haltung gegen einen Austausch zu bleiben. Aber Schmidt ließ sich nicht beirren. Seinen engsten Beratern offenbarte er in diesen Tagen, dass er auch nicht zu einem Deal bereit wäre, wenn die Entführer seine eigene Tochter in der Gewalt hätten. Am 13. Oktober spitzte sich die Lage zu, denn palästinensische Terroristen entführten die Lufthansa-Maschine *Landshut*, die auf dem Weg von Palma de Mallorca nach Frankfurt war. Die Tat stand in direktem Zusammenhang mit der Aktion gegen Schleyer. Wie die Schleyer-Entführer forderten auch die Palästinenser die Freilassung der inhaftierten ersten RAF-Generation. Die Odyssee der *Landshut* führte zunächst über Rom und Dubai nach Aden, wo der Pilot der Maschine, Jürgen Schumann, von den Terroristen erschossen wurde. Am Morgen des 17. Oktober 1977 steuerte der Co-Pilot das Flugzeug Richtung Mogadischu. Inzwischen organisierte man fieberhaft den Einsatz eines deutschen GSG-9-Kommandos, das ebenfalls Richtung Mogadischu aufbrach. Die Erstürmung der Maschine gelang, und zu Schmidts großer Erleichterung konnten alle Geiseln lebend befreit werden. Als Staatsminister Hans-Jürgen Wischnewski, der in die somalische Hauptstadt mitgereist war, dem Kanzler durchgab »Arbeit erledigt«, kamen dem Kanzler die Tränen. Er hatte bereits sein Rücktrittsgesuch in der Tasche. Wäre die Stürmung gescheitert, hätte er es umgehend eingereicht. Auf den Triumph um die geglückte Befreiung der Geiseln fiel allerdings ein großer Schatten: Am selben Tag wurde Hanns Martin Schleyer erschossen. Für Helmut Schmidt blieb Schleyers Tod ein traumatisches Erlebnis. Auch im Rückblick betrachtete er sein Handeln als richtig, und doch war ein Mensch gestorben, den er vielleicht hätte retten können. Dieses Dilemma begleitete Schmidt sein restliches Leben, und Loki trug mit an dieser Last. Schon bei der Ermordung des Bankiers Jürgen Ponto im Juli 1977 hatte sie ihren Mann unterstützt und eine quasioffizielle Rolle übernommen, als sie die Kinder Pontos anrief und ihnen die schreckliche Nachricht von der Ermordung des Vaters überbrachte. Selbstverständlich war Loki Schmidt auch anwesend bei der Trauerfeier für Hanns Martin Schleyer in der Stuttgarter Sankt-Eberhard-Kirche, während Helmut gebeugt und in sich gekehrt neben Schleyers Witwe saß, die der Regierung ihren harten Kurs nicht verzeihen konnte. Als die Inhaftierten in Stammheim erfuhren, dass ihre Freipressung endgültig gescheitert war, nahmen sich Andreas Baader, Gudrun Ensslin und Jan-Carl Raspe das Leben. Irmgard Möller überlebte den Suizid mit schweren Verletzungen.[74]

Helmut Schmidts entschiedenes Vorgehen im Deutschen Herbst brachte ihm die Achtung zahlreicher politischer Weggefährten ein und ließ seine Beliebtheit in der Bevölkerung steigen. Die Jahre des Terrors aber müssen den Kanzler unendlich viel Kraft gekostet haben. Und – das sei hier betont – die ganze Familie Schmidt zahlte einen hohen Preis. Nicht nur musste die Frau des Kanzlers die Anspannung dieser Jahre mit aushalten, sie hatte auch Ängste auszustehen um ihren Mann, sich selbst und natürlich ihre Tochter Susanne. »Die RAF-Geschichte hat dafür gesorgt, dass wir unsere Tochter loswurden«, resümiert sie Jahre später. Eigentlich hätte Susanne nach dem Studium eine Bankfiliale in Lüneburg übernehmen sollen, allerdings gestaltete sich das zu aufwendig, denn die junge Frau hätte dauernden Personenschutz benötigt, war sie doch ein potenzielles und exponiertes Angriffsziel der Terroristen. Als Susanne Schmidt stattdessen nach London ging und dort auch blieb, war das für ihre Eltern alles andere als leicht.[75]

Hatte Helmut Schmidt bei der Trauerfeier für Hanns Martin Schleyer zur Rechten der Witwe gesessen, so hatte Walter Scheel zu ihrer Linken Platz genommen. Auch dem Präsidenten, als Repräsentant des Staats, der Verhandlungen verweigert hatte, ist es nicht leichtgefallen, der Familie Schleyer gegenüberzutreten. Bei seiner Rede sprach er vermutlich unzähligen Bundesbürgern aus der Seele: »Wir neigen uns vor dem Toten, wir alle wissen uns in seiner Schuld. Im Namen aller deutscher Bürger bitte ich Sie, die Angehörigen von Hanns Martin Schleyer, um Vergebung.«[76] Wie die Schmidts zählten auch die Scheels zu den meistgefährdeten Familien im Land und waren stets im Fokus der Terroristen. Die Kinder standen unter ständigem Begleitschutz. Das war besonders schwierig für Cornelia, die im Teenageralter war, und nach Autonomie strebte. Wer will als Heranwachsende schon immer einen Beamten als Anstandswauwau dabeihaben? »Besuchte ich mit Freundinnen eine Kinovorstellung, saßen mir die Beamten im wahrsten Sinne des Wortes im Nacken.« Nur einmal gelang es ihr, ihren Beschützern zu entfliehen. Auch beim Ausreiten sollte Cornelia von berittenen Beamten begleitet werden, was sie besonders ärgerte. So gab sie ihrem Pferd die Sporen und hängte die Männer tatsächlich ab. Als der Chef des Bundeskriminalamts am nächsten Tag bei ihrer Mutter anrief, entgegnete diese, wenn es Cornelia gelänge, die Polizisten abzuhängen, dann werde sie auch anderen Bedrohungen davongaloppieren. Das blieb aber die einzige Ausnahme. Cornelia empfand es als überaus ungerecht, dass ihre Mutter für sich selbst zwar Begleitschutz ablehnte, bei ihren Kindern aber streng darauf achtete, dass sie nirgendwo allein hingingen. Mildred Scheel wollte ihre Freiheit nicht verlieren: »Wenn ich in die Stadt fahre zu meiner Gemüsefrau, dann will ich alleine fahren.«[77]

Auch die gesamte Familie Kohl stand nach der Lorenz-Entführung unter Polizeischutz. Die Tatsache, dass er nur noch in Begleitung bewaffneter Beamter in die Schule gehen konnte, belastete den zwölfjährigen Walter Kohl sehr. Kurz nach der Freilassung Peter Lorenz' trafen die Kohls das Ehepaar Lorenz, als es zu Besuch in der Pfalz war. Dieses Erlebnis hinterließ einen bleibenden Eindruck bei Walter. Peter Lorenz waren die Strapazen der Entführung noch immer deutlich anzusehen. Eines Abends beim Zubettgehen nahm Walter seinen Mut zusammen und offenbarte seiner Mutter seine Ängste vor einer Entführung. »Ihre Antwort werde ich nie vergessen, durch sie lernte ich ihr Denken und Fühlen in aller Deutlichkeit kennen. Sie sagte sinngemäß: ›Diese Entführung ist schlimm und ein ganz großes Unrecht. Aber der Krieg war noch viel schlimmer.‹« Vermutlich, so Kohl, habe seine Mutter ihm vermitteln wollen, dass er sich keine Sorgen machen müsse. Bei ihm kam aber etwas anderes an: »Aushalten. Durchhalten. Maul halten.« Für Hannelore Kohl blieb zeitlebens der Krieg die ultimative Katastrophe, alles andere konnte auf ihrer Schmerzskala nur danach rangieren.[78] Ob ihr klar war, dass sie damit ihre eigene subjektive Erfahrung über die Empfindung ihres Sohnes stellte, bleibt offen. Tatsache ist, dass Walter sich alleingelassen fühlte mit seinen Sorgen und Ängsten.

Hannelore und Walter Kohls Beispiel zeigt einmal mehr, vor welche Herausforderungen der Terrorismus dieser Jahre die Angehörigen von Spitzenpolitikern stellte. Die Kinder spürten die Gefahr, sahen plötzlich schwer bewaffnete Polizisten, die sie auf Schritt und Tritt begleiteten, versuchten, aus den besorgten Gesichtern der Eltern zu lesen. Oft blieb es den Müttern überlassen, den Kindern die außergewöhnliche Situation, in der sich die Familie befand, zu erklären. Als Kind, so Walter Kohl, sei er nie auf die Idee gekommen, seine Angst vor dem Terrorismus mit dem Vater zu besprechen. Erstens habe er die Bedrohung gar nicht mit der Tätigkeit des Vaters in Verbindung gebracht. »Zweitens«, so Kohl, »stand er für vertrauliche Gespräche, wie sie sich wohl jedes Kind mit seinem Vater wünscht, leider nicht zur Verfügung. Er hatte schlicht keine Zeit, seine Prioritäten lagen woanders.«[79] Während ihre Männer also in unzähligen Sitzungen über die Gefahren berieten und versuchten, das Land möglichst heil durch diese hindurchzunavigieren, hatten die First Ladies zu Hause oftmals alleine den Krisenstab zu leiten.

In eigener Sache

Walter Scheel hatte mit Mildred Wirtz seine Lebensretterin geheiratet – schließlich hatte sie seinerzeit in Bad Wiessee auf seine Einlieferung ins Universitätsspital München gepocht und eine sofortige OP veranlasst – und damit eine leidenschaftliche Ärztin. Mit wachsender Sorge sah die Medizinerin in den folgenden Jahren, wie sehr der strapaziöse Posten des Außenministers und die Wahlkämpfe die Gesundheit ihres Mannes in Mitleidenschaft zogen. Er neigte zu Nierensteinen, musste immer wieder operiert werden, auch das Herz machte ihm zu schaffen. Mit immer größerem Nachdruck erklärte sie ihm, dass er sich schonen müsse, sonst könnten seine Leiden chronisch werden.[80] Es ist also durchaus wahrscheinlich, dass Scheels Entscheidung für die Villa Hammerschmidt auch auf Diskussionen mit seiner Frau zurückging. Nicht, dass das Amt des Bundespräsidenten ein »Nine-to-five-Job« ist, und doch sind mit ihm nicht die gleichen Strapazen verbunden, die ein Posten in der Regierung zweifellos mit sich bringt. Kaum in der Villa angekommen, machte Scheel klar, wie sie sich das Familienleben künftig vorstellte – und setzte sich durch. Der Terminkalender des Präsidenten wurde auf die Bedürfnisse der jungen Familie ausgerichtet. »Frau Dr. Scheel«, so Protokollchef Horst Arnold, »hat gesagt, mein Mann macht Bundespräsident von Montag bis Freitag und Samstag und Sonntag haben wir frei. Und das hat funktioniert.« Arnold erinnert sich, dass die Scheels damals mit dieser Devise eine wahre Welle losgetreten haben.[81] Plötzlich versuchten auch andere Politiker, die

Wochenenden freizuhalten, Samstag und Sonntag für ihre Familien da zu sein. Die First Family übernahm in dieser Hinsicht wirklich eine Vorreiterrolle und hatte Vorbildfunktion.

Der Umzug in die Villa Hammerschmidt war also durchaus eine bewusste Entscheidung für mehr Familienzeit und ein gesünderes Leben. Aber hat Mildred Scheel noch aus einem weiteren Grund die Idee gefördert, dass ihr Mann Bundespräsident werden sollte? Es steht außer Zweifel, dass sie als Frau des Außenministers gelitten hat. Die Ärztin, die stets allein für sich und ihre Tochter gesorgt hatte, war plötzlich auf die Rolle der Gattin reduziert worden. »Das hat sie gehasst wie die Pest«, erinnert sich Cornelia Scheel. »Einmal diese häufigen, weiten Reisen (…) sie hat sich gefühlt wie die Gemüsegarnitur am Tellerrand.« Das Damenprogramm langweilte die ambitionierte junge Frau. In der Rolle als Ehefrau des Außenministers gab es für sie nur Repräsentationsaufgaben, als Frau des Bundespräsidenten aber standen ihr ganz neue Wege offen. Das sah Mildred Scheel glasklar, denn sie kannte Wilhelmine Lübke und Hilda Heinemann gut, wusste genau, dass beide Frauen als First Ladies Beachtliches auf die Beine gestellt hatten. Cornelia Scheel erinnert sich, dass es für ihre Mutter ein wahrer Befreiungsschlag war, als ihr Vater Bundespräsident wurde.[82] Zwar war es ihr nicht möglich als Ärztin zu arbeiten, aber sie konnte sich doch endlich dem widmen, was ihr ein Herzensanliegen war.

Wie gesagt, wir wissen nicht, wie planvoll Mildred Scheel an die Sache herangegangen ist, ob sie ihren Mann ganz bewusst in der Kandidatur unterstützt, ihm diese Aufgabe vielleicht sogar nahegelegt hat, weil sie ihre eigene Agenda hatte. Klar ist aber, dass sie bei Amtsantritt schon in den Startlöchern stand. Rut Brandt erinnert sich, dass sie kurz vor der Bundespräsidentenwahl mit Mildred Scheel bei Ria Maternus zusammensaß, wo sie über die neue Rolle sprachen. »›Mildred,‹, sagte ich, ›ich freue mich, dich im Fernsehen zu sehen bei den Appellen für das Müttergenesungswerk.‹ ›Nie im Leben‹, antwortete Mildred. ›Ich mache in Krebs.‹« Als der neuen First Lady dann nach Amtsantritt ihres Mannes eine Liste gereicht wurde mit Organisationen, denen sie sich verschreiben konnte, gab sie eine Antwort, die keine Missverständnisse aufkommen ließ: »Das könnt ihr alles verwerfen, ich möchte eine Institution gründen, die sich ausschließlich dem Kampf gegen den Krebs widmet.« Wie keine zweite First Lady hat Mildred Scheel die Möglichkeit genutzt, die das Amt ihres Mannes ihr bot, ein Thema, für das sie ganz persönlich brannte, in den nationalen Diskurs einzuspeisen. Und wie keiner zweiten gelang es ihr, Aufmerksamkeit für ihr Projekt zu generieren. »Die ist richtig zielgerichtet darauf losgegangen«, so die Journalistin Heli Ihlefeld, »und hat dann ja auch was auf die Beine gestellt. Durch den Job ihres Mannes hat sie die Chance gesehen, etwas aufzubauen.«[83]

Nur vier Monate nach dem Umzug in die Villa gründete Scheel die *Deutsche Krebshilfe*. Die ehemalige First Lady Wilhelmine Lübke, die auch nach dem Tod ihres Mannes, der 1972 verstarb, nicht aus dem gesellschaftlichen Leben Bonns wegzudenken war, hielt bis ins hohe Alter regen Kontakt zu ihren Nachfolgerinnen. Sie beriet Scheel beim Aufbau ihres Vereins, der später in eine Stiftung umgewandelt wurde. Scheel nahm sich eines Themas an, das alle anging, über das man aber in den Siebzigern noch kaum sprach. Gerade Brust- und Unterleibskrebs, von denen so viele Frauen betroffen waren, schienen geradezu mit einem Tabu belegt. Da es an gesellschaftlicher Aufklärung fehlte, kursierten zum Teil noch Mythen um die Krankheit. So hatten nicht wenige Menschen Angst, sich mit Krebs anzustecken. Mildred Scheel wollte diese Volkskrankheit aus dem gesellschaftlichen Abseits führen, sie fand auch die Formulierung »bösartige« Erkrankung äußerst unglücklich. Ihre Erfahrung als Ärztin, ihre Authentizität, aber auch ihr selbstbewusstes Auftreten kamen ihr zu Hilfe. »Etwas Kühnes«, so Cornelia Scheel, »ging von ihr aus, wenn sie sich für ihre ›Bürgerbewegung‹, wie sie die *Deutsche Krebshilfe* nannte, einsetzte.«[84]

Mildred Scheel war überzeugt von ihrer Mission, über den Krebs aufzuklären, zur Vorsorge aufzurufen, Patienten bei Therapie und Nachsorge zu unterstützen und sich für modernste Forschung in Deutschland einzusetzen, dass sie aber derartigen

Erfolg haben würde – das dürfte sie selbst überrascht haben. Rasch taten sich Betroffene und Förderer zusammen und gründeten den *Mildred-Scheel-Kreis*, dem bald Zehntausende Bürgerinnen und Bürger angehörten. Die Bereitschaft, aus dem Schatten herauszutreten, war ganz offensichtlich bei vielen Deutschen da. Mildred Scheel traf einen Nerv und nutzte das ganze Arsenal an Möglichkeiten, das ihr an der Seite des Bundespräsidenten zur Verfügung stand. Als die amerikanische First Lady Betty Ford an Brustkrebs erkrankte und im September 1974 eine Brustamputation vornehmen lassen musste, reagierte man nicht nur in den USA bestürzt. Mildred Scheel gab in diesem Zusammenhang mehrere Interviews und nutzte die Gelegenheit, darauf hinzuweisen, dass Vorsorge Leben retten konnte.

Ganz klar – Mildred Scheel strebte nach Einfluss und nutzte ihn für den Kampf gegen den Krebs, der zur ihrer Lebensaufgabe wurde. Ihr Mann unterstützte sie voll bei ihrer Arbeit, war überzeugt von der Sinnhaftigkeit des Unternehmens – hatte er doch seine erste Frau Charlotte an diese Krankheit verloren – und hielt es auch aus, dass Mildred mehr als deutlich machte, dass ihr die Krebshilfe wichtiger war als das Repräsentieren an seiner Seite. Und noch etwas musste Walter Scheel verkraften: Die Popularität und Medienpräsenz seiner Frau reichte bald an seine eigene heran, toppte sie sogar zuweilen. Hier gibt es übrigens eine interessante Parallele zwischen Mildred Scheel und der bereits erwähnten Betty Ford. Die amerikanische First Lady überstand den Brustkrebs, litt aber auch jahrelang unter Alkoholismus und Tablettensucht. Suchterkrankungen waren damals mit einem noch stärkeren Tabu belegt als der Krebs und darüber hinaus gesellschaftlich stigmatisiert. Nach einer erfolgreichen Entziehungskur und ihrer Genesung gründete Ford 1982 in Kalifornien die Betty-Ford-Klinik, um auch anderen eine Möglichkeit zu geben, Schluss zu machen mit den Drogen und dem Alkoholmissbrauch. Die Popularität der ehemaligen First Lady half, das Thema anzugehen, ihm ein menschliches Gesicht zu geben. Bettys Mann, Gerald Ford, bewunderte seine Frau für ihre Arbeit. In späteren Jahren gestand er, er glaube, dass im historischen Rückblick Betty einen größeren Beitrag für das Land geleistet habe als er selbst. Zuweilen mögen solche Überlegungen auch Walter Scheel ereilt haben. »Das ist auch für einen Politiker – das sind ja Machtmenschen mit einer Portion Eitelkeit – eine schwere Nuss«, berichtet Cornelia Scheel. »Ich war schon dabei, als mein Vater begrüßt wurde mit: ›Ach, Sie sind der Mann von der Mildred Scheel.‹«[85]

Dabei war Walter Scheel überaus beliebt, hatte 1973 für die *Aktion Sorgenkind* zusammen mit einem Männerchor das Volkslied *Hoch auf dem gelben Wagen* eingesungen. Die Platte wurde ein Riesenerfolg und war ein genialer PR-Schachzug Walter Scheels, um Volksnähe herzustellen. Scheels Ausflug in die Welt der Hitparade war zwar nicht recht nach dem Geschmack seiner Frau, doch erkannte auch sie schnell, dass sie durch Auftritte in TV und Radio für ihre Sache Millionen von Menschen erreichen konnte. Im Juni 1975 trat Mildred Scheel erstmals im Fernsehen auf, um Spenden für die *Deutsche Krebshilfe* zu sammeln. Bei der von Peter Alexander moderierten Gala *Treffpunkt Herz* hatte das ZDF alles versammelt, was Rang und Namen hatte in der deutschen Unterhaltungsbranche – Lilli Palmer, Lieselotte Pulver, die Kessler-Zwillinge, Heinz Rühmann, Paul Hörbiger und viele andere gaben sich die Ehre. Die Sendung wurde mit siebzig Prozent Einschaltquote und einer Spendensumme von 2 230 000 DM ein grandioser Erfolg. Für diese Show, die in der deutschen Fernsehgeschichte in Sachen Staraufgebot wohl ihresgleichen suchen dürfte, erhielt Mildred Scheel im Januar 1976 einen Bambi.[86]

»Mildred war eine brutale Spendensammlerin«, erinnerte sich Walter Scheel in späteren Jahren an seine Frau, und wenn man das Ausmaß von Mildred Scheels Engagement, ihre Bereitschaft, sich zu exponieren, ihre Chuzpe beim Geldeintreiben betrachtet, kann man dem Bundespräsidenten a. D. nur zustimmen. Nach TV-Shows oder anderen öffentlichen Auftritten war ihre erste Frage stets: Wie viel haben wir eingenommen? Protokollchef Arnold berichtet, wie Mildred Scheel sich regelmäßig vor wichtigen Diners die Gästelisten vorlegen ließ. Sie machte auch durchaus Vorschläge, wenn sie einen Wirtschaftsgranden für eine größere Spende im Visier hatte: »Und das mussten dann auch Summen sein. Mildred Scheel hatte diese Art, die konnte zu einem Bankdirektor sagen, unter 100 000 kommen Sie bei mir nicht weg. Da war ihr auch keiner böse. Aber diese burschikose Art, die konnte sie durchsetzen. Und deshalb hatte sie so großen Erfolg.« Für den Kampf gegen die gefährliche Krankheit war der Ärztin nahezu jedes Mittel recht. Auch wenn man bei gesellschaftlichen Anlässen hin und wieder raunte »Pack dein Portemonnaie weg, die Scheel ist da«, nahm doch keines ihrer potenziellen »Opfer« prinzipiell Anstoß an ihrer Umtriebigkeit. Und falls es doch mal jemand kritisch sah, dass die First Lady offizielle Anlässe nutzte, um Geld für ihre eigene Stiftung zu akquirieren? »Das war ihr egal«, erwidert Cornelia Scheel. »Das war natürlich gegen jedes Protokoll, sich an die Staatsoberhäupter zu wenden und zu sagen, unterschreibt mir mal die Untertasse, die versteigere ich zugunsten der *Deutschen Krebshilfe*. Die wussten zum Teil ja gar nicht, was die *Deutsche Krebshilfe* war. Haben's aber alle gemacht, weil meine Mutter so ein einnehmendes Wesen hatte.«[87]

Ihre Methoden waren zuweilen höchst unorthodox. So sammelte Mildred Scheel zum Beispiel auch beim Staatsbesuch in Moskau Unterschriften, unter anderem jene Leonid Breschnews. Zurück in Bonn wurde die Sammlung zugunsten der *Krebshilfe* an den Meistbietenden versteigert.[88] Das war in Zeiten des Kalten Kriegs – Entspannungspolitik hin oder her – zumindest gewöhnungsbedürftig und dürfte bei einigen Zeitgenossen Stirnrunzeln verursacht haben.

Echter Widerstand aber formierte sich nur in der Ärzteschaft. Man stieß sich an der unkonventionellen Art der First Lady, den Krebs ins Rampenlicht zu rücken, und fühlte sich an den Pranger gestellt, wenn Mildred Scheel immer wieder forderte, in Sachen Krebs innovativer zu denken. Als Scheel im Herbst 1979 – die Zeit in der Villa Hammerschmidt war gerade zu Ende gegangen – in einer Zeitschrift beklagte, dass sich von sechzigtausend angeschriebenen Ärzten lediglich neunundzwanzig für einen von der Krebshilfe mitorganisierten Kongress zur Krebsnachsorge angemeldet hatten, stach sie in ein Wespennest mit ihrem Kommentar: »Ich frage mich: Sind die Ärzte wirklich noch die Partner ihrer Patienten?«[89] Nun machte sich bemerkbar, dass Mildred Scheel nicht mehr unter dem Schutz des Amtes ihres Mannes stand, denn die Reaktionen waren überaus deutlich. Der Streit zwischen der ehemaligen First Lady und der Bundesärztekammer wurde in den folgenden Monaten öffentlich ausgetragen. Man kritisierte Mildred Scheel nicht nur für ihre Emsigkeit beim Spendensammeln und die Tatsache, dass sie in nur wenigen Jahren viele Millionen für die *Krebshilfe* eingenommen hatte, man warf ihr auch vor, die Krebsangst unnötig zu schüren mit ihren unermüdlichen Aufrufen zur Vorsorge. Die Kritik der Ärzteschaft erregte wiederum Scheels Zorn, konnte sie aber nicht von ihrem Kurs abbringen. Die Stiftung *Deutsche Krebshilfe* setzt sich bis heute überaus erfolgreich und effektiv für die Erforschung der Krankheit und ihre Therapie ein, propagiert die Früherkennung und bietet Betroffenen Hilfe.

Es bleibt tragisch, dass die Frau, die es als Lebenswerk betrachtet hatte, diese tückische Krankheit aus der Tabuzone zu holen, nicht nur selbst an Krebs erkrankte, sondern über ihre Diagnose Stillschweigen bewahrte. Als ihre Ärzte Mildred Scheel im Sommer 1983 mitteilten, dass sie Darmkrebs hatte, beschloss die resolute Medizinerin, dass die Öffentlichkeit unter keinen Umständen davon erfahren durfte. Sie hatte Sorge, dass all ihre Arbeit umsonst gewesen sein würde, wenn die Menschen erführen, dass auch sie, die Prävention immer großgeschrieben hatte, dem Krebs nicht hatte entgehen können. Sie wollte die Sache geheim halten, bis sie der Bevölkerung die Geschichte ihrer Heilung erzählen konnte. Vorerst wurden also nur ihr Mann, ihre persönliche Referentin Annemarie Kerp und ihre älteste Tochter Cornelia, die inzwischen selbst Medizin studierte, eingeweiht. Wenn sie ins Krankenhaus musste, ließ sie sich unter falschem Namen einweisen, verließ nur abends oder nachts das Zimmer. Während Andrea und Martin noch zu jung waren, um das ganze Ausmaß der Krankheit ihrer Mutter zu erfassen, litt Cornelia unsagbar unter dem Geheimhaltungsgebot. Die ganze Welt kannte Mildred Scheel als starke, kämpferische Frau, und doch drohte ihre Mutter – das erkannte Cornelia mit jeder Operation deutlicher – ihren ganz persönlichen Kampf gegen den Krebs zu verlieren. Wie in der Zeit, bevor Walter Scheel in ihr Leben trat, bildeten Mutter und Tochter in den letzten Monaten eine verschworene Gemeinschaft, die Cornelia das Äußerste abverlangte. Mildred Scheel wusste als Ärztin von Anfang an um die Gefährlichkeit ihrer Erkrankung und setzte noch am Tag der Diagnose ihr Testament auf. Zwei Jahre später, am 13. Mai 1985, starb sie im Kölner Universitätskrankenhaus. Die Nachricht vom Tod der überaus beliebten ehemaligen First Lady schockierte die Menschen, Mildred Scheels Befürchtung allerdings, dass ihre Arbeit in Gefahr geraten würde, wenn man von ihrem eigenen Schicksal erführe, bewahrheitete sich nicht. Die *Krebshilfe* ist aus dem deutschen Gesundheitswesen bis heute nicht wegzudenken. Als Mildred Scheel unter großer Anteilnahme der Bevölkerung in Köln beigesetzt wurde, hielt Bundespräsident Richard von Weizsäcker, der seit einem Jahr im Amt war, die Trauerrede. Eindrücklich erinnerte von Weizsäcker an den beispiellosen Kampf, den Mildred Scheel als First Lady in Angriff genommen hatte: »Dieser Kampf setzte vor allem einen Menschen voraus, der keine Vorurteile und Tabus akzeptierte, keine Mühe scheute, der mutig der Krankheit und dem Tod bei anderen ins Auge sah und mit größter Tapferkeit bei sich selbst.«[90]

Teilzeit

Als Mildred Scheel 1974 in die Villa Hammerschmidt umzog, hatte sie den Plan, wieder als Ärztin zu praktizieren, längst aufgegeben. Sie erkannte aber rasch, dass sie mit der Stiftung viel mehr erreichen konnte, um der Volkskrankheit Krebs die Stirn zu bieten, als sie das jemals als niedergelassene Ärztin hätte tun können. Fünf Jahre später folgte ihr eine Frau als First Lady, die ebenfalls Medizinerin war. Wie bei Scheel war es auch bei Veronica Carstens ihr Vater gewesen, der sie zum Medizinstudium ermuntert hatte. Dieser Beruf, so der Vater, erlaube es ihr, unabhängig zu sein, und mit dieser Prognose sollte er recht behalten.

Mitten im Krieg zog Veronica nach Freiburg und begann ihr

Studium. Bei der Hochzeit ihrer Schwester lernte sie im Sommer 1943 den Juristen Karl Carstens kennen, dem sie im letzten Kriegswinter in der Flakartillerie-Schule Heiligensee in Berlin das Jawort gab. Als verheiratete Frau legte Veronica Carstens ihr Studium zunächst auf Eis und folgte ihrem Mann, der nach dem Krieg rasch in der Politik Fuß fasste, nach Straßburg und Bonn. Nach einigen Jahren Ehe mussten Veronica und Karl Carstens akzeptieren, dass sie kinderlos bleiben würde, was vor allem Veronica in eine tiefe Krise stürzte. »Ich vermisste den Sinn meines Lebens. Denn unser sehnlichster Wunsch, eine große Familie zu gründen, blieb unerfüllt, und nachdem alle ärztlichen Versuche gescheitert waren, musste ich mich irgendwie neu arrangieren.«[91] An diesem Tiefpunkt, mitten in der Depression, habe ihr Mann sie aufgefangen und ihr den Vorschlag unterbreitet, sie solle ihr Medizinstudium wieder aufnehmen. Sie ließ sich also zur Internistin ausbilden und arbeitete in verschiedenen Kliniken, während Karl Carstens seine politische Karriere vorantrieb, zunächst als Staatssekretär, ab 1972 als Bundestagsabgeordneter und von 1973 bis 1976 als CDU/CSU-Fraktionsvorsitzender und Oppositionsführer.

Als Karl Carstens im Frühjahr 1979 als Kandidat für die Nachfolge von Walter Scheel ins Gespräch kam, stellte sich für das Ehepaar Carstens die Frage, welche Folgen eine solche Wahl für Veronica Carstens haben würde. Die Ärztin fürchtete um ihre Unabhängigkeit. »Gerade von den politischen Freunden sahen es einige als selbstverständlich an, dass ich meinen Beruf an den Nagel hänge und nur noch das zum Teil umfangreiche, für die Frau des Bundespräsidenten vorgesehene Programm erfüllen würde«, erinnert sie sich, »mein Mann hatte gottlob eine andere Sicht der Dinge.« Karl Carstens kannte seine Frau zu gut, wusste, was ihre Arbeit ihr bedeutete, als dass er dieses Opfer von ihr gefordert hätte. Das Protokoll allerdings musste sich etwas einfallen lassen. Hatte man bei den Scheels, nicht zuletzt auf nachdrücklichen Wunsch von Mildred Scheel, darauf geachtet, dass der Bundespräsident seine Termine möglichst während der Woche absolvieren und das Wochenende mit seiner Familie verbringen konnte, galt nun das Gegenteil. »Da Frau Dr. Carstens ihre Arztpraxis in Meckenheim weiterführte, versuchte man, sämtliche Veranstaltungen, die die Präsenz der neuen First Lady notwendig machten, auf Samstag und Sonntag zu legen«, erinnert sich Horst Arnold. »Ich werde versuchen, Dich nur für die Pflichten zu beanspruchen, die unbedingt nötig sind«, gelobte der Bundespräsident, und offenbar gelang es ihm in den kommenden fünf Jahren, dieses Versprechen zu halten.[92]

Veronica Carstens war die erste First Lady, die diese Aufgabe quasi in Teilzeit übernahm. Nach einer kurzen Phase der Umgewöhnung aber arrangierte man sich in der Administration mit den neuen Gegebenheiten, und die Terminfindung klappte erstaunlich gut. Wenn die First Lady bei einer Veranstaltung dabei sein sollte, fragte man vorher in ihrem Büro an, zur Not musste auch mal ein Patiententermin verschoben werden. Carstens hielt sich weitgehend aus allem Organisatorischen in der Villa heraus. Die Zeiten, in denen die Erste Dame des Hauses vor Diners und Empfängen durch die Säle wirbelte, Gästelisten ergänzte und Platzkärtchen vertauschte, waren vorüber. Überhaupt änderte sich viel in der Villa Hammerschmidt. Die Räume, die in der Ära Scheel erfüllt gewesen waren von Kinderstimmen, Hundegebell und Mildred Scheels schallendem Lachen, wurden nun wieder auf Repräsentationsanlässe reduziert, denn das Ehepaar Carstens blieb in seinem Haus in Meckenheim wohnen und kam nur zum Arbeiten in die Villa.

Wie konnte Veronica Carstens Ende der Siebzigerjahre das gelingen, was keine ihrer Nachfolgerinnen seither mehr durchgesetzt hat: das Festhalten an der eigenen Berufstätigkeit? Der Hauptgrund lag ohne Zweifel in der Art ihrer Profession. Während es sich bei Carstens' Nachfolgerinnen, soweit sie bei Amtsantritt ihres Mannes einen Beruf ausübten, um eine Journalistin, eine Richterin und eine Pressereferentin handelte, war sie Medizinerin. Das Führen einer Praxis aber kam sich, wie man es auch drehte und wendete, nicht mit der politischen Arbeit des Ehemannes ins Gehege. Aus ihrer Tätigkeit als Internistin konnte ihr selbst der missgünstigste Beobachter oder politische Gegner keinen Strick drehen. Hinzu kam, dass sich Veronica Carstens nicht wie Bettina Wulff Jahre später um kleine Kinder zu kümmern hatte, was ihr den Freiraum für eine eigenständige Tätigkeit ließ. Dennoch gab es vor allem anfangs immer wieder Kritik. Von ihrem Mann bekam Carstens in solchen Fällen die volle Rückendeckung. Die einzige Auflage, die er ihr machte, war, dass sie keine neuen Patienten annehmen durfte: »Denn es war zu vermuten, dass manch einer nur gekommen wäre, um auf diese Weise einen Vorteil aus der entstehenden Beziehung zu erlangen.«[93]

Veronica Carstens und Mildred Scheel waren aber nicht nur Kolleginnen, sie hatten beide so ihre Probleme mit der Schulmedizin beziehungsweise mit den ärztlichen Berufsverbänden. Eckte Scheel mit ihrer unermüdlichen und unkonventionellen Arbeit für die *Krebshilfe* immer wieder bei den Kollegen an, so runzelte man in Fachkreise zuweilen die Stirn aufgrund des Engagements der neuen First Lady für die Homöopathie. Carstens schwor in ihrer Praxis auf eine Kombination aus herkömmlicher Medizin und Naturheilverfahren. Und offenbar hatte sie auch ihren Mann früh von den Vorzügen der Homöopathie überzeugen können. Zusammen gründeten sie die *Karl und Veronica Carstens-Stiftung*, die es sich zur Aufgabe machte, Naturheilkunde und Homöopathie wissenschaftlich zu erforschen und zu fördern. Nachdem ihnen eine eigene Familie versagt geblieben war, sah das Ehepaar Carstens seine Hinterlassenschaft in einem Fonds sinnvoll angelegt. Aber Carstens' Einfluss auf ihren Mann ging noch weiter. Sie setzte als First Lady nicht nur das Thema Naturheilkunde auf die Agenda, wob es ein in ihre karitative Arbeit als Schirmherrin der *Deutschen Multiple Sklerose Gesellschaft*, der sie sich als Gattin des Bundespräsidenten verschrieben hatte, sie nutzte auch ganz direkt die Türen, die sich durch die Posten ihres Mannes öffneten. Bereits während Carstens' Zeit als Fraktionsvorsitzender der CDU/CSU war es im Bundestag zu einer Abstimmung über die Novellierung des Arzneimittelgesetzes gekommen. Seit Ende der Sechzigerjahre erfreuten sich alternative Heilmethoden zunehmender Beliebtheit, und die Frage wurde immer dringlicher gestellt, ob die Krankenkassen homöopathische Behandlungen genau wie Leistungen der Schulmedizin übernehmen sollten. Zahlreiche Naturheilkundeärzte wandten sich im Vorfeld der Abstimmung an die Frau des mächtigen Unionspolitikers: »Mein Mann hat den Erwartungen entsprochen und bei jeder sich bietenden Gelegenheit sein Ceterum censeo kundgetan«, schildert Veronica Carstens in ihren Erinnerungen ihre Lobbyarbeit für die Homöopathie. »Die Abstimmung im Bundestag fiel zur großen Überraschung unserer Gegner eindeutig zu unseren Gunsten aus.« Aus der Medizinpolitik, so Carstens, habe sie sich fortan nicht mehr heraushalten können.[94] Dass sie dabei politischen Einfluss nutzte, der sich durch ihre Ehe ergab, problematisierte sie nicht weiter.

Wenn ihr Engagement für die Homöopathie auch nicht so exponiert war wie der Kampf Mildred Scheels gegen den Krebs, so kam mit Veronica Carstens 1979 doch eine First Lady in die Villa Hammerschmidt, die ebenfalls ein drängendes gesellschaftliches und medizinisches Thema auf die Tagesordnung setzte. Und allein, dass die Gattin des ersten Mannes im Staat sich für die Naturheilkunde starkmachte, half, das Thema aus seiner Nische herauszuholen. Ihre Tätigkeit als Internistin mit eigener Praxis verstärkte ihre Authentizität und Glaubwürdigkeit erheblich. Kurz nachdem ihr Mann zum Bundespräsidenten gewählt worden war, sollte in der Dortmunder Westfalenhalle eine große Veranstaltung für ältere Menschen stattfinden. Da Antje Huber, die damalige Gesundheitsministerin von der SPD, die den Festvortrag halten sollte, erkrankt war, wandten sich die Organisatoren an die First Lady, und diese sprang prompt ein und überzeugte mit Know-how und rhetorischem Talent.[95]

Die Tatsache, dass Veronica Carstens weiter als Internistin arbeitete, war vielen Zeitgenossen ein Beleg für ihre Volksnähe und Bodenständigkeit. Dieser Ruf wurde noch genährt durch die Deutschlandwanderungen, die das Ehepaar Carstens von Herbst 1979 bis Herbst 1981 einmal im Monat unternahm. Innerhalb von zwei Jahren wanderte man von der Ostsee bis zu den Alpen, im Durchschnitt sechsundfünfzig Kilometer an einem Wochenende.

Dem Bundespräsidentenpaar schlossen sich jeweils unzählige Menschen an – Politiker, Prominente, vor allem aber Bürgerinnen und Bürger. Wolfgang Teske, im Pressebüro für die Öffentlichkeitsarbeit des Bundespräsidenten zuständig, nahm selbstverständlich ebenso an den Wanderungen teil und lernte Veronica Carstens auf diese Weise gut kennen. »Sie war ganz natürlich, man konnte sich mit ihr über alles unterhalten«, so Teske. »In ihrem Innersten war sie nicht die Frau an der Seite des Bundespräsidenten, sondern sie war Ärztin.« Wenn man sich traf, fragte sie immer zuerst nach dem Befinden ihres Gegenüber, und das war keine leere Hülse, sie interessierte sich tatsächlich dafür, wie es dem Betreffenden ging, sah, wenn jemand nicht so gut drauf oder von gesundheitlichen Problemen geplagt war. Bei einer Wanderung erzählte Teske der First Lady von einer Kollegin, der es schlecht ging, die Probleme mit den Gelenken hatte und große Schmerzen ertragen musste. Wenige Tage später rief Carstens bei Teske im Büro an und fragte nach der Telefonnummer der Frau. Die Ärztin ließ es sich nicht nehmen, die Erkrankte zu untersuchen. Außerdem ging sie mit der Wünschelrute durch deren Wohnung und empfahl ihr, die Möbel umzustellen. Carstens war Ärztin und konnte nicht aus ihrer Haut, auch wenn sie gerade in ihrem Teilzeitjob als First Lady unterwegs war. Natürlich wandten sich viele Menschen auch ganz gezielt an sie, suchten ihren Rat. Auch das verband Veronica Carstens übrigens mit ihrer Vorgängerin. Cornelia Scheel erinnert sich, dass ihre Mutter häufig von Bekannten und Freunden aus der Künstlerszene, aber auch dem politischen Betrieb um ihre Meinung beziehungsweise ihre Diagnose gebeten wurde. Und da kannte Scheel keine Scheu, auch wenn man gerade noch im Abendkleid bei Kaviar und Champagner zusammengesessen hatte. Sie hörte sich die Sorgen an, tastete auch mal ab, gab dann Entwarnung oder verhalf dank ihrer Verbindungen zu einem raschen Termin beim Spezialisten.[96]

Die First Ladies sorgten sich aber nicht nur um die Gesundheit der Bürgerinnen und Bürger, sondern auch um jene ihrer Männer. Veronica Carstens zum Beispiel war sehr auf die Ernährung

[11] Veronica und Karl Carstens brachen regelmäßig zu Wanderungen durch Deutschland auf, viele Bürger schlossen sich an. Im Grunewald begleitete sie die damalige First Lady von Berlin, Marianne von Weizsäcker. Sie wurde 1984 Veronica Carstens' Nachfolgerin.

ihres Mannes bedacht. Jeden Morgen musste ein Chauffeur nach Meckenheim kommen und für den Bundespräsidenten einen gesunden Imbiss abholen. Wolfgang Teske berichtet, wie Karl Carstens hin und wieder versuchte, dem Speiseplan seiner Frau einen Strich durch die Rechnung zu machen. Dann schickte er einen seiner Mitarbeiter los, um ihm ein Brötchen zu holen: »Bring mir was Vernünftiges, aber verrate mich nicht bei meiner Frau.« Ihr Mann, so Carstens 1990 bei einem Vortrag vor hundertzwanzig Ärzten in Wittenberg, beklage sich regelmäßig bei ihr, dass sie ihn dazu anhalte, allmorgendlich Gymnastik zu treiben, kalt zu duschen, einen Teller Müsli zu essen und zum Abschluss des täglichen Fitnesstrainings einen Löffel Lebertran zu schlucken. Sie selbst hielt sich natürlich auch an dieses strenge Regiment. Die Ärztin überlebte ihren Mann um fast zwanzig Jahre und wurde knapp neunzig Jahre alt. Wie Wilhelmine Lübke blieb Veronica Carstens auch als Witwe in regem Kontakt mit dem politischen Spitzenpersonal der Republik. So schrieb die gläubige Protestantin 2001 an den damaligen Kanzler Gerhard Schröder und gab ihm den Rat, Gott in sein Leben einzubeziehen. Schröder, so Carstens, könne dann so viel erfolgreicher sein.[97]

Durch die Blume

Nach dem üppigen Stil der Scheels brachten die Carstens' eine gewisse Nüchternheit in die Villa Hammerschmidt. Die Tatsache, dass die First Lady tagsüber wie Millionen anderer Bundesbürger und -bürgerinnen einem Beruf nachging, brachte es auch mit sich, dass dem Amt ein gewisser Glamour-Faktor abhandenkam. In dieser Hinsicht traf sich das Ehepaar Carstens mit den Schmidts, die ihrerseits relativ schnörkellos ans Werk gingen. Die beiden Nordlichter, der Hamburger Schmidt und der Bremer Carstens, verstanden sich denn auch recht gut. Führte Veronica Carstens während der Amtszeit ihre Praxis einfach weiter, kam Loki während der Kanzlerjahre ihres Mannes erst auf die Idee, sich wieder ein eigenes, zweites Standbein zu suchen. Ende der Sechzigerjahre hatte sie ihren Beruf als Lehrerin an den Nagel gehängt, aber im Laufe der Siebziger widmete sie sich mehr und mehr dem Thema, das sie schon als junge Frau fasziniert hatte, und holte nach, was ihr damals verwehrt geblieben war. Mit wachsender Leidenschaft stürzte Loki Schmidt sich in die Naturkunde. Eine Expedition im Februar 1977 auf die Galapagosinseln mit einem Wissenschaftlerteam des Max-Planck-Instituts wurde für sie zum Aha-Erlebnis. Sie schlief auf einem umgebauten Fischerboot, teilte sich die Kajüte mit drei Forschern und war begeistert von der außergewöhnlichen Tier- und Pflanzenwelt. Von da an nahm sie regelmäßig an Reisen in ferne Länder teil, fuhr zu Grabungen nach Peru, lernte die Flora und Fauna in Malaysia kennen und sah die Antarktis mit eigenen Augen. Sie nutzte die Gelegenheiten, die sich ihr als Kanzlergattin boten, aber nicht nur, um sich selbst zu bilden, sondern um den Blick der Öffentlichkeit auf ein Thema zu lenken, das ihrer Ansicht nach brennend wichtig war. Ihre Arbeit als Naturschützerin bezeichnete sie als »wichtige Aufgabe, die ich mir gestellt habe und die ich habe verwirklichen können wegen des Politikers, mit dem ich verheiratet war – sonst hätte kein Mensch auf mich gehört. Sonst hätte ich überhaupt keinen Widerhall gehabt. Das habe ich auch schamlos ausgenutzt (…).«[98]

1976 gründete Loki Schmidt das *Kuratorium zum Schutz gefährdeter Pflanzen*, das ab 1979 in eine Stiftung umgewandelt und mit der *Stiftung Naturschutz Hamburg* zusammengelegt wurde. Heute ist sie unter dem Namen *Loki Schmidt Stiftung* bekannt. Anfangs amüsierte man sich in Bonn zuweilen über »die Schmidt und ihre Blümchen«, aber im Laufe der Siebzigerjahre wuchs das Bewusstsein für die bedrohte Umwelt, und Schmidt lag plötzlich voll im Trend. Inspiriert und unterstützt in ihrer Arbeit hatte sie von Anfang an der Hamburger Unternehmer Kurt A. Körber. Immer wieder hatte er Loki leidenschaftlich über Pflanzen und die Notwendigkeit, deren Lebensräume zu retten, sprechen hören. Irgendwann hatte er ihr dann erklärt, es reiche nicht aus, immer nur darüber zu reden, man müsse auch etwas tun. Auch wenn die Stiftung bei Weitem nicht so groß aufgezogen und mit der Chuzpe vorangetrieben wurde wie Mildred

Scheels *Krebshilfe*, ging Loki Schmidt doch mit Planmäßigkeit und Professionalität an die Sache heran. Im Jahr 1979 entwarf sie für die Firma Rosenthal Porzellanteller mit selbst gemalten Pflanzenmotiven, die sie auch signierte. Drei Mark aus dem Erlös jedes Tellers landeten bei Schmidts Stiftung. Sie fanden so reißenden Absatz, dass aus den ursprünglich drei verschiedenen Motiven rasch zwölf wurden und die Stiftung eine Dreiviertelmillion DM einnahm. Ab 1980 stellte Loki Schmidt zudem regelmäßig die Blume des Jahres vor. Dieser Termin bot alljährlich einen Anlass, über die Stiftung und ihre Arbeit zu berichten. Die Spenden flossen, und bald hatte man so viel eingenommen, dass auch Land gekauft werden konnte, unter anderem ein schützenswerter Fichtenwald an der deutsch-belgischen Grenze.[99]

Helmut Schmidt war zunächst nicht wenig erstaunt, als Loki begann, alleine um die Welt zu reisen. Er konnte aber nicht leugnen, dass die Berichte seiner Frau aus fernen Ländern, die intensiven Naturbegegnungen faszinierend waren. Wie aber stand Schmidt zu dem Engagement seiner Frau in Sachen Naturschutz? Der Kanzler stellte die sich formierenden Friedens- und Umweltaktivisten, aus denen schließlich die Grünen hervorgehen sollten, und auch Genossen in der SPD, die auf ein Ende der natürlichen Ressourcen aufmerksam machten, als »Umweltidioten« hin, nahm die aufkommende ökologische Bewegung nicht recht ernst. Er sah sich als Manager des Landes, er hatte für Arbeitsplätze, für Wachstum zu sorgen, da konnten diese langhaarigen Bedenkenträger nur stören. Loki Schmidt erkannte schnell, dass in ihrer Arbeit für den Naturschutz eine gewisse Gefahr bestand, gegen ihren Mann in Stellung gebracht zu werden. Es verstand sich für sie von selbst, dass sie auf äußerste Distanz zu den Grünen ging, die sich im Januar 1980 gründeten. Diese Aktivisten waren Schmidt ohnehin zu drastisch und zu überzeugt von sich selbst. Ihr Anliegen aber, darauf aufmerksam zu machen, dass die Pflanzen- und Tierwelt bedroht war, teilte sie auf ihre ganz persönliche, leisere, aber doch nachdrückliche Weise. In den frühen Achtzigern hielt die Kanzlergattin also bewusst Abstand zu der sich neu formierenden Kraft in Deutschland, Jahre später gestand sie in einem Interview aber: »Die Grünen mit ihrem lauten Getöse haben viele Menschen beeinflusst, und dafür bin ich ihnen doch ein bisschen dankbar.«[100]

Loki Schmidt war absolut loyal. Die Gegner ihres Mannes waren auch die ihren. Die Frage, ob sie Helmut Schmidt in ökologischer Hinsicht stärker hätte beeinflussen können, ist schwer zu beantworten. Das alarmistische Moment der Umweltbewegung, die zum Teil propagierte Weltuntergangsstimmung passten so gar nicht zu der nüchternen Hamburgerin. Vermutlich waren die Schmidts also in ihrer Einstellung gegenüber den neuen Bürgerbewegungen der Siebziger und Achtziger einer Meinung. Festzuhalten ist aber, dass Helmut Schmidts mangelnde Bereitschaft, die Sorgen der Bürgerinnen und Bürger angesichts einer immer stärker um sich greifenden Umweltzerstörung ernst zu nehmen, die Entstehung der Grünen durchaus befördert hat. Schmidts harter Kurs auch in Sachen NATO-Doppelbeschluss sorgte dafür, dass SPD-Wähler, die der ökologischen Szene und der Friedensbewegung nahestanden, an die Grünen verloren gingen.

Loki Schmidts frühes Engagement für den Naturschutz blieb also im gängigen politischen und gesellschaftlichen Rahmen, der mit den Ansichten ihres Mannes und auch dessen Temperament vereinbar war. Aber wie Mildred Scheels und Veronica Carstens' Stiftungen passte auch Loki Schmidts Arbeit durchaus zum Zeitgeist, wuchs doch im Laufe der Siebzigerjahre die Bereitschaft der Bürgerinnen und Bürger, sich zusammenzutun und für ihre Anliegen einzutreten. Sei es in Stadtteilvereinen, Umweltgruppen, Frauenbuch-, Kinder- und Kulturläden, Friedensmärschen oder im Ortsverein – die Zeichen standen auf Partizipation und Selbstorganisation. Das Engagement der First Ladies dieser Jahre – für die *Krebshilfe*, für die Homöopathie und für den Naturschutz – fügte sich da lückenlos ein. Auch deswegen hatten diese Frauen in ihrer Zeit einen derartigen Erfolg.

Ihre Reisen ermöglichten es Schmidt, hin und wieder eine Auszeit zu nehmen von den Bonner Zuständen. Und das wurde Anfang der Achtzigerjahre immer nötiger, denn die Regierung

Schmidt geriet in schweres Fahrwasser. Helmut Schmidts Eintreten für den NATO-Doppelbeschluss war nicht nur innerhalb der deutschen Bevölkerung höchst umstritten, sondern auch in seiner eigenen Partei. Außerdem flirtete der Koalitionspartner FDP immer offener mit der CDU. Beim alljährlichen Fest im Garten des Bundeskanzleramts wurden Mildred Scheel, damals schon First Lady a. D., und Alfred Biolek im Sommer 1982 Zeugen der Erosion der Macht. Scheel wollte sich auf der Party zeigen, auch weil Helmut Schmidt sie bei der *Krebshilfe* unterstützte, ihr Mann aber hatte beschlossen, in jenem Jahr nicht hinzugehen, zu angespannt war damals schon die Stimmung zwischen SPD und FDP. Kurzerhand fragte sie also ihren Freund Alfred, ob er sie begleiten wolle. Sehr einsam war es um die Schmidts trotz des Menschengewimmels an dem Abend, trotz heiterer Tanzmusik und üppigem kaltem Büfett. »In den Jahren zuvor«, erinnert sich der Talkmaster, »wärst du als Normalsterblicher nicht mal in die Nähe dieses Tisches gekommen.« Jetzt aber habe niemand mehr zusammen mit dem Kanzler gesehen werden wollen, so Biolek weiter. »Der Abstieg Schmidts war sichtbar. Auf der anderen Seite eines Ganges stand der Tisch, an dem Genscher mit seinen Leuten saß. Und da wurde mir klar: Das Ende der sozialliberalen Koalition ist nah.« Wenige Wochen später, im September 1982, traten die FDP-Minister geschlossen zurück, und Schmidt musste eine Minderheitsregierung führen. In dieser aufgeheizten Stimmung sollte seine Frau zu einer lange geplanten Forschungsreise an den Amazonas aufbrechen. »Eigentlich hatte ich gar nicht nach Brasilien reisen wollen, denn die politische Situation in Bonn war brisant«, erinnert sich Loki Schmidt. Ihr Mann aber habe sie dazu ermuntert. Bevor sie allerdings ihre Koffer packte, las sie noch die wichtige Rede, die er im Bundestag halten wollte, um seinen Kurs zu begründen. Dann stieg sie in den Flieger. Die Regierung Schmidt aber, das stellte sich schnell heraus, stand am Abgrund. Am 1. Oktober beendete ein konstruktives Misstrauensvotum die Kanzlerschaft Helmut Schmidts. Der deutsche Botschafter in Brasilien erreichte die Kanzlergattin schließlich im Dschungel und teilte ihr die bestürzenden Neuigkeiten mit. In ihr

Reisetagebuch notierte Loki Schmidt am 1. Oktober: »Misstrauensantrag ist angenommen – Kohl Kanzler und ich am Ende der Welt.« In aller Eile brach sie die Reise ab und flog nach Bonn, um bei ihrem Mann zu sein.[101]

4 Ost und West

Disziplin

Obwohl Loki Schmidt, alarmiert von den Nachrichten aus Bonn, im Oktober 1982 sofort ihre Südamerikaexpedition abbrach und das nächste Flugzeug nach Bonn nahm, kam sie zu spät. Die Schlacht war verloren. Die Bilder, die ihren Mann zeigten, wie er nach der Verkündung des Ergebnisses des Misstrauensvotums wortlos aufstand, dem neu gewählten Bundeskanzler Helmut Kohl gratulierte und danach minutenlang auf der Regierungsbank saß, ohne sich zu rühren, um ihn herum der Jubel der Unionsfraktion – all das sah Loki nur in den Nachrichten. Als sie in der aufgewühlten Bundeshauptstadt ankam, fand sie ihren Mann allerdings in einigermaßen aufgeräumtem Zustand. »Wir sind innerlich heiter und gelassen – er noch mehr als ich«, schrieb sie ihrer Freundin Wendelgard von Staden am 7. Oktober. Auf die Frage, ob sie nach dem verlorenen Misstrauensvotum in ein Loch gefallen sei, erwiderte die Exkanzlergattin knapp: »Wir leben hier in einer Demokratie. Nach einer Wahl können sich die Verhältnisse ändern. Wieso sollte ich in ein Loch gefallen sein?«[1]

Während Loki und Helmut Schmidt sich im Herbst 1982 neu orientierten, besprachen, wie es nun weitergehen würde, und sich vielleicht auch ein wenig erholten von den kräftezehrenden Monaten, die dem Misstrauensvotum vorangegangen waren, brach auch für die Familie Kohl ein neues Kapitel an. Hannelore und ihre Söhne Walter und Peter waren anwesend, als an diesem

1. Oktober 1982 nach erfolgreichem Misstrauensvotum Helmut Kohl gefragt wurde, ob er die Wahl zum Bundeskanzler annehme. Sie hatten mit ihm gezittert, denn das Ergebnis hatte keineswegs von vornherein festgestanden, als sie an diesem Morgen auf der Zuschauertribüne Platz genommen hatten. »In den vergangenen Tagen«, so Kohl in seinen Memoiren, »hatten Hannelore und ich regelmäßig telefoniert. Jetzt fielen wir uns mit einer Freude und Erleichterung in die Arme, die nur jemand verstehen konnte, der den ungeheuren Stress der letzten Monate, Wochen und Tage hautnah mitbekommen hatte.«[2]

Hannelore Kohl war gewissermaßen kampferprobt, war seit mehr als zwei Jahrzehnten mit einem Mann verheiratet, der seit Jahren Berufspolitiker war. Die Wahl Helmut Kohls zum Bundeskanzler katapultierte auch seine Frau ins Zentrum der Macht. Die Augen der Öffentlichkeit richteten sich nicht nur auf den konservativen Kanzler, sondern auch auf Hannelore Kohl, die in Bonn bislang wenig in Erscheinung getreten war. Wie bei jedem Amtsantritt wollte die Öffentlichkeit auch jetzt wissen, wer die Frau an der Seite des »Neuen« war. Bonn war Regierungssitz, gleichzeitig aber auch ein recht überschaubarer Mikrokosmos. In den entscheidenden Zirkeln von Politikern und Beamten, deren Angehörigen sowie den Vertretern der Presse kannte man sich. Jeder, der in diesen Kreis stieß, wurde neugierig beäugt, taxiert und beurteilt.

Hannelore Kohl hatte zwar in den vorangegangenen Jahrzehnten einige Erfahrung mit dem politischen Betrieb gesammelt, in Bonn aber war ihr soziales Netzwerk noch kaum geknüpft. Während Rut Brandt, Mildred Scheel und Loki Schmidt die Stadt bereits als Ministergattinnen ganz aus der Nähe kennengelernt hatten, bevor sie First Lady wurden, betrat Hannelore Kohl die Arena erstmals als die Frau der Nummer eins. Es gab für sie also wenig Raum, sich im Hauptstadtbetrieb auszuprobieren. Vielleicht lag es auch an diesem ungnädigen Start, dass Hannelore Kohl eigentlich während der gesamten Kanzlerschaft ihres Mannes nicht recht warm mit der Stadt wurde.

Im Übrigen deutet vieles darauf hin, dass Hannelore Kohl es

vorgezogen hätte, wenn ihr Mann eine andere Karriere als die politische gewählt hätte. Die grundsätzlichen Entscheidungen aber über die Ausrichtung seines beruflichen Wegs scheint Helmut Kohl von jeher für sich allein getroffen zu haben, ohne groß mit seiner Frau und seiner Familie zu diskutieren, welche Implikationen das für sie haben würde. Und damit stand Helmut Kohl in den Sechzigerjahren keineswegs allein da. Noch war es absolut üblich, dass die Familie sich an den beruflichen Bedürfnissen des Mannes, der ja nun mal in den meisten Fällen die Brötchen nach Hause brachte, ausrichtete. Die Entscheidung für eine politische Laufbahn aber brachte weitreichende Folgen mit sich, denn dadurch rückte die gesamte Familie ins Rampenlicht. Speziell wenn man, wie Kohl, zielstrebig Spitzenämter ansteuerte. Aber wie schon die Brandts und die Kiesingers wurde auch die Familie Kohl nie befragt, ob sie in den Fokus des öffentlichen Interesses gezogen werden wollte. Es widerfuhr ihr einfach.

Seine Mutter, so Walter Kohl, habe in den Sechzigerjahren erkannt, dass ihr Mann immer Politik machen und nach Ämtern streben werde.[3] Hannelore Kohl scheint sich also schon früh in ihrer Ehe in ihr Schicksal ergeben zu haben. Sie würde ihren Mann immer mit der Politik teilen müssen. Würde damit leben müssen, dass sie und ihre Kinder nicht selten erst an zweiter Stelle kamen. Als Helmut Kohl längst Kanzler war, offenbarte seine Frau der Journalistin Barbara Friedrichs einmal, dass sie in all den Jahren vor allem gelernt habe zu warten. Nach vier, fünf Stunden echten Wartens aber könne man nur noch von einem Hund verlangen, dass er sich immer noch freue. »Ich habe von unserem Hund gelernt.«[4] Dieser Moment im Gespräch mit Barbara Friedrichs war einer der sehr seltenen Augenblicke, in denen die Disziplin, die Hannelore Kohl sich auferlegt hatte, Risse zeigte.

Flagge zeigen

Nimmt man das innere Machtgefüge der Kohl'schen Ehe in den Blick, so kommt man an zwei Konstanten nicht vorbei. Auf der einen Seite haben wir mit Helmut Kohl einen Vollblutpolitiker mit durchaus narzisstischen Zügen. Politik, so Walter Kohl, sei das Lebenselixier seines Vaters gewesen. Der Politik habe er alles andere untergeordnet.[5] Auf der anderen Seite steht mit Hannelore Kohl eine begabte, ehrgeizige Frau, die in die Beziehung zu ihrem künftigen Mann allerdings mit einem gewissen gesellschaftlichen Handicap gestartet ist. Die Begegnung mit Helmut in der Tanzstunde im Herbst 1948 hat sich ihr tief eingebrannt, denn sie hat ihr Leben verändert. Der groß gewachsene und allseits beliebte Ludwigshafener hatte immer einen Pulk von Freunden im Schlepptau. Die Bekanntschaft und erwachende Liebe zu diesem umtriebigen jungen Mann versetzten dem stillen blonden Mädchen im Zirkel der Gleichaltrigen einen gehörigen Schub auf der sozialen Leiter. Niemand kam an Helmut vorbei, und fortan konnte auch Hannelore nicht mehr ignoriert oder gar gemobbt werden. Niemandem wäre auch nur im Traum eingefallen, einen dummen Witz fallen zu lassen über ihre Herkunft oder ihren Dialekt. Vorbei die grausamen Hänseleien, denen das Flüchtlingsmädchen zuvor ausgesetzt gewesen war. »Ihr Helmut war für sie der Rettungsanker«, so Walter Kohl über seine Mutter, »der starke Baum, an den sie sich anlehnen konnte (...) In ihrer tiefsten existenziellen Krise berührte er ihr Herz. Das hat sie ihm nie vergessen.«[6] Helmut Kohl hat dem entwurzelten und traumatisierten Mädchen eine Heimat gegeben, und Hannelore hat es ihm zeitlebens mit absoluter Loyalität gedankt. Sie ist dafür bis an die Grenzen dessen gegangen, was sie ertragen konnte.

Als der Stern ihres Mannes seinen Aufstieg begann, arbeitete Hannelore als leitende Sekretärin bei BASF. Kurz nach der Hochzeit aber gab sie ihre Stelle auf und widmete sich dem Haushalt und der bald wachsenden Familie. Kohl saß zu diesem Zeitpunkt bereits als jüngster Abgeordneter und Hoffnungsträger im rheinland-pfälzischen Landtag. 1969 wurde er mit nicht mal vierzig

[12] Die junge First Lady von Rheinland-Pfalz, Hannelore Kohl, beim Empfang für das niederländische Königspaar auf Schloss Oranienstein im Herbst 1971.

Jahren Ministerpräsident des Landes. Hannelore Kohl, Mutter zweier kleiner Söhne, war mit Mitte dreißig First Lady und stürzte sich mit Verve in diese Aufgabe. »Sie hat nicht nur viel geleistet«, erinnert sich Fritz Ramstetter, der viele Jahre ein enger Wegbegleiter der Kohls gewesen ist, »sie hat ihre Rolle auch sehr genossen und wusste, dass sie sie gut spielen kann. Die ›First Lady‹ war in ihrer Vorstellung eine Kompensation zu ihrem eigenen beruflichen Lebensweg, der sich durch die politische Karriere ihres Mannes nicht verwirklichen ließ, was sich übrigens als Defizit in ihrem Bewusstsein festgesetzt hat.«[7] Zweifellos hat Hannelore Kohl in der Aufgabe der First Lady eine Art Ersatzberufstätigkeit gesehen und hatte Freude daran, sich dieser anzunehmen. Dementsprechend enttäuscht war sie, als ihr Mann Mitte der Siebzigerjahre die Weichen wiederum neu stellte und die große nationale Bühne in den Blick nahm. Es war wohl allein seine Entscheidung gewesen, als Kanzlerkandidat anzutreten und nach verlorener Wahl als Oppositionsführer in den Bundestag zu ziehen. Sie hätte es damals lieber gesehen, wenn Helmut in Mainz geblieben wäre. Nicht nur bescherte ihr dieser Schritt auf der Karriereleiter ihres Mannes eine Wochenendehe, sie beraubte sie auch ihrer eigenen Tätigkeit. Hierin mag also ein weiterer Grund für Hannelore Kohls Distanz zu Bonn gelegen haben: Die Stadt am Rhein hatte ihren Mann von dem Posten weggelockt, der Hannelore der liebste gewesen war.

Während Helmut Kohl sich in Bonn etablierte, sich als geschickter Machtstratege nach und nach gegen seine Konkurrenten Franz Josef Strauß und Rainer Barzel durchsetzte, blieb seine Frau in Rheinland-Pfalz und kümmerte sich um die Söhne, die Schwiegereltern und ihre eigene Mutter, die bis zu ihrem Tod mit im Haus der Familie wohnte. Noch intensiver als zu Zeiten, in denen ihr Mann Ministerpräsident gewesen war, blieb Hannelore Kohl nun in der Familienarbeit auf sich gestellt. De facto war sie, wie auch Rut Brandt vor ihr, über weite Strecken alleinerziehend. »Die allerwichtigste Person im Familienkosmos stellte Mutter dar«, erinnert sich Walter Kohl. »Sie war unbestrittene Herrscherin über mein junges Leben. Ihr Wort war Gesetz.« Den Vater, so Kohl weiter, habe er eher als Gast im Haus wahrgenommen.[8] Während Helmut Kohl in Bonn seine Truppen um sich scharte, aufmerksam beobachtete, wie die Liberalen sich nach anderen Optionen umsahen und die Regierung Schmidt mehr und mehr ins Trudeln geriet, hielt Hannelore zu Hause in Oggersheim die Stellung und wachte als ehrgeizige und wachsame Mutter über die Erziehung und Ausbildung ihrer Söhne. Als ihr Mann zum Sprung an die Macht ansetzte, war sie eingeweiht und hatte längst erkannt, dass dieser Schritt nur die logische Konsequenz all seines Strebens war. Was dieser Schritt wiederum für sie persönlich und ihre Kinder bedeutete, ließ sich nur erahnen.

Am Abend des 1. Oktober 1982, als Helmut Kohl am Ziel seiner politischen Ambitionen angekommen war, sammelte er seine engsten Weggefährten um sich. Im Restaurant *Herrenhaus Buchholz* in Alfter bei Bonn feierte man bei Hausmannskost und einem guten Tropfen den Sieg. »Selten habe ich Hannelore in so ausgelassener Feierlaune erlebt wie an diesem Abend«, erinnert sich Helmut Kohl in seinen viele Jahre später verfassten Erinnerungen, »auch für sie veränderte sich unser gemeinsames Leben an diesem Tag spürbar. Nun war sie nicht mehr die Gattin des Bonner Oppositionsführers, sondern die Frau des Bundeskanzlers, über deren Funktion und Aufgaben weder im Grundgesetz noch in irgendeinem ›Geschäftsverteilungsplan‹ irgendetwas festgelegt ist.«[9] Kohls Schilderungen seiner Frau bei den Feierlichkeiten im *Herrenhaus Buchholz* müssen mit einer gewissen Vorsicht betrachtet werden. Vielleicht projizierte der frischgebackene Kanzler ein wenig zu viel von seiner eigenen Feierlaune an diesem Abend in seine Frau hinein. Hannelore war an diesem 1. Oktober nämlich gesundheitlich schwer angeschlagen. Während einer CDU-Veranstaltung in Nordrhein-Westfalen wenige Tage zuvor hatte ein Kameramann sie mit seinem Objektiv im Getümmel schwer am Hinterkopf getroffen. Mit zusammengebissenen Zähnen hatte Hannelore den Tag über noch durchgehalten, am Abend aber war sie zusammengebrochen. Die Ärzte diagnostizierten eine Gehirnerschütterung. Dass sie kurz darauf überhaupt auf der Zuschauertribüne im Bundestag Platz nahm, lässt sich nur mit der ungeheuren Disziplin erklären, die Hannelore sich auferlegte. Sie fürchtete, dass es Gerede geben könnte, wäre sie zu Hause im Bett geblieben. Walter Kohl erinnert sich, dass seine Mutter an diesem Tag so schwach war, dass sie kaum laufen konnte. Fernbleiben aber war keine Option. »Für sie, und natürlich auch für uns, war es ganz wichtig, dass sie um fünfzehn Uhr dreißig, als das Ergebnis der Vertrauensabstimmung verkündet wurde, Flagge zeigen konnte.«[10]

Der Kanzler ging in den kommenden Wochen zügig an die Arbeit. Um sich den Segen der Wähler zu holen, stellte Kohl schon kurz nach der Regierungsbildung die Vertrauensfrage, der sich die Abgeordneten der Union und der FDP verabredungsgemäß enthielten. So zwang Kohl den Bundespräsidenten, den Bundestag aufzulösen und Neuwahlen anzukündigen. Da die Union zusammen mit den Liberalen aber im Grunde über eine Mehrheit im Parlament verfügte, hatte Karl Carstens erhebliche Bauchschmerzen mit dieser Entscheidung, ordnete aber schließlich zu Beginn des Jahres 1983 Neuwahlen für den März an. Helmut Schmidt, der Kohl lange unterschätzt hatte, trat nicht wieder an. Als sein Parteifreund und ehemaliger Verteidigungsminister Hans Apel ihn nach dem Misstrauensvotum drängte, noch einmal als Kanzlerkandidat zur Verfügung zu stehen, konnte sich Loki Schmidt nicht zurückhalten. »Siehst Du eigentlich nicht, daß dieser Mann sehr krank ist?«, entgegnete sie dem verdutzten Apel. »Er kann nicht mehr.«[11] Schmidt stellte sich nicht nur vor ihren Mann, sie schützte auch ihr gemeinsames Leben. Sie hatte mit ansehen müssen, wie sich Helmut in den vorangegangenen Jahren aufgearbeitet hatte. Jetzt noch mal diese Tortur auf sich zu nehmen, einen Wahlkampf auszufechten, der angesichts der politischen Konstellation wenige Siegeschancen barg – das schien ihr einfach zu viel verlangt. Von ihrem Mann, aber auch von ihr selbst. Der Spitzenkandidat der SPD hieß denn auch Hans-Jochen Vogel. Gegen den aufstrebenden Kohl aber konnte sich dieser erwartungsgemäß nicht durchsetzen. Die schwarz-gelbe Koalition wurde bestätigt. Während die FDP vom Wähler abgestraft wurde und 3,6 Prozentpunkte verlor, konnte die CDU über Zugewinne jubeln. Es war auch Hannelore Kohls Sieg. Wie keine Kanzlergattin zuvor hatte sie sich für ihren Mann und seine Partei in diesem Wahlkampf des Frühjahrs 1983 ins Zeug gelegt.

Helmut Kohl hatte in den vorangegangenen Jahren seine Macht in der Union systematisch ausgebaut, hatte schon in Rheinland-Pfalz ein tatkräftiges Team durchaus kritischer Köpfe um sich gesammelt, das ihn zum Teil auch nach Bonn begleitet hatte. In seiner Mainzer Zeit hatte der groß gewachsene Kohl als junger Reformer gegolten, als innovativer Modernisierer. Einen wie ihn, da waren sich viele Partei-Granden einig, hatte die in den Sechziger- und Siebzigerjahren zunehmend verstaubt wirkende Adenauer-CDU bitter nötig. Allerdings gelang es Kohl nicht, diesen Schwung mit nach Bonn zu nehmen, schon gar nicht bis ins Kanzleramt. Lag es daran, dass er inzwischen selbst zum Partei-Establishment gehörte, zu den Arrivierten? Oder hatte er nun das Gefühl, bewusst konservativere Wählerschichten ansprechen und mitnehmen zu müssen? Anfang der Achtzigerjahre brachte er jedenfalls die »geistig-moralische Wende« ins Spiel, die das Land angeblich so nötig brauche. Die Formel blieb wohl bewusst relativ vage. Die Konservativen konnten mehr hineininterpretieren, als vom Parteivorsitzenden womöglich insinuiert war. Allerdings bekam die Rede von der »geistig-moralischen Wende« schon wenige Monate nach Amtsübernahme einen etwas fahlen Beigeschmack, denn im Zuge der Flick-Affäre gerieten sämtliche Parteien, vor allem aber CDU, CSU und FDP, ins Visier der Steuerfahnder, da sie im Laufe mehrerer Jahre hohe Spendengelder des Konzerns angenommen hatten. Die Parteien hatten nicht nur gegen geltende Gesetze verstoßen, die Regierungskoalition versuchte 1984 auch noch nachträglich, ihr Handeln zu amnestieren, was zu erheblichem öffentlichem Unmut führte, sodass der Gesetzesvorschlag schleunigst zurückgezogen werden musste, um noch größeren Imageschaden zu verhindern.

Überhaupt lief es beim Start der neuen schwarz-gelben Koalition, gelinde gesagt, nicht rund. Die Affäre um die angebliche Homosexualität des Vier-Sterne-Generals Günter Kießling und Kohls Rede vor dem israelischen Parlament, in der er von der »Gnade der späten Geburt« sprach, brachten den Kanzler und seine Regierung immer wieder in die Schlagzeilen. Teile der Presse stellten Kohl außerdem als Provinzler hin, machten sich über sein Erscheinungsbild, seine Art zu sprechen lustig, stempelten ihn als zu wenig intellektuell ab. In der Berichterstattung über ihn schwang mit, dass man den Neuen nach dem charismatisch-visionären Brandt und dem unbequemen Schmidt mit der messerscharfen Zunge für wenig weltgewandt und etwas tölpelhaft hielt. Schon im Bundestagswahlkampf 1976 war ein Motiv gefunden worden, das Kohl nie mehr loswerden sollte. Sein Gesicht wurde in Karikaturen in Form einer Birne dargestellt. Die »Birne« wurde in den folgenden Jahren mannigfach abgewandelt und variiert, der Tenor der Karikaturen aber blieb stets der gleiche: Kohl war nicht ernst zu nehmen.

Wie schon erwähnt, war auch Hannelore Kohls Start in Bonn kein leichter. Landesmutter zu sein in einem relativ überschaubaren Bundesland wie Rheinland-Pfalz war eine Sache, First Lady der Bundesrepublik Deutschland eine andere. »Den Weg von der Ministerpräsidentengattin zur Frau des Parteivorsitzenden und Oppositionsführers hatte sie mit Bravour zurückgelegt«, erinnert sich Helmut Kohl. »Jetzt musste sie sich wieder neu orientieren, und es war ihr vom ersten Tag an bewusst, dass sich erhebliche Erwartungen auch an sie richteten.«[12] Viele dieser Erwartungen hat Hannelore Kohl nach und nach meistern können. Etwas anderes dagegen machte ihr mehr zu schaffen, denn sie erlebte in diesen ersten Monaten der Amtszeit ihres Mannes mit voller Wucht das, was sie während all der Jahre seiner Kanzlerschaft und auch darüber hinaus begleiten sollte: Alles, was Helmut Kohl sagte, aber auch alles, was über ihn gesagt wurde, färbte auf sie ab. Nicht selten wurde sie abgestempelt als »Barbie aus Rheinland-Pfalz«, die Berichterstattung befand ihre Frisur für zu altbacken, ihre Garderobe für zu brav. Auffallend war dabei, dass die sich aufgeklärt wähnende Presse, die sich gern über den konservativen Kanzler mokierte, dabei zuweilen durchaus in jene platten, diskriminierenden und frauenfeindliche Kategorien verfiel, die sie Kohl und seinen Mannen unterstellte.

Auch für seine Politik wurde sie in Haftung genommen. Und nicht nur sie. Walter Kohl berichtet in seinem Buch *Leben oder gelebt werden* eindrucksvoll, wie sehr er darunter gelitten hat, »der Sohn vom Kohl« zu sein – schon in der Grundschule, dann im Gymnasium und schließlich auch als Erwachsener. Die Kohls wollten, dass ihre Söhne so normal wie möglich aufwuchsen, und das bedeutete, dass die Jungs nicht auf eine Privatschule oder ein Elite-Internat, sondern auf die reguläre Schule geschickt wurden. Dass die Kinder dabei einem enormen Druck standhalten mussten, wurde in Kauf genommen. Die Kohls wollten einem bestimmten Familienideal entsprechen, und dafür war nun mal von jedem einzelnen Mitglied ein Preis zu zahlen. »Von außen betrachtet mag es als respektabel, ja, geradezu vorbildlich erschienen sein, dass sie uns in keiner Weise schonten. Jedoch gestaltete sich unser Alltag dadurch als Parforceritt über einen Parcours, auf dem es vor Doppeloxern und Wassergräben nur so wimmelte. Lauter anspruchsvolle Hindernisse, an denen man sich immer wieder die Knochen anschlug und wo man sich unversehens im Dreck liegend wiederfinden konnte. Buchstäblich.«[13]

Kinder von Spitzenpolitikern stehen vor mannigfachen besonderen Herausforderungen. Eine der größten ist wohl, dass sie den Vater beziehungsweise die Mutter wenig sehen, weil ein Spitzenamt zweifellos mit familienfeindlichen Arbeitszeiten verbunden ist. Dazu kommt aber, dass sie – anders als die Söhne und Töchter von Unternehmern oder Topmanagern – auch für die Arbeit ihres Vaters oder ihrer Mutter geradestehen beziehungsweise lernen müssen, mit den öffentlichen Anfeindungen und dem Spott gegen ihren Elternteil umzugehen. Walter Kohl ist im Laufe seines Lebens mehrfach Opfer massiven Mobbings geworden. Sein Bruder und er seien durch die Umwelt immer wieder stigmatisiert worden. Die Eltern aber wiederum, so Walter Kohl, hätten dieses Stigma nie recht wahrhaben wollen. »Du musst stehen!« – dieser Satz des Vaters prägte sich dem jungen Walter ein. Er musste selber schauen, wie er mit alldem klarkam. Vom Vater, ohne den es dieses Martyrium ja im Grunde nicht gegeben hätte, war keine Hilfe zu erwarten. Und von der Mutter? Hier kam wieder Hannelore Kohls persönliche Schmerzskala ins Spiel, von der im Zusammenhang mit dem Terrorismus bereits die Rede war. Alles, was nicht so schlimm war wie der Krieg, beziehungsweise was sie als nicht so schlimm wie diesen einstufte, war auszuhalten.[14]

Hannelore Kohl verlangte von sich selbst ein immenses Maß an Selbstdisziplin, und offenbar erwartete sie dasselbe von ihren Söhnen. Ob sie mit sich gerungen hat? Stärker als der ewig abwesende Vater hat sie vermutlich mitbekommen, wie es ihren Söhnen zuweilen erging, wie sehr sie zu leiden hatten unter der exponierten Stellung der Familie. Ob sie an der »Du musst stehen«-Devise, die ihr Mann ausgegeben hat, jemals zweifelte? Wir wissen es nicht. Soweit wir sehen können, hat sie weder sich noch ihren Kindern in diesem Zusammenhang Momente der Schwäche zugestanden. Dabei wollte Hannelore Kohl ihre Söhne mit allen Mitteln schützen. Sie reagierte überaus ungehalten, wenn sie in Interviews nach ihren Kindern befragt wurde, machte jedem Journalisten, jedem Fotografen sofort klar, dass Walter und Peter gewissermaßen *off-limits* waren. Hannelore Kohl wurde »fuchsteufelswild, wenn man die Söhne mit einbezog«, erinnert sich Sabine Gräfin von Nayhauß. Zu Beginn von Kohls Zeit in Bonn, so Nayhauß, habe sie einmal mit einem Fotografen eine Homestory gemacht. Entgegen der Abmachung schoss der Fotograf ein Bild von einem der Jungen. Hannelore Kohl habe ihm den Film aus dem Apparat herausgerissen und ihm auseinandergesetzt, dass er nie wieder einen Fuß in die Tür bekomme, wenn er so etwas noch einmal versuche. Alfred Biolek erinnert sich, dass Hannelore Kohl, als sie in seiner Sendung zu Gast war, ihm vorab einschärfte: »Sie wissen, ich habe weder Mann noch Kinder.« Es war klar, dass diese Themen nicht angeschnitten werden durften.[15]

Sich freischwimmen

1982 gewann die Bundesrepublik mit der damals erst 17-jährigen Abiturientin Nicole aus Saarbrücken zum ersten Mal in der Geschichte des Wettbewerbs den Eurovision Song Contest. Ihr Lied *Ein bisschen Frieden* sprach offenbar nicht nur vielen Deutschen aus der Seele. Als sie das Gewinnerlied zum Abschluss des Abends noch einmal vortrug und dabei eine Strophe auf Deutsch, eine auf Englisch, eine auf Französisch und eine auf Niederländisch sang, brandete spontan immer wieder begeisterter Applaus in der Halle im englischen Harrogate auf. Ein Jahr später landete die Sängerin Nena mit ihrem ebenfalls pazifistisch inspirierten Popsong *99 Luftballons* einen internationalen Hit, schaffte es sogar in England auf Platz eins der Charts. »99 Jahre Krieg ließen keinen Platz für Sieger. Kriegsminister gibt's nicht mehr. Und auch keine Düsenflieger«: Die Welt staunte, was da für Töne aus Deutschland kamen. Das Land, das im 20. Jahrhundert in ganz Europa für Angst und Schrecken gesorgt hatte, sang jetzt vom Frieden. Die pazifistische Bewegung wuchs weltweit, in der Bonner Republik aber entwickelte sie aufgrund der besonderen deutschen Geschichte eine spezifische Ausprägung.

Keine Frage, das Land hatte in den vorangegangenen dreißig Jahren eine erstaunliche Entwicklung durchlaufen. Manche sagten, es sei erwachsen geworden. Die 68er-Bewegung hat sich schmerzvoll mit der deutschen Vergangenheit auseinandergesetzt, hat der Elterngeneration kritische Fragen gestellt, hat überkommene gesellschaftliche Normen radikal über Bord geworfen. Unter diesem Einfluss waren Straf-, Familien- und Scheidungsrecht reformiert worden. Gleichzeitig war mit der erwachenden Frauenbewegung Dynamik in das starre Verständnis der Geschlechterrollen gekommen. Kinder und Jugendliche wurden mit neuen Augen betrachtet, die antiautoritäre Erziehung begann zu boomen. Selbst- und Mitbestimmung waren die Zauberworte, die unzählige Männer und Frauen dazu inspirierten, sich in Bürgerbewegungen und Stadtteilvereinen zu organisieren. Im Laufe der späten Siebziger hatte der Optimismus der Brandt-Jahre aber auch einer gewissen Krisenstimmung Platz gemacht. Die Unsicherheit und Angst, die der RAF-Terror gesät hatte, die beginnende wirtschaftliche Krise und steigende Arbeitslosigkeit, die Diskussionen um den NATO-Doppelbeschluss und das wachsende Bewusstsein hinsichtlich der Ausbeutung und Zerstörung der Umwelt machten den Menschen zu schaffen. In steigender Zahl engagierte man sich in der Friedens-, Umwelt- und Antiatomkraftbewegung. 1983 gelang den Grünen erstmals der Einzug in den Bundestag. Die Angst vor einem Atomkrieg, die Diskussion um die Wiederaufbereitungsanlage Wackersdorf und das geplante Atomendlager in Gorsleben mobilisierten die Menschen.

Helmut Kohl galt diesen Bewegungen wie kaum ein Zweiter als Antipode. Die Friedens- und Umweltaktivisten griffen bei ihren Aktionen zuweilen zu recht drastischen Mitteln und schossen sich im Laufe der ersten Regierungsjahre immer entschiedener auf den neuen Kanzler ein. Dabei wurde auch die First Lady nicht selten zur Zielscheibe. Seine Frau, so erinnert sich Helmut Kohl, sei immer wieder beschimpft, einige Male sogar körperlich angegriffen worden. Vor dem Haus der Familie versammelten sich Demonstranten. Laut und deutlich waren die Sprechchöre im Wohnzimmer der Familie zu vernehmen. Dass diese politischen Konflikte direkt vor ihrem privaten Rückzugsort ausgetragen wurden, machte Hannelore Kohl schwer zu schaffen.[16]

Der Kanzler feilte einstweilen daran, wie man positive Bilder kreieren konnte, die seinem Image einen neuen Dreh geben würden. Nachdem es ihm im September 1984 gelungen war, zusammen mit dem französischen Staatspräsidenten in Verdun ein starkes Völker verbindendes Signal zu senden – minutenlang hatten sich die beiden Männer beim Gedenken der Toten der beiden Weltkriege an den Händen gehalten –, überlegte Kohl nun, wie man beim Besuch des amerikanischen Präsidenten zum 40. Jahrestag des Kriegsendes eine ähnlich kraftvolle Ikone schaffen konnte. Ronald Reagans Besuchsprogramm sah einen Besuch im Hambacher Schloss, im Konzentrationslager Dachau und auf dem Soldatenfriedhof in Bitburg vor. Die einflussreiche amerikanische First Lady Nancy Reagan aber befand das Programm als zu straff für den gesundheitlich angeschlagenen Präsidenten. Der Besuch in Dachau wurde daher gestrichen. Das allein stellte ein Politikum dar. Als man dann im Vorfeld des Besuchs herausfand, dass in Bitburg auch Soldaten der SS beigesetzt waren, eskalierte die Diskussion. Nancy Reagan war nun dafür, Bitburg fallen zu lassen. Fiebrig suchten die Diplomaten der beiden Länder eine Lösung. Reagan selbst wollte an der Visite auf dem Soldatenfriedhof festhalten. Schließlich einigte man sich auf einen anschließenden Besuch des ehemaligen Konzentrationslagers Bergen-Belsen. Die Bilder aber vom deutschen Kanzler und dem innerhalb der Linken vor allem aufgrund seiner scharfen Rhetorik gegenüber der UdSSR und seiner neoliberalen Wirtschaftspolitik umstrittenen amerikanischen Präsidenten auf dem Soldatenfriedhof gingen um die Welt und brachten beiden schlechte Presse.

Auch der überzeugten Atlantikerin und Befürworterin des NATO-Doppelbeschlusses Hannelore Kohl blieb der Besuch der Reagans im Mai 1985 in Erinnerung. Kurz vor dem Termin in Bitburg hatten die beiden First Ladies zusammen Blumen am Grab Konrad Adenauers in Rhöndorf niedergelegt. Auch bei den Feierlichkeiten auf dem Hambacher Schloss waren die Damen selbstverständlich dabei. Als die Autokolonne auf dem Weg zum Schloss war, passierte sie etwa zweihundert Demonstranten, die ihre Hosen runterließen und dem amerikanischen Präsidenten den blanken Hintern zeigten. Helmut Kohl erinnert sich: »Alles, was Reagan dazu sagte, war: ›Was man nicht alles sieht.‹ Hannelore, die zusammen mit Nancy Reagan im Wagen unmittelbar hinter uns fuhr, regte sich furchtbar auf. Und auch der wenig deutschfreundlichen amerikanischen First Lady verschlug es die Sprache.«[17]

Die Rahmenbedingungen, die Hannelore Kohl also vorfand, als sie zu Beginn der Kanzlerschaft ihres Mannes nach ihrer eigenen Interpretation der Rolle der First Lady suchte, waren alles andere als ideal. Dennoch versuchte sie sich immer wieder freizuschwimmen. Mal mehr, mal weniger erfolgreich. Am nachhaltigsten, wie wir noch sehen werden, gelang es ihr, mit ihrer Stiftung *ZNS* eine eigene Stimme zu finden. Sabine Gräfin von Nayhauß erinnert sich aber auch, wie Hannelore Kohl bereits ganz zu Beginn der Kanzlerschaft ihres Mannes großen Eindruck in Bonn machte. Anlässlich eines Ladies' Lunch in der Villa Dahm, dem Sitz der Deutschen Parlamentarischen Gesellschaft e. V., das quasi Hannelores Debüt in dieser Institution darstellte, hielt die neue First Lady eine kleine Rede über den Verein und seine Geschichte. »Wir saßen alle da mit offenen Mündern«, so Nayhauß. »Wir hatten gedacht, die ist jetzt völlig gehemmt.« Sie selbst sei damals wirklich beeindruckt gewesen: »Von Anfang an merkte man, dass sie weiß, wovon sie redet.«[18]

Hannelore Kohl durchlief in Bonn in Windeseile einen Professionalisierungsprozess, lernte die Vertreter der Hauptstadtpresse kennen, versuchte, einen eigenen Draht zu ihnen zu finden, arbeitete sich ein in die zahlreichen Zusammenhänge, mit denen sie als Kanzlergattin vertraut sein musste. Ihre große Stärke, das war ihr von vornherein klar, lag in ihrer Vielsprachigkeit und ihrer Fähigkeit, Beziehungen zu anderen Menschen aufzubauen. Das außenpolitische Parkett wurde für Hannelore Kohl zur Meisterdisziplin. Seine Frau, so Helmut Kohl, sei eine »Spitzenkraft bei Auslandsreisen« gewesen. Im Gegensatz zu ihrem Mann beherrschte Hannelore fließend Englisch und Französisch. Seit einem längeren Aufenthalt in Frankreich als Au-pair-Mädchen hegte sie eine große Zuneigung für die französische Sprache und Kultur. Als am 22. Januar 1988 der 25. Jahrestag des Élysée-Vertrags gefeiert wurde, hatte Helmut Kohl natürlich wie immer seinen Joker dabei. »Und das faszinierte die Franzosen«, so Kohl, »eine Deutsche, die ihre Sprache beherrschte, ohne Überheblichkeit und Besserwisserei, die ihre Kultur besser kannte als so mancher Politiker, der sich auf dem Parkett der deutsch-französischen Beziehungen bewegte. (…) Sie war in den deutsch-französischen Beziehungen eine feste Größe und eine echte Botschafterin, die von den führenden Politikern Frankreichs in hohem Maße verehrt wurde.«[19]

Auch im Wahlkampf nahm die Kanzlergattin eine herausgehobene Position ein. Ihr Mann und sein Team wussten nur zu gut, dass Hannelore Kohl eine Sympathieträgerin war, auf die zu verzichten sie sich nicht leisten konnten. Ganz gezielt wurde sie also im Kampf um die Stimmen eingesetzt. Was Rut Brandt noch rundweg abgelehnt und Loki Schmidt nur zögerlich begonnen hatte, wurde für Hannelore Kohl zu einer Aufgabe, die sie zeitweise voll und ganz in Beschlag nahm. »Wahlkampf ist für mich Teil meines Lebens«, erklärte Hannelore Kohl im August 1998, als ihr Mann ein letztes Mal als Kanzlerkandidat durch die Lande zog. Bereits 1955, so Hannelore Kohl, habe sie ihren Mann in Rheinland-Pfalz mit dem VW Käfer von Veranstaltung zu Veranstaltung gefahren. »Ich glaube sicher, dass ich ein guter Botschafter bin im Hinblick darauf, was unser Tun gemeinsam ausmacht.« Dem stimmte Helmut Kohl in seinen Memoiren ausdrücklich zu. Seine Frau, so Helmut Kohl, sei während Wahlkampfveranstaltungen »von unseren Anhängern stürmisch gefeiert« worden. Sie habe für die Partei zuweilen vermutlich mehr geleistet und erreicht als mancher prominente Wahlkämpfer der Unionsparteien. Vor der Bundestagswahl 1987 zeigte sich Hannelore besonders entschlossen. »Als stünde sie selbst zur Wahl«, so Kohl, »kämpfte sie auf ihre ganz eigene Art und Weise um Stimmen für die Union. Von allen Wahlkämpfern unserer Partei genoss sie in dieser Zeit die höchsten Sympathiewerte. (...) Hätte sie an meiner Stelle in Ludwigshafen für den Bundestag kandidiert, der SPD-Kandidat wäre chancenlos gewesen. So aber musste ich ihm das Direktmandat überlassen.«[20]

»Da kann man nicht beiseite stehen«

Denkt man an die engagiert kämpfende Hannelore Kohl, an ihre durchaus überzeugenden Auftritte als Rednerin, an die Art und Weise, wie sie sich zum Beispiel im Urlaub am Wolfgangsee an der Seite ihres Mannes inszenieren hat lassen, kann man leicht vergessen, dass sie wenig Interesse an Politik gehegt hatte, als sie Helmut kennenlernte. Auch jene Frau, die über weite Strecken der Kohl'schen Kanzlerschaft parallel zu Hannelore First Lady des Landes war und die, wie sie, auf eine Kindheit im Krieg zurückblickte, kam erst durch ihren Mann mit der politischen Sphäre in Kontakt. Marianne von Weizsäcker, geborene von Kretschmann, lernte ihren Mann 1950 als ganz junges Mädchen bei einer Hubertusjagd kennen. Noch viele Jahre später wunderte sie sich, dass Richard von Weizsäcker sie damals überhaupt entdeckt hat: »Wir standen nach der Jagd um ein Lagerfeuer herum. (...) Ich trug einen umgeänderten Mantel aus Loden, der schwer und weit an mir herunterhing. Meine blonden Haare hatte ich unter eine Mütze gestopft.«[21] Am Abend tanzten sie ihren ersten Walzer. »Ich ging ja noch zur Schule. Aber dass er ein guter Tänzer war, ist mir gleich aufgefallen«, erinnert sich Marianne von Weizsäcker.[22]

Der Jurist war zwölf Jahre älter als seine Tanzpartnerin, und diese zwölf Jahre hatten es in sich. Während Mariannes Eltern während des Kriegs versucht hatten, dem Kind trotz Bombennächten eine einigermaßen behütete Kindheit zu ermöglichen, war Richard, Jahrgang 1920, Soldat gewesen, hatte mit ansehen müssen, wie sein Bruder Heinrich in den ersten Tagen des Polenfeldzugs neben ihm fiel. »In der Nacht wachte ich bei ihm, dem heißgeliebten Bruder«, schreibt Richard von Weizsäcker in seinen Erinnerungen, »bis wir ihn morgens zusammen mit den anderen Gefallenen am Waldrand begruben. Dann mussten wir weiterziehen. Wer könnte die Empfindungen dieser Stunden beschreiben? Kaum hatte der Krieg begonnen, hatte er mein Leben schon für immer geprägt; es war nie mehr dasselbe wie zuvor.«[23] Von Weizsäcker nahm ab Sommer 1941 am »Unternehmen Barbarossa« teil, an der Schlacht um Moskau und der Blockade Leningrads. Den unmenschlichen Krieg, mit dem Hitlers Armee Europa überzog, erlebte er also im wahrsten Sinne an vorderster Front mit. Nach dem Krieg musste er, wie so viele junge Männer seiner Generation, zurück ins zivile Leben finden. 1945 begann er in Göttingen Jura zu studieren und assistierte von 1947 bis 1949 Hellmut Becker, dem Verteidiger seines Vaters. Ernst von Weizsäcker hatte sich im Nürnberger Kriegsverbrecherprozess als ehemaliger Staatssekretär im Auswärtigen Amt unter Joachim von Ribbentrop und als SS-Oberführer zu verantworten. Sein Sohn unterbrach also sein Studium und zog nach Franken. Der Vater wurde 1949 schließlich wegen Verbrechen gegen die Menschlichkeit – er hatte einen Deportationsbefehl für französische Juden nach Auschwitz unterzeichnet – zu sieben Jahren Haft verurteilt. Wenig später wurde das Strafmaß auf fünf Jahre reduziert. Bereits 1950 aber wurde Ernst von Weizsäcker auf Anordnung des amerikanischen Hohen Kommissars für Deutschland, John McCloy, im Zuge einer allgemeinen Amnestie entlassen. Zuvor hatten Konrad Adenauer und Theodor Heuss sich für ihn verwendet. Zweifellos hinterließ die Zeit in Nürnberg einen bleibenden Eindruck bei dem jungen Richard. Die Verteidigung des Vaters sei für Richard von Weizsäcker eine Rosskur in Sachen Vergangenheitsaufarbeitung gewesen, so sein Biograf Hermann Rudolph: »Unerbittlich wird er mit den Untaten des Regimes konfrontiert.«[24] Die Herausforderung, die eigene Geschichte anzunehmen und Lehren daraus zu ziehen, wurde ihm zur Lebensaufgabe.

Als von Weizsäcker seine künftige Braut kennenlernte, traf er eine junge Frau, die von den erschreckenden und zerstörerischen Seiten der Politik ferngehalten worden war, so gut das in dieser Zeit eben möglich gewesen war. »Ich war noch ganz und gar unverletzt«, so Marianne von Weizsäcker. »Vielleicht hat meinen Mann das auch angezogen. Wir lebten gemeinsam vor den verschiedenen Erfahrungen, die wir gemacht hatten.« Allerdings muss Marianne von Kretschmann, so jung sie auch war, klar gewesen sein, dass der Tod des Bruders, der Prozess des Vaters und die damit einhergehende historische Aufarbeitung des Kriegs sich ihrem Mann tief eingebrannt hatten. Der Jurist sah seine Zukunft damals zwar noch nicht in der Parteipolitik, dass aus seinen persönlichen Erfahrungen und der jüngsten Vergangenheit des Landes aber eine gesellschaftliche Verpflichtung für ihn erwuchs, das dürfte nicht nur ihm klar gewesen sein. »Politik gehörte zu seinem Leben«, so Marianne von Weizsäcker. »Es lag gewissermaßen in der Familie.«[25] Allerdings ging die junge Frau damals wohl noch davon aus, dass ihr Mann seine Karriere in der Wirtschaft weiterverfolgen würde, obwohl von Weizsäcker schon damals Mitglied der CDU war. Zunächst arbeitete er bei Mannesmann in Gelsenkirchen, anschließend leitete er für wenige Jahre auf Wunsch der Familie seiner Frau die Privatbank Waldthausen & Co. 1962 wechselte von Weizsäcker schließlich zum Pharmakonzern C. H. Boehringer nach Ingelheim.

In dieser Zeit machte er auch Bekanntschaft mit dem Mann, der ihn schließlich ganz in die Politik holte. Der junge Helmut Kohl besuchte den vielversprechenden Manager in Ingelheim und versuchte, ihn zu einer Bundestagskandidatur zu überreden. Er versprach ihm sogar einen aussichtsreichen Platz auf der Landesliste Rheinland-Pfalz. In diesem Frühling 1965 schlug von Weizsäcker das Angebot noch aus, weil er gerade amtierender Präsident des Deutschen Evangelischen Kirchentags war, sein Aufstieg innerhalb der Gremien der CDU allerdings hatte begonnen. 1969 zog er in den Bundestag und wurde fünf Jahre später Bundespräsidentenkandidat der Union, hatte aber keine Chance gegen Walter Scheel. Als die Machtaussichten bei der folgenden Bundespräsidentenwahl 1979 für die Union wieder konkreter wurden, kam von Weizsäcker zu seiner großen Enttäuschung nicht zum Zug. Kohl favorisierte Karl Carstens.

Das Verhältnis zwischen dem ehrgeizigen Kohl und dem aufstrebenden von Weizsäcker war über die lange Zeit, die die beiden nebeneinander in der Union und dann an der Spitze des Landes wirkten, keineswegs spannungsfrei. Zum Kohl'schen Machtsystem gehörte ein enges Netz an Verbindlichkeiten, das er sich über Jahre und Jahrzehnte aufbaute. Als Ministerpräsident in Rheinland-Pfalz hatte er viele Männer und ein paar Frauen zum Engagement in der CDU ermutigt und ihren Weg in Spitzenämter befördert, im Gegenzug erwartete er eine gewisse Dankbarkeit. Er handelte und dachte, so sein Biograf Hans-Peter Schwarz, »nach Art eines Kaisers aus salischem Stamm: Wen er mit Lehen bedacht und an seinen Hof gezogen hat, von dem wird unwandelbare Gefolgschaft erwartet«.[26] Manche blieben denn auch ganz nah in seinem Gefolge, andere – wie Richard von Weizsäcker – machten sich nach und nach unabhängig.

Es lag vielleicht an Richard von Weizsäckers persönlichem Werdegang, an der Tatsache, dass er zehn Jahre älter war als Helmut Kohl, vielleicht aber auch daran, dass die beiden Männer in Temperament und Charakter so unterschiedlich waren – jedenfalls entwickelte sich der ehemalige Schützling im Laufe der Jahre wenn nicht zu des Kanzlers Gegenspieler, so doch zu seinem ewigen Herausforderer und Infragesteller. Als es im Laufe des Jahres 1983 erneut galt, einen Kandidaten für die Villa Hammerschmidt ins Rennen zu schicken – Karl Carstens hatte relativ überraschend mitgeteilt, dass er für eine zweite Amtszeit nicht zur Verfügung stehe –, verlegte sich der Kanzler auf seine Spezialdisziplin: Er versuchte, die Sache auszusitzen. Wochen und Monate gingen ins Land, und Kohl verweigerte einfach die entscheidende Aussage zur Nachfolge von Karl Carstens. Von Weizsäcker saß in Berlin, wo er inzwischen Regierender Bürgermeister war, und versuchte sich in Zurückhaltung, sein Unmut allerdings wuchs. »Im Vorstand und Präsidium der Partei schwieg man sich aber immer noch aus«, so erinnert sich Richard von Weizsäcker, »Kohl zögerte weiterhin. Allmählich drohte das Zaudern in Demontage auszuarten. Wieder einmal geriet die Union in den Verdacht, mit dem Amt des Bundespräsidenten nur zugunsten anderer, ihr wichtigerer Fragen zu jonglieren.«[27] Aber auch auf Kohl wuchs der Druck. Im November 1983, nachdem auch Franz Josef Strauß in München Zustimmung signalisiert hatte, gab Kohl endlich grünes Licht. Die SPD hatte ohnehin ihre Zustimmung für den Unionsmann kundgetan, was von Weizsäckers Eignung für das überparteiliche Amt unterstrich, einige in der CDU/CSU aber nervös machte. Am 23. Mai 1984 wurde von Weizsäcker mit 832 von 1040 Stimmen zum neuen Bundespräsidenten gewählt.

Marianne von Weizsäcker sagt, sie sei an der Seite ihres Mannes in die Politik hineingewachsen: »Da kann man nicht beiseite stehen.« Und der Umzug in die Villa Hammerschmidt im Sommer 1984 traf sie auch keineswegs unvorbereitet. Das Paar war in den letzten Jahren näher und näher an die Aufgabe herangerückt. Seine Frau hatte Zeit, sich mit dem Gedanken, First Lady zu werden, anzufreunden, konnte sich aber auch nie sicher sein, dass es irgendwann klappen würde. Bis es schließlich so weit war, hatte sie in Berlin schon mal geübt. Als Frau des Regierenden Bürgermeisters stand sie, wie Jahre zuvor Rut Brandt, im Rampenlicht, denn wichtige internationale Besucher machten nach wie vor halt in der geteilten Stadt. Hier hatte Marianne von Weizsäcker auch schon Lehrgeld zahlen müssen im Umgang mit der Presse. Nach einer unbedachten Äußerung, die prompt in die Zeitung fand, wurde sie vorsichtiger, lernte, ihre Worte zu wägen. »Das nimmt einem natürlich ein bisschen die Spontaneität«, sagt die ehemalige First Lady. Die Berliner Lektionen leisteten ihr aber wertvolle Dienste, als im Frühling 1984 der Umzug nach Bonn anstand. Nachdem die Räume der Villa Hammerschmidt während der Präsidentschaft Karl Carstens' lediglich zu Arbeits- und Repräsentationszwecken genutzt worden waren, kam nun wieder

Leben ins Haus. Marianne von Weizsäcker tauschte sich natürlich mit Veronica Carstens aus, erkundigte sich, auf was bei der neuen Aufgabe im Besonderen zu achten sei. Veronica Carstens, die ja nur in Teilzeit im Dienst gewesen war, versicherte ihrer Nachfolgerin, dass sie sich in der Villa um nichts zu kümmern brauche. Das laufe da alles von allein. Das allerdings entsprach nun so gar nicht der Auffassung, die Marianne von Weizsäcker von ihrer neuen Rolle hatte. »Ich habe das anders gesehen und auch anders gemacht«, betont sie. Ganz bewusst zog das Paar in die Villa Hammerschmidt, wie es Tradition war. So waren sie im Amt den Themen und Menschen nah. »Und das ist dem Haus gut bekommen«, resümiert Marianne von Weizsäcker. »Man lernt sich gut kennen. Man bekommt viel mit von Freud und Leid des anderen. Und ja, ich würde schon sagen, wir waren eine Familie.«[28]

Zunächst aber wurde die Villa renoviert und saniert. Dem Fünfzigerjahre-Charme der Inneneinrichtung wurde eine Frischzellenkur verpasst. Dann konnte das neue First Couple einziehen. Die zurückgenommene Noblesse des Paars färbte auf das Haus ab, gleichzeitig wirkten Marianne und Richard von Weizsäcker in dem weißen, würdigen Anwesen, als hätten sie schon immer dort gewohnt. So zurückhaltend Marianne von Weizsäcker bei öffentlichen Auftritten auch war, so selbstbewusst gab sie in der Villa Hammerschmidt die Hausherrin. Sie war überzeugt von ihrem Mann, von seinem Talent, davon, dass er einen wichtigen Beitrag für Deutschland leisten würde. Für Marianne von Weizsäcker, so der ehemalige Protokollchef Horst Arnold, sei ihr Mann die Nummer eins gewesen. Er war gewählt worden, nicht sie, das machte sie immer wieder deutlich und doch wurde jedem, der in der Villa zu tun hatte, schnell klar, dass die neue First Lady eine Art *Gatekeeper* war. Ohne Marianne von Weizsäcker war in der Villa Hammerschmidt kein Staat zu machen. Friedbert Pflüger erinnert sich, dass er zu Beginn seiner Tätigkeit für Richard von Weizsäcker durchaus gewarnt worden sei, es sich nur ja nicht mit dessen Gattin zu verderben: »Legen Sie sich nie mit Frau von Weizsäcker an. Sie ist sehr bestimmt, und wenn sie nicht mit

Ihnen kann, wird darunter auch Ihr Verhältnis zu Richard von Weizsäcker leiden.« Pflüger blieb viele Jahre an der Seite des Bundespräsidenten, offenbar gelang es ihm also, auch Marianne von Weizsäcker zu überzeugen. Er lernte sie als starke Persönlichkeit kennen, die genau wusste, was sie wollte beziehungsweise was sie nicht wollte.[29]

»Marianne von Weizsäcker hat durchaus Einfluss genommen«, erzählt auch Wolfgang Teske, der für die Pressearbeit in der Villa zuständig war und regelmäßig mit ihr zu tun hatte. Die First Lady war für die Angestellten in gewisser Weise allgegenwärtig. Regelmäßig verließ sie die Privaträume im oberen Stock und sah nach ihrem Mann, arbeitete selbst in ihrem Büro oder widmete sich ihrer Leidenschaft, dem Gärtnern. Einen Abschnitt des Parks bestellte sie selbst, verwandelte ihn teilweise in ein Wildbeet. »Man musste immer damit rechnen, dass sie da um die Ecke kam, in Schürze und mit Kopftuch«, erinnert sich Wolfgang Teske. Stand ein Diner, ein Empfang oder ein Staatsbesuch an, so sah sich Marianne von Weizsäcker als Gastgeberin gefordert. Sie fühlte sich dafür verantwortlich, dass alles reibungslos lief, dass Kristall und Silberbesteck poliert und die Menüfolge harmonisch war. Die Gäste sollten sich wohlfühlen. Sie sorgte dafür, dass, sobald Damen anwesend waren, das Licht etwas gedimmt wurde, da sie fand, dass dies für Frauen ab einem bestimmten Alter einfach schmeichelhafter war. Wolfgang Teske erinnert sich, dass sie vor einem großen Abendevent am Nachmittag in die Festräume herunterkam und alles in Augenschein nahm. Sie begrüßte den Oberkellner liebenswürdig, konnte aber schonungslos Kritik üben, wenn ihr etwas missfiel. Verlief zum Beispiel der Knick einer Tischdecke falsch, ließ sie neu eindecken. »Wenn das bei uns im Haus stattfand«, so Marianne von Weizsäcker, »dann habe ich mich darum gekümmert, wie das ablief. Also, wie war der Tisch geschmückt, wie wurde serviert, was wollte ich nicht und was wollte ich doch. Und das wussten die dann schließlich auch genau und so geschah es auch.« Ihrem Selbstverständnis nach, so scheint es, standen sie und ihr Mann gemeinsam dem Projekt Villa Hammerschmidt vor. Bei einer ihrer ersten Auslandsreisen machte Marianne von Weizsäcker die Erfahrung, dass sie als First Lady auch für die Disziplin der Truppe zuständig war. Als sie nach drei Tagen äußerte, dass sie erschöpft sei, sei daraufhin die Moral »des ganzen Ladens« zusammengebrochen. Plötzlich habe jeder unter Kopfweh gelitten und über Müdigkeit geklagt. Seit dem Zeitpunkt habe sie sich solche Äußerungen verkniffen. Marianne von Weizsäcker konnte und wollte ihre Herkunft und Erziehung nicht verleugnen, achtete auf Perfektion und Etikette, und dabei kam durchaus auch hin und wieder ihr Mann ins Visier. Mainhardt Graf von Nayhauß erinnert sich, dass sie dem Bundespräsidenten, wenn Kameras anwesend waren, durchaus zuflüsterte, er solle sich gerade halten. »Das hat er dann auch gemacht«, so Nayhauß schmunzelnd. Die First Lady hatte ein geschultes Auge und ein feines Gespür für Nuancen, für die Wirkung von Worten, aber auch von Bildern. Jürgen Leinemann vom *Spiegel* nannte sie in seinem Porträt des neuen Präsidenten im Mai 1984 »Beraterin und Gesprächspartnerin« und belegte, welch Profi die First Lady im Umgang mit der Presse bereits war. So fand sie, ihr Mann sehe auf dem Standfoto, das die ARD in *Tagesschau* und *Tagesthemen* von ihm einblendete, »wie ein kalter Machtpolitiker« aus. »Ein Anruf beim Sender Freies Berlin sorgte für ein gefälligeres Bild.«[30]

Zweifellos – Marianne von Weizsäcker ging selbstbewusst an die neue Aufgabe, und doch verlangte sie ihr einiges ab. Dass man Homestorys mit ihr machen wollte, dass die Presse sich dafür interessierte, welches Kleid sie trug, wie sie ihr Haar frisierte – das alles irritierte sie. Im Gegensatz zu Hannelore Kohl, deren Privatleben schon ans Licht der Öffentlichkeit gezerrt worden war, als ihr Mann Ministerpräsident von Rheinland-Pfalz wurde und ihre Söhne noch recht jung waren, waren die Weizsäcker-Kinder schon erwachsen, als ihre Eltern den Schritt ins politische und gesellschaftliche Rampenlicht taten. Dennoch war Marianne von Weizsäcker alles andere als begeistert, dass nun auch ihre Familie ins Zentrum des Interesses gerückt wurde. Und auch an die Zwänge des Protokolls musste sie sich erst gewöhnen. »Am Anfang hatte ich (…) die Rolle des Protokolls nie so ernst genommen, weil ich immer gedacht habe, ich komme aus gutem Hause, ich bin gut erzogen, so dumm bin ich nun auch nicht. Das kann ich schon alleine. Und das ist ein ganz großer Irrtum.«[31]

Die Begegnung mit einem Staatsgast im Speziellen stellte Marianne von Weizsäcker vor diplomatische Herausforderungen. Im Mai 1985 kamen, es war schon davon die Rede, der amerikanische Präsident und seine Frau nach Bonn. Bei diesem Besuch trafen mit Nancy Reagan und Marianne von Weizsäcker nicht nur zwei sehr verschiedene Interpretationen vom First-Lady-Sein aufeinander, sondern auch zwei völlig unterschiedliche PR-Strategien. Wenige Monate zuvor hatte Marianne von Weizsäcker sich nach einem Gespräch mit dem *Bundesverband der Elternkreise drogengefährdeter und drogenabhängiger Jugendlicher* dazu entschieden, dieses Thema als First Lady auf die Agenda zu setzen und die Organisation zu unterstützen. Ganz im Gegensatz zu Vorgängerinnen wie Mildred Scheel oder Elly Heuss-Knapp, die alle Register gezogen hatten, um öffentliche Aufmerksamkeit auf die von ihnen gegründeten Vereine zu lenken, und ganz im Gegensatz auch zur amerikanischen First Lady, die sich ebenfalls dem Kampf gegen die Drogen verschrieben hatte, schlug Marianne von Weizsäcker eher leise Töne an. Sie gab keine große Pressekonferenz, um ihr Engagement über sämtliche Kanäle im ganzen Land bekannt zu machen, sondern lud lediglich einige wenige, ausgesuchte Journalisten zum Tee ein. Friedbert Pflüger erinnert sich: »Als ein Journalist nach der Kontonummer des Vereins fragte, ›weil das Leben halt so ist, daß die Leute Geld spenden wollen‹, gefror ihr Lächeln, bevor sie erwiderte: ›Dann muß sich eben das Leben ändern.‹« Eine »Spendenbüchse« würde sie keinesfalls sein. Als im Mai Nancy Reagan nach Bonn kam, wollte sie zusammen mit der bundesdeutschen First Lady auf die Probleme von drogenabhängigen Jugendlichen aufmerksam machen – und das möglichst medienwirksam. Nancy Reagans Vorschlag, sich von Kameras zu einem Gespräch mit Drogenabhängigen begleiten zu lassen, lehnte Marianne von Weizsäcker rundweg ab – mit ungeahnten Folgen, denn der amerikanischen First Lady kamen die Tränen angesichts des unerwarteten Widerstands. »Nancy Reagan war Schauspielerin«, so Marianne von Weizsäcker, »ihr war Publicity wichtig.«[32]

Schon bald nach dem Einzug der Weizsäckers in die Villa Hammerschmidt wurde die Verschiedenheit zwischen Kanzler und Präsident greifbar. Man hatte inhaltliche Differenzen, unterschied sich aber auch in Auftreten und Habitus. Vor allem Letzteres wurde vonseiten der Presse genüsslich gegeneinander ausgespielt. Meist kam der Präsident beim direkten Vergleich besser weg. Der weißhaarige, vornehme Freiherr galt als Intellektueller, als Mann des Wortes, als jemand, der Deutschland in aller Welt geschmeidig und würdig vertrat. Kohl dagegen wurde häufig, wie bereits erwähnt, als provinziell und tapsig dargestellt. Man machte sich über seinen pfälzischen Akzent lustig und über seine eher gemütliche Figur. Helmut Kohl machte nie einen Hehl aus seiner kleinbürgerlichen Herkunft, er inszenierte sich sogar als Mann aus dem Volk. Zuweilen vermeinte man bei ihm auch tatsächlich seine eigene Verwunderung über den rasanten Weg nach oben zu spüren. Richard von Weizsäcker dagegen kam aus einer alten Familie von Beamten, Offizieren und Professoren, strahlte eine gewisse Selbstverständlichkeit aus, vermittelte stets den Eindruck, dass er an den Ort, an dem er nun als Bundespräsident stand, auf ganz natürliche Weise gehörte. »Das hat mit seiner Haltung zu tun«, schrieb der Journalist Jürgen Leinemann im *Spiegel*, »dieser bescheiden-hochmütigen Exklusivität aus Preußentum, Protestantismus und Intellekt, die sich in winzigen Gesten äußert – in Blicken und leichten Tonveränderungen beim Reden, oder im plötzlichen Einfrieren der ganzen Person.«[33] Der Homo novus und der Vertreter des alten Adels – diese plakative Gegenüberstellung war für die Presse überaus reizvoll und wurde in den Jahren, die die beiden an der Spitze des Staats über weite Strecken durchaus konstruktiv miteinander arbeiteten, unzählige Male in verschiedensten Varianten bemüht.

Im Laufe dieser zehn Jahre, als Kohl und von Weizsäcker in Kanzleramt und Villa Hammerschmidt gewissermaßen Nachbarn waren und sich regelmäßig zum Frühstück trafen, wurde deutlich, dass die beiden auch ihre inhaltlichen Akzente durchaus unterschiedlich setzten. Wenige Tage nach dem unglücklichen Auftritt des Kanzlers und des US-Präsidenten in Bitburg hielt Richard von Weizsäcker am 8. Mai 1985 zum 40. Jahrestag des Kriegsendes eine Rede im Deutschen Bundestag, die in die Geschichtsbücher eingehen sollte. Das deutsche Staatsoberhaupt erklärte mit klaren und unmissverständlichen Worten, dass der 8. Mai 1945 nicht ohne den 30. Januar 1933 gedacht werden könne. Schonungslos benannte er die Verbrechen des nationalsozialistischen Deutschlands – den brutalen Eroberungskrieg, die Grauen des Holocaust – und leitete für alle Deutschen – jung und alt – daraus die Verpflichtung ab, die Erinnerung wachzuhalten. Das Kernstück seiner Rede, das nicht nur sein Publikum in Deutschland, sondern in aller Welt aufhorchen ließ, war die Feststellung: »Der 8. Mai war ein Tag der Befreiung. Er hat uns alle befreit von dem menschenverachtenden System der nationalsozialistischen Gewaltherrschaft.« Weniger bekannt sind heute jene Passagen, in denen der Bundespräsident vom Leid und der Leistung der Frauen sprach. Ausdrücklich betonte er ihren Beitrag zur Aufrechterhaltung des alltäglichen Lebens im Krieg und in der Nachkriegszeit: »Wenn aber die Völker an den Zerstörungen, den Verwüstungen, den Grausamkeiten und Unmenschlichkeiten innerlich nicht zerbrachen, wenn sie nach dem Krieg langsam wieder zu sich selbst kamen, dann verdanken wir es zuerst unseren Frauen.«[34] Diese Aussagen wurden auch im Jahr 1985 von der Hauptbotschaft des Textes gewissermaßen übertönt, zahllose Frauen der Kriegsgeneration allerdings nahmen die Anerkennung ihrer Arbeit und ihrer Erfahrungen durchaus bewusst wahr und wussten diese zu schätzen. In einem Interview sagte Marianne von Weizsäcker nicht ohne Stolz über diese Rede: »Mein Mann war immer sehr mutig. Er hat sich nie in die bequemen Wege weggedrückt. Und dazu gehört natürlich auch diese Rede.«[35]

Auch für die First Lady war das Amt eine Art Mission. Die Welt sollte erkennen, dass Deutschland sich mit seiner Geschichte auseinandersetzte. Immer wieder wurde Marianne von Weizsäcker an der Seite ihres Mannes Zeugin und Botschafterin der Versöhnung. So zum Beispiel bei einem Staatsbesuch in Amsterdam, nur wenige Wochen nachdem die denkwürdige Rede des Bundespräsidenten zum 8. Mai national und international für Gesprächsstoff gesorgt hatte. Bei einem Diner nach strengem niederländischem Protokoll erhob sich plötzlich Prinz Claus und überreichte Richard von Weizsäcker ein kleines Büchlein. Darin abgedruckt war eben jene Ansprache des Bundespräsidenten zum Jahrestag des Kriegsendes, übertragen ins Niederländische. Die Übersetzung hatten in weiten Teilen Prinz Claus selbst und seine Frau Königin Beatrix übernommen. Auf den deutschen Prinzen, der 1966 die holländische Thronfolgerin geheiratet hatte und von den Niederländern zunächst nicht gerade mit offenen Armen empfangen worden war, wirkten von Weizsäckers Worte wie eine Befreiung. Er sei sich, so Prinz Claus, stets bewusst gewesen, dass seine deutsche Herkunft »die Frage aufwarf, wie ich über die Periode 1933–1945 dachte. Die Frage blieb oft unausgesprochen. Herr von Weizsäcker hat nach meiner Überzeugung in seiner mutigen Rede Haltung und Gefühle der überwältigenden Mehrheit der Deutschen, jung und alt, zum Ausdruck gebracht. Er hat auch meine eigenen Gefühle ausgedrückt.« Marianne von Weizsäcker erinnert sich noch heute an diesen bewegenden Moment. »Das hat uns damals sehr berührt.«[36]

Weizsäcker hätte seine Rede zum 8. Mai sicher auch ohne den Bitburgbesuch Reagans und Kohls genauso gehalten, dennoch wurde sie auch vor diesem Hintergrund wahrgenommen. Wenige Monate später kam der Präsident dann ganz gezielt zum Einsatz, als Kohl sich in einem Interview mit dem amerikanischen Magazin *Newsweek* folgenschwer vergaloppiert hatte. Bei den Amerikanern war seit einiger Zeit die Nervosität gewachsen angesichts der großen Sympathien der Deutschen für den neuen Mann in Moskau. Je lauter die »Gorbi, Gorbi«-Rufe gerieten, desto unsicherer wurde man in Washington. Dass der Kanzler in seinem Gespräch mit *Newsweek* also vor allem den amerikanischen Bündnispartner beruhigen wollte, war nachzuvollziehen, dass er dabei Michail Gorbatschow aber mit Goebbels verglich, sorgte für einen diplomatischen Eklat. »Gelegentlich mussten wir uns auch ergänzen« – mit diesen Worten charakterisierte von Weizsäcker, Meister im Understatement, seinen anschließenden Versuch, die Wogen wieder zu glätten. Denn im Frühjahr 1986 wurden Marianne und Richard von Weizsäcker auf schwierige Mission nach Moskau geschickt. Die bundesdeutsche First Lady besuchte mit Lydia Gromyko, der Frau des Vorsitzenden des Präsidiums des Obersten Sowjets, eine orthodoxe Kirche – auch das ein Zeichen für die allmähliche Öffnung des Landes. Allerdings gab es noch immer Grenzen: Frau Gromyko bat Marianne von Weizsäcker, vor einem Altarbild eine Kerze anzuzünden. Als die Frau des Bundespräsidenten fragte, ob sie auch eine Kerze anzünden wollte, schüttelte die Russin nur leise den Kopf. So viel zur Schau getragene Religiosität vonseiten der Ehefrau des sowjetischen Staatsoberhaupts war nicht möglich. »In jener Mitte der achtziger Jahre konnte jeder das Knistern einer Veränderung im Gebälk des Ost-West-Konfliktes hören«, so von Weizsäcker in seinen Erinnerungen.[37] Diesem Knistern durfte man weder mit Poltern noch mit Schweigen begegnen, vielmehr musste man den Dialog suchen. In den folgenden drei Jahren wurde aus dem Knistern nach und nach ein Rumoren. Die Veränderungen, die sich im Osten Europas vollzogen, geschahen vor den Augen der Zeitgenossen. Und doch hatte vermutlich kaum jemand mit dem gerechnet, was im Herbst 1989 seinen Anfang nahm.

Geschichte schreiben

Am 7. Oktober 1989 schritt Margot Honecker mit hocherhobenem Kopf an der Seite ihres Mannes die Treppen hinauf in den hell erleuchteten Palast der Republik. Das silbrige Haar mit dem berühmten lilafarbenen Stich elegant frisiert, angetan mit langem, dunklem Mantel, darunter Abendkleid, in der Hand eine schicke, schwarze Clutch mit dem Nötigsten, was eben auch eine First Lady immer dabeihaben musste. Sie sah nicht nach links und nicht nach rechts, strebte schnell dem Eingang entgegen.

Mochte sie auch ihre Augen abwenden, ihre Ohren konnte sie nicht verschließen. »Gorbi, Gorbi«, skandierte da ihre Jugend, statt zum Staatsfeiertag FDJ-Lieder zu singen. Noch wenige Jahre zuvor wäre eine solche Sympathiebekundung der DDR-Bürger für den höchsten Genossen des sozialistischen Bruderstaats ihr überaus willkommen gewesen, inzwischen aber standen die Zeichen in Moskau auf Glasnost. Dass Michail Gorbatschow nebst Gattin eigens zu den Feierlichkeiten zum 40. Jahrestag der Gründung der DDR angereist war, um dieses Ereignis zu begehen, konnte Margot Honecker nur wenig begeistern. Die Atmosphäre war steif.

Seit einiger Zeit schon blickten die Honeckers mit Argwohn nach Osten und begegneten dem Mann, auf den so viele Ostdeutsche ihre Hoffnungen setzten, mit großem Misstrauen. Schon als Gorbatschow sein neues Amt antrat, so Honeckers Enkel Roberto, habe seine Großmutter zu ihm gesagt, dass es jetzt gegen die DDR gehe. Für Margot Honecker war Gorbatschow ein Verräter am Sozialismus. Erschwerend kam hinzu, dass sie Raissa Gorbatschowa nicht ausstehen konnte. Dennoch versuchten alle Beteiligten, an diesem Oktoberabend im Jahr 1989 den Schein zu wahren. Aber nicht nur vor dem Palast der Republik, auch im Saal begegneten viele Anwesende dem Generalssekretär der KPdSU mit Neugier und Zutrauen. Für seine Rede bekam er Standing Ovations, ganz im Gegensatz zum angeschlagen wirkenden und ohnehin rhetorisch nicht über die Maßen begabten Honecker. Während also die geladene Hautevolee der DDR Gorbatschow beklatschte, setzte sich Margot Honecker noch während des anhaltenden Applauses demonstrativ als Erste auf ihren Platz.[38]

Drinnen im Palast wurde an diesem Herbstabend das Tanzbein geschwungen, draußen aber protestierten und demonstrierten die Bürger. Wenige Tage zuvor war etwa 4700 Botschaftsflüchtlingen in Prag die Ausreise in die Bundesrepublik erlaubt worden. Das Ausbluten des Landes hatte aber schon lange zuvor begonnen. Die Ostberliner First Lady allerdings schienen die deutlichen Anzeichen eines Wandels in den Ländern des Warschauer Pakts nicht anzufechten. Um sie herum mochte Tauwetter herrschen, die Erste Dame der DDR blieb eine Kalte Kriegerin. Während ihr Mann in eine Art Schockstarre verfallen zu sein schien, war Margot Honecker keineswegs bereit, ihr Lebensprojekt aufzugeben. Im Laufe des Jahres 1988 hatte sie versucht, eine Anti-Gorbatschow-Allianz auf die Beine zu stellen, die letzten stalinistischen Verbündeten zu versammeln. Ihre Hoffnungen ruhten auf China, Rumänien, Kuba, vor allem aber Nordkorea. Im Herbst 1988 besuchte sie Kim Il-Sung in Pjöngjang. Es dürfte sie mit einiger Genugtuung erfüllt haben, dass der nordkoreanische Diktator ihr versicherte, das Land werde den reformerischen Kurs Gorbatschows nicht mittragen. Aber glaubte Margot Honecker zum damaligen Zeitpunkt wirklich noch daran, dass die DDR, gegen den Willen der eigenen Bevölkerung und gegen die Sowjetunion, mit einigen wenigen Getreuen den Wandel aufhalten würde können? Zu betonen ist hier, dass im Herbst 1988 und auch im Verlauf des Frühjahrs und Sommers 1989 noch keineswegs klar war, wie die Situation sich entwickeln würde. Der Weg, den die UdSSR eingeschlagen hatte, war mitnichten in Stein gemeißelt. Die Dinge waren in Bewegung geraten, aber welchen Kurs die Weltgeschichte nehmen würde, war offen. Die Ministerin für Volksbildung hoffte also, das Ruder noch einmal herumreißen zu können. Während einer Rede im Juni 1989 erklärte sie, man lebe in einer kämpferischen Zeit, die eine Jugend benötige, »die kämpfen kann, die den Sozialismus stärken hilft, die für ihn eintritt, die ihn verteidigt mit Wort und Tat und wenn nötig, mit der Waffe in der Hand«.[39]

Es waren Worte wie diese, die Hannelore Kohl in den Monaten, die dem Mauerfall vorangingen, große Sorgen bereiteten. Sie fürchtete, dass sich erneut Szenen wie jene während des Volksaufstands in der DDR 1953 oder des Prager Frühlings 1968 abspielen könnten. Auch damals hatte das Volk aufbegehrt gegen die kommunistischen Machthaber, und die Sowjets hatten die Proteste auf blutige Weise beendet. Auch die Ereignisse in China nährten diese Sorge. Im Juni des Jahres 1989 ließ das Regime in Peking Panzer auffahren, um auf dem Tian'anmen-Platz friedliche Demonstranten zu vertreiben, die den Platz des Himmlischen Friedens zuvor besetzt hatten. Auch viele Chinesen hatten in den vorangegangenen Monaten hoffnungsvoll Richtung Kreml geblickt, das Vorgehen ihrer eigenen Regierung aber machte nun auf brutale Art deutlich, was man dort von Glasnost hielt. Mehrere Hundert Menschen starben in diesen Junitagen in Peking. Die Bilder von auf wehrlose Menschen zurollenden Panzern weckte überall auf der Welt, ganz besonders aber natürlich in Berlin, Budapest und Prag, böse Erinnerungen an vorangegangene Reformversuche, die allesamt gescheitert waren.

Die Berichte von Bürgerprotesten und Friedensgebeten, von Massenflucht und Botschaftsbesetzungen erzeugten bei Hannelore Kohl wohl gemischte Gefühle. Da war die Hoffnung, dass es vielleicht doch noch zu ihren Lebzeiten ein Ende haben könnte mit der deutschen Teilung, eine Hoffnung, die sie, die in Berlin geboren und in Leipzig aufgewachsen war, mit großer Freude erfüllte. Aber da waren auch die große Unsicherheit und das tief verwurzelte Misstrauen gegenüber dem sowjetischen System. »Sie hatte Angst«, erinnert sich Walter Kohl, »dass die Situation in der DDR außer Kontrolle geraten und die Rote Armee dann, wie bereits mehrfach in der Vergangenheit, alles mit Panzern gewaltsam niederschlagen könnte.«[40] Die Erfahrungen ihrer eigenen Flucht aus Sachsen im Frühjahr 1945, das brutale Vorgehen der Roten Armee gegen Zivilisten und vor allem Zivilistinnen hatten sich ihr tief eingebrannt. Sie fürchtete Schlimmstes, sollte Moskau sich entschließen, dem Freiheitsdrang der Ostdeutschen einen Dämpfer zu verpassen. Auch gegen das Regime in Ostberlin hegte Hannelore tiefes Misstrauen. Sie kannte die DDR von einigen Besuchen aus nächster Nähe. Bereits Mitte der Siebzigerjahre, als Helmut Kohl noch Oppositionsführer war, reiste die Familie nach Ostdeutschland und besuchte unter anderem Hannelores alte Heimat. Ein Besuch, der sie emotional sehr mitnahm. Man machte unter anderem halt auf der Wartburg, in Dresden, Erfurt und Weimar. Im Schlepptau immer einige Undercoveragenten der Stasi. Im berühmten *Hotel Elephant*, wo schon Schiller, Goethe und Herder abgestiegen waren, als die Stadt noch die

Hochburg der Klassik gewesen war, beobachteten die Kohls ein auffälliges Liebespaar am Nachbartisch, das sich – ungewöhnlich für Frischverliebte – mehr für die Familie aus dem Westen zu interessieren schien als füreinander. Hannelore bestellte also eine Flasche Wein und schickte ihren Sohn Walter zu dem Paar hinüber: »Richte denen einen schönen Gruß von mir aus, sie sollen sich nicht so abmühen und wir würden sie gerne zu dieser Flasche einladen.« Anschließend besuchten die Kohls auch noch Hannelores Heimatstadt Leipzig. Hannelore Kohl war schockiert über den Anblick, der sich ihr bot, sie erkannte vieles gar nicht wieder. Schließlich stoppte man noch kurz an der Mulde, ganz in der Nähe der Stelle, an der Hannelore im Mai 1945 mit ihrer Mutter den Fluss durchquert hatte, auf der Flucht vor der Roten Armee. Die Reise sei für seine Mutter eine schlimme Erfahrung gewesen, so Walter Kohl, denn sie habe feststellen müssen, dass es die Heimat ihrer Kindheit nicht mehr gab.[41]

Nur ein Jahr vor der Wende reisten Hannelore und Helmut Kohl ein weiteres Mal in die DDR. Erich Honecker hätte den bundesdeutschen Kanzler gerne zum Staatsbesuch in Ostberlin empfangen, das hätte der angeschlagenen Republik einen willkommenen Anerkennungsschub verpasst. Sowohl Bonn als auch die Verbündeten in Washington, Paris und London aber wollten dem strauchelnden SED-Regime diesen Gefallen unter keinen Umständen tun. Stattdessen reiste das Ehepaar Kohl im kleinen Kreis mit dem treuen Fahrer Ecki Seeber sowie den engen Mitarbeitern Friedhelm Ost, dem Regierungssprecher, und Wolfgang Bergsdorf aus dem Bundespresseamt. Kohl-Biograf Hans-Peter Schwarz meint, Helmut Kohl wollte auf dieser Reise in die DDR gewissermaßen seinen Marktwert testen, sehen, wie er ankam bei den Deutschen im Osten. Außerdem habe ihn die Neugier getrieben, wie das Alltagsleben der Menschen dort inzwischen aussah.[42] Was Schwarz in diesem Zusammenhang nicht erwähnt, ist der Einfluss Hannelore Kohls auf das Verhältnis ihres Mannes zum Ostteil des Landes. Der Kanzler war, wie vor ihm vermutlich nur Konrad Adenauer, tief im Westen Deutschlands verankert. Er war überzeugter Rheinland-Pfälzer, fühlte sich der lieblichen

Landschaft mit ihren Weinbergen, der Mundart und auch der herzhaften heimischen Küche verbunden. Wie Adenauer sah er die Bundesrepublik dicht an der Seite der USA und verfolgte als überzeugter Europäer eine konsequente Einigungspolitik mit den europäischen Nachbarn. Vor allem das Verhältnis zu Frankreich lag ihm am Herzen. In alldem unterstützte ihn seine Frau vorbehaltlos, und doch brachte sie eine andere Facette der deutschen Erfahrung in die Ehe ein. Ihre Geburt und Kindheit in dem Teil des Landes, der durch die Mauer abgetrennt war, waren Teil ihrer Biografie, Teil ihrer Persönlichkeit. Durch seine Frau hatte der CDU-Politiker Kohl selbst in Zeiten, in denen eine wie auch immer geartete Vereinigung der beiden Deutschlands nicht im persönlichen Erwartungshorizont der meisten Westdeutschen lag und selbst in der CDU nur noch wenige daran zu glauben schienen, diese offene Wunde immer vor Augen. In den Achtzigerjahren kritisierte Helmut Kohl wiederholt, dass die Zweistaatlichkeit sich immer stärker in den Köpfen festsetze. Bei den Kohls dagegen gab es keine Gewöhnung an den Status quo – vor allem deswegen, weil die Frau im Haus dafür sorgte. Walter Kohl erinnert sich, dass die Familie auf Initiative der Mutter wiederholt in die DDR und nach Leipzig gereist sei, denn sie wollte den Söhnen zeigen, woher sie kam. »Das ist auch Heimat.«[43]

Lag es also auch an Hannelore, dass Helmut Kohl in den Monaten unmittelbar nach dem Fall der Mauer die Chance zur Vereinigung sah und ergriff? Vermutlich hat sie tatsächlich einen nicht unerheblichen Anteil an dieser historischen Leistung. Sicher hat sie stark dazu beigetragen, die »deutsche Frage« über die Jahrzehnte bei ihrem Mann wachzuhalten. Sicher auch hat sie ihn ermutigt, den Moment, der sich ihm bot, beim Schopf zu packen. »Meine Mutter hat einen ganz entscheidenden Einfluss auf die Entscheidungsfindung im Zuge der Deutschen Wiedervereinigung gehabt. Sie bestand immer auf der Westintegration und der Anbindung an die USA. Ohne eine solche Lösung hätte mein Vater nicht mehr nach Hause kommen brauchen«.[44]

Aber noch in einem weiteren Sinne hat Hannelore Kohl dazu beigetragen, dass ihr Mann den Kurs Richtung Wiedervereinigung stellen konnte. Es war bereits die Rede davon, dass Hannelore Kohl ihrem Mann auf Auslandsreisen überaus wertvolle Dienste leistete. Sie knüpfte schnell Kontakte, sprach fließend Englisch und Französisch. Sie kannte die Defizite ihres Mannes und wusste sie auszugleichen. Sie wusste aber auch um die Stärken des Kanzlers und unterstützte diese geschickt. Eine dieser Stärken Helmut Kohls war zweifellos sein Talent, Vertrauen zu wecken, Verbindlichkeit herzustellen. Die Jahre im Kanzleramt hatte er dazu genutzt, sich überall in der Welt, vor allem aber in Washington und Paris, Freunde zu machen. Er war zutiefst davon überzeugt, dass Deutschlands Zukunft in einem vereinten Europa und in der engen Westanbindung lag, und diese Überzeugung vermittelte er erfolgreich einem François Mitterrand und einem George Bush. Das war die politische Ebene. Es gibt im Verhältnis zwischen Staatsleuten aber immer auch die persönliche Ebene. Und auch hier schaffte es Kohl, dem man zu Hause nicht selten Plumpheit und eine Neigung zum Tritt ins Fettnäpfchen unterstellte, verlässliche Beziehungen aufzubauen. Es war streckenweise schon eine Art Männerfreundschaft, die die Herren Kohl und Mitterrand beziehungsweise Kohl und Bush verband. Beim Aufbau solcherlei Freundschaften aber spielte Hannelore Kohl eine wichtige Rolle. Nicht nur glänzte sie immer wieder als versierte Gastgeberin oder war selber liebenswürdiger Gast, sie pflegte ihrerseits enge Kontakte zu zahlreichen First Ladies, was wiederum die Beziehung zwischen den Paaren an sich und am Ende zwischen den Ländern stärkte. Mit Barbara Bush zum Beispiel verband Hannelore Kohl ein besonders inniges Verhältnis. Als sich im Herbst 1989 die Tür einen Spaltbreit öffnete, konnte Helmut Kohl nur deswegen wagen, sie aufzustoßen, weil er wusste, dass er vor allem in Washington einen engen Verbündeten hatte. Die Welt begegnete der Aussicht auf ein wiedervereintes, größeres und mächtigeres Deutschland durchaus mit einiger Skepsis. Sorgen mussten genommen, Ängste überwunden werden. All dies ließ sich nur bewerkstelligen, weil Kohl in den Jahren zuvor Vertrauen aufgebaut hatte, und dabei hatte Hannelore Kohl ihn mit aller Kraft unterstützt. »Meine Mutter«, so Walter

Kohl, »war eine Botschafterin Deutschlands, für viele eine Geheimwaffe der deutschen Diplomatie.«[45]

Der diplomatische Dienst für Deutschland fiel Hannelore Kohl mal leichter, mal schwerer. Auch die Beziehung zur Frau des Hoffnungsträgers aus Moskau war freundlich, wenn auch zunächst deutlich vorsichtiger und distanzierter. Die Tatsache, dass Raissa Gorbatschowa als Philosophieprofessorin an der Moskauer Universität überzeugte Marxistin war, irritierte Hannelore Kohl. Dass die Kanzlergattin dennoch bemüht war, der First Lady der Sowjetunion beim Staatsbesuch im Juni 1989 einen möglichst angenehmen Aufenthalt zu bereiten, ist nicht weiter verwunderlich, wusste sie doch um die Wichtigkeit dieses Zusammentreffens. Während Margot Honecker der Frau des Generalsekretärs des ZK der KPdSU die kalte Schulter zeigte, bot Hannelore Kohl Raissa Gorbatschowa ein beeindruckendes »Damenprogramm«. Sie hörten ein Konzert im Bonner Beethoven-Haus, fuhren nach Linz am Rhein und nach Paderborn und besuchten schließlich auch den größten russischen Soldatenfriedhof der Bundesrepublik in Stukenbrock. Dieser Programmpunkt verlangte beiden Frauen viel ab. Der Friedhof gehörte zu einem ehemaligen Kriegsgefangenenlager, in dem vor allem sowjetische, aber auch serbische, polnische und französische Kriegsgefangene während des Zweiten Weltkriegs unter katastrophalen Bedingungen interniert gewesen waren und Zwangsarbeit hatten verrichten müssen. Die Visite in Stukenbrock erinnerte also an die Brutalität und Unmenschlichkeit, mit der sowjetische und andere Kriegsgefangene in Deutschland während des Kriegs behandelt worden waren, und an die Unzähligen, die dabei ihr Leben gelassen hatten. »Dieser Besuch war angesichts der Symbolkraft dieses Friedhofs, der für ein düsteres Kapitel unserer Geschichte steht, nicht ganz einfach«, erinnert sich Kohls Büroleiter Michael Roik, der die Kanzlergattin damals begleitet hat, »Frau Kohl hat sich sehr um Frau Gorbatschow gekümmert und mit viel Fingerspitzengefühl der besonderen Atmosphäre Rechnung getragen. Möglichen Spannungen vorzubeugen, darin war sie ja sehr geschickt.«[46] Hannelore Kohl gelang es, den richtigen Ton zu treffen und diesen

[13] Nur wenige Monate vor dem Fall der Mauer besuchten im Sommer 1989 die Gorbatschows Deutschland und wurden von Marianne und Richard von Weizsäcker empfangen.

schwierigen Programmpunkt zu meistern, gleichzeitig war der Besuch eines russischen Soldatenfriedhofs für die deutsche First Lady auch angesichts ihrer traumatischen Erfahrungen bei Kriegsende alles andere als leicht.

Auch die Weizsäckers empfingen die Gorbatschows im Sommer 1989. Zwei Jahre waren seit ihrem letzten Zusammentreffen in Russland vergangen. Nun waren sie die Gastgeber. Raissa und Michail Gorbatschow fühlten sich wohl in der Villa Hammerschmidt und in dem von Marianne von Weizsäcker so liebevoll gepflegten Garten. Der Besuch diente vor allem dem Vertrauensaufbau. Ohne den intensiven Austausch in diesem Sommer wenige Monate vor dem Fall der Mauer wären die Dinge im

Herbst des Jahres womöglich anders verlaufen. Die Kohls und die von Weizsäckers haben dem sowjetischen Generalsekretär und seiner Frau durch die konstruktiven Gespräche, den Austausch über die eigenen, individuellen Erfahrungen die Möglichkeit gegeben, sich ein Bild über die Bundesrepublik zu machen und haben ihrerseits ein Gefühl bekommen dafür, was den ersten Mann im Kreml antrieb. Es ist vermutlich kein Zufall, dass Richard von Weizsäcker in seinen Memoiren den Besuch der Gorbatschows zum Anlass nahm, auf den verantwortungsvollen und wichtigen Beitrag hinzuweisen, den die Frau des Bundespräsidenten zu leisten hat. Seine Frau habe sich auf jeden Besuch, jeden Gast mit großer Gründlichkeit vorbereitet. In seinen Bemerkungen spürt man, dass er sich immer wieder ärgerte über Fragen »mancher Medienvertreter«, aus denen man schließen konnte, es ginge »für die Frau des Präsidenten vor allem um Kleider, Souvenirs und dergleichen«. »In Wahrheit«, so von Weizsäcker, »leistet sie eine ebenso hochinteressante wie harte Arbeit, die maßgeblich dazu beiträgt, die Belange unseres Landes gut gelingen zu lassen (...).« Marianne von Weizsäcker selbst betrachtet es als ein großes Geschenk, dass sie an der Seite ihres Mannes, von dessen Eignung für das Amt des Bundespräsidenten sie überzeugt war, das Land vertreten durfte. »Es waren Jahre wichtiger Aufgaben, es waren für meinen Mann und mich Jahre kostbarer Gemeinsamkeit«, erinnert sie sich.[47]

Eine Nacht im November

Am 9. November 1989 weilte der Kanzler der Bundesrepublik Deutschland auf Staatsbesuch in Polen. Um neun Uhr abends rief ihn sein enger Mitarbeiter Eduard Ackermann aus dem Kanzleramt an, der die unglaublichen Ereignisse, die gerade in Berlin ihren Lauf nahmen, live am Fernseher verfolgte, und teilte mit: »Herr Bundeskanzler, im Augenblick fällt gerade die Mauer!« Helmut Kohl stutzte: »Ackermann, sind Sie sicher?« Zwei Stunden zuvor hatte Günter Schabowski, Ostberliner Sekretär für Informationswesen, auf einer Pressekonferenz den fassungslosen

Journalisten mitgeteilt, dass Privatreisen ins Ausland »ohne Vorliegen von Voraussetzungen« beantragt werden könnten. Die Genehmigungen würden kurzfristig erteilt. Diese Regelung gelte »sofort, unverzüglich«. Neben dem vertrauten Gesicht von Nachrichtensprecher Jo Brauner prangte an diesem Abend während der *Tagesschau* die sensationelle Schlagzeile »DDR öffnet Grenze«. Staunend saß auch Rut Brandt, die so viele Jahre in der geteilten Stadt Berlin gelebt hatte und die als Frau des Regierenden Bürgermeisters Zeugin des Mauerbaus geworden war, vor dem Bildschirm. Wie so viele andere weinte sie vor Freude.[48]

Auch Horst Arnold, Protokollchef im Bundespräsidialamt, sah an diesem Abend die Nachrichten und war überwältigt angesichts der Bilder jubelnder Ostberliner auf dem Weg in den Westteil der Stadt. Gleichzeitig kannte er seinen Chef gut genug, um zu wissen, dass dieser in Anbetracht der nächtlichen Ereignisse am nächsten Morgen zweifellos unverzüglich nach Berlin abreisen würde. Horst Arnold packte also seine Reisetasche. Und tatsächlich, morgens um acht klingelte das Telefon. Da die Bundeswehr damals noch nicht nach Berlin fliegen durfte, sondern nur Maschinen der Alliierten in der Stadt landen konnten, musste der Protokollchef rasch einen Flug organisieren. Wenig später saßen der Bundespräsident, drei Sicherheitsbeamte, ein Fotograf und Horst Arnold im US-Militärflieger ostwärts. Direkt vom Flughafen Tempelhof fuhr man an den Potsdamer Platz. »Ohne Begleitung«, so erinnert sich Richard von Weizsäcker, »überquerte ich vom Westen her eine Strecke von zweihundert Metern über den Platz Richtung auf die andere Seite, wo die Baracke der Volkspolizei stand.« Das Wachkommando sah den weißhaarigen westdeutschen Präsidenten im hellen Mantel durchs Fernglas. Die Begleiter des Bundespräsidenten, die zurückgeblieben waren, hielten den Atem an. Da löste sich der Kommandoführer aus seinem Trupp und ging auf von Weizsäcker zu. Er »machte eine korrekte Ehrenbezeigung und sagte in ruhigem Ton: ›Herr Bundespräsident, ich melde: keine besonderen Vorkommnisse.‹« Das war, so von Weizsäcker, natürlich eine Untertreibung sondergleichen, »wo wir doch gerade ein Vorkommnis erlebten, das besonderer nicht hätte sein können«. Marianne von Weizsäcker daheim in Bonn sah die bewegenden Bilder vom Brandenburger Tor, vom Potsdamer Platz und den Grenzübergängen wie die meisten Deutschen im Fernsehen. »Das eröffnete Dimensionen«, erinnert sie sich, »die grenzten fast an mein Kleinkinder-Erlebnis mit dem Ende des Krieges. So ein ähnlich reales Kindergefühl war das damals hier. So ein bisschen, das Paradies ist ausgebrochen.« Dass dieser Überschwang aber auch ein wenig einschüchternd sein konnte, stellte Marianne von Weizsäcker bald fest, als sie ihren Mann in den Nachrichten sah, umringt von Menschenmassen. Da habe sie sich sehr um ihn gesorgt.[49]

In den folgenden Monaten herrschte vielerorts Unklarheit, wie es weitergehen würde mit der DDR. Die Honeckers waren schon im Oktober, kurz nach den Feierlichkeiten zum 40. Jahrestag der Gründung der Deutschen Demokratischen Republik, zurückgetreten. Das Paar verstand die Welt nicht mehr. Der Abstieg der einst allmächtigen Honeckers war total. Die beiden mussten vor aufgebrachten DDR-Bürgern geschützt werden und fanden zunächst Unterschlupf in einem sowjetischen Militärkrankenhaus in Beelitz. Von dort begann eine Odyssee, die sie über Moskau nach Chile führen sollte. Nicht nur gegen Erich Honecker, auch gegen Margot wurde in diesen Monaten ermittelt, man warf ihr unter anderem vor, die Zwangsadoption von Kindern von Regimekritikern und Republikflüchtlingen veranlasst zu haben. Während Erich Honecker allerdings in Deutschland vor Gericht gestellt wurde, flüchtete Margot rechtzeitig nach Santiago de Chile und konnte nie belangt werden. Wie sehr die ehemalige Volksbildungsministerin noch viele Jahre nach dem Mauerfall die Gemüter erhitzte, zeigte sich nach einer TV-Dokumentation im Jahr 2012. In *Der Sturz* wurden der Aufstieg und Niedergang des Paars nachgezeichnet, und Margot Honecker kam in einem längeren Interview zu Wort, zeigte keinerlei Reue und beschwor den Sozialismus. Die zahlreichen Reaktionen von aufgebrachten Zuschauern bestätigten einmal mehr, so Wolfgang Thierse in der *Bild*-Zeitung, dass Margot Honecker mit Stasi-Chef Mielke zu den »meist gehassten Figuren des DDR-Regimes« gezählt habe.[50]

Während man in Moskau, Paris und London überlegte, was die Grenzöffnung und die damit einhergehende veränderte Situation im Herzen Europas nun für Deutschland und die Welt bedeuteten, saßen die Kohls in Ludwigshafen und feilten an einem Papier, das die Lage einordnen und den Weg weisen sollte. In einem Zehn-Punkte-Programm wurde ein Plan zur Einheit Deutschlands und Europas formuliert. In der Nacht vom 27. auf den 28. November gingen Helmut und Hannelore Kohl, der Priester Erich Ramstetter und dessen Bruder Fritz, die seit Jahren mit den Kohls befreundet waren, den von Kohls engem Mitarbeiter aus dem Kanzleramt Horst Teltschik verfassten Entwurf des Programms durch und überarbeiteten ihn. Auch der Staatsrechtler Rupert Scholz wurde immer wieder telefonisch konsultiert. In Kohl-Biografien wird bei der Beschreibung dieser legendären Nacht, in der tatsächlich Weichen für die Zukunft des Landes gestellt wurden, stets erwähnt, dass Hannelore Kohl den Text auf ihrer Schreibmaschine geschrieben habe. Man wird der Rolle, die die Kanzlergattin bei der Abfassung dieses für die Einigung so essenziellen Papiers gespielt hat, allerdings nicht gerecht, wenn man Hannelore Kohl auf die Funktion einer Stenotypistin reduziert. Dass die sprachlich versierte Hannelore bei der Formulierung der politisch durchaus heiklen Forderungen geholfen hat, steht wohl außer Frage. Es ist aber wahrscheinlich, dass sie auch inhaltlich ein Wörtchen mitredete. Die Vereinigung Deutschlands war der Leipzigerin ja schließlich eine Herzensangelegenheit. Und Kohl selbst weist in seinen Erinnerungen darauf hin, seine Frau habe ihm bei dieser Arbeit manch wertvolle Anregung gegeben. Hannelore Kohl erinnerte sich später an jene Novembernacht: »Obwohl alles ganz schnell gehen musste, wollten wir die Formulierungen auch im kleinsten Detail würdig zu Papier, das Richtige in kurzer Form und einfacher Sprache auf den Punkt bringen. (…) Für mich persönlich waren diese zehn Punkte der Anfang der Ordnung.«[51]

Die geschichtliche Bedeutung des Zehn-Punkte-Programms, so Kohl-Biograf Schwarz, könne schwerlich überschätzt werden. Mit diesem Programm preschte der Kanzler am folgenden Tag quasi im Alleingang vor, stellte am 28. November 1989 sehr zur Überraschung der Parlamentarier seinen Fahrplan zur deutschen Einheit im Bundestag vor. Nur der amerikanische Präsident George Bush, der grünes Licht gegeben hatte, und der Bundespräsident waren vorab unterrichtet worden. Der Kanzler schaffte Fakten, wo andere noch zauderten. Zweifellos bewies Kohl in diesen Tagen taktisches Geschick und Mut, und zweifellos trug seine Frau diese Entscheidung zum Handeln entschlossen mit. Auch dank der Unterstützung Hannelore Kohls und ihrer Mitarbeit am Zehn-Punkte-Programm konnte Helmut Kohl zur »Zentralgestalt europäischer Politik«[52] werden. Die Bedeutung dieser zehn Punkte wurde Hannelore Kohl an einem Märztag des Jahres 1990 voll bewusst, als sie wenige Tage vor den Volkskammerwahlen zu einer Kundgebung nach Leipzig reiste. »Als die Räder der gecharterten Lufthansamaschine erstmalig ostdeutschen Boden berührten, konnte ich die Wiedervereinigung mit Händen greifen.« Helmut Kohl sprach vor mehreren Hunderttausend Zuhörern, als Hannelore auftrat und begrüßt wurde, brandete in der Menge spontaner Applaus auf. »Es war die Stadt, aus der ich vor so vielen Jahren geflohen bin. Das war ein tolles, nein, ein unglaubliches Gefühl.«[53]

Hannelore Kohl war mittendrin im Strudel der Ereignisse dieser Monate des Umbruchs. So anstrengend und aufreibend die Verhandlungen um die deutsche Einheit waren – noch häufiger als zuvor musste sie nun auf ihren Mann verzichten, der jetzt nahezu ununterbrochen unterwegs war –, so sehr beglückte die Aussicht auf ein vereinigtes Land die Leipzigerin. Empfand das ehemalige Flüchtlingsmädchen es aber auch in gewisser Weise als eine Art Genugtuung, nun an der Seite dessen zu stehen, der Deutschland und Europa so maßgebend prägte? Hannelore Kohls Familie hatte durch den Krieg und den Zusammenbruch des »Dritten Reichs« ihr Zuhause und ihren Status verloren. Das Mädchen aus ehemals wohlhabender bürgerlicher Leipziger Familie, dessen Vater bis zum Frühjahr 1945 eine glänzende Karriere gemacht hatte, war in Ludwigshafen Außenseiterin gewesen. Die Renners hatten bei Verwandten unterschlüpfen müssen, die Eltern hatten die Familie zunächst mit Gelegenheitsjobs über Wasser gehalten. Die Schmach dieser sozialen Degradierung war schwer zu verschmerzen gewesen und ließ sich wohl auch mit wachsendem Wohlstand nicht vollständig abschütteln. Bei aller Skepsis, die Hannelore der Politik vor allem zu Beginn ihrer Beziehung mit Helmut Kohl entgegengebracht hatte, fragt man sich doch, ob der Aufstieg ihres Mannes von ihr als eine Art Wiedergutmachung des Schicksals empfunden wurde. Das Stigma des Flüchtlings, das Tabu der Mitgliedschaft ihrer Eltern in der NSDAP – all das war nicht vergessen, aber für einen Moment, so scheint es, hat Hannelore Kohl einen versöhnlicheren Umgang mit der eigenen Geschichte gefunden. Diesen Eindruck vermittelt zumindest ein Foto, das um die Welt ging: Vor der großen Freitreppe des Berliner Reichstags steht die Frau des Bundeskanzlers am Tag der Deutschen Einheit, dem 3. Oktober 1990, zwischen ihrem Mann, Hans-Dietrich Genscher und Richard von Weizsäcker. Die Friedensglocke läutet, die Fahne wird gehisst, die Menschenmenge feiert ausgelassen. Gelöst wie sonst selten strahlt Hannelore Kohls Gesicht große Freude und Erleichterung aus. Die Teilung war überwunden.

Für seine Mutter, so Walter Kohl, sei es essenziell gewesen, dass die Rote Armee sich aus Ostdeutschland zurückzog und das vereinte Land der NATO angehörte. »Mein Vater wusste, dass seine Frau es ihm nie verzeihen würde, wenn er einer politischen Lösung zustimmte, die eine fortdauernde Stationierung der Roten Armee in Deutschland ermöglichte.« Als die letzten sowjetischen Truppen aus Ostdeutschland abgezogen wurden, ließ es sich Hannelore Kohl nicht nehmen, vor Ort zu sein. Nach ihrer Rückkehr erzählte sie ihrem Sohn Walter, wie der kommandierende sowjetische General, bevor er als Letzter abfuhr, die Kanzlergattin fragte, warum sie überhaupt da sei. Darauf antwortete Hannelore Kohl schlagfertig und wahrheitsgetreu dem verdutzten General, dass sie nur habe sichergehen wollen, dass auch alle Sowjets wirklich abzögen. »Diese Geschichte erzählte sie mir mit einem herzlichen Lachen«, so Walter Kohl. »Meine Mutter hatte ein ganz klares Verhältnis gehabt zur Roten Armee. Da war ein ganz tiefer Schmerz. Und manchmal ist es eben so, dass jemand, der 1945 ein kleiner, geschundener Flüchtling war, so und so viel Jahrzehnte später eine ganz andere Rolle spielt.«[54]

Die Ereignisse der Jahre 1989 und 1990 stellten im Leben Hannelore Kohls sicher einen Höhepunkt dar, der ihr ein Stück weit half, die Wunden der Vergangenheit wenn nicht zu heilen, so doch zumindest eine gewisse Zeit leichter zu ertragen. Vielleicht entschädigten sie auch für so manche Entbehrung, die sie an der Seite eines Spitzenpolitikers hinnehmen hatte müssen. Bei den Feierlichkeiten am 3. Oktober 1990 vor dem Reichstag war übrigens auch Marianne von Weizsäcker dabei. Allerdings stand sie nicht in der ersten Reihe. »Ich war da«, erinnert sie sich viele Jahre später, »aber ich hatte gar nichts dagegen, dass Frau Kohl vor mir stand. Ich fand das Ereignis so groß. So groß! So dass ich solche spektakulären Auftritte, die Kohl sehr schätzte, Frau Kohl auch, weniger schätzte.« Auch Horst Arnold erinnert sich an diesen bewegenden Abend, weiß, dass Marianne von Weizsäcker sich bewusst im Hintergrund hielt: »Aber ich muss auch sagen«, so Arnold, »dass Helmut Kohl eben auch eine Art hatte, sich in den Vordergrund zu drängen. Der hat auch seine körperliche Masse rigoros eingesetzt.«[55]

War das Verhältnis zwischen Helmut Kohl und Richard von Weizsäcker bereits während von Weizsäckers erster Amtszeit nicht frei von Spannungen, so spitzten sich die Konflikte in der zweiten Amtszeit deutlich zu. Dass der Bundespräsident, wenn er denn wollte, noch einmal gewählt würde, stand fest. Richard von Weizsäcker war ein überaus beliebter Präsident. Auf die Frage, ob sie die Strapazen, die mit weiteren fünf Jahren Villa Hammerschmidt verbunden waren, fürchte, antwortete Marianne von Weizsäcker: »Ich bin nicht so erzogen worden, daß ich in einer Frage von solchem Rang sagen würde, ich habe keine Lust mehr.«[56] Nur wenige Monate vor dem Fall der Mauer wurde ihr Mann denn auch im Amt bestätigt. Es gab zum ersten und bislang einzigen Mal in der Geschichte der Bundesrepublik keinen Gegenkandidaten. Der bestätigte Präsident ging mit den Jahren auch öffentlich zunehmend kritisch mit den Parteien und nicht zuletzt mit dem Langzeitkanzler ins Gericht. So charakterisierte er beispielsweise in einem Interview mit der *Zeit* im Jahr 1992 die Parteien als »machtversessen auf den Wahlsieg und machtvergessen bei der Wahrnehmung der inhaltlichen und konzeptionellen politischen Führungsaufgaben«.[57] Kohl war außer sich.

Hätten die Ehefrauen damals für eine Annäherung zwischen den beiden sorgen können? Dass die Gattinnen von Spitzenpolitikern hin und wieder vermitteln, die Wogen glätten, den Telefonhörer zur Hand nehmen, wenn zwischen den Herren gerade Funkstille herrscht, dafür gibt es durchaus Beispiele. Rut Brandt und Mildred Scheel lagen auf einer Wellenlänge. Rut machte immer wieder den Versuch, zwischen ihrem Mann und Herbert Wehner gut Wetter zu machen und stimmte sich zuweilen mit dessen Frau und Stieftochter ab. Auch Doris Schröder-Köpf versuchte, wie wir noch sehen werden, hin und wieder zu vermitteln, wenn zwischen ihrem Mann und Joschka Fischer beziehungsweise ihrem Mann und Oskar Lafontaine mal wieder die Luft dünn wurde. In der Ära Kohl/von Weizsäcker kam es wohl nicht zu einem weiblichen Schlichtungsversuch. Zu verschieden waren nicht nur die beiden Männer an der Spitze, sondern auch die beiden First Ladies. Und zu klar stellten sich die Ehefrauen in diesem Fall hinter ihren Mann.

Dabei hatten die beiden Frauen durchaus eine starke Gemeinsamkeit: Sie widmeten sich den Aufgaben, die sich ihnen als First Ladies stellten, mit äußerster Disziplin. Von Marianne von Weizsäckers Engagement für Drogenabhängige war bereits die Rede. 1989 gründete sie die *Marianne von Weizsäcker Stiftung Integrationshilfe für ehemals Suchtkranke e. V.* Außerdem war sie seit 1988 Mitglied des Kuratoriums der nationalen *AIDS-Stiftung*. Dass sich die First Lady für diese Stiftung einsetzte, war in den späten Achtzigerjahren keineswegs selbstverständlich. Große Unsicherheit herrschte damals noch über den Virus, während die Infizierten zum Teil wie Aussätzige behandelt wurden. Die Frau des Bundespräsidenten sprach nicht nur offen über HIV und AIDS, sondern besuchte auch Betroffene und holte die Krankheit damit aus der Tabuzone.

[14] Hannelore Kohl sprach fließend Englisch und Französisch. Regelmäßig begleitete sie ihren Mann auf seinen Reisen. 1983 besuchten die Kohls Ägypten.

Auch Hannelore Kohl hat sich früh festgelegt, wofür sie sich als First Lady engagieren wollte. Bereits im Dezember 1983 hatte sie im Kanzlerbungalow das *Kuratorium ZNS für Unfallverletzte mit Schäden des Zentralen Nervensystems e. V.* gegründet. Hannelore Kohl ging diese Arbeit mit Verve und Professionalität an. Die Perfektionistin hatte ihr eigenes Büro und ihre eigenen Mitarbeiter. Sie baute sich ganz bewusst etwas Eigenes auf, eine Tätigkeit, die sie steuerte und lenkte. Wenn sie für *ZNS* bis spät in die Nacht im Büro saß, tat sie das, weil sie es so wollte. Wenn sie für *ZNS* Veranstaltungen organisierte, Reden hielt, Interviews gab, dann war sie nicht die Begleitung ihres übergroßen Mannes, dann ging es um ihr Thema. »Ich habe sie sehr bewundert«, erzählt Sabine Gräfin von Nayhauß, die die Kanzlergattin oft begleitet hat, »denn das war ja sicher auch nicht einfach in dieser Ehe mit diesem dominierenden Mann.« *ZNS* hat der Kanzlergattin zweifellos geholfen, zumindest hin und wieder eigene Wege zu gehen. »Sie hat sich da schon ihr eigenes Leben aufgebaut«, so Nayhauß. Für *ZNS* stürzte sie sich ungeniert in die Pressearbeit. Sie war hier freier, fühlte sich viel sicherer als im parteipolitischen Kontext, in dem sie sich an der Seite ihres Mannes bewegte. Sie pflegte ihre eigenen Kontakte zu Journalisten und ließ sich dabei auch die Politik ihres Mannes nicht in die Quere kommen. Sabine Gräfin Nayhauß erinnert sich, dass die First Lady sich nicht davon beirren ließ, wenn Nayhauß' Mann, Mainhardt Graf von Nayhauß, als Kolumnenschreiber für die *Bild*-Zeitung mal wieder bei Helmut Kohl in Ungnade gefallen war. »Das muss uns nicht stören«, sagte Hannelore Kohl dann zu der Journalistin.[58]

Wie Mildred Scheel, die sie sehr für ihre Arbeit bewunderte, scheute sich Hannelore Kohl nicht, die Kontakte ihres Gatten zu nutzen. »Weil ich durch meinen Mann häufig Kontakt zu Unternehmern oder Managern in der Industrie habe«, so Hannelore Kohl, »kann ich die auch gut ansprechen und sie dann mit etwas Glück von meiner Arbeit überzeugen.«[59] Einen wichtigen Meilenstein erreichte die First Lady, als sie den Unternehmer Heinz Nixdorf für ihre Arbeit gewinnen konnte. Das Programm *Computer helfen heilen* sollte bei der Therapie von Hirnverletzten helfen und ihnen ermöglichen, wieder am Alltag teilzuhaben. Wenig später brachte Hannelore zugunsten von *ZNS* ein Kochbuch mit gesammelten Rezepten heraus. Die Rezepte stammten pikanterweise von Medienvertretern. Titel des Buchs: *Was Journalisten anrichten*. Ein zweites Buch, *Kulinarische Reise durch deutsche Lande*, wurde ebenfalls ein Bestseller. Überhaupt lässt sich Hannelore Kohls unermüdlicher Einsatz für *ZNS* durchaus mit Mildred Scheels Arbeit für die *Deutsche Krebshilfe* vergleichen. Sie war zwar im Gegensatz zu Ersterer keine Ärztin und musste deshalb anfangs sehr dafür kämpfen, in Fachkreisen gehört zu werden, was ihr durch ihre Zähigkeit und ihren Ehrgeiz schließlich gelang. Aber in Sachen Talkshow-Einsatz, Spendengalas und Sammelaktionen ließ sich Hannelore Kohl nichts vormachen.

Trainingspartner

Während die von Weizsäckers und die Kohls in den Jahren, in denen sie gemeinsam an der Spitze des Staats standen, nicht recht zueinanderfinden konnten, gestaltete sich die Beziehung zwischen dem Ehepaar Kohl und dem Bundespräsidentenpaar, das 1994 antrat, unproblematisch. Ein bisschen Ruhe an dieser Front brauchte der Kanzler auch mehr als nötig, denn der Weg zum neuen Mann im Schloss Bellevue war ziemlich holperig. Als er sich auf die Suche nach einem geeigneten Nachfolger für von Weizsäcker machte, dessen zweite Amtszeit im Mai 1994 zu Ende ging, suchte der Kanzler zunächst einen Kandidaten aus Ostdeutschland und meinte, ihn in dem Theologen und Kirchenjuristen Steffen Heitmann gefunden zu haben. Rasch allerdings geriet Heitmann in die Kritik. Er hatte so seine Probleme mit Europa, machte umstrittene Äußerungen zur Ausländerpolitik und zur NS-Vergangenheit. Das war mit Kohl und der CDU nicht zu machen. Auch seine Vorstellungen hinsichtlich der Gleichstellung von Frauen und Männern kamen vielfach schlecht an. Es hatte lange gedauert, aber nach und nach und spätestens seit dem Essener Frauenparteitag 1985 drangen Genderfragen auch in die obersten Unionskreise vor, und die CDU nahm sich des Themas der Frauen im Berufsleben an. Der Kanzler selbst sprach nun davon, dass es in Chefetagen und auf Lehrstühlen zu wenige Frauen gab. Nicht nur der Anteil von weiblichen Abgeordneten im Bundestag war in den vorangegangenen Jahren kontinuierlich gestiegen, mit Sabine Leutheusser-Schnarrenberger, Hannelore Rönsch, Angela Merkel, Gerda Hasselfeldt und Irmgard Schwaetzer saßen so viele Frauen wie nie zuvor in der deutschen Geschichte am Kabinettstisch. Mit Rita Süssmuth war seit 1988 eine Unionspolitikerin Präsidentin des Deutschen Bundestags. Ein Bundespräsident Heitmann, der gefordert hätte, die »Mutterschaft wieder ins Zentrum der Gesellschaft zu rücken«[60] – das war 1994 einfach nicht mehr drin.

Zähneknirschend musste der Kanzler den geordneten Rückzug antreten und einen neuen Kandidaten suchen, den er problemlos durchsetzen konnte. Noch einen Fehlgriff konnte Kohl sich nicht leisten. Weniger bekannt als die Heitmann-Kandidatur ist nämlich die Tatsache, dass der ostdeutsche Pfarrer selbst schon Kohls zweite Wahl war. An sich hatte der Kanzler Johannes Rau als gemeinsamen Kandidaten vorschlagen wollen, hatte sogar schon Emissäre zu den Raus schicken und anfragen lassen, ob man sich einen Umzug ins Schloss Bellevue vorstellen könne. Auch die junge Frau des Ministerpräsidenten musste bei der Unterredung anwesend sein, schließlich brächte das Amt auch für sie weitreichende Veränderungen mit sich. Allerdings wurde es 1994 noch nichts mit dem Bundespräsidialamt für Johannes Rau, denn kurz darauf preschte Helmut Schmidt vor und brachte seinerseits den Namen Rau ins Spiel, woraufhin Kohl einen Rückzieher machte.[61]

Unter Hochdruck musste der Bundeskanzler nun also einen weiteren Kandidaten aus dem Ärmel ziehen, hinter dem sich die Union und schließlich auch die FDP versammeln konnten – eine sichere Nummer gewissermaßen. Die Bekanntschaft zu Roman Herzog reichte zurück in die frühen Siebzigerjahre. Damals hatte der aufstrebende Mainzer Ministerpräsident Herzog angeboten, die rheinland-pfälzische Landesvertretung in Bonn zu übernehmen. Die folgenden Jahre verbrachten Roman Herzog und seine

Frau Christiane also in der Hauptstadt, und auch als der Jurist zunächst als Minister für Kultur und Sport, später als Innenminister nach Stuttgart und anschließend ans Bundesverfassungsgericht nach Karlsruhe wechselte, blieb man sich gewogen. Der Netzwerker Kohl sprach mit dem alten Parteifreund, und die Herzogs nutzten die Weihnachtstage 1993, sich zu überlegen, ob man sich ein Leben als Bundespräsidentenpaar vorstellen konnte. »Meine Eltern haben eine extrem emanzipierte und gleichgestellte Ehe geführt«, erzählt Markus Herzog, ältester Sohn des Paars. Wir können also davon ausgehen, dass Christiane Herzog bei der Entscheidung ein gehöriges Wort mitzureden hatte. Sie selbst erinnert sich, dass man lange hin und her überlegt habe. Schließlich hätte ihr Mann auch seine reguläre Zeit in Karlsruhe beenden können. »Aber dann haben wir uns beide gesagt: ›Gut, wenn einem das höchste Amt im Staate angetragen wird, und wenn auch nur als Kandidatur, dann hat man eigentlich die verdammte Pflicht und Schuldigkeit, auch dazu zu stehen und sich dieser Wahl zu stellen. (…) Und das hat mein Mann dann auch getan. Und ich habe ihn unterstützt.«[62]

Man wollte es also wagen. Im Mai 1994 trat Herzog als Kandidat der Union gegen Hildegard Hamm-Brücher von der FDP und den SPD-Mann Johannes Rau an. Erst als die FDP-Kandidatin sich zurückgezogen hatte, wurde Herzog im dritten Wahlgang zum Bundespräsidenten gewählt. Wenig später zogen die Herzogs nach Berlin, denn mit dem Beschluss, Parlament und Regierung vom Rhein an die Spree zu verlegen, bekam auch der Bundespräsident einen neuen ersten Amtssitz in der Stadt. Schloss Bellevue in Charlottenburg war auch in den Jahrzehnten der Teilung offizieller Amtssitz des Bundespräsidenten gewesen, wenn er in Berlin weilte, nun aber wurde das Schloss nicht nur sein Hauptarbeitsplatz, sondern auch sein Wohnort.

Zunächst gab es ein paar Anlaufschwierigkeiten, die Hauptstadtpresse musste sich erst an den neuen Präsidenten gewöhnen. Richard von Weizsäcker hatte in den vergangenen zwei Amtszeiten deutliche Spuren hinterlassen, galt vielen als der ideale Präsident. Der kommende Mann hatte einen hervorragenden Ruf als kluger und liberal denkender Verfassungsrichter, hatte aber in Baden-Württemberg durchaus als strammer Konservativer gegolten. Dass er Kohls Mann war, wurde ihm auch nicht unbedingt als Vorzug ausgelegt. Nach dem geschmeidigen, polyglotten Weizsäcker betrachtete man den bedächtigen Bayern zunächst mit einiger Skepsis.

Beim Repräsentieren musste Herzog denn zunächst auch noch ein wenig üben. Aus seiner Zeit als Bundesverfassungsrichter hatte er nur wenige vorzeigbare Anzüge, weil er ja ohnehin immer eine Robe trug. Bei einem seiner ersten öffentlichen Auftritte kam er mit einer grellen Krawatte und zu kurzen Hosen ins Büro. Als er die betretenen Blicke seiner Mitarbeiter sah, sagte er verschmitzt: »Ich habe extra eine bunte Krawatte angezogen. Dann schauen alle auf den Schlips und merken nicht, dass meine Hose zu kurz ist.«[63] Relativ schnell aber gelang es dem Juristen mit seiner unverkrampften und bodenständigen Art, die Sympathien der Bevölkerung und schließlich auch der Medien zu gewinnen. Die Frau an seiner Seite dürfte dabei eine nicht unwichtige Rolle gespielt haben.

Die wiedervereinigten Deutschen bekamen mit Christiane Herzog eine First Lady, die mit beiden Beinen im Leben stand. Aufgewachsen in Berchtesgaden und im niederbayerischen Landshut, war sie es von Kindheit an gewöhnt, kritisch beäugt zu werden, schließlich war sie Pfarrerstochter. Während ihrer Zeit in Bonn, als ihr Mann die rheinland-pfälzische Landesvertretung geführt hatte, hatte sie bereits repräsentative Aufgaben übernommen. In den vergangenen Jahren, während ihr Mann Richter in Karlsruhe gewesen war, hatte sie dagegen ein weitgehend ungestörtes Privatleben genossen. Dass die Öffentlichkeit ihr nun, da ihr Mann Bundespräsident war, mit gesteigertem Interesse begegnete, machte ihr keine Angst. Einmal im Jahr öffnete sie die Tore des Schlosses, gab ausgewählten Journalisten ein Interview und ließ auch ein paar Fotos von ihren Kindern und Enkelkindern machen, danach aber – das war der Deal – musste wieder Ruhe sein. Offenbar hat die resolute Christiane Herzog diese Abmachung bei den Journalisten auch durchsetzen können. Die Privatsphäre des Präsidentenpaars wurde geachtet, was, wie wir noch sehen werden, schon bald überaus wichtig werden sollte.

Wie Marianne von Weizsäcker lebte auch Christiane Herzog mit ihrem Mann im Amtssitz und war im Schloss allgegenwärtig. Die Zeit der Präsidentschaft bescherte den Herzogs eine neue, ungewohnte Zweisamkeit, denn plötzlich hatten sie viele gemeinsame Termine, traten als Paar auf. Christiane Herzog war es über Jahrzehnte gewohnt gewesen, eigene Wege zu gehen. Viele Jahre war sie weitgehend allein zuständig gewesen für die Erziehung der Kinder, war ihrem Mann an verschiedene Orte gefolgt und hatte immer auch ihre eigenen Projekte. Sie war selbst seit 1972 CDU-Mitglied und leitete einen politischen Gesprächskreis, sie engagierte sich für das *Christliche Jugenddorfwerk* und die von Wilhelmine Lübke ins Leben gerufene Organisation *Essen auf Rädern*, seit 1986 aber vor allem für den von ihr gegründeten Förderverein *Mukoviszidose-Hilfe e. V.*[64]

Die neue First Lady und ihr Mann hatten bis zum Einzug ins Schloss Bellevue von außen betrachtet ein recht bürgerliches Familienmodell gelebt – sie hatte ihm den Rücken freigehalten für eine außergewöhnliche Karriere in Wissenschaft, Justiz und Politik, hatte die Kinder großgezogen und sich, als die Söhne älter waren, vor allem der Wohltätigkeitsarbeit gewidmet. Diese klassische Rollenverteilung hat nach allem, was wir wissen, sowohl Christiane als auch Roman Herzog entsprochen. Dass Christiane Herzog aber eine selbstbewusste Frau war und ihrem Mann stets auf Augenhöhe begegnete, darüber kann keinerlei Zweifel bestehen. Ihre Eigenständigkeit, ihre eigene Meinung waren ihr überaus wichtig. Das machte sie auch in einem ihrer ersten Interviews deutlich, in dem sie erklärte, dass sie sich nicht auf die Rolle der Frau an »seiner Seite« reduzieren lassen werde. »Als Nelke im Knopfloch«, sagte sie dem *Kölner Stadtanzeiger*, »eigne ich mich nicht.« Ihr Sohn Markus Herzog erinnert sich: »Wann immer meine Mutter das Gefühl hatte, sie wird als ›die Frau von‹ behandelt, konnte sie unangenehm werden.«[65] Christiane Herzog verschaffte ihrer Stimme Gehör, und ihr Mann hat ihren Rat regelmäßig gesucht. Den größten Einfluss auf Roman Herzog, so seine

[15] Für die Christiane Herzog Stiftung für Mukoviszidose-Kranke *griff die First Lady auch zum Kochlöffel. Die Einnahmen aus ihrem Kochbuch* Zu Gast bei Christiane Herzog *kamen der Stiftung zugute. Hier war sie in Alfred Bioleks Kochsendung* Alfredissimo *zu Gast.*

Biografen Werner Filmer und Heribert Schwan, übe seine Frau aus, sie sei die wichtigste Bezugsperson im Leben des Bundespräsidenten. Ihr Urteil sei von nicht zu unterschätzendem Gewicht, denn sie sei der einzige Mensch auf der Welt, dem er blind vertraue und alles anvertraue. Ein Berliner Zeitzeuge schätzt das Verhältnis so ein: »Herzog legt größten Wert darauf, was seine Frau zu einem bestimmten Thema denkt. Sie ist sein eigentlicher Trainingspartner. Mit ihr diskutiert er Fragen aus, um sich über Problemauseinandersetzungen klarzuwerden.«[66]

Christiane Herzogs Funktion als Trainingspartnerin wurde auf der großen Berliner Bühne entscheidender denn je. Nach der Erinnerung von Markus Herzog dürfte seine Mutter die wohl wichtigste Ratgeberin seines Vaters gewesen sein. Über viele Jahre hätten seine Eltern eine gemeinsame Linie entwickelt, über die man, vor allem in späteren Ehejahren, gar nicht mehr viel diskutieren musste. »Wenn mein Vater wichtige Reden zu halten hatte, dann hat er das nicht getan, ohne dass meine Mutter das Manuskript vorher gelesen hätte.« Das gemeinsame Frühstück kam einer täglichen Lagebesprechung gleich und war ein wichtiges Ritual für die Herzogs, das man pflegte.[67] Wir können also davon ausgehen, dass der Bundespräsident auch seine berühmte Berliner Rede an seiner Frau getestet hat. Durch Deutschland müsse ein Ruck gehen, forderte Roman Herzog am 26. April 1997 im *Hotel Adlon* eindringlich, alle müssten Abschied nehmen von lieb gewordenen Besitzständen. Herzogs »Ruck«-Rede erreichte die Menschen, weil er sie direkt und unverschnörkelt anredete – was ganz seinem Naturell entsprach.

Christiane Herzogs Präsenz prägte das Miteinander im Schloss. Die gelernte Hauswirtschaftslehrerin wusste sehr genau, wie ein Haus zu führen war. Dass es nun das Erste Haus der Republik war, das ihr anvertraut war, bescherte Christiane Herzog keine schlaflosen Nächte. »Meine Mutter«, so Markus Herzog, »hatte schon immer ein außerordentliches Organisationstalent.« Und auch hier gibt es eine Parallele zu Christiane Herzogs unmittelbarer Vorgängerin, denn wie Marianne von Weizsäcker sah auch sie sich als Gastgeberin gefordert. »Wenn es ein Staatsbankett gab, dann hat das nicht stattgefunden, ohne dass der Tisch vorher von meiner Mutter abgenommen wurde. Da haben die Herrschaften im Schloss Bellevue von der Hauswirtschaftslehrerin durchaus das eine oder andere gelernt.« Seine Mutter, so Herzog schmunzelnd, konnte in dieser Hinsicht durchaus streng sein: »Freundlich, aber bestimmt. In einer Art und Weise, die kein Nein geduldet hat. Meine Mutter hat immer genau gewusst, wie sie etwas machen würde und wenn dann das Protokoll kam und das anders haben wollte, dann mussten die schon sehr genau erklären, warum. Wenn die Gründe überzeugend waren, irgendwelche protokollarischen Überlegungen, dann war das halt so, aber wenn es dann in die griffelspitzerischen Details ging, dann hat sie gesagt, dann machen wir das jetzt eben während dieser Amtszeit anders.«[68]

Protokollchef Horst Arnold erinnert sich daran, dass man zu Beginn der Amtszeit Roman Herzogs vor wichtigen Diners die Menüfolge regelmäßig dem Bundespräsidenten vorlegte, der alles brav abnickte. Schon nach kurzer Zeit aber nahm die First Lady den verdutzten Protokollchef zur Seite und erklärte: »Den Bundespräsidenten interessiert das überhaupt nicht, der isst alles, was man ihm vorsetzt (...) Legen Sie das ab jetzt mir vor.« Von da an, so Arnold, sei die Sache schon komplizierter geworden. Christiane Herzog hatte aber nicht nur eine dezidierte Meinung zu dem Essen, das man ihren Gästen in Schloss Bellevue auftischte, sie achtete auch auf die gesunde Ernährung ihres Mannes. Der Bundespräsident habe hin und wieder die Chance genutzt, wenn er ohne seine Frau unterwegs war, so Wolfgang Teske, der Herzog als Pressereferent oft begleitete. Dann genehmigte er sich schon mal eine herzhafte, wenn auch ungesunde Mahlzeit.[69]

Das Leiden der anderen

Die Sorge um einen gesunden Lebenswandel des viel beschäftigten Gatten teilten traditionell alle First Ladies. Hannelore Kohl waren die zunehmende Leibesfülle ihres Mannes, aber auch dessen stressiger Alltag ein Dorn im Auge. Veronica Carstens ließ ihrem Mann täglich ein gesundes Frühstück ins Büro fahren. Loki Schmidt vertrat entschieden die Meinung, ihr Mann solle sich 1983 angesichts seines angegriffenen Gesundheitszustands nicht noch einmal als Kanzlerkandidat zur Verfügung stellen, und setzte sich damit auch durch. In den Neunzigerjahren gerieten allerdings die beiden First Ladies, Hannelore Kohl und Christiane Herzog, selbst in schwere gesundheitliche Krisen. Nun waren es die Ehemänner, die sich große Sorgen um ihre Frauen machen mussten.

Im Februar 1993 stand bei den Kohls ein lange geplanter Staatsbesuch in Asien an. Wenige Tage vor der Abreise erkrankte Hannelore Kohl an einer schweren Erkältung. Gerade bei diesem

Chinabesuch aber wurde die Präsenz der Ehefrau als überaus wichtig erachtet, weshalb sie alles daransetzte, doch mitfliegen zu können. Aus Versehen wurde der Kanzlergattin daraufhin Penicillin verschrieben, obwohl bekannt war, dass sie darauf allergisch reagierte. Die Folgen waren verheerend. Helmut Kohl, der wie geplant die Reise antrat, erkannte seine Frau nach seiner Rückkehr kaum wieder. Einige Tage hatte Hannelore Kohls Leben auf Messers Schneide gestanden, und noch immer war ihr Zustand kritisch. »Als ich sie am 3. März wiedersah«, so Kohl, »musste ich mich sehr zusammenreißen, um mein Entsetzen zu verbergen. Neben ihren starken Schmerzen hatte Hannelore nicht nur extreme Hautprobleme; sie verlor durch die Krankheit auch alle Nägel und ihr schönes blondes Haar.«[70] Ebenso dramatisch, das sollten die folgenden Jahre zeigen, waren die Langzeitfolgen. Die Kanzlergattin konnte Sonnenlicht immer schlechter vertragen, litt unter Hautausschlägen und bekam oft nur mit Mühe Luft.

Es passt absolut ins Bild dieser disziplinierten Frau, die auf ihre Weise genauso hart für die Karriere ihres Mannes arbeitete wie er selber, dass sie sich in diesem Frühjahr 1993 nicht schonte, sondern alle Hebel in Bewegung setzte, um mit dem Kanzler nach China zu reisen. Die Angst, es könne Gerede geben, wenn sie nicht mitkäme, die Furcht, ihr Mann könne in Erklärungsnot kommen, ließen sie die Signale ihres Körpers ignorieren. Für ihr Pflichtbewusstsein im Dienst an der Seite ihres Mannes zahlte Hannelore Kohl einen hohen Preis. In seinen Erinnerungen berichtet Helmut Kohl, wie sehr auch Stress den Gesundheitszustand seiner Frau fortan verschlechterte. Diesen Stress jedoch, so Kohl, habe häufig weder sie selbst noch ihre Familie steuern oder auch nur beeinflussen können. Er sei durch äußere Ereignisse an sie herangetragen worden, und als Gattin des Bundeskanzlers sei Hannelore diesem externen unkontrollierbaren Stress in ganz besonderer Weise ausgesetzt gewesen.[71] Diese Beobachtungen treffen sicherlich teilweise zu, was der Altkanzler allerdings an dieser Stelle ungesagt lässt, ist die Tatsache, dass er und seine Entscheidung, über so lange Jahre Spitzenpolitik zu betreiben, wohl in ganz erheblicher Weise zu dem Stress, unter dem seine Frau so litt, beigetragen haben. Ob Helmut Kohl nach der schweren Erkrankung seiner Frau eine erneute Kanzlerkandidatur in neuem Licht gesehen hat, eventuell sogar kurzzeitig in Erwägung zog, aus Rücksicht auf sie einem Nachfolger Platz zu machen und nicht mehr anzutreten? Ob Hannelore Kohl ihn je darum gebeten hat? Beides scheint fraglich. Seit dem Frühjahr 1993 jedenfalls musste Hannelore Kohl trotz eiserner Disziplin hin und wieder kürzertreten. Es dauerte lang, bis sie sich von der schweren Krise erholte, und auch, als sie wieder einigermaßen fit war, konnte sie ihren Mann aufgrund ihrer Lichtempfindlichkeit auf manchen Reisen nicht mehr begleiten.

Aber nicht nur die Kanzlerfrau hatte in diesen Jahren mit schweren gesundheitlichen Problemen zu kämpfen, die sie an den Rand ihrer Kräfte brachten. Nur wenige Monate nachdem sie mit ihrem Mann nach Berlin umgezogen war, wurde bei Christiane Herzog Darmkrebs diagnostiziert. Die First Lady, die er als so locker und fröhlich kennengelernt hatte, mit der man auch mal frotzeln hatte können, erinnert sich Wolfgang Teske – diese First Lady war nun verschwunden. Christiane Herzog wurde stiller, zog sich zurück. Das Personal in Schloss Bellevue und die Öffentlichkeit aber wurden nicht informiert über die schwere Erkrankung der Präsidentengattin. Wie Mildred Scheel rund zehn Jahre zuvor fuhr nun Christiane Herzog heimlich zum Arzt und ließ sich inkognito in Kliniken behandeln. Hatte Mildred Scheel unter dem falschen Namen »Frau Meyer« im Kölner Universitätskrankenhaus gelegen, so benutzte Christiane Herzog stets ihren Mädchennamen, wenn sie in die Klinik musste.[72] War Mildred Scheel zum Zeitpunkt ihrer Erkrankung schon nicht mehr »im Amt«, so richteten sich die Augen der Medien natürlich voll auf die aktuelle First Lady. Immer wieder musste man auf Ausflüchte und Ausreden zurückgreifen, um zu erklären, warum Christiane Herzog nicht an diesem oder jenem Staatsbesuch teilnehmen konnte. Die First Lady habe sich bei einer Südamerikatour eine Lebererkrankung zugezogen, so die offizielle Version, und könne daher manche Fernreise nicht mehr mitmachen. Auch die speziellen

Diätanforderungen mussten erklärt werden. Die Präsidentengattin leide an einer Glutenunverträglichkeit, hieß es dann.

Wie Mildred Scheel ging es auch Christiane Herzog darum, ihre Arbeit nicht zu gefährden. Schon seit Mitte der Achtzigerjahre engagierte sie sich für Mukoviszidose-Kranke und ihre Angehörigen, hatte Aufklärungsarbeit geleistet über diese tückische und unheilbare Stoffwechselerkrankung. Als First Lady, das war ihr klar, würde sie ihrem Verein eine ganz neue Durchschlagskraft verleihen können. Christiane Herzog wollte ihre Zeit in Schloss Bellevue dafür nutzen, eine breitere Öffentlichkeit über Mukoviszidose zu informieren und Spenden für die Betroffenen und die Forschung zu sammeln. Als sein Vater gewählt worden war, so Markus Herzog, habe man strategisch überlegt, wie man das Ganze angehen könne. »Wenn der Tag 48 Stunden gehabt hätte«, erinnert sich Herzog, »hätte meine Mutter das auch 48 Stunden am Tag gemacht.«[73]

Die große Angst der First Lady war nun, dass die Presse, sobald die Öffentlichkeit von ihrer eigenen Erkrankung erfahren würde, nur noch darüber berichten und das Engagement für Mukoviszidose-Patienten in den Hintergrund gerückt würde. Sie verpflichtete darum sich selbst, ihren Mann und die Menschen, die ihr nahestanden, zum Schweigen. Roman Herzog musste in den folgenden Jahren zahlreiche Reisen alleine antreten. Es scheint, als habe Christiane Herzog die Kraft, die ihr blieb, vor allem für die *Christiane Herzog Stiftung* nutzen wollen, die 1997 aus dem Verein *Mukoviszidose-Hilfe e. V.* hervorging. »Wenn sie die Wahl hatte zwischen einem offiziellen und einem Mukoviszidose-Termin, dann musste der offizielle Termin schon ein ganz besonderer sein, dass mein Vater da nicht allein hinging«, erzählt Markus Herzog. Sie stürzte sich in die Arbeit und begann, Gelder in großem Stil zu sammeln, denn plötzlich öffneten sich auch die Türen zur Großindustrie. Gleichzeitig machte sich die First Lady daran, ein Kochbuch zu veröffentlichen. *Zu Gast bei Christiane Herzog* erschien parallel zur gleichnamigen ARD-Sendung, in der die First Lady Prominente an den Herd ins Schloss Bellevue einlud. Zum Buch kam es aufgrund einer Frotzelei am kalten Büfett.

Während eines Empfangs stand die First Lady, seit vielen Jahren leidenschaftliche Köchin, neben dem Karikaturisten Dieter Hanitzsch und biss in ein Fleischpflanzerl. »Meine sind besser«, sagte sie trocken und kaute weiter. Hanitzsch forderte daraufhin die First Lady heraus: »Dann schreiben Sie doch ein Kochbuch.« Eine Idee war geboren. Den vorlauten Künstler verpflichtete die Präsidentengattin auch gleich dazu, für die Illustrationen zu sorgen. »Die Spenden sind zu Beginn der Amtszeit meines Vaters verglichen mit der Vor-Amtszeit dramatisch in die Höhe geschossen. Meiner Mutter war aber immer klar, dass sie nach der Amtszeit ebenso dramatisch wieder zurückgehen würden. Und das war auch so. Daher wusste meine Mutter, dass sie das Mehr an Spenden nicht einfach ausgeben durfte, so hat sie – auch im Hinblick auf ihre Erkrankung – nach einer Möglichkeit gesucht, das Geld nachhaltig und in die Zukunft wirkend anzulegen. So entstand die Idee der Stiftung.«[74] Christiane Herzog, ganz die gelernte Hauswirtschafterin, stellte ihren Kampf gegen die Mukoviszidose also auf solide Beine, durchaus schon damals mit dem Gedanken im Hinterkopf, dass sie ihren Mitarbeitern ein bestelltes Haus hinterlassen wollte. Sie wollte sicherstellen, dass die Arbeit nach ihrer Zeit in Bellevue und auch nach ihrem eigenen Tod weitergehen konnte. Ein Jahr nachdem ihr Mann seine Amtszeit beendet hatte und das Paar nach Bayern gezogen war, starb Christiane Herzog am 19. Juni 2000.

5 Staat machen

Von Frau zu Frau

Wenige Tage nachdem ihr Mann die Bundestagswahl gewonnen und das Land nach sechzehn Jahren wieder einen sozialdemokratischen Kanzler hatte, klingelte in der Wohnung der Schröders in Hannover das Telefon. Das war an sich nicht ungewöhnlich, viele scharten sich jetzt um den kommenden Mann, man gratulierte, brachte sich in Stellung. Nein, überraschend war, wer da am anderen Ende der Leitung war, als Doris Schröder-Köpf abnahm, denn es meldete sich Hannelore Kohl. Sie brachte nicht nur ihre Glückwünsche zum Ausdruck, die langjährige First Lady betrachtete es auch als ihre Pflicht, die neue Kanzlergattin ein bisschen vorzubereiten auf das, was auf sie zukommen würde. Sie selbst hatte das damals vermisst, als sie 1982 ihr Debüt in Bonn gab. Es spricht zum einen für Hannelore Kohls Empathiefähigkeit, dass sie in diesen Tagen der schweren Niederlage ihres Mannes zum Hörer griff. Sie konnte sich gut hineinversetzen in die junge Frau an der Seite des neuen Kanzlers und wollte ihr den einen oder anderen Ratschlag mit auf den Weg geben. Zum anderen zeigt ihr Verhalten auch, dass sie in einer solch bedeutenden Situation in der Lage war, über Parteigrenzen hinauszudenken. Für das Land war es wichtig, dass es einen geregelten Übergang gab. Schlimm genug, dass in Bonn in diesen Tagen das blanke Chaos herrschte. In den Ministerien packten Mitarbeiter ihre Siebensachen, viele verloren ihre Stellen oder zitterten noch um ihre Posten, mussten Abschied nehmen von Büros und Dienstwägen. Diesem Durcheinander trat Hannelore Kohl entgegen, indem sie an etwas festhielt, was ihr überaus wichtig war: Ordnung. Die musste gewahrt bleiben. Und dazu gehörte nun mal, dass man die Realitäten anerkannte und ihnen mit Anstand begegnete.

»Sie rief mich an«, erinnert sich Doris Schröder-Köpf, »das fand ich sehr nett. Irgendwie war ihr das wichtig, sie sagte, sie hätte am Anfang auch gerne jemanden gehabt, der ihr geholfen hätte. Das war ein Stück Frauensolidarität.« In den folgenden Jahren telefonierten die alte und die neue First Lady übrigens immer wieder miteinander. Hannelore Kohl gab durchaus auch Tipps, was das Zusammenleben mit einem Kanzler betraf. Manche dieser Ratschläge habe sie beherzigt, so Schröder-Köpf, andere dagegen hätten nicht auf ihre Ehe oder in ihre Zeit gepasst. Eine Blaupause konnte die Kohl'sche Ehe ohnehin nicht sein für die neue First Lady.[1]

Sicher wünschte sich Hannelore Kohl, dass die Kanzlerschaft ihres Mannes unter anderen Umständen zu Ende gehen würde als jenen im Herbst 1998. Aber es ist kein Geheimnis, dass sie seit Längerem darauf gehofft hatte, dass es bald so weit sein würde. Seit der schweren Penicillinvergiftung im Jahr 1993 wurde ihre Licht- und Wärmeunverträglichkeit immer schlimmer. Sie litt zeitweise unter starken Schmerzen. Die Medien spekulierten zuweilen über das veränderte Aussehen oder die unbewegte und angestrengte Miene der Kanzlergattin, Hannelore Kohl aber hielt ihre Krankheit, wie Christiane Herzog die ihre, vor der Öffentlichkeit geheim. Als ihr Mann 1994 gegen den SPD-Kandidaten Rudolf Scharping gewann, hatten Hannelore Kohl und übrigens auch Kohls Kronprinz Wolfgang Schäuble darauf gehofft, der Einheitskanzler würde zur Mitte der Legislaturperiode den Weg frei machen. Allerdings geschah 1996 nichts dergleichen, und im Frühjahr 1997 überraschte der Bundeskanzler sowohl Schäuble als auch seine Frau mit der Mitteilung, dass er ein weiteres Mal als Kanzlerkandidat antreten werde. Er wählte dazu nicht das persönliche Gespräch, sondern ein Fernsehinterview, was die Kränkung bei beiden noch größer gemacht haben dürfte.[2]

Im Jahr 1998 war Hannelore Kohl also wieder in die Wahlkampfarena gezogen. Auch wenn sie sich danach sehnte, dass endlich ein Leben nach der Politik beginnen konnte – in Hannelore Kohls Verständnis ihrer Aufgabe als Ehefrau und als First Lady gab es keinen Platz zum Ausscheren. »Meine Mutter«, so Walter Kohl, »hat immer erst mal an ›uns‹ und an ›du‹ gedacht, nicht an ›ich‹.«[3] Wieder erfüllte sie die Erwartungen ihres Mannes und seines Wahlkampfstabs und absolvierte unzählige Veranstaltungen, an der Seite des Kanzlers, aber auch alleine. Am Wahlabend begleitete sie ihren Mann ins Konrad-Adenauer-Haus. Schon um neunzehn Uhr waren sie vor Ort, die Prognosen, die sie zuvor gehört hatten und die von dramatischen Verlusten für die Union ausgingen, bestätigten sich. Über sechs Prozentpunkte gingen CDU und CSU bei diesen Wahlen verloren, das Land wollte den Wechsel. Da gab es nichts schönzureden. Sicherlich traf auch Hannelore diese massive Niederlage hart. Vielleicht hatte sie aber auch die Hoffnung, dass ihr Mann jetzt nach so vielen Jahren in der Spitzenpolitik mehr Zeit haben würde für sie und die Familie. Sie wollte endlich wieder wie normale Leute in ihrem Alter ins Theater gehen können, in die Oper, sich mit Freunden treffen. Die geborene Berlinerin zog es außerdem an die Spree. Eine Altbauwohnung, die das Ehepaar sich in Wilmersdorf gekauft hatte, richtete sie mit großer Hingabe ein.[4]

Der Kanzlerbungalow, den das Paar sechzehn Jahre lang genutzt hatte, obwohl das Zuhause der Familie immer in Ludwigshafen geblieben war, musste nun geräumt werden. Allerdings, dafür sorgte Doris Schröder-Köpf, die sich ihrerseits in die Situation ihrer Vorgängerin hineinversetzen konnte, bestand hier keine Eile. Die neue First Lady besprach rasch mit ihrem Mann die Situation der Kohls, und man entschied, dass Gerhard Schröder nicht in den Bungalow ziehen werde. »Das war auch kein großes Thema zwischen meinem Ex-Mann und mir«, so Doris Schröder-Köpf heute. »Wenn die da sechzehn Jahre waren und das war ja auch schon ein älteres Ehepaar.«[5] Schröders Familie blieb ohnehin in Hannover. Einen weiteren Umzug und Schulwechsel wollte man Doris Schröder-Köpfs Tochter Klara keinesfalls zumuten. Erst zwei Jahre zuvor waren Mutter und Kind aus München in die niedersächsische Hauptstadt gekommen. Doris Schröder-Köpf war nicht nur frischgebackene Kanzlergattin, sie war auch frischgebackene Ehefrau.

Die Clintons aus Hannover

Doris Schröder-Köpf begleitete Gerhard Schröder an die Spitze, die vorangegangene Etappe seiner politischen Karriere aber hatte er an der Seite einer anderen Frau genommen, die sowohl ihn als auch seine Arbeit stark geprägt hatte. Zoomen wir daher kurz zurück in die früheren Neunzigerjahre. Gerhard und Hiltrud, »Hillu«, Schröder – das war im deutschen politischen Betrieb ein einzigartiger Doppelpack gewesen. Zusammen hatten sie Gerhard Schröders Karriere aufgebaut, hatten sich gezofft, sich versöhnt, hatten sich gefordert und ergänzt. Mancher Kommentator hatte gar Parallelen zu den Clintons gezogen. Hiltrud Schröder war nicht nur Niedersachsens First Lady, sie hatte klar eigene Ambitionen. Je höher ihr Mann stieg, je mehr öffentliche Aufmerksamkeit damit auch ihr zukam, desto wortstarker forderte sie ihren Anteil an der Macht. »Gerd, da musst Du was machen!« wurde zum geflügelten Wort. Auf ganz selbstverständliche Weise mischte sie sich in die Arbeit ihres Mannes ein und dachte sogar laut über eine eigenständige politische Karriere nach. So saß sie einmal neben Jutta Scharping und Oskar Lafontaines Lebensgefährtin Christa Müller in Reinhold Beckmanns Talkshow und sagte zum Erstaunen aller Anwesenden und wohl auch zahlloser Fernsehzuschauer, dass sie sich jedes Ministeramt zutraue.[6] Der Kodex, an den sich die Frauen von Spitzenpolitikern bis dahin gehalten hatten – bloß keine eigenen Ambitionen äußern, bloß nicht den Anschein erwecken, sie könnten Einflüsterinnen ihres Mannes sein –, Hillu Schröder scherte sich nicht darum. In einem Interview für den Foto- und Gesprächsband *Spuren der Macht* aus dem Jahr 1995 – da kriselte es in der Schröder'schen Ehe schon gewaltig – sagte Schröder über die Alleingänge Hillus: »Wenn ich gebeten werde, auf sie einzuwirken, sage ich, daß das nicht in meiner Macht steht. Und wenn ich sie zu einem Termin mitbringen soll, sage ich: Meine Frau kann man nicht mitbringen. Sie entscheidet selbst, ob sie mitgehen will.«[7]

Was Gerhard Schröder zu Beginn seiner Beziehung mit Hiltrud so fasziniert hatte – eine Frau mit eigenem Kopf und Standpunkten, die zuweilen nicht deckungsgleich waren mit den seinen –, erwies sich zu Beginn der Neunzigerjahre, da er mit dem Posten des niedersächsischen Ministerpräsidenten sein vorläufiges Ziel erreicht hatte, als zunehmende Herausforderung. Die Frau, die seiner Karriere zweifellos ganz beträchtlich Rückenwind verliehen hatte, nahm die Privilegien, die ihr als niedersächsischer First Lady zukamen, so scheint es, ein bisschen zu selbstverständlich. Sie beanspruchte offenbar Schröders volle Aufmerksamkeit, wollte jederzeit gehört werden und verlangte totale Unterstützung für ihre Arbeit.

Gerhard und Hiltrud Schröder führten eine öffentliche Ehe, und als diese scheiterte, war auch ihre Trennung öffentlich. Daher sind die oft harschen Urteile der Medien über Hillu, die man in guten Zeiten hochgejubelt hatte, zuweilen mit Vorsicht zu genießen. Das Bild der zeternden, machtversessenen Ehefrau, die dem armen, viel beschäftigen Politiker das Steak nicht gönnt, sondern ihn zur Rohkost verdonnert, war auch eine Waffe im Kampf um die Deutungshoheit. Das, wofür Schröder seine Frau immer gerühmt und womit er stets kokettiert hatte – ihr Selbstbewusstsein, ihre Meinungsstärke –, musste nun ins Negative gedreht werden. Dass Schröder einigermaßen unbeschadet aus dem Ehe-Aus herauskam, war keineswegs selbstverständlich, denn Hillu war zweifellos eine Sympathieträgerin gewesen, gerade für Wählerinnen. Der Spin war riskant, ging aber auf. Am Ende schreiben die Sieger Geschichte. Sieger über die öffentliche Meinung aber war in diesem Fall der Ministerpräsident. Und das, obwohl Schröder bei Bekanntgabe der Trennung bereits eine Neue hatte.

Der Historiker Gregor Schöllgen, der vor einigen Jahren eine umfangreiche Biografie Gerhard Schröders vorgelegt hat und durch seine Recherche und Gespräche vermutlich wie wenige Einblicke gewinnen konnte in das Leben und Wirken Schröders, meint, dieser brauche stets die enge Bindung an eine Partnerin. Hätte er nicht im Frühjahr 1996 eine neue Liebe gefunden, wäre es vermutlich nicht zur Trennung von Hiltrud gekommen. Ohne eine feste Beziehung komme Schröder nicht zurecht, schreibt Schöllgen. Das wüssten die zu berichten, die ihn wirklich kennen. »Das heißt aber auch: Der Einfluss der Frau an seiner Seite auf ihn und auf das, was er tut, ist erheblich. Je höher er steigt, desto mehr zählen ihre Erfahrung, ihre Souveränität, ihre Menschenkenntnis.«[9] Die Frau, die mit ihm die nächste Etappe nehmen sollte, war zierlich und jung und wurde zunächst von vielen unterschätzt. Tatsächlich aber war Doris Köpf genau die Partnerin, die der ambitionierte SPD-Politiker, der schon als Juso am Zaun des Kanzleramts gerüttelt hatte, nun brauchte.

Die Richtige

Als die Presse Wind bekam von der Affäre zwischen dem Ministerpräsidenten und der *Focus*-Journalistin Doris Köpf, bestimmte das Thema tagelang die Schlagzeilen. Die Situation spitzte sich derart zu, dass sie sich heimlich treffen mussten. Die Münchner Wohnung Köpfs wurde von Reportern und Fotografen belagert. Die öffentliche Meinung war zunächst gespalten. Viele nahmen Partei für die betrogene Ehefrau, während Doris Köpf zum Teil massiv angefeindet wurde. Hillu Schröder stellte ihrem Mann nach seiner Beichte die Koffer vor die Tür, und dieser fand erst mal Unterschlupf auf dem Sofa in seinem Büro, später in der Einliegerwohnung eines Freundes. Schröder und Köpf führten zunächst eine Fernbeziehung, sie sahen sich an den Wochenenden in Hannover oder München. Die Osterferien verbrachte das Paar in der Provence, die Sommerferien in Niedersachsen, weil Doris Köpf das Land besser kennenlernen wollte. Als die beiden sich ihrer Sache sicher waren, kündigte die Journalistin ihre Stelle und zog in die niedersächsische Landeshauptstadt.

Man kann wohl davon ausgehen, dass die junge Frau überzeugt war, dass diese Verbindung Zukunft hatte, schließlich kam sie nicht allein. Sie brachte ihre kleine Tochter Klara mit. Außerdem war Doris Köpf Reporterin genug, um zu wissen, dass alle Augen auf sie gerichtet sein würden. Jeder Schritt der Neuen an Schröders Seite wurde registriert. Aber auch der Ministerpräsident ging ein nicht geringes Risiko ein. Er war erleichtert, dass er nach dem Scheitern seiner Ehe vorübergehende Einbußen in der Gunst der Bürgerinnen und Bürger wieder in den Griff bekommen hatte. Eine erneute Trennung innerhalb nur weniger Monate allerdings wäre ein PR-Desaster sondergleichen gewesen. Wenn man dem Ministerpräsidenten erst mal Bindungsunfähigkeit unterstellte, dann waren die nächsten Landtagswahlen in Gefahr, vom Kanzleramt ganz zu schweigen.

Der Umzug sei ihr leichtgefallen, sagt Doris Schröder-Köpf heute. »Hannover lässt die Menschen kommen«, erzählt sie. »Das ist nicht so überwältigend, eher ein ruhiges inneres Ankommen.« Sie denkt einen Augenblick nach und fügt hinzu: »Natürlich unter Bedingungen, die aufregend waren. Ich bin ja nicht einfach als Doris Köpf gekommen, sondern als Lebensgefährtin des amtierenden Ministerpräsidenten mit einer gewissen öffentlichen Begleitmusik.«[10] Zunächst hatte sie sich überlegt, sich eine Stelle als Redakteurin in Hamburg zu suchen. Aber tägliches Pendeln mit einem viel beschäftigten Mann und einer kleinen Tochter, die gerade erst neu in die Stadt gekommen ist – das wollte sie sich und ihrer Familie vermutlich doch nicht antun. So fing sie bei einem Radiosender in Hannover an.

Im September 1997, wenige Monate vor der nächsten Landtagswahl, war die Scheidung von Hiltrud Schröder durch. Nur einen Monat später, am 17. Oktober 1997, gaben Doris Köpf und Gerhard Schröder sich das Jawort. Bis kurz zuvor hatte das Paar diesen Schritt geheim gehalten, die Ringe wurden erst im Nachhinein graviert. Doris Köpf schmuggelte den Brautstrauß in einer Plastiktüte durch die Stadt. Die standesamtliche Hochzeit fand im allerkleinsten Familienkreis statt. Anwesend waren die Mutter der Braut, ihr Bruder und natürlich ihre Tochter.[11] Erst einige Monate später, im Frühjahr 1998, eine Woche nachdem Schröder als Ministerpräsident bestätigt worden war, schmissen die Schröders ein Fest im großen Stil. Im *Grünen Pelikan* feierte man mit prominenten Gästen wie dem Journalisten Ulrich Wickert, Scorpions-Sänger Klaus Meine und dem VW-Vorstandsvorsitzenden Ferdinand Piëch. Ebenfalls eingeladen waren Helmut Markwort, der beim *Focus* Doris Schröder-Köpfs Chef gewesen war, und dessen Frau, *Bunte*-Chefredakteurin Patricia Riekel. Dabei war die Braut vermutlich nicht gerade gut zu sprechen auf das Boulevardblatt, denn nur wenige Tage vor dem Fest und nach gewonnener Landtagswahl hatte die *Bunte* getitelt: »Sein Sieg! Ihr Triumph über Hillu«. Zu unterstellen, dass Doris Schröder-Köpf angesichts ihrer Hochzeit und auch aufgrund des Wahlsiegs über die Exfrau triumphieren würde, war ein billiges Klischee – das musste Unmut erzeugen. Einige Monate später erschien, ebenfalls in der *Bunten*, dann allerdings ein weiterer großer Artikel über die Neue an Gerhard Schröders Seite mit dem Titel »Wie groß ist ihr Einfluss?«, der deutlich schmeichelhafter war, wurde sie doch mit Tony Blairs einflussreicher Frau Cherie verglichen.[12]

Diese beiden Überschriften stehen stellvertretend für die beiden Pole, zwischen denen sich die Berichterstattung über Doris Schröder-Köpf auch in den kommenden Jahren abspielen sollte. Am einen Ende der Skala interessierte man sich vor allem für das Privatleben der First Family, stellte Schröder-Köpf als Hausfrau und Mutter dar – die attraktive junge Frau an der Seite des mächtigen Mannes –, am anderen Ende der Skala unterstellte man ihr, sie nehme Einfluss auf ihren Mann. Tatsächlich hatte Doris Schröder-Köpf keine idealen Startbedingungen in Hannover, die temperamentvolle Hillu war noch sehr lebendig im Bewusstsein der Wähler und der Medien. Die Frage, welche Rolle die neue Frau im Leben Gerhard Schröders spielen sollte, war daher durchaus ein Politikum. Wie sollte Doris Schröder-Köpf sich positionieren, wenn sie weder die harmlose Hausfrau, quasi die Anti-Hillu, sein noch das Risiko eingehen wollte, wie diese als machtversessen und übergriffig wahrgenommen zu werden? »Wenn man die vierte Ehefrau ist«, erklärt Schröder-Köpf, »und davor gab's ja auch eine sehr auffällige Trennung und Scheidung, dann ist das nicht so, dass man das

Gefühl hat, man muss da ganz vorne stehen.« Hinzu kam, dass Schröders Rivale Christian Wulff von der Union seine Familie gezielt ins Spiel brachte, um an konservative Familienwerte zu appellieren. »Das war ja auch so, dass Herr Wulff ganz explizit mit seiner ersten Ehefrau und Tochter Wahlkampf gemacht hat, mit Familienfotos und dergleichen«, erinnert sich Schröder-Köpf.[13]

Zu Beginn ihrer Zeit in Hannover gab es also unzählige Fallen und Fettnäpfchen, und es spricht für Doris Schröder-Köpfs Professionalität und Klugheit, dass es ihr gelang, zunächst im Hintergrund zu bleiben und doch Profil zu gewinnen. Sie setzte sich mit den Mitarbeitern ihres Mannes zusammen, gehörte rasch zum Team und war bald unersetzbar. »Wenn man sich fundiert und kompetent äußert, dann wird man automatisch Teil dieser Gemeinschaft«, so Schröder-Köpf. Vielfältige Texte und Verlautbarungen kamen nun an ihrem Schreibtisch vorbei, und regelmäßig machte sie Anmerkungen und gab Anregungen. »Ich war immer die erste Journalistin, die da draufgeschaut hat, und hab mein Urteil abgegeben. Ich habe sicher einiges mitgebracht, was dann dort gepasst hat.« Ihrer eigenen Einschätzung nach war sie »Teil des Teams unter der Oberfläche, nicht so exponiert«.[14]

Die ehemalige politische Redakteurin setzte ihre journalistische Erfahrung und ihr Know-how ganz gezielt für die politische Kampagne ihres Frischangetrauten ein. Schröder-Köpf hatte bis zu ihrem fünfunddreißigsten Lebensjahr den Lebensunterhalt für sich und ihre Tochter bestritten, sie war es gewohnt, ins Büro zu gehen, Kollegen zu haben. Ein wenig einsam sei sie anfangs schon gewesen, so Schröder-Köpf. Ihre ehemaligen Kollegen hätten sich ja nun auch aus einem anderen Blickwinkel für sie interessiert. Ihr war auch klar, dass sie sich nicht mehr ungefiltert äußern konnte. »Jetzt musste ich mich zurücknehmen und erst mal verstummen.«[15] Die neue Tätigkeit im Wahlkampfteam war ein Stück weit bestimmt auch Ersatz dafür, dass sie ihren Job als politische Journalistin hatte aufgeben müssen. Dass sie dazu die Seiten wechseln musste, dürfte Herausforderung und Reiz zugleich gewesen sein. Und der überwältigende Sieg bei den Landtagswahlen hat auch Doris Schröder-Köpf beflügelt. Am

1. März 1998 erlangte die SPD die absolute Mehrheit, während Christian Wulff und die CDU herbe Verluste hinnehmen mussten. Eine halbe Stunde nachdem die ersten Prognosen über die Bildschirme geflimmert waren, verkündete Franz Müntefering, der Name des nächsten SPD-Kanzlerkandidaten sei Gerhard Schröder. Doris Schröder-Köpf kannte den politischen Betrieb gut genug, um zu wissen, was das für sie und ihre Familie bedeutete. Vom Wahlkampfteam des Ministerpräsidenten wechselte sie nun ins Wahlkampfteam des SPD-Spitzenkandidaten. Es galt, den Kanzler der Einheit abzulösen. Aufregende und kräftezehrende Monate lagen vor den Schröders – so viel war beiden klar.

Während Hannelore Kohl gewissermaßen ein alter Hase war im Wahlkampfgeschäft, war für Doris Schröder-Köpf vieles ganz neu. Auch Gerhard Schröder trat das erste Mal bundesweit an. Zusammen wollte man neue Wege gehen. Noch mehr als im Landtagswahlkampf avancierte Doris Schröder-Köpf im Frühling und Sommer 1998 zu einer zentralen Ratgeberin ihres Mannes. Sie saß regelmäßig in den Meetings der »Kampa«, der SPD-Wahlkampfzentrale, wertete aber auch die internationale Presse für Schröder aus, schließlich hatte sie einige Zeit in New York gelebt, war dort gut vernetzt und kannte die amerikanischen Kommentatoren. Sie hatte aber auch die ehemaligen Kollegen in Deutschland fest im Blick, wusste genau, welche Maßnahmen in welchen Redaktionen wie ankommen würden. Ihr Mann wusste ihre Arbeit zu schätzen und machte auch öffentlich kein Geheimnis daraus, dass seine Frau ein Wörtchen mitzureden hatte, wenn es um Politik ging. »Sie ist ja (…) politische Redakteurin und durch die Heirat mit mir kein politisches Neutrum geworden«, sagte er im *Bild*-Interview. Schröder-Biograf Schöllgen kommt zu dem Ergebnis: »Ohne Zweifel hat Doris Schröder-Köpf ihren Anteil daran, dass die letzte Etappe des Weges ins Kanzleramt schließlich genommen werden kann.«[16]

Im Gegensatz zu Hannelore Kohl, die ihren Mann kennenlernte, als sie beide noch in die Tanzstunde gingen, war Gerhard Schröder bereits ein Berufspolitiker Mitte fünfzig, als Doris Schröder-

Köpf sich in ihn verliebte. Dass ihr Mann Vollblutpolitiker war und darüber hinaus gewissermaßen Kanzlermaterial, darüber war sie sich absolut im Klaren. Die Transformation von der Journalistin zur Politikerehefrau und Ratgeberin klappte im Falle Schröder-Köpfs denn auch relativ reibungslos. Sicher litt auch sie, wie Hannelore Kohl, Loki Schmidt oder Rut Brandt vor ihr, darunter, dass ihr Mann wenig Zeit für die Familie hatte. Sicher war es auch für sie oft nicht leicht, jedes Wort auf die Goldwaage zu legen, bei jedem Schritt von Sicherheitsbeamten begleitet zu werden, stets unter Beobachtung der Presse zu stehen. Und doch hat man den Eindruck, dass Doris Schröder-Köpf weniger zu kämpfen hatte mit der Rolle der Kanzlergattin. Ein Grund hierfür lag sicher darin, dass sie sich bewusst für diese Situation entschieden hatte und nicht wie Hannelore Kohl quasi in das Leben mit einem Spitzenpolitiker hineingerutscht war. Ein weiterer Grund war zweifellos ihre Vertrautheit mit der Materie. Auch Hannelore Kohl wurde im Laufe ihres Lebens zum Politprofi, aber Doris Schröder-Köpf kannte das politische Geschäft aus eigener Ansicht. Sie hatte sich über viele Jahre als Journalistin eine eigene Meinung bilden können, unabhängig von ihrem späteren Mann. »Ich habe mich nie in der Opferrolle gesehen«, erklärt Schröder-Köpf. »Das ist vielleicht anders, wenn man in Studienzeiten jemanden kennenlernt und dann heiratet und der Partner entwickelt sich da hin.« Als Journalistin war sie mit den wichtigsten Themen, die ihren Mann beschäftigten, vertraut, kannte sämtliche Player in der Bundespolitik und der SPD seit Langem aus nächster Nähe. »Vielleicht habe ich deshalb nicht so gefremdelt, weil ich meine Wurzeln schon in der Politik habe«, so Schröder-Köpf, »Das ist ja doch im weitesten Sinne ein Milieu. Es war mir nicht fremd, auch wenn es sich anders anfühlt, ob man auf der einen Seite steht oder auf der anderen der Kameras.«[17] Auch deshalb fiel es ihr leichter, in Bonn beziehungsweise Berlin Fuß zu fassen und sich Gehör zu verschaffen: Doris Schröder-Köpf war selbst von Jugend an ein zutiefst politischer Mensch.

Überrascht haben dürfte Doris Schröder-Köpf allerdings, mit welcher Schärfe sie dafür kritisiert wurde, dass sie ihre Stelle beim *Focus* aufgab. Vor allem die linksliberale Presse biss sich hier fest, warf Schröder-Köpf vor, im Grunde konservativer zu sein als Hannelore Kohl. Die Häme der ehemaligen Kollegen von der schreibenden Zunft war ziemlich ungerecht, denn es war und ist schwer vorstellbar, dass der Partner der mächtigsten Person an der Spitze des Staats in einer politischen Redaktion arbeitet. Kann man seriös journalistisch arbeiten, wenn man mit der Person, deren Politik man kritisch betrachten soll, Bett und Tisch teilt? Wo würde man eine Grenze ziehen zwischen privater Beziehung und professionellem Engagement? Wann schlüpft man in die Rolle der Kanzlergattin, und wann setzt man den Reporterinnenhut auf? »Niemand«, so insistiert Schröder-Köpf, »hätte mir noch eine Arbeit als Politikjournalistin gegeben. (...) So ist es Frau Schadt ja auch gegangen.«[18] Doris Schröder-Köpf sah die Aufgabe ihres Berufs allerdings nicht als Opfer. »Im Übrigen war die Zeit ja auch sehr spannend«, so Schröder-Köpf, »denn ich kam dann dorthin, wo für eine Journalistin die Türen verschlossen geblieben wären. Das war nicht wirklich ein Verzicht.«[19]

Das Ende aller Hoffnung

Auch Hannelore Kohl war Parteimitglied. Und es stimmt sicherlich, dass, wie Helmut Kohl betonte, nur ein Dummkopf sagen konnte: »Frau Kohl hat nichts mit Politik zu tun.«[20] Und doch steht fest, dass Hannelore Kohl keineswegs wie ihre Nachfolgerin die Leidenschaft ihres Mannes teilte. Im Laufe eines langen Ehelebens an der Seite eines solchen Machtmenschen wie Helmut Kohl konnte man Politik allerdings gar nicht aus seinem Alltag heraushalten. Selbst der alljährliche Urlaub in St. Gilgen konnte kaum je als solcher bezeichnet werden. Sohn Walter führte einmal Buch über sämtliche politischen Termine des Vaters während dieser vier Wochen und kam auf die beeindruckende Zahl von fünfunddreißig fest eingeplanten Treffen, Gesprächen und sonstigen Verpflichtungen, die länger als eine Stunde dauerten. Die Kohls bekamen am Wolfgangsee Besuch von Regierungschefs, EU-Politikern, österreichischen Landeshauptleuten und

Oberbürgermeistern. Hinzu kamen der regelmäßige Kontakt mit dem Büro in Bonn sowie Gespräche mit den eigens angereisten Journalisten. »Für Helmut Kohl«, so sein Sohn Walter, »ein ganz normaler Familienurlaub«.[21] Und für Hannelore? Im Gegensatz zu Rut Brandt, die sehr früh entschieden hatte, wofür sie sich einspannen ließ und wofür nicht, hätte es Hannelore Kohls Pflichtgefühl nicht zugelassen, sich zu verweigern. Wirklich abschalten konnte sie in diesen Wochen wohl kaum. Und das nicht nur, weil sie bei den Inszenierungen von Familienidylle vor malerischer Bergwelt stets mit von der Partie sein musste. Das obligatorische Fotoshooting – Hannelore beim Picknick, Hannelore beim Ruderboot fahren, Hannelore beim Füttern eines Rehkitzes – war selbstverständlicher Bestandteil auch ihrer Sommerferien.

Ob sie wollte oder nicht, Hannelore Kohl stand zeitlebens morgens mit Politik auf und ging abends mit Politik ins Bett. Und doch fremdelte sie ein Leben lang mit dem Geschäft ihres Mannes, hat sie nie einen eigenen Bezug zur Politik herstellen können oder wollen. Viele, die die Kohls aus nächster Nähe kannten, wussten um Hannelore Kohls zentrale Rolle, nicht nur im Leben, sondern auch in der Karriere ihres Mannes. Eduard Ackermann, langjähriger Vertrauter Helmut Kohls, meint, dass Hannelore Kohl, obgleich sie immer darauf beharrt habe, dass ihr Mann seine Aufgabe habe und sie ihre, viel stärker an politischen Vorgängen interessiert gewesen sei, als man glaube. Häufig habe Kohl seine Frau gebeten, bei Telefongesprächen, die er mit Ackermann von Oggersheim aus führte, mitzuhören. »Ohne seine Frau«, so Ackermann, »hätte Helmut Kohl diese Karriere nicht machen können.« Das meint auch Walter Kohl: »Mein Vater hätte die Karriere, die er gemacht hat, ohne meine Mutter nie machen können, das hat er selbst oft betont.« Und Peter Kohl sagt: »Meine Mutter zu heiraten war die erste und beste Personalentscheidung im Leben meines Vaters und der Ausgangspunkt einer bedeutenden Politikerkarriere.« Nicht nur, weil Hannelore ihrem Mann im klassischen Sinne »den Rücken frei hielt« und das komplette Familienmanagement übernahm, sondern auch, weil sie seine ergebenste Anhängerin war. Diese Ehe, so

Walter Kohl, habe vor allem davon gelebt, dass Hannelore in Kohls Augen der »erste Kohlianer« war. »Sie unterwarf sich vollständig seinen Zielen und diente seinem Aufstieg ihr Leben lang.«[22] Helmut Kohl stützte sich auf seine Frau, sie war essenziell wichtig für sein Wohlergehen. Ganz klar: Hannelore Kohl spielte eine entscheidende Rolle beim Weg ihres Mannes ins Kanzleramt. Sie selbst aber, so scheint es, konnte oder wollte diesen Einfluss nur selten in Macht verwandeln. Sie war eine zentrale Unterstützerin ihres Mannes, eine eigene Stimme aber fand sie während all der Jahre eigentlich nur im Zusammenhang mit der Arbeit ihrer Stiftung. Im Gegensatz zu ihrer Nachfolgerin machte sie sich nicht bemerkbar innerhalb des nationalen Diskurses. Sie äußerte sich kaum öffentlich zu den Themen, die das Land beschäftigten, wie Doris Schröder-Köpf das tun sollte.

Hannelore Kohl repräsentierte gern und füllte ihre Aufgaben als First Lady auf ihre Art aus. Sechzehn Jahre erlebte sie die Geschichte dieses Landes aus einer ganz speziellen Warte: an der Seite des mächtigsten Mannes der Republik. Statt nun aber ab Ende der Neunzigerjahre den wohlverdienten politischen Ruhestand genießen zu können, fand sich Hannelore Kohl rund ein Jahr nach der Abwahl ihres Mannes mitten in einem politischen Wirbelsturm von einem Ausmaß, wie sie es selbst während der Amtszeit nicht erlebt hatte. Im November 1999 erging Haftbefehl gegen den damaligen CDU-Schatzmeister Walther Leisler Kiep wegen des Verdachts auf Steuerhinterziehung. Die Wucht der Lawine, die diese Ermittlungen lostraten, hatte sich wohl kaum ein Beobachter damals vorstellen können. Innerhalb nur weniger Wochen sah sich auch Helmut Kohl gezwungen, öffentlich Stellung zu nehmen. Er gab zu, dass er selbst über zwei Millionen DM an illegalen Parteispenden entgegengenommen habe. Der Altkanzler zeigte öffentlich allerdings weder Schuldgefühl noch Reue und weigerte sich, die Namen der Spender preiszugeben, da er ihnen sein Ehrenwort gegeben habe. Die Wellen schlugen hoch. Helmut Kohl hatte über Jahrzehnte ein System schwarzer Kassen aufgebaut, von dem nur ganz wenige enge Vertraute Kenntnis gehabt hatten. Über dieses Geld hatte Kohl verfügen können, ohne der Partei darüber Rechenschaft ablegen zu müssen. Ein Untersuchungsausschuss befasste sich mit der Frage, ob diese Gelder dazu angetan gewesen waren, bestimmte Entscheidungen der Regierung Kohl zu beeinflussen, und ob sie dies getan haben. War der Kanzler selbst etwa bestechlich gewesen? Untersuchungen sollten später, wie Kohl-Biograf Hans-Peter Schwarz berichtet, zeigen, dass die gegen Kohl persönlich gerichteten Korruptionsvorwürfe nicht viel mehr waren als heiße Luft. Die versteckten Konten warfen aber doch ein neues Licht darauf, wie der Langzeitkanzler seine Macht über Jahrzehnte systematisch ausgebaut hatte. Stephan Lamby und Egmont R. Koch stellen in ihrer Reportage *Bimbes – Die schwarzen Kassen des Helmut Kohl* sogar die These auf, die anonymen Spender habe es gar nicht gegeben, in Wahrheit habe man damit eine falsche Fährte gelegt. Keinesfalls habe bekannt werden sollen, dass es noch aus Flick-Zeiten schwarze Konten gab, die Kohl über viele Jahre mit dem nötigen Kleingeld versorgten, um seine Position in der Partei abzusichern.[23]

Die Spendenaffäre erschütterte im Herbst und Winter 1999 die Republik, Kohls Partei war in Aufruhr. Die kritischen Stimmen innerhalb der Union wurden mit jedem Tag, der verging und an dem der Exkanzler zu den Namen der angeblichen Spender schwieg, lauter. Hannelore Kohl litt unendlich unter dieser Affäre. Sie hatte sechzehn Jahre durchgehalten, und nun stand ihr Mann, statt sich ins Private zurückzuziehen, mehr denn je im Brennpunkt des öffentlichen Interesses. Noch mehr muss es Hannelore Kohl zur Verzweiflung gebracht haben, dass auch sie selbst und ihre Arbeit für *ZNS* plötzlich infrage gestellt worden sind. Man unterstellte, die Stiftung sei in das System der schwarzen Kassen involviert. Ihre Biografin Dona Kujacinski schreibt: »Sie glaubt sich durch die harte unbezahlte Arbeit vieler Jahrzehnte und durch ihr Bemühen um Fairness und Neutralität eine Stellung erarbeitet zu haben, in der man sie, trotz allem, als eigene Persönlichkeit respektieren würde.« Diese Annahme sollte sich als Irrtum herausstellen.[24] Zweifellos hat die Spendenaffäre Hannelore Kohl in eine tiefe Krise gestürzt. Langjährige Freunde und Weggefährten der Kohls wandten sich ab, alte Rechnungen wurden beglichen. Doris Schröder-Köpf hat in diesen Monaten gelegentlich mit ihrer Vorgängerin telefoniert. Sie habe immer versucht, unverbindliche Themen zu finden, die Spendenaffäre auszuklammern. »Ich hab schon gemerkt in den Gesprächen, dass sie sehr einsam war«, erinnert sich Doris Schröder-Köpf, »weil sie eben so lange mit mir gesprochen hat, daran hab ich's fest gemacht.« Die aktuelle Kanzlergattin war sogar daran, einen Besuch in Oggersheim zu planen. Karin Stoiber und die Verlegerin Friede Springer wollten sie begleiten. Der Besuch musste allerdings aufgrund einer Erkrankung der Frau des bayerischen Ministerpräsidenten auf einen anderen Termin verschoben werden. Zu dem Treffen sollte es dann nicht mehr kommen.[25]

Denn auch gesundheitlich ging es bei Hannelore Kohl nun immer schneller bergab. Im Herbst 2000 verschlimmerten sich die Symptome der Lichtallergie dramatisch. Nur in der Dämmerung, wenig später nur noch bei Dunkelheit konnte sie das Haus verlassen, die Schmerzen waren ein ständiger Begleiter, und sie litt unter Atemnot. Es ist immer wieder spekuliert worden, ob hinter Hannelore Kohls Erkrankung auch psychosomatische Ursachen stecken mochten, nie bewältigte Traumata – die katastrophalen Erlebnisse während der letzten Kriegsmonate und der Flucht, die Entbehrungen der unmittelbaren Nachkriegszeit, das Leben an der Seite eines wohl narzisstisch veranlagten Spitzenpolitikers, der enorme Druck eines öffentlichen Lebens. Immer wieder müssen im Laufe der Jahre auch Gerüchte über Affären ihres Mannes zu ihr gedrungen sein. Letztlich wird sich nie restlos aufklären lassen, aus welchen Bestandteilen sich das Mosaik von Hannelore Kohls Leiden zusammensetzte, das ihr Dasein im Laufe der Neunzigerjahre und zu Beginn des neuen Jahrtausends unerträglich werden ließ. Eins ist jedenfalls sicher: Die Isolation in ihrem abgedunkelten Haus, die massiven Angriffe vonseiten der Presse und selbst ehemaliger politischer Verbündeter sowie die dauernden Schmerzen – all das setzte Hannelore Kohl maßlos zu. Und doch mobilisierte sie in diesen Monaten noch einmal alle Kräfte. Sie setzte sich dafür ein, durch einen Spendenaufruf den finanziellen Schaden der CDU wiedergutzumachen, denn die Partei musste für die illegal eingenommenen Gelder aufkommen. Außerdem nahmen die Kohls eine Hypothek auf ihr Haus auf und trieben weitere 200 000 DM auf, die sie zur Verfügung stellten. Die Belastung der Partei konnte auf diese Weise ausgeglichen werden, was laut Hans-Peter Schwarz »die moralische Position Kohls« stärkte. Ein weiterer Schritt in diese Richtung, und auch diesen befürwortete Hannelore Kohl nachdrücklich, war die Abfassung einer Verteidigungsschrift Helmut Kohls. *Mein Tagebuch* erschien im November 2000 und wurde zum Bestseller. Hannelore Kohl hatte verstanden, dass ein solches Buch aus der Feder ihres Mannes helfen konnte, nicht nur seine Reputation, sondern auch die ihre wiederherzustellen, und es ist zu betonen, dass sie selbst fast täglich mit an diesem Buch gearbeitet hat. Es war ihr wichtig, dass Kohl Versäumnisse eingestand, aber auch Angriffe abwehrte. Auch als ihr Mann wenig später daranging, seine Memoiren zu verfassen, unterstützte Hannelore ihn. Regelmäßig nahm sie an den Sitzungen mit dem Historiker Theo Schwarzmüller teil.[26]

Die Welt um sie herum drehte sich weiter, ihr Mann fand nach den Turbulenzen der Spendenaffäre langsam wieder zu einer Art Normalität zurück, die Republik sorgte sich im Frühjahr 2001 inzwischen mehr um BSE als um die CDU-Finanzaffäre – aber Hannelore Kohl musste sich weiterhin fühlen, als wäre sie in Einzelhaft. Seit einigen Monaten reagierte ihr Körper nicht nur auf Licht, sondern auch auf Wärme allergisch. Das Haus in Oggersheim war jetzt nicht nur abgedunkelt, sondern auch ungemütlich kalt. Zudem konnten die Ärzte Hannelore kaum Hoffnung auf Besserung ihres Gesundheitszustands machen. Ihre Verzweiflung wuchs. Die Tatsache, dass sie im Mai 2001 nicht auf die Hochzeit ihres Sohnes nach Istanbul fahren und mit der Familie feiern konnte, war ein schwerer Schlag. Zwei Monate später beendete Hannelore Kohl ihr Leben. Sie starb am 5. Juli 2001 an einer Überdosis Schmerztabletten in ihrem Haus in Oggersheim. Als am 11. Juli 2001 im Speyerer Dom ein Requiem für die langjährige Kanzlergattin stattfand, versammelten sich Tausende Menschen im Dom und davor, um Abschied zu nehmen.

Ihre Agenda

Wenige Tage vor der Bundestagswahl 2017 und nur etwa einen Monat vor der niedersächsischen Landtagswahl stellte Doris Schröder-Köpf einen Post auf Facebook, der es in sich hatte. Schon seit geraumer Zeit wusste die Republik von der Trennung der Schröders. Auch diese vierte Ehe des Kanzlers hatte nicht gehalten. Man hatte die Presse wissen lassen, dass jeder nun eigene Wege gehe, aber im Gegensatz zum Rosenkrieg der Neunzigerjahre, als der damalige Ministerpräsident sich von Hiltrud scheiden hatte lassen, war – zumindest öffentlich – kein böses Wort gefallen. Mitte September 2017 rauschte die Nachricht von einer neuen Liebe des Altkanzlers durch den Blätterwald. Schröder, so hieß es, sei nun mit der achtundvierzigjährigen Südkoreanerin Kim So-yeon liiert. Die Noch-Ehefrau veröffentlichte daraufhin am 21. September via Facebook eine kurze Stellungnahme, in der sie erklärte, Frau Kim sei im Frühjahr 2016 »der Anlass, wenn auch nicht der alleinige Grund für die endgültige Trennung« gewesen. Sie habe bislang Rücksicht genommen, da Frau Kim um Diskretion gebeten habe, weil sie erst noch ihre persönlichen Dinge habe regeln wollen. »Die öffentlichen Auftritte zeigen, dass das offenkundig erfolgt ist.« Außerdem bat Doris Schröder-Köpf darum, allen beteiligten Kindern – ihren eigenen drei und der Tochter von Frau Kim – die Möglichkeit zu geben, »in Ruhe die Folgen der Familientrennungen zu verarbeiten«.[27]

Die Mitteilung der ehemaligen Kanzlergattin hatte in zweifacher Hinsicht Nachrichtenwert. Zum einen zeigte sich die Frau, die stets vehement auf die Wahrung der Privatsphäre ihrer Familie bedacht gewesen war, via Facebook ungewohnt offen. Augenscheinlich war es ihr wichtig, klarzustellen, dass es das Anbandeln des Altkanzlers mit der südkoreanischen Übersetzerin im Frühling 2016 gewesen war, das das Fass zum Überlaufen gebracht hatte und sie den endgültigen Schritt in Richtung Scheidung einschlagen hatte lassen. Sie selbst, das war bereits seit Herbst 2016 bekannt, war inzwischen mit dem niedersächsischen Innenminister Boris Pistorius zusammen. Das ist die eher private Seite der Geschichte. Darüber hinaus überraschte aber auch das Foto Doris Schröder-Köpfs, das neben der Nachricht prangte. Darauf zu sehen ist Schröder-Köpf, selbstbewusst strahlend, in weißer Hemdbluse mit verschränkten Armen. Sie steht vor einer Wand, an der die Porträts ehemaliger Kanzler hängen: Schmidt, Kohl, Schröder. Seit 2013 sitzt Doris Schröder-Köpf im niedersächsischen Landtag und ist Landesbeauftragte für Migration und Teilhabe. Die Exkanzlergattin war und ist ein Kommunikationsprofi. Dass sie zu diesem Zeitpunkt – kurz vor der Landtagswahl in Niedersachsen, bei der sie erneut antrat, und mitten im Scheidungshickhack mit ihrem damaligen Noch-Mann – ein solches Foto von sich veröffentlichte, war eine klare Ansage. Fast hatte man den Eindruck, sie nähme als Nächstes selbst die Kanzlerschaft in den Blick. Nun – so weit wollte Doris Schröder-Köpf wohl nicht gehen, und doch machte sie mit dem Bild unmissverständlich klar, wo ihre Prioritäten lagen: Sie war nicht länger die Frau an der Seite von jemandem, sie war jetzt selber unterwegs im politischen Geschäft.

Und noch etwas betonte Schröder-Köpf mit dieser Aufnahme vor den Porträts der bundesdeutschen Kanzler: Wer auch immer jetzt in den Gazetten neben ihm posierte, als Gerhard Schröder das Land regierte, war sie seine Frau. Auf diesen letzten Punkt hatte bereits ein Facebook-Posting vom 18. September rekurriert. Schröder-Köpf hatte zwei Zeitungsartikel veröffentlicht, die von der Präsentation der Kanzlermemoiren in Südkorea berichteten. Dazu hatte sie ohne weitere Erklärungen geschrieben: »Es ist sehr bedauerlich, dass die Rechte für die Autobiografie nicht an die Kinder, sondern an eine Frau übertragen wurden, die mit diesen Lebensabschnitten nichts zu tun hat. Dennoch: Eine lesenswerte Lektüre auch mehr als ein Jahrzehnt nach Erstveröffentlichung in Deutschland!«[28] Erst ein paar Tage später, als die neue Beziehung des Altkanzlers zu seiner Übersetzerin bekannt wurde, verstand man, was Doris Schröder-Köpf gemeint hatte. Sie kritisierte, dass ihr Noch-Ehemann die Rechte an der südkoreanischen Ausgabe seiner Erinnerungen an seine neue Flamme übertrug und nicht an seine Kinder. Der Subtext lautete aber auch hier: Ich und niemand anders war die Frau Schröders, als er Kanzler war.

Kraftvoll reklamierte Doris Schröder-Köpf diesen für Gerhard Schröder, aber auch für sie selbst so zentralen Lebensabschnitt für sich. Es ging schließlich auch um ihr historisches Erbe. Sie wusste um Rut Brandts Schicksal. Die beliebte ehemalige Kanzlergattin hatte in den Achtzigerjahren erleben müssen, wie sie nach der Scheidung quasi aus der Geschichte herausgeschrieben wurde – und zwar von ihrem eigenen Mann. In Willy Brandts Erinnerungsbüchern kommt Rut kaum vor. Auch deshalb entschloss sie sich Anfang der Neunzigerjahre dazu, ihre Memoiren zu schreiben. *Freundesland* war ihre Version der Geschehnisse, ihre Seite der Geschichte sozusagen, und wurde zum Bestseller. Wie Rut Brandt wollte Doris Schröder-Köpf die Kanzlerjahre trotz Scheitern ihrer Ehe – seit April 2018 sind die Schröders offiziell geschieden – nicht verloren geben. Ganz offensichtlich war sie nicht bereit, sich in die Passivität abdrängen zu lassen. Schon gar nicht angesichts der Tatsache, dass sie selbst inzwischen eine gewählte Volksvertreterin war.

Doris Schröder-Köpf – das lässt sich mit Gewissheit sagen – war bislang die einflussreichste und professionellste Kanzlergattin in der Geschichte der Bundesrepublik. Und sie stand wie wohl keine Ehefrau eines deutschen Kanzlers bisher hinter dessen politischem Projekt. Während Schröder selbst anfangs wohl durchaus auch mit der Idee einer Großen Koalition geliebäugelt hatte, verkörperte seine Frau von Anfang an mit ihrer ganzen Biografie die rot-grüne Wende.

Doris Schröder-Köpf kommt aus dem schwäbischen Tagmersheim. Die Welt, die sie als Kind umgab, war überschaubar. Man ging sonntags in die Kirche und machte sein Kreuz mehrheitlich bei der CSU. Doris Schröder-Köpf hat ihre Kindheit und Jugend auf dem Dorf tief geprägt, und zwar in zweierlei Hinsicht. Zum einen erhielt sie hier eine starke Bindung an ihre Familie, eine tiefe Verwurzelung. »Ich komme aus einer Familie von Arbeitern und Bauern, kleinen Handwerkern«, erzählt Doris Schröder-

Köpf. »Für mich war das nie eine Frage. Ich wusste immer, wo ich hingehöre.« Zum anderen hat das Aufwachsen in der bayerischen Provinz der jungen Frau schnell klargemacht, dass sie hier nicht bleiben wollte. Sie besuchte eine Mädchenschule, geführt von Nonnen, und machte als eine der Ersten in ihrer Familie Abitur. »Ich hatte schon als Kind einen wahnsinnig starken Freiheitsdrang«, so Schröder-Köpf. »Meine Eltern hatten es nicht leicht mit mir. (…) Ich habe viele Sachen gemacht, die für meine Eltern absolutes Neuland waren.« Sie wuchs auf, wie sie sagt, in der »rot-grünen Vorlaufzeit«, hörte »Biermösl Blosn« und Konstantin Wecker und schockierte ihre Eltern und die Nachbarn mit einem Freund in Pluderhosen. Die Achtzigerjahre wirkten auf viele bleiern, in Bayern herrschte die CSU, wie es schien, seit Urzeiten mit absoluter Mehrheit – und doch begann sich damals etwas zu regen. Die Ausläufer der alternativen Bewegung, in der sich frühe Grüne, Atomkraftgegner, Friedensbewegte und Feministinnen zusammenfanden, schwappten bis nach Bayerisch-Schwaben. Integrierend auf all diese Strömungen wirkte zweifellos der bayerische Ministerpräsident. »Man hatte einen starken Gegner, da war Strauß, da lohnte es sich aufzubegehren«, so Schröder-Köpf, die regelmäßig gegen das Kernkraftwerk in Grundremmingen demonstrierte und sich an den Wochenenden in die Proteste vor dem Bauzaun der geplanten Wiederaufbereitungsanlage in Wackersdorf einreihte.[29]

Der Wahlsieg 1998 wurde von einigen Beobachtern als Sieg der 68er interpretiert. Klar ist, dass nun Strömungen, die Ende der Siebziger und zu Beginn der Achtziger als spleenig, weltfremd oder gar gefährlich eingestuft worden waren, in der Mitte der Gesellschaft angekommen waren. Die Grünen hatten sich innerhalb von fünfzehn Jahren von einer kleinen Randgruppe im Parlament mit scharfen Flügelkämpfen, langen Bärten und Batiktüchern in eine entscheidende politische Kraft verwandelt, die aus der bundesdeutschen Parteienlandschaft nicht mehr wegzudenken war. Längst trug Joschka Fischer keine Turnschuhe mehr, sondern edle Lederschuhe zum Maßanzug. Zwischen ihrem Einzug in den Bundestag im Frühjahr 1983 und dem Wahlsieg im

September 1998 hatte die Partei in unzähligen kleinen Schritten gesellschaftliche Denkprozesse angestoßen und auch ganz entscheidend zur Diskussion über Geschlechterrollen und Geschlechtergerechtigkeit beigetragen. So hatte die Grünen-Abgeordnete Waltraud Schoppe im Mai 1983 im Bundestag für einen veritablen Skandal gesorgt, als sie nicht nur den täglichen Sexismus im Parlament anprangerte, die Abschaffung des Paragrafen 218 forderte und sich für eine Bestrafung der Vergewaltigung in der Ehe starkmachte, sondern obendrein noch die Männer in die Pflicht nahm, sich auch um Verhütungsfragen zu kümmern. Die Menschen in Deutschland, so Schoppe, legten sich abends hin und vollführten vor dem Einschlafen eine Einheitsübung, »wobei der Mann meist eine fahrlässige Penetration durchführt«. Fahrlässig, denn die meisten Männer ergriffen keine Maßnahmen zur Schwangerschaftsverhütung. Den Herren auf der Regierungsbank entglitten die Gesichtszüge. Aber Schoppe fuhr ungerührt fort: »Eine wirkliche Wende wäre es, wenn hier oben zum Beispiel ein Kanzler stehen würde und die Menschen darauf hinweisen würde, dass es Formen des Liebesspiels gibt, die lustvoll sind und die die Möglichkeit einer Schwangerschaft gänzlich ausschließen. Aber man kann natürlich nur über das reden, wovon man wenigstens ein bisschen versteht.« An dieser Stelle verwandelten sich die korrekten Anzugträger in einen wütenden Männermob, wie die *taz* später berichtete. Nur mit Mühe konnte die Disziplin im Saal wiederhergestellt werden. Frauen waren in diesen Jahren im deutschen Parlament eine deutliche Minderheit – allerdings keine geschützte. Nicht die Spur. Die an sich unerschrockene bayerische SPD-Politikerin Renate Schmidt beklagte, dass regelmäßig, sobald eine Frau sich zu Wort meldete, der Geräuschpegel stieg. Die Quantität der Zwischenrufe nehme dann zu, deren Qualität allerdings deutlich ab. Es waren Zeiten, in denen Kanzler Kohl seine Gesundheitsministerin Rita Süssmuth in trauter Herrenrunde genüsslich abkanzeln konnte: »Die soll mit ihren Stöckelschuhen auf dem Boden der Realitäten bleiben.«[30] Nicht zuletzt dank der Grünen stieg der Frauenanteil im Bundestag zwischen 1980 und 1990 um mehr als zehn Prozentpunkte. Durch die wachsende Präsenz im Parlament gelang es, immer wieder Themen auf die Tagesordnung zu bringen, die Frauen direkt betrafen. So taten sich 1997 weibliche Abgeordnete verschiedener Fraktionen zusammen und konnten durchsetzen, dass die Vergewaltigung in der Ehe zum Straftatbestand wurde.

Waltraud Schoppe, die vierzehn Jahre zuvor mit ihrem flammenden Plädoyer einen Prozess des Umdenkens angestoßen hatte, war zu diesem Zeitpunkt nicht mehr im Bundestag. 1990 bis 1994 war sie Frauenministerin in Niedersachsen gewesen, unter keinem anderen als Gerhard Schröder als Ministerpräsidenten einer rot-grünen Landesregierung. Selbiger legte übrigens eine Mischung aus Modernismus und Machoattitüde an den Tag. Er holte zwar im Herbst 1998 fünf profilierte Ministerinnen ins Kabinett, brachte aber auch den abschätzenden Begriff vom »Ministerium für Familie und das ganze Gedöns« in Umlauf. Auch in der rot-grünen Koalition kam es noch zu machistischen und sexistischen Ausreißern. Aber immerhin war das Macht- und Selbstbewusstsein auch der SPD-Ministerinnen so stark ausgeprägt, dass man diesem Treiben auf ganz eigene Weise und mit einer gewissen Portion Humor begegnete. Edelgard Bulmahn, Heidemarie Wieczorek-Zeul, Ulla Schmidt und Renate Schmidt sowie einige Staatsministerinnen trafen sich regelmäßig vor den Kabinettssitzungen zum sogenannten Hexenfrühstück, um ihre Positionen vorab zu besprechen und sich, wenn nötig, gegen die Alphamänner Schröder, Fischer und Schily zu verbünden. Christoph Schwennicke, damals Redakteur der *Süddeutschen Zeitung*, meint aber, es seien letztlich nicht die SPD-Ministerinnen oder Spitzenpolitikerinnen gewesen, die das Frauenbild Schröders nachhaltig änderten, sondern seine eigene Frau.[31]

Der Kanzler hatte nachweislich kein Problem mit starken Frauen, er bewunderte seine Mutter, die ihre Kinder in schwierigsten Zeiten als Kriegerwitwe allein hatte durchbringen müssen, er hatte sich jahrelang von seiner dritten Frau Hiltrud inspirieren und manchmal vielleicht sogar auch dirigieren lassen, und er hatte in vierter Ehe eine erfahrene Politikredakteurin geheiratet. Im Alltag allerdings war Schröder ein Mann seiner

Generation, Haushalt und Familienarbeit gehörten nicht in seinen Orbit. Mit Doris Köpf war nun eine Frau in sein Leben getreten, die knapp zwanzig Jahre jünger und in Sachen Geschlechtergerechtigkeit anders sozialisiert war. Wir können sicher davon ausgehen, dass Schröder durch die Beziehung mit ihr in Berührung kam mit den Herausforderungen, vor denen Alleinerziehende stehen, mit den Problemen, die sich ergeben, wenn man Karriere mit Familie vereinbaren will. So hatte Schröder-Köpf dem Kanzlerkandidaten beispielsweise in der letzten Wahlkampfphase den Impuls gegeben, sich die Lohnfortzahlung im Krankheitsfall auf die Fahnen zu schreiben, denn sie hatte ihm vorgerechnet, wie prekär es im Krankheitsfall für sie als Alleinerziehende geworden wäre.[32]

»Diese Bundesregierung, mein Mann und ich«

»Ich war immer eine Rot-Grüne«, sagt Doris Schröder-Köpf über sich. »Ich passte zu den politischen Projekten.«[33] Und tatsächlich waren viele Themen, die die neue Regierung nun auf die Agenda setzte – Energiewende, Atomausstieg, Änderung des Staatsbürgerrechts – schon seit Langem die ihren gewesen. Sie passte aber nicht nur zu den politischen Projekten, die nun anstanden, sie passte auch zu dem Mann, der diese erste rot-grüne Regierung führte. Sie unterstützte und ergänzte ihren Ehemann auf eine Weise wie keine andere Kanzlergattin zuvor. Sie bezog ein eigenes Büro im Kanzleramt, wo sie täglich unzählige Briefe erreichten, die beantwortet werden mussten. Bürgerinnen und Bürger wandten sich an Doris Schröder-Köpf mit unterschiedlichsten Anliegen. Mal ging es um Sorgerechtsfragen, Aufenthaltsangelegenheiten oder Adoptionsvorhaben, mal schrieben ihr Alleinerziehende oder jemand berichtete von schweren Schicksalsschlägen. Man umwarb die Kanzlergattin, sich für diese oder jene wohltätige Organisation zu engagieren, oder lud sie zu Veranstaltungen ein. Früh entschied sie sich, in Not geratene Kinder und Jugendliche zu unterstützen. So übernahm sie die Schirmherrschaft des Vereins *Nummer gegen Kummer*, der Kinder, Jugendliche und Eltern am Telefon kostenlos berät, und engagiert sich bis heute für die Drogentherapiestation *Teen Spirit Island*.

Aber Doris Schröder-Köpfs Arbeit im Kanzleramt ging weit darüber hinaus: Sie machte Politik. Sie befasste sich mit Sachthemen, las Akten, machte Anmerkungen. Sie erinnert sich an die ersten Regierungsmonate als überwältigend. Nach sechzehn Jahren schwarz-gelber Regierung musste man sich zunächst einen Überblick verschaffen. »Das überrollt einen erst mal (...) Berge von Akten und Vorgängen.«[34] Dazu kam, dass sie die Verlautbarungen ihres Mannes kritisch prüfte, die Wirkung auf die ehemaligen Kollegen stets im Blick. Und sie pflegte durchaus weiterhin ihre journalistischen Kontakte. Elisabeth Niejahr, damals *Zeit*-Redakteurin, berichtet von einem Spargelessen, das Schröder-Köpf einmal für die Mitglieder des *Roten Tuchs*, einer Journalistinnen-Hintergrundrunde, der sie selbst angehört hatte, gab. Die Damen versammelten sich im Kanzleramt, saßen beisammen, tauschten sich aus. Gerhard Schröder, nur ein Zimmer weiter, machte die Anwesenheit so vieler schreibmächtiger Frauen offenbar nervös. Wie zufällig kam er vorbei, grüßte und fragte, ob er sich Geld von seiner Frau borgen könne, ging raus, kam aber wenig später wieder zurück und setzte sich schließlich ganz dazu.[35]

So geschmeidig die Verwandlung von der Journalistin zur Beraterin des Kanzlers offenbar vonstattenging, mit ein paar Anlaufschwierigkeiten hatte die neue First Lady doch zu kämpfen, denn eins war Doris Schröder-Köpf nie gewesen: Hausfrau. Als Frau des Kanzlers galt es nun allerdings immer wieder, Gäste zu bewirten, und das durchaus auch in den eigenen vier Wänden in Hannover. Gleich im ersten Amtsjahr waren der chinesische Ministerpräsident Zhu Rongji und seine Frau zum Abendessen in Schröders Vierzimmerwohnung zu Gast. Für dieses wichtige Ereignis holte sich die Kanzlergattin Hilfe. Sie selbst bereitete eine Spezialität aus ihrer bayerischen Heimat zu, ihre Mutter übernahm die Bewirtung. Der Besuch aus der Volksrepublik ließ sich den Schweinebraten schmecken und war bass erstaunt, wie bescheiden der deutsche Kanzler und seine Familie lebten. Zwei

[16] Doris Schröder-Köpf ist zweifellos die politischste Kanzlergattin in der bisherigen Geschichte der Bundesrepublik. Rot-Grün war von Anfang an auch ihr Projekt.

Jahre später wurden die Schröders bei einem Gegenbesuch ebenfalls zu den Zhus nach Hause eingeladen, was für das gute Verhältnis zwischen den Paaren spricht.[36] Auch der rote Teppich hielt einige Herausforderungen bereit. Die richtige Auswahl von Garderobe, Make-up und Frisur, das zwanglose Posieren – all das fiel der neuen First Lady nicht in den Schoß. Einer der ersten glamourösen Auftritte, die Schröder-Köpf zu absolvieren hatte, war die *Aids-Gala* in Berlin im November 1998. Die Schröders waren Ehrengäste, ebenso wie Prinzessin Caroline von Monaco. Während die Monegassin von klein auf an das Blitzlichtgewitter gewöhnt war und lässig lächelnd in Haute Couture erstrahlte, hatte Doris Schröder-Köpf sich auf die Schnelle bei ihrer Schneiderin in Hannover einen neuen Blazer machen lassen. Dazu trug sie einen Samtrock, der schon ein wenig in die Jahre gekommen war. »Prinzessin Caroline war perfekt, von Kopf bis Fuß in, sagen wir mal, Chanel oder Dior«, erinnert sich Doris Schröder-Köpf, »Und ich war nicht mal richtig geschminkt, das muss man ja auch erst lernen. Ich sah schrecklich aus neben ihr.«[37]

Sowohl der Kanzler als auch seine Frau benötigten einige Monate, um in die neuen Rollen zu finden. Schröder-Köpf hatte schon als Journalistin einen eher damenhaften Stil gepflegt, trug gerne Hemdblusen, Halstüchlein, Trenchcoat und Perlenohrringe. Sie wusste wohl genau, dass sie als zierliche Blondine ihrem Auftritt mehr Gewicht verleihen konnte, wenn sie dezidiert seriös in Erscheinung trat. Dabei blieb sie auch als Kanzlergattin. Einige hochwertige Hosenanzüge, Kostüme und Kleider für besondere Anlässe verschafften ihrer Garderobe ein gewisses Upgrade, Frisur und Make-up wurden professionalisiert. Doris Schröder-Köpf wurde nicht zur Stilikone wie Rut Brandt, aber sie entwickelte durchaus einen authentischen Look und blieb ihrem Stil treu. Der Kanzler dagegen machte bald von sich reden, als er sich von Starfotograf Peter Lindbergh im edlen Brioni-Anzug ablichten ließ. Das Etikett vom Brioni-Kanzler klebte seitdem an Schröder und bescherte ihm in der Presse so manchen hämischen Kommentar. Auch Teile der sozialdemokratischen Wählerbasis reagierten irritiert. Gleichzeitig, das wurde durchaus auch positiv registriert, gab das Ehepaar Schröder der Sozialdemokratie ein neues Gesicht. Die Schröders befanden sich hier in guter Gesellschaft, denn international war mit Tony Blair und Bill Clinton eine progressive Politik, die eine Neue Mitte für sich reklamierte, im Aufwind. Schröder war es bei der Bundestagswahl gelungen, ein Wählerspektrum jenseits der klassischen SPD-Klientel zu aktivieren. Diese Neue Mitte hatte durchaus Verständnis dafür, dass der Kanzler die schönen Dinge des Lebens zu schätzen wusste.

Bis sich das Augenmerk der Öffentlichkeit im Herbst 1999 auf die Finanzaffäre der Union richtete, stand Rot-Grün allerdings unter verschärfter Beobachtung, und es schien fast so, als wäre es unmöglich, in ruhiges Fahrwasser zu gelangen. Der lange schwelende Konkurrenzkampf zwischen Gerhard Schröder und Oskar Lafontaine brach nun mit voller Wucht aus. Schon die Koalitionsverhandlungen waren von dem Streit überschattet gewesen, und Schröder hatte es sogar für nötig befunden, dem Parteivorsitzenden klarzumachen, dass er Kanzler sei und nicht Lafontaine. Die Situation war derart eskaliert, dass Lafontaine vor Wut in Tränen ausgebrochen war. Nach diesem lautstarken Streit waren es die Frauen gewesen, die die beiden SPD-Alphamänner wieder an einen Tisch gebracht hatten. Doris Schröder-Köpf und Christa Müller, die damalige Ehefrau von Oskar Lafontaine, konnten miteinander. Kurzerhand hatten sie den Hörer in die Hand genommen, um zu vermitteln. »Ich hab immer versucht, das Verhältnis zwischen Oskar Lafontaine und Gerhard Schröder in dieser schwierigen Zeit zu unterstützen«, erinnert sich Doris Schröder-Köpf. Einmal mehr zahlte sich aus, dass die Kanzlergattin selbst schon lange im Politik-Business unterwegs war. Sie kannte Oskar Lafontaine seit vielen Jahren und hatte immer ein gutes Verhältnis zu ihm gehabt. Sie wusste, wie die beiden Männer tickten. Ihr Ziel sei es gewesen, so Schröder-Köpf, das Handeln des anderen zu erklären. Kurzzeitig gelang es denn auch durch die Vermittlung der Frauen, zumindest einen Waffenstillstand herzustellen. Lafontaine wurde Finanzminister und war folglich in die Kabinettspflicht eingebunden. Im Frühjahr 1999 allerdings kam es zum endgültigen Bruch. Lafontaine schmiss hin, verließ nicht nur die Regierung, sondern legte auch sein Bundestagsmandat nieder. »Mir hat das Herz geblutet, dass das so auseinandergelaufen ist und ich hab versucht, was ich konnte, dazu beizutragen, damit der Gesprächsfaden nicht abriss.« Ihre Möglichkeiten, so Schröder-Köpf, seien aber doch begrenzt gewesen. »Da sind dann auch die Kräfte zu stark gewesen (...) So eine Rolle hatte ich dann auch irgendwo nicht.«[38]

Eine weitere ewige Baustelle war die Zusammenarbeit zwischen der SPD und ihrem Koalitionspartner, den Grünen. Schröder hatte früh klargemacht, wie die Rollenverteilung seiner Ansicht nach auszusehen hatte. Das Bild von Koch und Kellner hatte den Unmut vieler Grüner heraufbeschworen. Auch hier versuchte Doris Schröder-Köpf, der viele der grünen Themen nahelagen, zu vermitteln. Sie teilte selbstverständlich die Forderung nach dem Ausstieg aus der Atomenergie. Eine führende Rolle spielte die First Lady aber auf einem anderen Feld rot-grüner Politik, das in den folgenden Jahren mehr und mehr an Bedeutung gewinnen sollte. Ende November 2000 erreichte die Exjournalistin ein Anruf der *Bild*-Redaktion. Wie es ihr als Mutter gehe, wollte man wissen, angesichts der großen Verunsicherung durch die BSE-Krise. In den vorangegangenen Wochen waren immer wieder Fälle von am sogenannten Rinderwahnsinn erkrankten Tieren gemeldet worden. Was durfte man noch essen? Wie sicher war deutsches Rindfleisch? Und bestand die Gefahr einer Ansteckung? Diese Fragen trieben die Deutschen um, und die Kanzlergattin entschloss sich, ihren Beitrag zur laufenden Debatte zu leisten. Am 27. November 2000 erschien ihr Gastkommentar in der *Bild*-Zeitung: »Kanzlergattin Doris Schröder-Köpf: Ratlos wie Millionen deutsche Frauen«. Die First Lady meldete sich zu einem Thema zu Wort, das unzählige Menschen im Land beschäftigte, und sie tat das mit dem Handwerkszeug, das sie als Journalistin gelernt hatte, mit der Autorität, die ihr die Kanzlerschaft ihres Mannes verlieh, und mit der Authentizität, die sie als junge Mutter und besorgte Bürgerin ausstrahlte. Ihr Beitrag galt zunächst einer allgemeinen Sorge jenseits aller Parteigrenzen, und doch war ihre Wortmeldung zutiefst politisch. Sie brachte glaubwürdig ein Thema aufs Tapet, das man zunächst nicht mit ihrem Mann verband, galt der Kanzler doch als überzeugter Schnitzelesser und Liebhaber der Currywurst. Bewusste Ernährung war nun wahrhaft nicht das Erste, was einem einfiel, wenn man an Schröder dachte. Doris Schröder-Köpf setzte einen eigenen Akzent und erweiterte damit das Themenrepertoire des Powerpaars Schröder-Köpf. »Ich habe häufig mit meiner Frau Doris über Wirkung und Wahrnehmung unserer Politik im Alltag der Menschen diskutiert«, so Schröder in seinen Erinnerungen, »denn Doris war selbstverständlich meine wichtigste Verbindung zur Außenwelt, zur Welt außerhalb des Politikbetriebs – so auch während der BSE-Krise. Von ihr habe ich erfahren, wie es Müttern und Vätern geht, die ihre Kinder gesund ernähren wollen und angesichts von BSE und Schweinepest verunsichert an der Ladentheke stehen.« Aber die First Lady beließ es nicht dabei, ihren Mann mit der Lebensrealität der Bürger zu konfrontieren, sie dachte einen Schritt weiter. »Es war ihre Idee«, so der Altkanzler, »Fragen des Verbraucherschutzes im Ministerium stärker zu verankern und die Prioritäten neu zu setzen.«[39] Dass im Frühjahr 2001 das »Ministerium für Landwirtschaft« in »Ministerium für Verbraucherschutz, Ernährung und Landwirtschaft« umbenannt wurde, war also letztlich einem Impuls der First Lady zu verdanken.

Doris Schröder-Köpf fand einen Mittelweg zwischen ihrer Vorgängerin, Hannelore Kohl, die sich als First Lady vollständig zurückgehalten hatte mit eigenen Kommentaren zum nationalen Geschehen, und ihrer Vorgängerin bei Gerhard Schröder, Hiltrud Schröder, die offensiv öffentlich in Erscheinung trat. Sie kommentierte vor allem Themen, die mehrheitlich als überparteilich empfunden wurden. So teilte sie ihre Gedanken, wenn es um Erziehungs- oder Ernährungsfragen ging, plädierte aber auch für eine strengere Regulierung für das Halten von Kampfhunden. Wenn »härtere« politische Fragen auf der Tagesordnung standen, wirkte sie eher im Hintergrund, betonte auf Nachfragen stets, dass nicht sie, sondern ihr Mann gewählt worden sei. Und so schwankte ihre Außenwahrnehmung auch stets zwischen zwei extremen Polen. Am einen Ende der Skala warf man ihr vor, ein konservatives Frauenbild zu befördern, wenn sie sich öffentlich zurückhielt. Am anderen Ende der Skala unterstellte man ihr, sich auf illegitime Weise mit ihren Meinungen in den Vordergrund zu drängen. So bezichtigte die Journalistin Bettina Gaus sie in einem giftigen Artikel unter der Überschrift »Schröders schnelle Eingreifpuppe« einer unzulässigen Vermengung von Politik und Journalismus.[40]

Schröder-Köpf hatte ein feines Gespür für Stimmungen, und sie verstand es, ihr bodenständiges Image zu kultivieren, zum Beispiel indem sie regelmäßig ihre Tante Hilde ins Spiel brachte:

»Wenn ich manchmal nicht weiß, ob ich etwas sollte oder nicht, dann denke ich, was würde beispielsweise Tante Hilde jetzt sagen? Sie ist Hausfrau, ihr Mann SPD-Mitglied und Elektriker, die Familie lebt in dem Dorf, aus dem ich komme. Sie haben eine klare Vorstellung von dem, was geht und was nicht. Was anständig ist.«[41] Doris Schröder-Köpf war inhaltlich eine perfekte Ergänzung zum Kanzler. Und dieser wusste das zu schätzen und zu nutzen. Gern leitete Schröder Antworten ein mit: »Doris sagt immer …« Seine Frau, das verstand er instinktiv, verlieh ihm Volksnähe und bescherte ihm vor allem bei jüngeren Frauen Sympathiepunkte. So mancher Journalist sah in der First Lady Schröders Geheimwaffe, die ihm zur unverzichtbaren Quelle wurde. »Mit sicherem Gespür für Ton, Timing und Thema«, hieß es im Sommer 2001 im *Spiegel*, »half sie dem Kanzler mit eigenen politischen Vorstößen mehrmals aus den negativen Schlagzeilen.« Die *Welt* zitierte sie selbst im zweiten Regierungsjahr ihres Mannes mit Worten, die zunächst ihre Bescheidenheit zum Ausdruck brachten: »Ich möchte es gut machen.« Dann fügte sie hinzu: »Ich will, dass diese Bundesregierung, mein Mann und ich Erfolg haben.« Ganz klar, Doris Schröder-Köpf sah sich als Teil des rot-grünen Unternehmens.[42]

Bundesrepublikanische Dynastien

An einem warmen Frühlingstag Ende Mai 1999 stand eine junge Frau mit drei Kindern vor dem Haupteingang von Schloss Bellevue. Als der Sicherheitsbeamte fragte, wohin sie denn wolle, erklärte sie, wer sie sei und dass sie zu ihrem Mann wolle. Der Beamte war offenbar nicht in Plauderlaune und erwiderte streng: »Das kann ja jeder sagen, dass man Frau Rau ist.«[43]

Im Frühsommer 1999 wurde Deutschland nicht nur von einem SPD-Kanzler regiert, es bekam auch – das erste Mal seit Gustav Heinemann – wieder einen sozialdemokratischen Bundespräsidenten. An seiner Seite hatte er eine Frau, die nicht nur über fünfundzwanzig Jahre jünger war, sondern gewissermaßen auch der bundesrepublikanischen Aristokratie entstammte. Für Christina

Rau, geborene Delius, und ihre Geschwister war einst eine Schaukel im Garten der Villa Hammerschmidt aufgestellt worden, denn ihre Mutter war die zweitälteste Tochter Hilda und Gustav Heinemanns. Von Kindheit an kannte Christina das Führungspersonal der Bundesrepublik ganz aus der Nähe, seit sie denken konnte, hatte Politik zu ihrem Leben gehört. Sie wuchs in einer großbürgerlichen Familie in Bielefeld auf, wo ihr Vater ein Textilunternehmen führte. Man rechnete sich klar der SPD zu, was in der konservativen Stadt durchaus zu Konflikten führte. Der Großvater war in den bewegten Jahren der Studentenunruhen ja eine sehr vernehmbare Stimme, die sich ganz dezidiert für den Dialog mit den 68ern einsetzte. Auch deshalb schickten die Eltern Christina und ihre Geschwister auf Internate ins Ausland. »Weil man es sonst in der Schule nicht so leicht gehabt hätte.« Und eine weitere Sorge wollten sie den Kindern ersparen: die Angst vor Entführungen. Hinzu kam, dass Christina als Kind an Bronchitis litt. Zunächst sandten die Eltern sie daher ins Engadin, in die klare Luft der Schweizer Alpen, dann besuchte sie ein Internat in Bexhill an der südenglischen Küste und wechselte zwei Jahre später nach Gordonstoun, eine Schule, die 1934 vom deutschen Pädagogen Kurt Hahn gegründet worden war. Die Söhne der Queen besuchten ebenfalls das Internat, Prinz Andrew war einer von Christinas Mitschülern. Schon damals war sie eine leidenschaftliche Sportlerin, leistete aber auch Dienst bei der Bergwacht. Gordonstoun ermunterte die Schülerinnen und Schüler, soziale Verantwortung zu übernehmen, sich zu engagieren.

In jenen Tagen des wachsenden RAF-Terrors, in denen Matthias Brandt von Sicherheitsbeamten in die Grundschule gebracht wurde, in denen die Kohls darauf bestanden, dass ihre Söhne öffentliche Schulen besuchten – auch wenn sie dort massiv angefeindet wurden – und Cornelia Scheel den sie begleitenden Polizisten beim Ausreiten ausbüxte, erlebte Christina Delius eine von Angst und Ausgrenzung weitgehend unberührte Jugend. Sie war so wie die anderen in ihrer Klasse, sie gehörte dazu. Niemand konnte damals ahnen, dass Christina einmal in die Fußstapfen ihrer Großmutter treten und Deutschlands First Lady werden würde, aber im Nachhinein kann man wohl sagen, dass ihre Eltern ihr mit der Ausbildung in England noch in einer weiteren Hinsicht einen Gefallen getan haben. Die Erziehung in Gordonstoun, streng und doch dem liberalen Geist verpflichtet, hat aus dem Mädchen eine selbstbewusste junge Frau werden lassen, die ihren eigenen Kopf hatte. Gleichzeitig lernte sie in dem schottischen Eliteinternat ganz selbstverständlich, wie man sich in gehobenen gesellschaftlichen Kreisen bewegte. Im Herbst 1972 bekam sie außerdem einen Etikette-Crashkurs der besonderen Art, denn ihre Großeltern folgten einer Einladung der britischen Königin und besuchten die Insel. Das ganze Internat sei aufgeregt gewesen, erinnert sich Christina Rau. Hektisch habe sie als Schülerin den Hofknicks geübt, schließlich waren auch Christina und ihr Bruder zum Staatsempfang eingeladen. Ihre Mutter ließ ihr rasch eines ihrer Kleider zukommen, in dem sich die sechzehnjährige Schülerin schon recht erwachsen vorkam. Der Abend verlief reibungslos wie der gesamte Staatsbesuch. Der durch und durch unglamouröse Heinemann verstand sich blendend mit der nicht gerade redseligen Queen, Prinz Philipp parlierte mit den Heinemanns auf Deutsch, und auch die englische Bevölkerung empfing die Gäste aus Bonn freundlich, was rund fünfundzwanzig Jahre nach Ende des Kriegs noch keine Selbstverständlichkeit war.[44]

Die Begegnung mit Royals & Co. konnte Christina Rau, als sie 1999 First Lady wurde, also nicht schrecken. Sie stand, wenn auch Vertreterin einer ganz anderen Generation, in der Tradition Marianne von Weizsäckers. So zurückhaltend auch Christina Rau als Erste Dame im Staat auftrat, sie bewegte sich doch stets so, als hätte sie nie etwas anderes gemacht, als wäre das Parkett von Schloss Bellevue ihr ureigenes Element. Die Schnittmenge mit der Familie von Weizsäcker ist tatsächlich groß, die Verbindung war und ist eng. Wenn es so etwas gibt wie bundesrepublikanische Dynastien, dann gehören die von Weizsäckers, die Heinemanns, die Raus zweifellos dazu. Und Christina Rau war, so hat es den Anschein, stets sehr eng verwoben mit diesem engen Netz aus familiären Bindungen, innerhalb dessen sie schließlich auch ihren späteren Mann kennenlernte – und zwar noch als Teenager. Johannes Rau war ein Bewunderer und eine Art geistiger Ziehsohn ihres Großvaters Gustav Heinemann. Der junge Verlagsbuchhändler lernte Heinemann kennen, als dieser noch bei der CDU war. Zusammen mit ihm engagierte er sich Anfang der Fünfzigerjahre für die Gründung der Gesamtdeutschen Volkspartei (GVP) und trat nach deren Scheitern wie Heinemann schließlich in die SPD ein. Nicht nur in politischer, auch in religiöser Hinsicht stand Johannes Rau Heinemann nahe. Wie dieser war er bekennender Protestant, wurde scherzhaft »Bruder Johannes« genannt. Johannes Rau – damals schon im Bundesvorstand der SPD – war es gewesen, der 1969 bei Heinemann vorfühlte, um ihn für eine Präsidentschaftskandidatur zu gewinnen. Als er nach diesem Gespräch Heinemanns Haus verließ, rief Rau umgehend Willy Brandt an und verkündete: »Es ist alles klar.« Der Beginn des Machtwechsels war eingeleitet.[45] Im selben Jahr lernte Christina Delius beim siebzigsten Geburtstag ihres Großvaters in der Villa Hammerschmidt Johannes Rau kennen. Von da ab gehörte der aufstrebende und charismatische SPD-Politiker ganz selbstverständlich zum Kosmos des jungen Mädchens. Johannes Rau ging bei den Großeltern ein und aus. »Er gehörte einfach dazu«, erinnert sich Christina Rau.[46]

Wann aber wurde aus dem Freund der Familie der Mann fürs Leben? Vermutlich an einem recht kalten Winterabend des gerade begonnenen Jahres 1981. Im Wuppertaler Engels-Haus stieß man an diesem Abend auch auf den fünfzigsten Geburtstag des nordrhein-westfälischen Ministerpräsidenten an, und auch Christina war gekommen, um Johannes Rau zu gratulieren. »Wie? Du willst schon gehen«, überraschte dieser sie, als sie sich von ihm verabschiedete, »wir wollten uns doch noch verloben.« »Pass auf, ich könnte dich ernst nehmen. Ich habe schon immer für ältere Männer geschwärmt«, erwiderte die Mittzwanzigerin schlagfertig.[47] Fortan traf man sich häufiger, und ein Jahr später war aus dem Flirt eine feste Beziehung geworden. Christina Delius hatte inzwischen ihr Politologiestudium am Londoner King's College mit einer Masterarbeit zum Thema »Zivile Verteidigung und nukleares Gleichgewicht« beendet und überlegte sich, in Deutschland noch eine Promotion dranzuhängen.

Als anderthalb Jahre später die erweiterten Familien Delius und Rau auf die Nordseeinsel Spiekeroog eingeladen wurden, waren nur wenige eingeweiht. Man wolle auf den runden Geburtstag von Christinas Vater Eduard Delius anstoßen, der kurz zuvor sechzig geworden war, hatte es in der offiziellen Einladung geheißen. Die Gäste bedauerten das trübe Wetter an diesem Augusttag und hatten noch keine Ahnung, dass es hier gerade jemandem die Hochzeit verregnete. Man traf sich zum Gottesdienst in der Inselkirche und war bass erstaunt, als dort plötzlich Johannes Rau im schlichten blau-grauen Anzug und Christina im Baumwollkleid vor den Altar traten. Noch von der Sakristei aus rief Rau anschließend einige Weggefährten und Freunde an, die von seiner Heirat nicht aus der Presse erfahren sollten. Der Bundeskanzler kommentierte am Telefon gewohnt trocken: »Du bist doch schon ziemlich alt.« Worauf Rau antwortete, er sei einundfünfzig. »Und die Braut?«, fragte Schmidt. »Fünfundzwanzig, aber sie wird bald sechsundzwanzig«, erwiderte Rau. Helmut Schmidt verwickelte Rau anschließend in ein politisches Gespräch – der Kanzler war im Sommer 1982 schon schwer angeschlagen – und vergaß dabei offenbar völlig, dass er mit einem Bräutigam sprach. Draußen war die Wolkendecke inzwischen aufgerissen. Man wollte anstoßen. »Er war froh«, erinnert sich Johannes Rau an das Gespräch mit Schmidt, »am Telefon jemand gefunden zu haben, mit dem er reden konnte. Und so sprach er fast eine Dreiviertelstunde. Draußen schien die Sonne, es warteten die Braut und die Festversammlung. Und endlich durfte ich dann gehen.«[48] Falls Christina Rau irgendwelche Illusionen gehabt haben sollte, was es bedeutete, mit einem Vollblutpolitiker verheiratet zu sein, so erkannte sie bereits an ihrem Hochzeitstag, dass ihr Mann im Grunde dauernd im Dienst war. Aber immerhin – der Presse hatte man ein Schnippchen geschlagen. Der nordrhein-westfälische Ministerpräsident war als eingefleischter Junggeselle an die Nordsee aufgebrochen und kam als verheirateter Mann zurück. Sie sei in Wuppertal und Düsseldorf mit offenen Armen empfangen worden, erzählt Christina Rau. »Wer sich am meisten umstellen musste am Anfang, das war mein Mann.« Als er sich kurz nach der Hochzeit mit dem belgischen König traf, fragte dieser, wie es denn seiner Frau gehe. »Ich bin doch gar nicht verheiratet«, erwiderte Rau, bevor es ihn durchblitzte. »Uh, ich bin ja doch seit drei Wochen verheiratet.«[49]

Es gibt eine weitere Parallele zu Marianne von Weizsäcker: Auch Christina Rau konnte sich dem Gedanken, First Lady zu werden, stückchenweise nähern. Im Jahr 1994 trat Johannes Rau, wie bereits erwähnt, das erste Mal als Präsidentschaftskandidat an, war sogar von Helmut Kohl angesprochen worden, ein überparteilicher Kandidat zu werden. Kohl aber machte einen Rückzieher, und so ging Rau für die SPD ins Rennen und unterlag gegen Roman Herzog. Christina Rau meint heute, dass es für ihre damals noch kleinen Kinder sicher schöner war, noch länger in Wuppertal und außerhalb des Rampenlichts zu bleiben. Fünf Jahre später zog die gesamte Familie dann doch um nach Berlin. Allerdings entschied sich die Familie Rau nicht wie seinerzeit die Scheels in den Amtssitz überzusiedeln. Das Schloss Bellevue mit seinen Absperrungen und Sicherheitsleuten war nicht gerade die geeignete Umgebung für ungestörtes Kinderspiel. Die Familie zog also in eine Villa nach Dahlem, ganz in die Nähe der Dienstvilla von Gerhard Schröder, der häufig zu Besuch kam. Schröder führte ja als Kanzler eine Wochenendehe. Frau und Stieftochter folgten ihm nicht in die Hauptstadt, sondern blieben in Niedersachsen. Regelmäßig brachte er Doris Schröder-Köpf am Sonntagabend zum Bahnhof Zoo auf den Zug nach Hannover und wartete Händchen haltend am Bahnsteig, umgeben von Sicherheitsbeamten. Der Teilzeitjunggeselle kam daher gern zu den Raus, genoss vielleicht sogar den Familienanschluss. Es hatte in den langen Jahren, in denen die zwei SPD-Urgesteine sich kannten, durchaus Aufs und Abs gegeben in ihrem persönlichen Verhältnis. Rau war zunächst kein Förderer des Niedersachsen gewesen. Als Kanzler und Präsident aber war ihr Miteinander gut und konstruktiv. Im Sommer 1999 besuchten die Schröders die Raus sogar in deren Ferienhaus auf Spiekeroog.[50]

Die Familien Rau und Schröder standen vor ähnlichen Herausforderungen, hatten sie doch Kinder im schulpflichtigen Alter, die sich nun daran gewöhnen mussten, dass die Öffentlichkeit regen Anteil an ihrem Leben nahm. Ganz neu war das für alle Beteiligten nicht, schließlich waren die Väter zuvor auch als Ministerpräsidenten stets von Sicherheitsbeamten begleitet worden. Nun aber hatten die Kinder selber, sobald sie das Haus verließen, kaum einen Augenblick mehr, in dem sie sich unbeobachtet fühlen konnten. Sie litten unter diesem Verlust der Privatsphäre. Auch die Eltern hatten damit zu kämpfen, dass das Leben ihrer Kinder plötzlich Sicherheitsanforderungen unterworfen werden musste, die für Erwachsene oft mühsam, für Kinder und Jugendliche aber schwer zu ertragen waren. Die Sorge um das Wohl der Töchter und Söhne wurde zum täglichen Begleiter. »Ich habe unglaublich Angst um meine Tochter gehabt«, so Doris Schröder-Köpf, »und war dann auch panisch, wenn sie sich nicht pünktlichst gemeldet hat.«[51]

Mehr noch als die Präsidentenkinder musste Schröder-Köpfs Tochter Klara nicht nur die Schlagzeilen über ihren Stiefvater aushalten, sondern auch immer und überall damit rechnen, dass ihr Reporter auflauerten. Einmal schlich sich sogar ein Journalist als Handwerker verkleidet in ihre Schule, um heimlich Fotos zu machen. Doris Schröder-Köpf reagierte umgehend. »Wenn jemand in die Schule meiner Tochter eindringt, werde ich rabiat«, erklärte sie in einem *Spiegel*-Interview. Sie wusste, dass die Medien nach Bildern gierten, und gab hin und wieder wohldosierte Informationen nach draußen, machte aber gleichzeitig unmissverständlich klar, dass ihre Tochter nicht fotografiert werden durfte.[52] Sie nahm ihr Kind auch nie zu offiziellen Anlässen mit. Da fuhr die neue Kanzlergattin den gleichen Kurs wie ihre Vorgängerin: Kinder waren *off limits*.

Wie Hannelore und ihre Söhne, die regelmäßig für die Politik Helmut Kohls in Haftung genommen worden waren, wurden auch Doris Schröder-Köpf und ihre Tochter zum Teil heftig für die Entscheidungen des Kanzlers angegangen. Vor allem zu Zeiten, als die Debatten über die Agenda 2010 tobten, »war es manchmal kurz vorm Angespucktwerden«, so Doris Schröder-Köpf. »Da habe ich schlimme Sachen erlebt und meine große Tochter leider auch. Die Familie wird immer geprügelt für das, was die Männer und Väter machen. Wenn man so rausmuss in die Schule, in den Kindergarten, zur Tankstelle und zum Einkaufen (...) dann kriegt man das richtig ab. Und das geht hin bis zu Morddrohungen für die Kinder. Meine Große, Klara, hat da einiges abgekriegt. Das Schicksal teilt sie mit all den Kindern.«[53] Lassen sich solch heftige Anfeindungen leichter ertragen, wenn man die politischen Ziele des Ehemannes mitträgt, vielleicht sogar mit vorantreibt? Vermutlich schon. Und doch ist zu vermuten, dass es Doris Schröder-Köpf zu schaffen machte, dass ihre Entscheidung für ein Leben an der Seite Gerhard Schröders für ihre Tochter derartige Zumutungen mit sich brachte.

Die Aufgabe, den Söhnen und Töchtern eine einigermaßen normale Kindheit und Jugend zu ermöglichen, obwohl ihre Väter an der Spitze des Staats stehen, stellt First Ladies weltweit vor schwierige Herausforderungen. Mildred Scheel, Loki Schmidt, Hannelore Kohl, Doris Schröder-Köpf und auch Bettina Wulff hatten damit zu kämpfen. Sie alle waren an dem einen oder anderen Punkt mit der Frage konfrontiert: Ist der Preis zu hoch? Dieses Thema beschäftigte auch Michelle Obama, als sie mit ihrer Familie 2009 ins Weiße Haus zog. »Ich werde nie vergessen«, erinnert sie sich später, »als Sasha und Malia das erste Mal in ihre neue Schule gefahren wurden. Ich beobachtete, wie unsere Mädchen, gerade mal sieben und zehn Jahre alt, in diese riesigen schwarzen SUVs einstiegen mit all diesen großen Männern mit Waffen. Ich sah ihre kleinen Gesichter gegen die Scheibe gepresst. Und ich dachte: Was haben wir getan?« In diesem Moment sei ihr klar geworden, dass es von ihrem Mann und ihr abhing, wie diese Erfahrung ihre Töchter prägen würde, ob sie daran wachsen oder zerbrechen würden.[54] Was für Michelle Obama ein Gedankenspiel blieb – mit den Mädchen anfangs im heimatlichen Chicago zu bleiben, während ihr Mann schon mal nach Washington übersiedelte –, zog Doris Schröder-Köpf ganz durch. Bewusst wohnte sie mit Klara weiterhin in Hannover, damit sich zumindest die unmittelbare Umgebung nicht veränderte. Die entspannte niedersächsische Landeshauptstadt war ja seit Längerem an die Schröders gewohnt, ließ ihnen ein wenig Raum. »Halb Hannover ist ohnehin schon mit Autogrammkarten versorgt, da können wir auch mal relativ unbehelligt in den Zoo gehen.«[55]

Auch Christina Rau versuchte, ihre Kinder so gut wie möglich rauszuhalten aus der Regenbogenpresse. Das Interesse an der neuen First Family mit drei Kindern war anfangs natürlich riesig. Selbst das Personal in Schloss Bellevue machte große Augen, als die Raus erstmals antraten. Nachdem man die letzten fünfzehn Jahre ein Präsidentenpaar umsorgt hatte, das eher im Großelternalter gewesen war, herrschte nun eine Umtriebigkeit wie zu Scheels Zeiten. Die Familie lebte zwar nicht im Schloss, aber natürlich besuchten die Kinder ihren Vater regelmäßig, und auch Christina Rau brachte frischen Wind in die alten Gemäuer. »Da brach eine andere Zeit an«, erinnert sich Wolfgang Teske, »Frau Rau war natürlich ganz anders als alle ihre Vorgängerinnen. Locker und mit Jeans. Und die Protokolldamen fielen aus allen Wolken.« Auch Horst Arnold erinnert sich an das unkomplizierte Auftreten der jungen Frau. Anfangs versuchte er, sie zu überzeugen, sich doch etwas farbenfroher anzuziehen, auch mal einen kürzeren Rock zu tragen. Und noch von einer anderen Seite bekam Christina Rau Fashion-Tipps: Albert Eickhoff, Düsseldorfer Modezar, ließ in einem Interview verlauten, er würde aus Christina Rau gerne eine richtige First Lady machen. Wenig später bekam er einen Anruf aus Berlin. Zunächst glaubte der Inhaber des Modehauses »Eickhoff Königsallee 30«, jemand erlaube sich einen Scherz und er sei bei *Verstehen Sie Spaß?* gelandet. Aber am anderen Ende der Leitung war tatsächlich das Schloss Bellevue. Christina Rau nahm ihn beim Wort: »Jetzt machen Sie mal.« Das ließ sich Eickhoff nicht zweimal sagen, verpasste ihr eine persönliche Typberatung und zeigte ihr einige passende Stücke. Die First Lady kaufte bei der Gelegenheit ein Abendkleid, »das mir bei Staatsempfängen gute Dienste erwies«. Für zu extravagante Roben war Christina Rau aber nicht zu haben. Sie blieb ihrem sportlich-eleganten, sehr zurückgenommenen Stil treu, ihre glatten Haare trug sie halblang, an Make-up verschwendete sie kaum einen Gedanken. Horst Arnold meint, dahinter steckte auch die Taktik, bei öffentlichen Auftritten den Blick nicht noch zusätzlich darauf zu lenken, dass sie wesentlich jünger war als Rau. »Sie hat sich bewusst zurückgenommen, auch als Frau, damit der Bundespräsident da als Nummer eins stand.«[56]

Hier sehen wir eine weitere Parallele zu den Weizsäckers. Auch die Rau'sche Ehe funktionierte auf Augenhöhe – trotz des erheblichen Altersunterschieds –, und doch war Christina Rau, wie zuvor Marianne von Weizsäcker, von der Berufung ihres Mannes für dieses Amt absolut überzeugt, sie bewunderte sein politisches Talent und seine Gabe, Themen zu setzen. Natürlich wurde bei den Raus diskutiert, und natürlich war und ist Christina Rau ein zutiefst politischer Mensch, aber vermutlich waren die beiden inhaltlich in den meisten Punkten ohnehin recht nah beieinander. Beide – Christina und Johannes Rau – waren schließlich weltanschaulich und politisch geprägt von Gustav Heinemann. »Ich habe ihn mehr bewundert als beeinflusst«, sagt Christina Rau heute über ihren Mann.[57]

Rau war berühmt dafür, dass er aus dem Stegreif Reden halten konnte, die die Zuhörer bewegten, sei es mit Überlegungen zu Grundsatzfragen – etwa wie mit den Folgen der Globalisierungen umzugehen sei oder wie die Integration von Migranten gelingen könne – oder mit Ansprachen zu aktuellen Anlässen, in denen die Bevölkerung Einordnung, Denkanstöße oder auch Trost beim Staatsoberhaupt suchte. So auch im April 2002, als ein ehemaliger Schüler des Gutenberg-Gymnasiums in Erfurt zwölf Lehrerinnen und Lehrer, zwei Schüler, die Schulsekretärin und einen Polizeibeamten erschoss. Die Republik verfiel in Schockstarre, Amokläufe auf Schulhöfen kannte man in dieser Größenordnung bislang nur aus den Vereinigten Staaten. Wie konnte so was in Deutschland passieren? Christina Rau beobachtete ihren Mann in diesen quälenden Stunden. Die Verzweiflung, die Ratlosigkeit der Menschen war groß, und der Bundespräsident musste versuchen, das Unfassbare in Worte zu fassen. »Wir trauern seit einer Woche, und das Entsetzen hat uns nicht verlassen«, begann

Rau schließlich vor über hunderttausend Menschen seine Rede anlässlich der Trauerfeier in der Stadt. Aber Rau beließ es nicht dabei, seine Trauer zum Ausdruck zu bringen und den Angehörigen sein Beileid auszusprechen, er forderte in seiner Rede auch ein größeres Miteinander, »Netzwerke aus Mitmenschlichkeit«. »Wenn unsere Gesellschaft zusammenhalten soll, dann müssen wir uns umeinander kümmern!«, fuhr er fort. »Wir müssen einander achten und aufeinander achten!«[58]

Natürlich hat Christina Rau ihren Mann nach Erfurt begleitet. Neben ihr saß ein blasser Bundeskanzler, dessen Erschütterung ihm ins Gesicht geschrieben war. Die Raus und die Schröders hatten selbst Kinder im schulpflichtigen Alter. Wie so viele Eltern in Deutschland trieb sie die Frage um, wie ein junger Mensch zu so einem Verbrechen fähig war. Darüber hinaus drückte aber auch die Frage, wie Massaker dieser Art künftig verhindert werden konnten, schwer auf die Spitzen des Staates. Sowohl Christina Rau als auch Doris Schröder-Köpf trugen in diesen Stunden mit an der Last. Sie waren die ersten Ansprechpartner ihrer Kinder, aber natürlich kamen auch besorgte Mütter und Väter, Lehrerinnen und Lehrer auf dem Schulhof auf sie zu. Auf diese Weise waren sie ganz besonders gefordert zu trösten, zu erklären, mitzufühlen.

Wie alle First Ladies erreichten auch Christina Rau zu Beginn der Amtszeit ihres Mannes unzählige Anfragen. Die Journalisten bestürmten sie, fragten, welcher Themen sie sich besonders annehmen wolle. Umso erstaunter war man, als sie mitteilte, sich nicht für eine spezielle Organisation zu verwenden. Dafür wolle sie den Blick auf das Ehrenamt an sich richten, zeigen, was engagierte Freiwillige jeden Tag in Deutschland leisteten. Darüber hinaus übernahm sie natürlich auch die Schirmherrschaften für *UNICEF Deutschland* und das *Müttergenesungswerk*, die sämtliche First Ladies vor ihr innegehabt hatten. Christina Rau blieb sehr bei sich in den Jahren in Schloss Bellevue, so der Eindruck. Sie erfüllte die Aufgaben der Bundespräsidentengattin mit der ihr eigenen Natürlichkeit und Unaufgeregtheit. Im Gegensatz zu

[17] Die First Lady ist stets Schirmherrin des Müttergenesungswerks und von UNICEF Deutschland. *Für das Kinderhilfswerk der Vereinten Nationen reiste Christina Rau 2001 nach Südafrika.*

ihren unmittelbaren Vorgängerinnen Christiane Herzog und Marianne von Weizsäcker involvierte sie sich wenig in die Abläufe im Schloss, schließlich hatte sie noch recht junge Kinder. Stand ein Empfang oder Diner an, legte man ihr anfangs immer noch die Menüabfolge vor – so war man es schließlich gewohnt. Irgendwann ließ die Neue aber durchblicken, dass sie andere Prioritäten habe. »Da habe ich gesagt, ich verlasse mich auf Ihre Wahl, denn es gehört viel Erfahrung dazu, ein Menü richtig zu gestalten. Ich legte keinen großen Wert darauf, dass ich die Speisenauswahl treffen sollte.« Auch die Gästelisten wurden ihr regelmäßig vorgelegt. Eventuell, so meint sie heute, hätte man an dieser Stelle ein bisschen genauer hinschauen können. »Ab und zu ein frischer Impuls wäre vielleicht nicht schlecht gewesen.«[59]

Einen Großteil ihrer Zeit widmete Christina Rau sich ihrer Familie und begleitete, wo immer möglich, ihren Mann auf Reisen. Aber sie war auch für Überraschungen gut: Zusammen mit ihrer Tochter heckte sie etwas aus, was das ehrwürdige Schloss Bellevue noch nie gesehen hatte. Warum nicht mal was anderes machen, um Geld für einen guten Zweck zu sammeln? Christina Raus Großmutter hatte sich seinerzeit mit Loriot zusammengetan, ihre Enkelin wandte sich an Heidi Klum und Co. Jährlich fand also unter Christina Raus Ägide eine Benefiz-Modegala statt, deren Erlöse an die *Deutsche Kinder- und Jugendstiftung* und die *Kindernothilfe* gingen. Die Mitarbeiter des Schlosses rieben sich regelmäßig verwundert die Augen, wenn der Saal, in dem sonst würdige Empfänge mit ernst dreinblickenden Staatsgästen abgehalten wurden, in einen Laufsteg verwandelt wurde. Die Atmosphäre im Schloss erinnerte dann mehr an New York während der Fashion Week als an den gediegenen Amtssitz des deutschen Staatsoberhaupts. Bei der Gala im Herbst 2003 ließ es sich die älteste Tochter des Bundespräsidenten nicht nehmen, selbst Catwalk-Luft zu schnuppern. Unter den staunenden Blicken ihres Vaters zeigte sie sich im eleganten Hosenanzug und im champagnerfarbenen Abendkleid. Auch die First Lady machte eine hervorragende Figur an diesem Abend in einer langen roten Robe von Toni Gard.[60]

Lasten teilen

Am Nachmittag des 11. September 2001 klingelte das Telefon im Kanzleramt. Schröder nahm ab und hörte die tränenerstickte Stimme seiner Frau: »Mach sofort den Fernseher an.« Wenige Minuten später starrten der Kanzler und seine engsten Mitarbeiter wie Millionen von Menschen in aller Welt gebannt auf den Bildschirm. Zur gleichen Zeit eilten die Raus in die deutsche Botschaft in Helsinki. Man war auf einem mehrtägigen Staatsbesuch im hohen Norden und hatte soeben einen dringenden Anruf aus Berlin erhalten. In der Botschaft angekommen, versammelten auch sie sich vor dem Fernseher, versuchten gleichzeitig fieberhaft, nähere Informationen zu bekommen. Die Bilder, die man da aus den USA sah, die wenigen Details, die nach und nach bekannt wurden, erinnerten an Hollywood-Katastrophenfilme. Wie im wenige Jahre zuvor erschienenen Blockbuster *Independence Day* schien die westliche Welt an verschiedenen Orten zugleich angegriffen zu werden. Am Morgen des 11. September waren innerhalb kurzer Zeit zwei Passagierflugzeuge in das New Yorker World Trade Center gerast, die Türme standen in Flammen. Gleichzeitig erfuhr die Welt, dass ein Flugzeug in das US-Verteidigungsministerium in Washington gestürzt und eine weitere Maschine entführt worden war. Nicht nur in amerikanischen Metropolen machte man sich auf das Schlimmste gefasst, auch in Deutschland wurden Sofortmaßnahmen ergriffen, sensible Orte abgeriegelt.

Christina Rau versuchte umgehend, ihren Sohn, der zu diesem Zeitpunkt in Boston studierte, zu erreichen. Zum Glück konnte sie schon bald mit ihm sprechen. Der junge Mann war natürlich schockiert angesichts der Ereignisse, aber es ging ihm gut. Rasch mussten die Raus nun entscheiden, ob der Bundespräsident den Staatsbesuch sofort abbrechen oder den Tag noch, wie geplant, in Helsinki verbringen sollte. Man entschied sich zu Letzterem, die Weiterreise nach Dänemark aber wurde abgesagt. Am Abend besuchten die Raus ein Konzert, und im Anschluss hielt der Bundespräsident noch eine Rede aus dem Stegreif, in der er seine Gefühle angesichts der Katastrophe in den USA zum Ausdruck brachte. Inzwischen waren die beiden Türme des World Trade Centers in sich zusammengebrochen, Tausende Menschen waren im Feuer gestorben, lagen unter Schutt begraben, Unzählige wurden vermisst, die New Yorker Feuerwehr und Polizei leisteten Übermenschliches. Auch wenn es einiger Zeit bedurfte, die genauen Zusammenhänge zusammenzubringen, wurde doch schnell klar, dass es sich um einen koordinierten Anschlag handelte. Die Geheimdienste arbeiteten unter Hochdruck, und rasch machte ein Name die Runde, der zuvor kaum jemandem ein Begriff gewesen war: al-Qaida.

In Berlin mussten der Kanzler und seine Regierung rasch entscheiden, wie man sich in einem eventuellen Bündnisfall verhalten sollte, schließlich war ein NATO-Partner angegriffen worden. Doris Schröder-Köpf erinnert sich an diese Tage im September, die vielen vollständig irreal vorkamen. Als Frau des Kanzlers war sie unmittelbar mit den politischen Konsequenzen der Ereignisse konfrontiert. Die Last der Entscheidungen, die dieser jetzt zu schultern hatte, war mit Händen greifbar. »Er hat ja die Verantwortung getragen. Man spürt richtig, dass das so passiert. (…) Das haben alle im Team gespürt.« Darüber hinaus aber gingen ihr die Terroranschläge von New York auch auf eine sehr persönliche Weise nahe, hatte sie doch jahrelang in der Stadt gelebt und dort ihre Tochter zur Welt gebracht. Noch heute merkt man ihr die Erschütterung an, wenn sie sich an diesen strahlenden Septembertag 2001 erinnert. Dass die hohen, uneinnehmbar erscheinenden Türme des World Trade Centers einstürzen konnten, das war einfach unfassbar. »Ich war ja zigmal dort«, erinnert sie sich, »das war so die Touri-Tour, wenn man Gäste aus Deutschland hatte.«[61]

Als der NATO-Rat wenige Tage später die Anschläge als Angriff auf die USA wertete und damit als einen Angriff auf das Bündnis, begannen die Vorbereitungen für die Operation *Enduring Freedom*. Wie schon wenige Jahre zuvor bei der Frage, ob Deutschland sich im Rahmen der NATO am Kosovo-Einsatz beteiligen sollte, stand die rot-grüne Koalition vor der Frage: Kriegseinsatz – ja oder nein? In seinen Memoiren berichtet Schröder von den zermürbenden Stunden der Entscheidung. Er habe, so der Altkanzler, immer einen tiefen, erholsamen Schlaf gehabt. Die quälende Frage aber, ob er deutsche Soldaten in den Kosovo und nach Afghanistan schicken durfte, habe ihm den Schlaf geraubt. Seine Frau versuchte, ihm in diesen Tagen alles andere vom Leib zu halten. »Man macht alles mit sich selber ab«, so Doris Schröder-Köpf. »Wenn jemand derart belastet ist, da weiß man, dass man nicht mit zusätzlichem Krempel kommt.« Und sie hat Gerhard Schröder in den entscheidenden Momenten durchaus begleitet. Als der Kanzler am 13. November 2001 in der SPD-Fraktion scharfe Diskussionen aushalten musste, als er sie auf eine Zustimmung zum Afghanistan-Einsatz verpflichten wollte, war seine Frau an seiner Seite. Folge ihm die Partei nicht, so Schröder, würde er die Vertrauensfrage stellen. Drei Tage später stimmte der Bundestag mit 336 von 662 Stimmen für den Antrag des Kanzlers.[62]

Zwei Jahre später rüstete der amerikanische Präsident erneut zum Krieg. Dieses Mal jedoch wollte Gerhard Schröder ihm nicht folgen. Als George W. Bush den Kanzler früh in seine Irakpläne einweihte, erwiderte dieser, man müsse erst den Afghanistankrieg beenden, und als ein Militärschlag immer wahrscheinlicher wurde, erklärte er dem UNO-Generalsekretär, dies sei für ihn nur mit einem UNO-Mandat zu machen. Doris Schröder-Köpf erinnert sich, dass die Entscheidung, »Nein« zu einer Supermacht zu sagen, damals alles andere als leicht gewesen ist. »Das war ein riesiger Druck, eine riesige Welle von Kritik, und wir waren erst mal alleine. Das war nicht ohne«, so Schröder-Köpf. Anfangs konnte man noch nicht absehen, ob sich noch weitere Nationen weigern würden, mit auf Bagdad zu ziehen. Der französische Präsident Jacques Chirac und Russlands Präsident Wladimir Putin besuchten die Schröders in diesen angespannten Tagen, und schließlich fand man eine gemeinsame Stimme gegen den Irakkrieg. »Ich bin froh, dass er die Nerven behalten und durchgehalten hat«, sagt Doris Schröder-Köpf, »und ich hab ihn darin unterstützt, obwohl mir's manchmal auch Angst war.«[63]

In der Bevölkerung war die Stimmung von Anfang an deutlich gegen ein weiteres militärisches Engagement Deutschlands, die Gründe für einen Angriff auf den Irak – seine unmittelbare Involvierung in die Aktivitäten von al-Qaida und die vermeintliche Bedrohung durch Massenvernichtungswaffen – leuchteten vielen Bundesbürgern nicht ein. Vermutlich hat Gerhard Schröders entschiedenes Nein zum Irakkrieg, neben seinem beherzten Handeln während des Elbhochwassers, einen nicht unwesentlichen Einfluss auf das Wahlergebnis im September 2002 gehabt. Seine Wiederwahl hatte lange als keineswegs sicher gegolten, am Ende aber konnte er das Kanzleramt noch einmal für sich gewinnen, während Edmund Stoiber, der sich am Wahlabend vorübergehend schon als Sieger gewähnt hatte, zähneknirschend seine Niederlange eingestehen musste. Entgegen der üblichen Etikette gratulierte George W. Bush Schröder zunächst nicht zu seinem Wahlerfolg. Das Verhältnis zwischen dem US-Präsidenten und dem deutschen Kanzler war in diesen Monaten schwer angeschlagen. Doris Schröder-Köpf unterstützte zwar den Antikriegskurs ihres Mannes, war aber doch besorgt angesichts der Funkstille mit Deutschlands so mächtigem und wichtigem Bündnispartner. Im November 2002 richteten sich alle Augen auf den NATO-Gipfel in Prag. Wie würde die Begegnung zwischen George W. Bush und Gerhard Schröder verlaufen? Ein offener Showdown war nicht zu erwarten, aber Beobachter fragten sich, ob man die Chance nutzen würde, wieder *on speaking terms* zu kommen. In dieser angespannten Situation wagte die Kanzlergattin, die von jeher ein ausgezeichnetes Verständnis für die Empfindlichkeiten der Amerikaner hatte und darüber hinaus auch emotional wohl eine größere Nähe zu dem Land hegte als der Kanzler, einen Alleingang. Sie hatte ihren Mann nach Prag begleitet und suchte am ersten Abend das Gespräch mit dem amerikanischen Präsidenten. Sie erklärte Bush, dass ihr Mann ihn nicht habe verletzen wollen, und es gelang ihr, wieder Vertrauen aufzubauen. Schröder selber erzählte sie erst später davon. Am nächsten Tag ging Bush mit demonstrativer Offenheit auf Schröder zu und schüttelte ihm die Hand.[64] Wir können davon ausgehen, dass der Austausch zwischen Schröder und seiner Frau über die Angelegenheiten, die es in Prag zu verhandeln gab, derart intensiv war, dass Doris Schröder-Köpf sich trauen konnte, beherzt Initiative zu zeigen. Sie konnte ahnen, dass ihr Vorgehen im Sinne ihres Mannes sein würde, sonst hätte sie es sicher unterlassen. Die Kanzlergattin kann, das bewies Schröder-Köpf mehr als einmal, in verfahrenen Situationen einen Ausweg zeigen. Sie kann an Gemeinsamkeiten appellieren, sie kann versuchen, einen Gesprächsfaden wieder aufzunehmen, ohne Angst vor einem öffentlichen Gesichtsverlust.

Die Wogen waren nach dem Prager Treffen wieder einigermaßen geglättet, inhaltlich aber hielt Schröder an seiner Position fest. Als die USA mit ihrer »Koalition der Willigen« Mitte März 2003 in den Irak einmarschierten, hielt er eine Fernsehansprache. »Die Welt steht am Vorabend eines Krieges«, so erklärte der deutlich angefasste Kanzler. »Meine Frage war und ist: Rechtfertigt das Ausmaß der Bedrohung, die von dem irakischen Diktator ausgeht, den Einsatz des Krieges, der Tausenden von unschuldigen Kindern, Frauen und Männern den sicheren Tod bringen wird? Meine Antwort in diesem Fall war und ist: Nein!« Der Kanzler wollte der deutschen Bevölkerung sein Vorgehen erklären und es in die internationale Situation einordnen. »Viele unter Ihnen, die älter sind als ich, wissen, was Krieg bedeutet«, so Schröder weiter. »Sie haben ihn erlebt, ja überlebt. Seither herrscht Frieden in unserem Land. Und innere Sicherheit. Diese Sicherheit ist nicht in Gefahr.« Ganz bewusst sprach Schröder auch die Bedrohungslage durch den weltweiten Terrorismus an und warnte vor Panik. Sorgfältig hatte der Kanzler in den vorangegangenen Tagen an seiner Ansprache gearbeitet. Als er einen ersten Entwurf fertig hatte, ließ er ihn abtippen und versah ihn mit dem Vermerk: »Bitte sofort an Doris.«[65]

George W. Bush war nicht der einzige Staatschef, zu dem Doris Schröder-Köpf einen guten Draht fand. Jacques Chirac besuchte die Schröders mehrfach in Hannover, verstand sich ausgezeichnet mit ihr. Gerade während der Monate, in denen Frankreich und Deutschland – die innerhalb der EU über besonderes politisches und wirtschaftliches Gewicht verfügen – nach einem eigenen Weg im Irakkonflikt suchten und sich schließlich entschieden, sich nicht an die Seite der alten Partner USA und England zu stellen, war der Kontakt zwischen Berlin beziehungsweise Hannover und Paris besonders eng. Zweifellos gelang es der Kanzlergattin, wie einstmals Rut Brandt während der Gespräche zu den Ostverträgen und Hannelore Kohl während der Verhandlungen zur Deutschen Einheit, durch ihre Persönlichkeit und durch die Atmosphäre, die sie schuf, zu einem Klima beizutragen, in dem gegenseitiges Vertrauen wachsen konnte. In Doris Schröder-Köpfs Fall dürfen wir aber wohl davon ausgehen, dass sie sich noch stärker als Hannelore Kohl und Rut Brandt auch inhaltlich in Gespräche und Diskussionen eingebracht hat. Davon berichtet zum Beispiel Leszek Miller, Ministerpräsident Polens, der die Schröders im November 2002 in Hannover besuchte. Millers Regierung bereitete seit Monaten fieberhaft den Beitritt seines Landes zur EU vor. Der polnische Ministerpräsident musste die Vorgaben Brüssels erfüllen und gleichzeitig die Angriffe der eigenen Opposition abwehren, am Ende stimmte auch die polnische Bevölkerung noch in einem Referendum über den Beitritt ab. Die Verhandlungen darüber, was Polen an EU-Geldern zu erwarten hatte, waren in den vorangegangenen Wochen zäh verlaufen. Um einen Schritt voranzukommen, besuchte er also nun den deutschen Kanzler und damit den Regierungschef eines der wirtschaftlich stärksten Länder der Union. Bei einem guten Riesling, Fisch und Pastete fragte der Kanzler Miller rundheraus, wie viel ihm fehle, um am Ende nicht Nettozahler zu werden. Eine Milliarde, erwiderte Miller. »Es senkte sich eine sorgenvolle Stille auf uns herab«, erinnert sich Miller, »die Doris mit ihrer Anmut durchbrach. ›Warum wollt ihr Leszek nicht helfen?‹, fragte sie in jenem unnachahmlichen Ton, den Frauen anschlagen können, wenn sie ihren Ehemann zu einer opulenten Ausgabe bewegen wollen. ›Er hat doch recht. Was ist für euch eine Milliarde?‹ Schröder drohte ihr scherzhaft mit dem Finger.« Auch wenn der ehemalige polnische Ministerpräsident diese Episode in seinen Memoiren in altbackene Rollenklischees verpackt, bleibt unter dem Strich die Erkenntnis, dass Doris Schröder-Köpf erstens bei solcherlei Treffen anwesend war, sich zweitens zu Wort meldete und sich drittens, zumindest in diesem Fall, am Ende durchsetzte, denn der Kanzler sagte Miller zu, dass er sich zusammen mit Günter Verheugen, der in der Europäischen Kommission auch für die Osterweiterung zuständig war, daranmachen werde, die Milliarde zusammenzusuchen. Nachdem man darauf getrunken hatte – »Doris, du bist ein Engel. Ich trinke auf dein gutes Herz und deinen Charme« –, konnte man von den Horsd'œuvres übergehen zum selbst gemachten Schweinebraten, der in der Küche brutzelte.[66]

Die Bundestagswahl hatte Schröder im September 2002 nur unter großem Zittern gewonnen, die rot-grüne Aufbruchsstimmung vom Herbst 1998 hatte nicht lange angehalten. Aber so knapp der Sieg über Stoiber auch gewesen war, so beherzt ging der Kanzler nun, in seiner zweiten Legislaturperiode, sein wichtigstes innenpolitisches Reformprojekt an. Die Vorarbeit war bereits geleistet, Schröder hatte dazu eng mit dem britischen Premier Tony Blair zusammengearbeitet. Der Kanzler hatte sich nichts weniger als einen Umbau des Sozialstaats auf die Fahnen geschrieben. Er wollte mehr Beschäftigung, mehr Wachstum schaffen. Bei der Umsetzung der *Agenda 2010* – ein Begriff, den übrigens seine Frau geprägt hat – hatte der Kanzler allerdings Kämpfe an verschiedenen Fronten zu durchstehen. Die *Bild*-Zeitung fuhr Dauerangriffe, die Bevölkerung ächzte unter den Einschnitten, und seine eigene Partei lief Sturm. Mehrfach musste er seine Reformpolitik auf Parteitagen vor den Delegierten erklären, und stets sind seine Reden dazu vorher auch auf dem Schreibtisch seiner Frau vorbeigekommen, die als Journalistin die Außenwirkung und als eingefleischte Sozialdemokratin auch die Seele der Partei im Blick hatte. Der permanente Streit mit der Partei zehrte nach einigen Monaten so sehr an Schröders Kräften, dass er sich im Frühling 2004 zu einem radikalen Schritt entschloss. Auf einem Sonderparteitag im März verkündete er, dass er sich entschieden habe, den Vorsitz der Partei aufzugeben. »Ich war stolz darauf, Vorsitzender dieser großen, ältesten demokratischen Partei sein zu dürfen«, erklärte ein tief bewegter Schröder in Berlin. »Aber die Aufgabe als Bundeskanzler … erfordert schon die ganze Kraft des Menschen – übrigens gestützt auf die, die ich liebe und die mich lieben.« Im Publikum saß Doris Schröder-Köpf und kämpfte mit den Tränen.[67]

Dieser bewusste Abschied von einem Teil seiner Macht war als Befreiungsschlag gedacht, vertiefte aber noch zusätzlich die Kluft zwischen dem Kanzler und seiner Partei. In einem *Spiegel*-Porträt diagnostizierte Jürgen Leinemann Ende des Jahres 2004 bei Schröder eine tiefe Einsamkeit, eine Einsamkeit, die seinerzeit auch die sozialdemokratischen Kanzler Brandt und Schmidt erfasst habe. Auf die Frage, wer seine Freunde seien, erwiderte der Bundeskanzler: seine Frau, Frank-Walter Steinmeier und seine Büroleiterin Sigrid Krampitz.[68] In solch existenziellen Krisen sind bei der Partnerin wahre Überlebenskünste gefragt. Sie muss mit der Familie den Alltag bewältigen, darf sich nicht völlig rein- und runterziehen lassen von den politischen Konflikten und den depressiven Phasen des Mannes und ist doch seine elementare Stütze. Rut Brandt hat das erlebt und litt fürchterlich darunter, dass ihr Ehemann sich ins Schweigen zurückzog, während das Land über seine angeblichen Affären lästerte. Loki Schmidt musste die Anfeindungen gegen Helmut ertragen, als sich seine Partei in Sachen NATO-Doppelbeschluss immer weiter von ihm entfernte. Und auch Hannelore Kohl schaltete auf Krisenmodus, als im Herbst 1989 einige in der Union kräftig am Stuhl des Kanzlers sägten, bevor der Fall der Mauer Kohl aus diesem Tief rettete.

Als im Mai 2005 in Nordrhein-Westfalen die Landtagswahlen für die SPD spektakulär verloren gingen, entschloss sich der Kanzler zu einem weiteren radikalen Schritt: Neuwahlen. Doris Schröder-Köpf saß Anfang Juli im Bundestag, als ihr Mann eine seiner stärksten Reden hielt und erneut die Vertrauensfrage stellte, bei der im Anschluss die erforderliche Mehrheit nicht erreicht wurde. Der neue Bundespräsident Horst Köhler – Rau war aus Gesundheitsgründen kein weiteres Mal angetreten – löste daraufhin den Bundestag auf, und Neuwahlen wurden angekündigt.[69] Angela Merkel, die Unionsvorsitzende, konnte ihr Glück nicht fassen. Es folgte ein kräftezehrender Wahlkampf, der den Schröders noch einmal alles abverlangte. Man gönnte sich nur wenige Tage Urlaub, tourte durch die Republik, mobilisierte die letzten Reserven, und Doris Schröder-Köpf holte zu einem Schlag gegen die Konkurrentin ihres Mannes aus, der diese an einer empfindlichen Stelle traf. Ein Jahr zuvor hatten die Schröders ein kleines Mädchen aus Russland adoptiert. Angesprochen auf diesen Vorgang, über den die Medien damals breit berichtet hatten, hatte Angela Merkel damals kommentiert, dass das schön sei und die Kanzlergattin offenbar »Spaß und Lust« an der Aufgabe habe. »Ich glaube«, so Merkel weiter, »meine berufliche Situation sieht anders aus.« Man kann davon ausgehen, dass diese Äußerung Schröder-Köpf schon damals die Zornesröte ins Gesicht getrieben hat. Nun, ein Jahr später und auf dem Höhepunkt des Wahlkampfs, nahm sie die Kontrahentin ins Visier. Merkel, so Doris Schröder-Köpf, gehöre eben nicht zu den Frauen, die Beruf und Familie unter einen Hut bringen müssten. Sie brachte damit selbstbewusst zum Ausdruck, dass sie ihre eigene Tätigkeit durchaus für eine Art Berufstätigkeit hielt, und konnte nebenbei dem Kanzler die Stimme der einen oder anderen berufstätigen Mutter sichern. Im TV-Duell angesprochen auf die Äußerung seiner Frau, entgegnete jener gewohnt offenherzig: »Sie lebt das, was sie sagt, und ich füge hinzu: Das ist nicht zuletzt der Grund, warum ich sie liebe.«[70]

Die Wahl am 18. September 2005 ging derart knapp aus, dass der Kanzler in der sogenannten Elefantenrunde öffentlich der Illusion anhing, die Union würde sich für eine Große Koalition unter seiner Führung gewinnen lassen. Vor einem Millionenpublikum weigerte er sich, die Wahl abzuschreiben, während Angela Merkel dem Spektakel halb ungläubig, halb amüsiert seinen Lauf ließ. Was Doris Schröder-Köpf wohl durch den Kopf ging, als sie ihren Mann so sah? Diese Wahl war verloren, aber es sollte nicht Doris Schröder-Köpfs letzter Wahlkampf gewesen sein. Und womöglich schoss dieser Gedanke schon damals durch ihren Kopf.

6 Berlin ist eine Frau

Zwei Frauen, zwei Rücktritte

Am letzten Tag des Monats Mai 2010 brach Hektik aus im Bundespräsidialamt. Wolfgang Teske, seit vielen Jahren in der Pressestelle tätig und gewissermaßen ein alter Hase, den so leicht nichts umhaut, bekam die Anweisung, alles für ein Statement des Bundespräsidenten vorzubereiten. Tags zuvor hatte Teske sich noch gewundert über den obersten Dienstherrn, der in diesen Stunden massiv unter Beschuss stand. Im *Spiegel* sollte in dieser Woche ein Bericht über den Bundespräsidenten und dessen umstrittene Äußerung bezüglich der Aufgaben der Bundeswehr erscheinen. Überschrieben war die Story mit dem provokativen Titel »Horst Lübke«, in Anspielung auf die eher unglückliche zweite Amtszeit des zweiten Bundespräsidenten der Republik, Heinrich Lübke, und dessen verbale Entgleisungen. Köhler, berichtete der *Spiegel*, habe sich mit seinen Äußerungen zur deutschen Außenpolitik blamiert, im Schloss Bellevue herrsche Entsetzen: »Wie soll er die restlichen vier Amtsjahre überstehen?«[1] Beim Empfang am Sonntag, so Teske, hätten natürlich alle über den *Spiegel*-Artikel gemunkelt, nur der Bundespräsident habe seltsam gelassen gewirkt. Nun aber, am Montagmorgen mit dem Wissen um das bevorstehende Pressestatement, schwante Teske etwas. Wenige Stunden später rückte die Hauptstadtpresse an, die Fotografen und Fernsehkameras brachten sich in Stellung, und Teske positionierte sich auf seinem üblichen Platz. Als die Flügeltür sich öffnete und Horst und Eva Luise Köhler Hand in Hand eintraten, entfuhr Teske ein gut vernehmbares »Oh«. Beim Anblick des Paars wurde aus seiner Vermutung Gewissheit. Der Präsident würde seinen Rücktritt verkünden.[2] Ein Novum in der Geschichte der Bundesrepublik.

Knapp zwei Jahre später, an einem außergewöhnlich kalten Februartag, betraten Christian Wulff und seine Frau Bettina denselben Raum des Schlosses Bellevue. Die Kameras klickten, Blitzlicht flackerte, das Paar blickte kurz in die Menge, der Bundespräsident stellte sich ans Rednerpult. Seine Ansprache dauerte etwa zwei Minuten länger als jene seines Vorgängers, aber am Ende hatte auch Christian Wulff den Anwesenden und via Kamera unzähligen Bundesbürgern seinen Rücktritt mitgeteilt. Zum zweiten Mal innerhalb von nur zwei Jahren hatte ein deutscher Bundespräsident sein Amt niedergelegt. Hatte Horst Köhlers Rücktritt die Öffentlichkeit überrascht, erfolgte Wulffs unter erheblichem Druck.

So ähnlich sich diese beiden Rücktritte in der Dramaturgie des offiziellen Ablaufs auch gestalteten, so gänzlich verschieden waren sie doch im Hinblick darauf, wie sich die beiden First Ladies durch ihr Auftreten zum Geschehen positionierten. Eva Luise Köhler kam an der Hand ihres Mannes, entschlossen, ja vorwurfsvoll blickend in den Saal, kein Lächeln lag auf ihrem Gesicht. Während der kurzen Erklärungsworte Horst Köhlers, in denen er seine Empörung nur schwer zügeln konnte, stand sie ganz dicht neben dem Rednerpult, als wolle sie ihren Mann stützen. Als dieser geendet hatte, trat er vom Pult herab, nahm seine Frau wieder an die Hand, und gemeinsam verließen sie den Raum. Ganz anders die Körpersprache von Bettina Wulff. Mit gehörigem Abstand zueinander traten die Wulffs vor die Journalisten, und während der Bundespräsident das Wort ergriff, stellte sich seine Frau weit abseits, ein Stück hinter ihn, die Hände auf dem Rücken. Zunächst lächelte sie in die Runde, bald aber schweiften ihre Augen ab, blickten ziellos in die Ferne. Dann wandte sich ihr Mann dezidiert an sie: »Vor allem danke ich meiner Frau, die ich als eine überzeugende Repräsentantin eines menschlichen und eines modernen Deutschland wahrgenommen habe. Sie hat mir immer, gerade in den vergangenen Monaten, und auch den Kindern starken Rückhalt gegeben.«[3] Aber auch jetzt wirkte Bettina Wulff distanziert, als hätte all das gar nichts mit ihr zu tun. Kaum hatte der Bundespräsident zu Ende gesprochen, verließen beide, wiederum einigen Abstand zwischen sich lassend, den Raum.

Die erste und zweite, zugegebenermaßen recht kurze Amtszeit Horst Köhlers und die ebenfalls kurze Amtszeit Christian Wulffs stechen merkwürdig heraus aus der Geschichte der Bundespräsidenten. Sie ähneln sich nicht nur in ihrem Ende – auch wenn es aus völlig unterschiedlichen Gründen zum Rücktritt kam –, auch bei den Anfängen ihrer Kandidatur gibt es Parallelen. Schöpferin – plakativ ausgedrückt – beider Kandidaten war die neue starke Frau in Berlin: Angela Merkel. Sowohl Köhler als auch Wulff waren keineswegs das, was man »natürliche« Kandidaten nennt, Anwärter also, die man in Berlin seit Jahren auf dem Schirm hatte für das Schloss Bellevue.

Nach und nach war im Laufe des Jahres 2003 klar geworden, dass Johannes Rau aufgrund seiner angegriffenen Gesundheit nicht für eine zweite Amtszeit antreten würde. Ein sozialdemokratischer Kandidat – in diesem Fall wurde es dann mit der angesehenen Politikwissenschaftlerin Gesine Schwan eine Kandidatin – würde es aufgrund der sich verschiebenden Machtverhältnisse ohnehin schwer haben. Die CDU-Vorsitzende Angela Merkel ergriff die Chance, die Weichen neu zu stellen und von Unionsseite gezielt jemanden ins Rennen zu schicken, den sie zu den Ihren zählen konnte. Kaum jemand war eingeweiht, als Merkel Köhlers Name für das höchste Amt ins Spiel brachte. Einige in ihren eigenen Reihen, die Wolfgang Schäuble gerne als Kandidaten gesehen hätten, reagierten irritiert. Unterstützung erhielt Merkel dagegen von Norbert Lammert und Christian Wulff, und auch Guido Westerwelle war mit im Boot. Letzteres war besonders wichtig, wollte man sich doch die Liberalen für eine potenzielle Koalition auf Bundesebene als Partner sichern. Wie damals bei der Wahl Gustav Heinemanns, als SPD und FDP gemeinsame Sache gemacht hatten, sollte auch diese Bundespräsidentenwahl quasi ein Testlauf für die Bundestagswahl werden, wenn es nach Merkel und Westerwelle ging. Rot-Grün steckte im Umfragetief, und die beiden waren entschlossen, sich in Stellung zu bringen.

»Horst wer?«, fragte denn auch zunächst eine erstaunte Öffentlichkeit. In Berliner Kreisen war Horst Köhler freilich kein unbeschriebenes Blatt. Seit Mitte der Siebzigerjahre war der Volkswirt in verschiedenen Ministerien auf Bundesebene tätig gewesen, war in den Neunzigerjahren Präsident des Deutschen Sparkassen- und Giroverbands gewesen, hatte die Europäische Bank für Wiederaufbau und Entwicklung (EBWE) geleitet und war schließlich auf Anraten Helmut Schmidts von Gerhard Schröder als Direktor des Internationalen Währungsfonds (IWF) nach Washington geschickt worden.

Auch Christian Wulff hatte 2010 zunächst wohl kaum jemand als Kandidat für das Bundespräsidentenamt auf dem Zettel gehabt. Durch Köhlers plötzlichen Rücktritt musste man überraschend schnell einen neuen Kandidaten benennen. Wulff selbst und auch seine Frau schreiben in ihren Erinnerungsbüchern, dass sie überhaupt nicht damit gerechnet hatten, dass es um das höchste Amt ging, als Wulff nur wenige Stunden nach Köhlers Rücktritt einen Anruf Angela Merkels entgegennahm, die ihn bat, noch am selben Abend nach Berlin zu kommen. Sie haben zunächst angenommen, dass die Kanzlerin den Rat des niedersächsischen Ministerpräsidenten und Parteifreunds in der Nachfolgefrage einholen, ihn eventuell nach Berlin auf einen Ministerposten holen wollte, falls eine Personalrochade nötig würde. Als die Kanzlerin dann geradeheraus fragte, ob Wulff sich das Amt des Bundespräsidenten vorstellen könne, war dieser bass erstaunt, aber auch erfreut.[4]

Die Kandidatenkür der Kanzlerin stieß bei der Opposition, aber auch unionsintern auf Kritik. SPD und Grüne schickten mit dem ehemaligen Beauftragten der Stasi-Unterlagen-Behörde, Joachim Gauck, einen parteilosen Mann der Mitte ins Rennen und argumentierten, nach dem Rücktritt Köhlers und dem damit verbundenen Ansehensverlust für das Amt des Bundespräsidenten wäre ein überparteilicher Kandidat das Beste für das Land. Weite Teile der Presse sprachen sich für Gauck aus. *Bild* titelte »Yes, we Gauck«, der *Spiegel* formulierte es noch schärfer und schrieb »Der bessere Präsident«. Nach Köhler, der so merklich von der Kanzlerin an diese Stelle gesetzt worden war, warf man Merkel vor, erneut einen Bundespräsidentenkandidaten aus rein machtstrategischen Erwägungen zu küren. Auch innerhalb der Koalition gab es ungewöhnlich starken Widerstand gegen Wulff. So stark, dass Wulff sich schließlich erst im dritten Wahlgang durchsetzen konnte. Fast hatte man den Eindruck, einige wollten der Kanzlerin einen Denkzettel verpassen.

Eine First Lady weniger

»Angela Merkel ist für mich eine wahnsinnig beeindruckende, straighte Frau«, schreibt Bettina Wulff in ihrem Buch *Jenseits des Protokolls*. »Ich finde, sie strahlt eine eigene Coolness aus, die ich an ihr bewundere.«[5] In ihrem 2012 erschienenen, umstrittenen *Tell-all*-Buch nahm die ehemalige First Lady kein Blatt vor den Mund und bekundete offen die Enttäuschung und Verbitterung über die vermeintliche Skrupellosigkeit des Politbetriebs. Über die Kanzlerin aber verlor Bettina Wulff kein böses Wort. Tatsächlich war und ist das Verhältnis zwischen Merkel und den Wulffs ein gutes. Die gegenseitige Unterstützung reicht weit zurück.

Der Weg Angela Merkels an die Spitze ihrer Partei und des Landes gehört sicher zu den politischen Karrieren, die wenige Beobachter so vorausgesagt hätten. Auch wenn man wohl konstatieren muss, dass gerade die Kandidatenkür für das Amt des Bundespräsidenten nicht zu den Glanzstunden ihrer Kanzlerschaft gehörten, die Physikerin aus Ostberlin ging den Weg nach oben auf ihre ganz eigene, unaufgeregte, uneitle und dennoch zielstrebige Art. Dabei nutzte sie klüger als die Männer in ihrem Umfeld die Chancen, die sich im Gefolge der Parteispendenaffäre Ende der Neunzigerjahre ergaben. Keiner der stets hoch gehandelten Kronprinzen Kohls – sei es Roland Koch, Friedrich Merz,

[18] Verstanden sich gut: Angela Merkel und Bettina Wulff, hier bei einem Empfang zum Staatsbankett für den Emir von Katar mit dessen Frau Musa bint Nasser al-Missned im September 2010.

Norbert Röttgen oder Wolfgang Schäuble – wagte, was sie kurz vor Weihnachten 1999 wagte. In einem Gastbeitrag für die *Frankfurter Allgemeine Zeitung* forderte die damalige CDU-Generalsekretärin nichts weniger als die Emanzipation ihrer Partei vom durch die Anschuldigungen in der Parteispendenaffäre schwer in die Kritik geratenen Helmut Kohl. »Die Partei muss also laufen lernen«, schrieb Merkel, »muss sich zutrauen, in Zukunft auch ohne ihr altes Schlachtross, wie Helmut Kohl sich oft selbst gerne genannt hat, den Kampf mit dem politischen Gegner aufzunehmen. Sie muss sich wie jemand in der Pubertät von zu Hause lösen, eigene Wege gehen (…).« Es könne keine Alternative geben zwischen »Fehler aufklären« und »Erbe bewahren«, beides gehöre zusammen, denn nur auf einem wahren Fundament könne ein richtiges historisches Bild entstehen.[6]

Merkels Beitrag schlug ein wie eine Bombe. Ihre Botschaft war klar: Die Partei musste sich erneuern, musste sich in dieser Nach-Kohl-Ära neu sammeln, jetzt, da eine Verklärung des Langzeitkanzlers angesichts der Affäre ohnehin nicht mehr möglich war. Die Generalsekretärin setzte alles auf eine Karte und stellte sich damit an die Spitze derer, die bereit waren, sich kritisch mit den Vorwürfen gegen Kohl und die CDU auseinanderzusetzen. Heute erscheint der *FAZ*-Artikel wie ein Befreiungsschlag für Merkel und letztendlich auch für die Partei, in den Tagen und Wochen nach der Veröffentlichung aber war die politische Zukunft der Generalsekretärin durchaus ungewiss. »Vatermörderin«, »Nestbeschmutzerin« – so zischte es hinter ihrem Rücken. Als Anfang Februar aber Wolfgang Schäuble ebenfalls unter dem Druck der Spendenaffäre als Parteivorsitzender zurücktreten musste, stieß Merkel in das dadurch entstehende Vakuum. Sie galt als unbelastet in all den Verstrickungen, die nun nach und nach an die Öffentlichkeit gelangten. Am 10. April 2000 wurde sie als erste Frau in der Geschichte der CDU zur Parteivorsitzenden gewählt. Hielten einige Merkel für eine Übergangslösung, bis sich einer der starken Jungs in Stellung gebracht hatte, so wurden sie in den folgenden Jahren eines Besseren belehrt. Angela Merkel war fest entschlossen, sich nicht nur an der Spitze der Partei zu halten, sondern auch den sozialdemokratischen Kanzler Schröder abzulösen.

Die Partei aber fremdelte anfangs spürbar mit der neuen Frontfrau. Weiblich, Naturwissenschaftlerin, geschieden, kinderlos, protestantisch, ostdeutsch – das bereitete so manchem in der rheinisch-katholisch geprägten und nach wie vor von Männern dominierten Union Bauchschmerzen. Erst ein unerhörter Angriff von außen bewirkte, dass die Reihen sich schließlich hinter ihr schlossen. »Sie wird keine Koalition unter ihrer Führung mit meiner Sozialdemokratischen Partei zustande bringen. Das ist eindeutig. Machen Sie sich da gar nichts vor«, setzte ein sich in Rage redender Gerhard Schröder einem sich die Augen reibenden Fernsehpublikum bei der »Elefantenrunde« von ARD und ZDF am Wahlabend 2005 auseinander. Während sich Guido Westerwelle das Lachen nicht verkneifen konnte, saß Angela

Merkel schweigend da, blickte zuweilen ungläubig in die Runde, als wollte sie die Anwesenden fragen: »Sagt der das gerade wirklich?« Ob sie da schon ahnte, dass ihr die Chuzpe des Noch-Kanzlers zugutekommen würde? Nach diesem Auftritt, von dem Doris Schröder-Köpf später sagte, er sei ebenso lustvoll wie suboptimal gewesen, stellte sich die Union hinter ihre Chefin. Intern war Merkel viel kritisiert worden, den Weg zur Kanzlerkandidatur hatte man ihr nicht leicht gemacht, nach diesen Tiraden aber wurde in den Verteidigungsmodus geschaltet.[7]

Kein Zweifel, Merkel musste schlucken bei Schröders Ausführungen, deren machistischer Unterton kaum zu überhören war: »Glauben Sie im Ernst, dass meine Partei auf ein Gesprächsangebot von Frau Merkel bei dieser Sachlage einginge, in dem sie sagt«, und dabei deutete er lässig herablassend auf die CDU-Vorsitzende, »*sie* möchte Bundeskanzlerin werden? Ich meine, wir müssen die Kirche doch mal im Dorf lassen.« Der Redebeitrag Merkels in dieser Runde war um ein Vielfaches kürzer als jener Schröders, der die Sendung mit seiner Aufsässigkeit dominierte, und doch war sie am Ende die lächelnde Gewinnerin. Die Kirche, so sollte sich herausstellen, blieb eben nicht im Dorf, und die Sozialdemokraten ließen sich eben doch auf eine Große Koalition unter einer Kanzlerin Angela Merkel ein.

Als die CDU-Vorsitzende wenige Wochen später im Bundestag zur ersten Kanzlerin der Bundesrepublik Deutschland gewählt und vereidigt wurde, saß nicht ihr Mann, der Chemieprofessor Joachim Sauer, mit im Bundestag, sondern ihre Mutter Herlind Kasner. Sauer brach mit der Tradition und den Sehgewohnheiten vieler Bundesbürger. Für gewöhnlich nahm die Gattin des zu wählenden Kanzlers auf der Besuchertribüne des Parlaments Platz und drückte die Daumen für die Abstimmung, teilte Rührung und Freude über die gewonnene Wahl. Nicht so Herr Sauer. Die Ansage konnte nicht deutlicher sein: Das ist *ihre* Sache. Ich habe einen anderen Job zu machen. Mit der Wahl Angela Merkels zur Bundeskanzlerin war Berlin eine Frau, hatte aber eine First Lady weniger.

Hand in Hand

Während der First Husband sich also seither rarmacht, war die neue First Lady von Anfang an gar nicht wegzudenken von der Seite des Bundespräsidenten, der 2004 ins Amt kam. Die Beziehung zwischen Horst Köhler und seiner Frau ist als symbiotisch beschrieben worden, die beiden, so der Eindruck, gab es nur im Doppelpack.[8] In ihrer langen Ehe haben sich die Köhlers ohne Zweifel gegenseitig geprägt und beeinflusst. Welchen Part aber spielte Eva Luise Köhler dabei? Und was machte sie für ihren Mann auch während seiner Amtszeit so unverzichtbar?

Schaut man sich diese First Lady näher an, stellt man erst einmal fest: Eva Luise Köhler ist nicht nur eine politische Frau, sie hat auch eine eigene politische Vergangenheit. Als sich in den Siebzigerjahren mehr und mehr Menschen unter dem Motto »Bürger für Brandt« für dessen sozialdemokratische Politik engagierten, trat auch Eva Luise Köhler in die SPD ein. Die Lehrerin für lernbehinderte Kinder war besonders beeindruckt von Brandts Ostpolitik. Mitte der Siebziger wurde sie in den Ortschaftsrat im baden-württembergischen Herrenberg-Mönchberg gewählt und widmete sich hier vor allem Schulfragen. Es existiert sogar ein Wahlplakat aus dieser Zeit. Unter der Überschrift »Frauen in den Herrenberger Stadtrat« ist Köhler neben fünf Genossinnen abgebildet. Das Foto atmet die Aufbruchsstimmung der damaligen Jahre, strahlt Selbstbewusstsein und Entschlossenheit aus, Dinge in Bewegung zu setzen. Während ihr Mann in diesen Jahren auf der Karriereleiter nach oben stieg und sich als Finanzexperte im Bundesministerium für Wirtschaft etablierte, machte seine Frau auf der lokalen Ebene Politik. Auch als Horst Köhler 1981 in die CDU eintrat, blieb seine Frau Sozialdemokratin. Erst 1990 trat sie aus, da sie sich wohl vor allem mit Oskar Lafontaine, dem damaligen Kanzlerkandidaten der SPD, und seinem Kurs nicht anfreunden konnte.[9]

Eva Luise Köhler ist wohl die einzige First Lady, die in einer anderen politischen Partei als jener ihres Mannes aktiv war, für diese Partei sogar Mandate übernommen hat. Sie war immer eine intellektuell unabhängige Frau, und das erhielt sie sich auch während der Zeit in Schloss Bellevue. Um die intensive Bezogenheit der beiden aufeinander allerdings besser verstehen zu können, vor allem Köhlers ausgesprochen enge Bindung an seine Frau, muss man weit zurückblicken zu den Anfängen ihrer Liebesgeschichte. Eva Luise Bohnet war verwurzelt in ihrer Heimat, gehörte quasi zum Milieu der Alteingesessenen, während Horst Köhler ein Flüchtling war, der bei seiner Ankunft in Ludwigsburg als Teenager bereits mehrere Stationen hinter sich hatte. Eva Luise war siebzehn, Horst einundzwanzig, als sie sich kennenlernten, und vieles spricht dafür, dass die Ludwigsburgerin für den wurzellosen jungen Mann ein Stück weit Heimat wurde.

Horst Köhler hatte, als er ganz im Westen der Republik ankam, auf eine Odyssee zurückzublicken. Die Köhlers waren bereits mit Kriegsbeginn zwischen die Fronten geraten. Die Familie hatte seit Generationen in Bessarabien – heute Moldawien – gelebt, das mit dem Hitler-Stalin-Pakt an die Sowjetunion fiel. Wie viele andere Deutsche folgte die Familie daraufhin dem Ruf der nationalsozialistischen Führung und zog »Heim ins Reich« beziehungsweise in ein Gebiet, das die Nazis als dem Reich zugehörig befanden. Sie ließen sich zunächst in Skierbieszów im Distrikt Lublin nieder, einer Gegend, die der amerikanische Historiker Timothy Snyder »Bloodlands«[10] nannte, nämlich jene gemarterte Region im Osten Europas, die während des Zweiten Weltkriegs zwischen Hitler und Stalin aufgerieben wurde. Zwischen Polen, der Ukraine, Weißrussland, Russland und dem Baltikum wüteten in diesen Jahren Deutsche und Sowjets, siedelten um, hungerten aus und mordeten die dort ansässige Bevölkerung in unvorstellbarem Ausmaß. Die polnischen Einwohner Skierbieszóws waren vor der Ankunft der »Volksdeutschen« aus Bessarabien im Zuge der »Aktion Zamość« von deutscher Ordnungspolizei, SS und Wehrmacht vertrieben, die Juden der Stadt waren nach Auschwitz deportiert und dort ermordet worden. Auf diesem blutgetränkten Boden, auf dem wenige Monate zuvor mit skrupelloser Grausamkeit und deutscher Gründlichkeit die Politik der Gewinnung von »Lebensraum im Osten« in die Tat umgesetzt worden war, kam Horst Köhler im Februar 1943 als siebtes von acht Kindern zur Welt. Einigen der neuen Siedler im Generalgouvernement dürften zu diesem Zeitpunkt bereits erste Zweifel daran gekommen sein, dass dieser Krieg zu gewinnen war, denn nur wenige Wochen zuvor hatte die 6. Armee unter General Paulus der Übermacht der Sowjets beigeben müssen. Die Schlacht um Stalingrad war verloren und der Anfang vom Ende des Kriegs, zumindest im Osten, eingeläutet.

Als die Partisanenangriffe im Laufe der folgenden Monate zunahmen, entschloss sich Horst Köhlers Mutter dazu, mit den Kindern nach Lodz zu gehen, während der Vater auf dem ihnen zugewiesenen Hof blieb. Aber auch im Lodzer Auffanglager waren sie nicht sicher, denn die Rote Armee war auf dem Vormarsch, sodass die Familie weiter gen Westen zog und schließlich in Sachsen landete. Wieder mussten die Kinder neu beginnen, sich neue Freunde suchen, wieder standen die Eltern vor dem Nichts. Erneut versuchten sie ihr Glück in der Landwirtschaft. Doch als die überzeugten Antikommunisten erkannten, dass die Zeichen auf Kollektivierung standen, sahen sie hier keine Zukunft für die Familie. Heimlich bereiteten die Eltern die Flucht vor. Die Kinder wussten nicht, dass sie ihre Klassenkameraden nie wiedersehen würden, als sie 1953 nach Berlin reisten und von dort die S-Bahn in den Westteil der Stadt nahmen. Bis 1957 lebten die Köhlers in verschiedenen Flüchtlingslagern, bis sie endlich in Ludwigsburg eine Heimat fanden.[11]

Als Eva Luise Bohnet also ihren Zukünftigen Mitte der Sechzigerjahre kennenlernte, begegnete sie einem jungen Mann, der in seinem kurzen Leben schon viel erlebt hatte. Die Kindheit auf der Flucht und in diversen Auffanglagern, die Begegnung mit der »kalten Heimat«[12], die viele Flüchtende als erniedrigend und verletzend empfanden, mussten ihre Spuren hinterlassen haben. Bohnet dagegen war in behüteten Verhältnissen, in einem sozialdemokratisch geprägten und musischen Elternhaus aufgewachsen. Der Großvater, ein Volksschullehrer, war während des »Dritten Reichs« einige Male gezwungen gewesen unterzutauchen, weil er sich kritisch zum Nationalsozialismus geäußert hatte.

Dieses Familienerbe wurde gepflegt. Bei Eva Luise war das Interesse für Geschichte groß. Sie besuchte das Goethe-Gymnasium und schrieb ihre Examensarbeit über die Geschichte der Gewerkschaften. Sie habe eine ganz normale Kindheit im Nachkriegsdeutschland der Fünfzigerjahre erlebt, meint Eva Luise Köhler.[13]

Die erste echte Begegnung zwischen Eva Luise Bohnet und Horst Köhler fand in einem kleinen Kino in Ludwigsburg statt. Weil Eva Luise eine Freundin von Horsts jüngerer Schwester Ursula war, kannten sie sich bereits vage. Die beiden hatten an diesem Nachmittag getrennt voneinander Ingmar Bergmans *Das siebente Siegel* gesehen. Nun standen sie am Ausgang, noch etwas benommen von den starken Schwarz-Weiß-Bildern dieses Mysterienspiels. Das Wetter passte zur bedrückenden Stimmung des Films, es war trüb und regnerisch. Der Regen hatte aber auch etwas Gutes. Er lieferte den perfekten Vorwand, ins Gespräch zu kommen, und schließlich auch, um die Unterhaltung möglichst lange fortzusetzen. Horst Köhler hatte keinen Schirm dabei und fragte das junge Mädchen kurzerhand, ob er, da sie den gleichen Heimweg hätten, mit unter ihren kommen dürfe.[14]

Man kann sich vorstellen, dass sich der junge Panzergrenadier in der Gegenwart der selbstsicheren und belesenen Eva Luise sofort wohlfühlte. Es muss von Anfang an einen regen Austausch zwischen beiden gegeben haben. Köhler-Biograf Langguth meint, Eva Luise Köhler habe ihren Mann durchaus intellektuell geprägt. Unklar ist, ob die junge Frau ihren Freund auch politisch beeinflusst hat. Die Köhlers rechneten sich der CDU zu. Was die jüngere Vergangenheit betraf, so betrachteten sie sich zwar in erster Linie als Opfer, die Verbrechen der Deutschen wurden aber wie in zahlreichen Familien in den Fünfziger- und Sechzigerjahren hartnäckig beschwiegen. Die Frage, wie es die Eltern selbst mit dem Nationalsozialismus gehalten hatten, wurde nicht gestellt. Heute nimmt Köhler an, dass es kein Zufall sei, dass er Horst genannt wurde, in Anlehnung wohl an Horst Wessel, und auch einer seiner Brüder nicht von ungefähr Adolf hieß.[15] Vermutlich genoss der junge Mann die relativ offene Atmosphäre im Hause Bohnet, in dem musiziert, gelesen und diskutiert wurde – eben auch über jene Jahre, die damals noch weithin mit einem Tabu belegt waren.

Etwa vierzig Jahre später reisten die Köhlers, inzwischen Deutschlands First Couple, nach Israel. Draußen kündigte sich in diesem Februar 2005 schon zaghaft der Frühling an, in der Dunkelheit des Children's Memorial in der Gedenkstätte Yad Vashem allerdings, wo man in die Gesichter unzähliger, während der Schoa ermordeter Kinder blickt, überkam die beiden zwangsläufig ein Frösteln. Als die Fotografen loslegten, hielt sich das Paar ganz fest an den Händen, suchte sichtlich Halt beieinander. In diesen Momenten ist es vermutlich am schwersten, Deutschland zu repräsentieren. Und in solchen Momenten – das fällt bei den Köhlers auf – bedurfte der Bundespräsident besonders der Gegenwart seiner Frau. Auch der Besuch eines deutschen Staatsoberhaupts in Polen ist von jeher aufgeladen mit einem düsteren historischen Erbe. Für Köhler aber war die Reise zu Deutschlands östlichem Nachbarn im Sommer 2004 besonders heikel, schließlich war seine Familie Teil des brutalen nationalsozialistischen Umsiedelungsprojekts gewesen, das so viele Polen ihrer Heimat beraubt und unzählige das Leben gekostet hatte. Auch bei diesem Besuch wirkte der Bundespräsident zuweilen unsicher, suchte den Blick, die Hand seiner Frau.[16] Zu Hause und auf Reisen standen die Köhlers in ständigem Austausch, der Bundespräsident wollte stets auch die Meinung seiner Frau hören und sie, wann immer möglich, in seiner Nähe wissen. »Sie sind eben zwei Hälften, die sich beieinander zuhause fühlen«, heißt es in einem Porträt der First Lady, das 2005 erschien. »Der ganze Präsident ist er nur mit ihr.«[17]

In den früheren Jahren ihrer Ehe allerdings, als er ehrgeizig und zielstrebig begann, die Karriereleiter zu erklimmen, führten die Köhlers zuweilen eine Art Fernbeziehung. Immer wenn der Volkswirt eine neue Stelle antrat, zog er erst mal voraus, arbeitete sich mit vollem Einsatz und vielen Überstunden ein und holte erst später die Familie nach. Von seiner Frau und den Kindern forderte das ein gehöriges Maß an Flexibilität. Eva Luise Köhler war also immer wieder mehr oder weniger alleinerziehend. Die Köhlers lebten ein Modell wie viele Ehepaare ihrer Generation: Um dem Ehemann optimale Aufstiegschancen zu ermöglichen, ordneten sowohl Frau als auch Kinder sich unter. Kaum in einer Stadt angekommen, einer Nachbarschaft, einer Schule, einer Arbeitsstelle eingelebt, brachen sie die Zelte wieder ab, mussten anderswo neu beginnen. Dass Eva Luise Köhler dieses Modell allerdings für zukünftige Generationen infrage stellte, ist zu vermuten. Als ihr Mann einmal einen Vortrag vor Studenten in Tübingen hielt und forderte, man müsse mehr dafür tun, dass Frauen Karriere und Kinder besser unter einen Hut bringen könnten, schrieb Eva Luise Köhler auf einen Zettel »Und Männer!« und hielt ihn hoch. »Ich schließe mich meiner Frau an«, konnte da Köhler nur beipflichten.[18]

Eva Luise Köhler war daheim auf ganz besondere Weise gefordert, und das nicht nur, weil ihr Mann Karriere machte. Ihre 1973 geborene Tochter Ulrike erkrankte als junges Mädchen an Retinitis pigmentosa, einer Krankheit, die zu einer Degeneration der Netzhaut und damit zur Erblindung führt. Als die Diagnose gestellt wurde, hatte die Familie schon quälende Jahre der Ungewissheit hinter sich, unzählige Arztbesuche, Momente der Hoffnung, Momente der Verzweiflung. Köhler, der gerade erst Finanzstaatssekretär geworden war, wechselte als Präsident zum Sparkassen- und Giroverband, um mehr Zeit mit seiner Tochter verbringen zu können. Nachdem die Familie den ersten Schock überwunden hatte, schaltete Eva Luise Köhler in den Aktionsmodus. Es gab keine Heilung, nun mussten sie sich mit der Krankheit – so schrecklich sie war – arrangieren. Ulrike sollte trotz ihrer Beeinträchtigung die bestmögliche Ausbildung bekommen. In Marbach fanden sie ein Internat, in dem Sehbehinderte und Blinde das Abitur machen konnten. Nach bestandener Hochschulreife studierte die junge Frau Germanistik, Italienisch und Englisch, legte das Staatsexamen ab und promovierte schließlich.[19]

Die eigene Erfahrung bewegte Eva Luise Köhler auch dazu, als First Lady das Augenmerk der Öffentlichkeit auf die Probleme von Menschen zu lenken, die selbst oder deren Angehörige an seltenen chronischen Krankheiten leiden. Diese Menschen müssen oftmals zunächst eine Odyssee an Arztbesuchen hinter sich bringen, stoßen auf Unverständnis oder Ratlosigkeit, werden von Pontius zu Pilatus geschickt und erhalten aufgrund der fehlenden Diagnose oder mangelnder Erfahrung mit ihrem Krankheitsbild nicht die adäquate Behandlung. Die Gründung des Vereins *ACHSE*, die *Allianz Chronischer Seltener Erkrankungen*, war eine der ersten Maßnahmen, die Eva Luise Köhler ergriff, nachdem ihr Mann zum Präsidenten gewählt worden war. Seitdem arbeiten sie und der Verein daran, nicht nur ein Bewusstsein für die besondere Problematik seltener Krankheiten zu schaffen, sondern auch Betroffene zu vernetzen und die Forschung voranzutreiben. Als Schirmherrin von *ACHSE* nutzte Eva Luise Köhler die Zeit in Bellevue wie zahlreiche ihrer Vorgängerinnen für eine Sache, die ihr schon lange am Herzen gelegen hatte. Dass ihre Tochter selbst von einer chronischen seltenen Krankheit betroffen ist, verlieh der First Lady eine umso größere Authentizität.

Horst Köhler war kein Profipolitiker. Das bescherte ihm zuweilen die Sympathie der Bürgerinnen und Bürger, brachte aber auch so manche Schwierigkeiten mit sich. Der Politikbetrieb war ihm zwar keineswegs fremd, doch war er es im Gegensatz zu zahlreichen seiner Vorgänger nicht gewohnt, in der Öffentlichkeit zu stehen. Dazu kam, dass er zwar seit Jahrzehnten CDU-Mitglied war, aber innerhalb seiner Partei über keine eigenen »Truppen« verfügte, die hinter ihm standen, so, wie Richard von Weizsäcker oder Johannes Rau sie zweifellos gehabt hatten. Er war von der Kanzlerin geholt worden, eine eigene Mannschaft aber musste er sich erst aufbauen. Und das war offenbar gar nicht so leicht für den Quereinsteiger. Seine Frau, sosehr sie es wollte, konnte ihm hier kaum helfen. Während Hilda Heinemann, Marianne von Weizsäcker oder Christina Rau die Fallstricke des Lebens auf dem politischen Parkett aus dem Effeff kannten, als sie First Lady wurden, schon gute Kontakte zu Journalisten und eine gemeinsame Vergangenheit mit zahlreichen Mitstreitern und Widersachern ihres Mannes hatten, stand Eva Luise Köhler wie auch ihr

Mann dem Treiben in der Hauptstadt etwas fremd gegenüber. Und diese Fremdheit konnten die Köhlers im Laufe der Jahre nie restlos abschütteln. Im Gegenteil. Die Situation schien sich eher zuzuspitzen, als zu entspannen.

Schon gegen Ende seiner ersten Amtszeit, noch mehr zu Beginn der zweiten, konnte man sich des Eindrucks nicht erwehren, dass der Präsident seltsam isoliert war. Auch die Medien sparten zuweilen nicht an Kritik. Hatten die Journalisten im Umgang mit dem Staatsoberhaupt – von den Frontalangriffen auf Lübke gegen Ende von dessen zweiter Amtszeit einmal abgesehen – in den vorangegangenen Jahrzehnten immer noch eine gewisse Zurückhaltung an den Tag gelegt, so spürte man deutlich, dass der Ton nun rauer wurde.

Der Bundespräsident hat im aktuellen Tagesgeschäft keine allzu großen Möglichkeiten, Einfluss zu nehmen. Was er aber hat, ist die Macht des Wortes. Es gab in der Geschichte der Bundespräsidenten Großmeister dieser Macht. Theodor Heuss gehört sicher dazu, ebenso Gustav Heinemann und Richard von Weizsäcker. Köhlers direkter Vorgänger, Johannes Rau, konnte aus dem Stegreif formulieren, hatte ein feines Gespür für Zwischentöne und traf mit ziemlicher Sicherheit den Nerv der Anwesenden. Horst Köhler dagegen war kein begnadeter Redner. Der Finanzexperte hatte seine Karriere in der Bonner Administration sowie bei Verbänden und im IWF gemacht, er war bis 2004 nie aufgefallen mit Redebeiträgen zu Themen, die die Nation bewegten. Darum wunderte es vermutlich auch zunächst nicht allzu viele Beobachter, dass er nicht sofort mit einer Agenda seiner Präsidentschaft voranpreschte. Nun aber, in den Jahren 2009 und 2010, machte man ihm diese mangelnde Botschaft vermehrt zum Vorwurf.

Im Frühjahr 2010 entschied sich Köhler zu einem Blitzbesuch in Masar-e Scharif. Die Visite bei deutschen Soldaten in Afghanistan sollte wohl auch dem Eindruck entgegenwirken, er verzettele sich als Präsident im Klein-Klein, melde sich zu häufig zu ökonomischen statt zu übergeordneten Fragen zu Wort. Eva Luise Köhler begleitete ihren Mann auf dieser Reise. Nicht mit von der Partie war dagegen sein bisheriger Pressechef, der das

Amt kurz zuvor verlassen hatte. Vielleicht auch deswegen sprach Köhler auf der Heimreise mit dem *Deutschlandfunk* relativ offen und ungeschützt über die Notwendigkeit von Militäreinsätzen. Die Deutschen verstünden nach und nach, dass ein Land »mit dieser Außenhandelsorientierung und damit auch Außenhandelsabhängigkeit auch wissen muss, dass im Zweifel, im Notfall auch militärischer Einsatz notwendig ist, um unsere Interessen zu wahren«. Die Diskussion schlug hohe Wellen. Man unterstellte gar, der Präsident rechtfertige Wirtschaftskriege. Auch in den eigenen Reihen meldeten sich nun einige zu Wort, die es immer schon gewusst haben wollten. »Auf den Fluren von Schloss Bellevue«, so der *Spiegel*, »fühlen sich jene Mitarbeiter bestätigt, die schon lange um Köhlers Schwächen wussten, die seine O-Töne kannten, seine hilflosen Bitten um Redeentwürfe und Themenvorschläge. (...) Er habe keinen politischen Kompass, klagen einige, die das Amt verlassen haben. Das sind viele: Referatsleiter und bereits zwei Planungschefs.« Hatte sich beim Präsidentenpaar schon länger Frust angestaut, so brachten die Diskussionen um das *Deutschlandfunk*-Interview das Fass nun zum Überlaufen. Laut *Stern* soll es Eva Luise Köhler gewesen sein, »seit jeher von großem Einfluss auf ihren Mann«, die nach jenem vernichtenden Porträt im *Spiegel* gesagt hat: »Horst, jetzt reicht es!« Besonders bitter soll für den Bundespräsident auch die Erkenntnis gewesen sein, dass aus dem Kanzleramt inmitten der massiven Angriffe kein Wort zu seiner Verteidigung kam.[20]

Je dünner die Luft in diesen letzten Monaten wurde, desto enger – so hat es den Anschein – wurde die Gemeinschaft des Paars. Die First Lady sah aus ganz unmittelbarer Nähe, wie sehr ihren Mann die Strapazen des Amts mitnahmen. Gegen die Angriffe aus dem politischen Betrieb und aus der Presse half den beiden offenbar nur das feste Zusammenstehen. Manchmal strahlte das Präsidentenpaar dabei etwas geradezu Trutzburghaftes aus. Ganz besonders nahm man das wahr bei jenem gemeinsamen Auftritt am 31. Mai 2010, als der Bundespräsident seinen Rücktritt verkündete. Eva Luise Köhler sagte kein Wort, als sie in die Arena der mit Kameras und Mikrofonen gerüsteten Reporter

[19] Hand in Hand traten die Köhlers im Mai 2010 vor die Presse, als der Bundespräsident seinen Rücktritt verkündete. Eva Luise und Horst Köhler waren in Schloss Bellevue ein Team und traten auch als solches ab.

trat, und doch lag in ihrem Gesichtsausdruck, ihrer Körperhaltung und der Entschlossenheit, mit der sie die Hand ihres Mannes ergriff, ein stummer Vorwurf – an die Medien und das politische Berlin.

Tabubruch

Konfrontiert mit der Öffentlichkeit und den Herausforderungen, die das Amt an sie stellte, wuchsen die Köhlers also in Schloss Bellevue zu einer eng verschworenen Schicksalsgemeinschaft zusammen. Das Paar, das ihnen folgte, geriet in einen noch weitaus größeren Sturm. Derart angefochten, rückten Bettina und Christian Wulff allerdings nicht näher, sondern entfernten sich mit jedem Tag, den diese zweite Präsidentenkrise innerhalb von nur zwei Jahren dauerte, weiter voneinander.

Dabei hatten die Zeichen im Frühsommer 2010 gar nicht schlecht gestanden. Zugegeben, zunächst hatte Christian Wulff mit all der medialen Begeisterung für Joachim Gauck und der Schmach der drei Wahlgänge ein wenig freundlicher Wind ins Gesicht geblasen. Schon bald aber war die öffentliche Lust auf etwas Neues größer gewesen als die Grübelei über die Gründe für Horst Köhlers Rücktritt oder der Ärger über Angela Merkels erneuten Alleingang. Ausgiebig wurde über das neue Paar im Schloss Bellevue berichtet. Die Presse widmete sich vor allem der jungen, attraktiven Frau an der Seite des ehemaligen niedersächsischen Ministerpräsidenten. Zwar war auch Christina Rau mit Mitte vierzig eine junge First Lady gewesen, Bettina Wulff setzte nun aber mit ihren siebenunddreißig Jahren einen neuen Rekord und wurde die jüngste Erste Dame in der Geschichte der Republik. Und anders als Christina Rau, die sich sehr zurückgenommen hatte, was Garderobe, Frisur und Make-up betraf, brachte Bettina Wulff durchaus einen gewissen Glamourfaktor ins Schloss. Ihr Konterfei zierte zahllose Gazetten. Die junge Familie wurde ein Stück weit auch als Aushängeschild für ein modernes Land in Szene gesetzt. Ein Grund, warum Wulff sich dazu entschlossen hatte, »Ja« zu sagen zu Angela Merkels Frage, ob er kandidieren wolle, war, laut eigenem Bekunden, durchaus das Ansinnen gewesen, das Amt zu verjüngen. »Eine Patchwork-Familie«, so Wulff in seinem Buch *Ganz oben. Ganz unten*, »die ein Kind in der Kita, ein Kind in der Grundschule, ein Kind am G8-Gymnasium hat, ist nah dran an Fragen, die viele Menschen beschäftigen.«[21] Der Begriff Patchworkfamilie wurde in der Berichterstattung über die neue First Family denn auch derart strapaziert, dass man darüber fast vergessen hätte können, dass es in den Siebzigerjahren mit den Scheels bereits eine Patchworkfamilie im höchsten Amt gegeben hatte. Ganz so neu war die Konstellation also nicht. Während die Scheels damals noch mit Sack und Pack und wenig stubenreinem Hund in die Villa Hammerschmidt eingezogen waren, richteten sich die Wulffs wie schon die Raus und die Köhlers nicht im Amtssitz, sondern in einem Haus in der vornehmen Pücklerstraße in Dahlem ein.

Auch sonst schienen die Startbedingungen der Wulffs günstiger zu sein als jene des Vorgängers und seiner Gattin. Während Köhler als Seiteneinsteiger gekommen und ein Außenseiter geblieben war, handelte es sich bei Wulff um einen Berufspolitiker durch und durch. Bereits als ganz junger Mann war er 1975 in die Junge Union eingetreten, er gehörte seit Mitte der Achtzigerjahre dem Vorstand der niedersächsischen CDU an, saß seit 1994 im niedersächsischen Landtag und triumphierte bei der Landtagswahl 2003 über Sigmar Gabriel, Schröders Nachfolger im Amt des Ministerpräsidenten. Er wusste genau, auf was er sich einließ, als er Anfang Juni 2010 nominiert wurde. Und auch Bettina Wulff kannte das politische Geschäft bereits einige Jahre aus nächster Nähe. Hinzu kam, dass sie selbst in der Kommunikationsbranche tätig war. Als sie den damaligen Ministerpräsidenten bei einer Südafrikareise 2006 kennenlernte, waren sie beide im Dienst gewesen. Er hatte eine niedersächsische Wirtschaftsdelegation angeführt, sie war als Pressereferentin des Reifenherstellers Continental mitgeflogen. Offenbar hatte es bereits an Bord gefunkt, zumindest was den Ministerpräsidenten anging. Nach der Rückkehr begannen die beiden, sich regelmäßig SMS zu senden und sich schließlich auch zu verabreden. Die Liebesgeschichte mit der alleinerziehenden Mutter, die Hochzeit und die bald darauffolgende Geburt des kleinen Linus verpassten dem etwas blass wirkenden niedersächsischen Landesvater ein gewisses Upgrade in Sachen Coolness. Angesichts der wohl durchaus authentischen und natürlich dennoch strategischen öffentlichen Ausführungen über die Herausforderungen und Freuden des Patchworkfamilienlebens wurde dem Unionspolitiker die Scheidung von seiner ersten Ehefrau Christiane schnell verziehen. Schon ironisch, wie sich die Dinge manchmal drehen: Noch in den Neunzigerjahren hatte Wulff sich als braver Familienvater gegen den mehrfach geschiedenen Schröder in Stellung gebracht, als beide um das Amt des Ministerpräsidenten gekämpft hatten. Nun war er der Ehebrecher mit nagelneuer Familie und deutlich jüngerer Frau.

Auch die Kanzlerin wusste den Charmefaktor der Familie Wulff zu nutzen. Am Tag vor der Bundespräsidentenwahl erklärte sie, dass sie sich auf das Kinderlachen in Schloss Bellevue freue.[22] Die Wulffs passten hervorragend zur neuen Aufgeschlossenheit gegenüber jungen Familien, die sich die Bundesregierung auf die Fahne geschrieben hatte. Gegen zahlreiche Widerstände hatte Familienministerin Ursula von der Leyen 2007 das Elterngeld durchgesetzt, das es Vätern und Müttern erlaubt, bis zu vierzehn Monate nach der Geburt eines Kindes zu Hause zu bleiben. Das dabei eingebüßte Gehalt wird seitdem durch staatliche Transferleistungen zumindest teilweise ausgeglichen. Die Regelung, dass die vierzehn Monate Elternzeit nur voll in Anspruch genommen werden können, wenn auch der Vater des Kindes mindestens zwei Monate in Elternzeit geht, wurde heiß diskutiert, aber schließlich auch umgesetzt.

Es sei ihnen damals wichtig gewesen, erklärt Bettina Wulff heute, zu zeigen, dass Patchworkfamilien heute zur Lebensrealität in Deutschland gehören. Allerdings fügt sie heute hinzu: »Das war manchen Menschen vielleicht auch ein bisschen zu viel (…) In der Partei und in den Medien gab es von Anfang an auch Tendenzen und Positionen, die gesagt haben, da wird man etwas überfordert. Das ist uns nicht gerade und konservativ genug.« Es sei schon damals hin und wieder Widerstand zu spüren gewesen, aber dieser wurde nicht offen benannt.[23] Sehr offen wurde dagegen das Äußere der neuen First Lady besprochen. Die Boulevardpresse nahm kein Blatt vor den Mund. Was trug sie, wie hoch waren die Absätze ihrer Schuhe, war ein Pferdeschwanz ladylike genug? Und – diese Frage bewegte tatsächlich die Republik – wohin nur mit der Tätowierung bei feierlichen Staatsempfängen? Gerade an der Tattoo-Causa entzündete sich eine öffentliche Debatte. Christian Wulff entgegnete jedem, der ihn danach fragte, er fände das Tribal auf dem Oberarm seiner Frau »cool«. Anfangs nahm er vermutlich wirklich an, profitieren zu können von der Jugend und Lässigkeit seiner Frau. Bald muss ihm aber gedämmert haben, dass die Vehemenz, mit der man nun das Erscheinungsbild seiner Frau auseinandernahm, etwas mit ihm zu tun hatte. Die *FAZ* widmete zu Beginn von Wulffs Amtszeit einen ganzen Artikel der »Perforierten Republik«. Genüsslich führte der Artikel aus, dass sich früher jene, die von der Gesellschaft ausgestoßen waren – »Verbrecher, Sträflinge, Zuhälter, Nutten, Hafenarbeiter, Seeleute, Vagabunden« –, an ihren Tattoos erkannt hätten. »Die Halb- und Unterwelt grenzte sich so von der bürgerlichen Mehrheit ab«, führt der Autor weiter aus und weidet sich sowohl an seiner eigenen Belesenheit als auch am frivolen Schaudern, denn »die Tätowierungen stellten aber auch sicher, dass keiner in die Mehrheitsgesellschaft abwandern konnte.« Genau das, so der Subtext, war nun aber geschehen. Selbst in den höchsten gesellschaftlichen Kreisen war man nicht mehr sicher: »Nun zieht also erstmals ein Tattoo in das Schloss Bellevue ein und gehört damit zum informellen Repräsentationsinstrumentarium des höchsten Staatsamtes«, endet der Autor. »Selbst wenn der Bundespräsident es ›cool‹ findet, es bleibt ein Import aus der Unterwelt.«[24]

»Mir einen solchen Text über meine Frau und mich gefallen lassen zu müssen, ohne etwas dagegen unternehmen zu können, stellte mich auf eine harte Probe«, schreibt Christian Wulff in seinen Erinnerungen.[25] Dabei war das Verhältnis zwischen den Wulffs und der Presse lange Zeit eigentlich recht positiv gewesen. Das Ehepaar hatte sich zumindest anfangs auf ein gewisses Spiel mit der Öffentlichkeit und dem eigenen Image eingelassen. Gern hatten die beiden es sich zum Beispiel gefallen lassen, als jung und unverbraucht, als trendig und unverstaubt gepriesen zu werden. Wenn in diesem Zusammenhang das Tribal der First Lady erwähnt wurde, hatte das nicht weiter gestört. Dass die Ingredienzen, die sie selbst in den Topf der öffentlichen Wahrnehmung geworfen hatten, dann allerdings auch von anderen gewürzt wurden und so einen Geschmack erhielten, den sie ursprünglich nicht hatten erzielen wollen, gehört wohl ein klein wenig zum Berufsrisiko. Noch in ihrem Buch wundert sich Bettina Wulff darüber, wie ihre Tätowierung damals ins Zentrum der Berichterstattung gerückt worden ist. »Ist es nicht absolut verrückt, welche Aufmerksamkeit dieses Tattoo auf meinem Oberarm auf sich zog?«[26] Gleichzeitig ließ sie es allerdings auf dem Foto für das Cover des Buchs geschickt in Szene setzen.

Die Wulffs haben zunächst wie wohl wenige andere Spitzenpolitikerpaare die Öffentlichkeit bedient. Vielleicht haben sie gerade mit ihrer engen Verbindung zur *Bild*-Zeitung Geister gerufen, die sie dann nicht wieder loswurden. Allerdings steckte hinter der Berichterstattung, die Bettina Wulff widerfahren ist, mehr. Hier zielte man auf den Ehemann, indem man seine Frau ins Visier nahm. Und wie sich wenig später herausstellen sollte, war das mediale Festbeißen am Tattoo Bettina Wulffs nur der Anfang ungeheuerlicher Angriffe auf die First Lady.

Bei einem Frühstück im Spätsommer 2010 im Schloss Bellevue, zu dem die Wulffs Kai Diekmann und seine Familie eingeladen hatten, fragte der *Bild*-Chefredakteur die First Lady bei Kaffee und Croissants, was denn eigentlich an den Gerüchten über ihre vermeintliche Vergangenheit im Rotlichtmilieu dran sei. »Ich war völlig entgeistert«, erinnert sich Bettina Wulff, »mir blieb fast das Brötchen im Halse stecken.«[27] Dass derartige Gerüchte durchs Internet geisterten und vielleicht auch hier und da hinter vorgehaltener Hand erzählt wurden, war nicht neu für die First Lady. Dass aber der Chefredakteur von Deutschlands auflagenstärkster Zeitung sie derart offen bei einem Familienfrühstück fragte, was sie zu diesen Vorwürfen zu sagen hatte, gab der Sache eine neue Dimension.

Bettina Wulff ist nicht die erste First Lady, die zur Zielscheibe für Angriffe der Gegner ihres Mannes wurde. Die Berichterstattung degradierte Doris Schröder-Köpf zum schmückenden Beiwerk oder stilisierte sie zur machtbesessenen Mitregentin, um ihren Mann wahlweise als Macho oder als Schwächling darzustellen. Auch Hannelore Kohl musste erhebliche Häme ertragen. Man nannte sie die »Barbie aus der Pfalz«, machte sie zum blonden Heimchen am Herd – und wollte damit Helmut Kohl eins auswischen. Aber die Anfeindungen und Diffamierungen, die Bettina Wulff über sich ergehen lassen musste, waren tatsächlich von neuer Qualität. Hier wurde der Name einer Frau systematisch in den Schmutz gezogen. Dass es sich bei dieser Frau um die Erste Dame im Staat handelte, weist ein weiteres Mal darauf hin, dass man vonseiten der Medien und auch der Politik im Umgang mit dem höchsten Amt und seinem Personal längst die Samthandschuhe abgelegt hatte. Bereits im Umgang mit den Köhlers war hier ein Wandel spürbar gewesen, im Zusammenhang mit Bettina Wulff wurden nun selbst die grundlegendsten Anstandsregeln in den Wind geschrieben.

Die Angriffe auf Bettina Wulff während der Amtszeit ihres Mannes waren bösartig und ehrverletzend, gleichzeitig machte sie von Anfang an klar, dass sie eine eigenständige Person war und nicht nur als Teil eines Paars wahrgenommen werden wollte. Dass sie ab dem ersten gemeinsamen Abend beim Italiener im Juni 2006, einen Tag, nachdem die Trennung Wulffs von seiner damaligen Frau Christiane bekannt gemacht worden war, unter Beobachtung stand, war für Bettina Wulff schwierig. »Meine Reaktionen, meine Mimik, mein aktives Handeln derart kontrollieren zu müssen, das war und blieb für mich äußerst befremdlich«, schreibt sie in ihrem Enthüllungsbuch. Auf den Einwand, das sei eben der Preis dafür, in der Öffentlichkeit zu stehen, entgegnete sie, sie habe sich nicht bewusst für diese Präsenz entschieden: »Ich habe mich lediglich in einen Mann verliebt, der sie sich ausgesucht hat.«[28]

Dieser Satz sagt viel darüber, wie Bettina Wulff ihre Rolle definierte. Keine ihrer Vorgängerinnen hat sich das First-Lady-Sein selbst gewählt, letztlich war die Übernahme dieser Aufgabe immer eine Konsequenz aus dem Handeln ihres Mannes. Bis zu diesem Zeitpunkt hätte das allerdings keine von ihnen so deutlich zur Sprache gebracht. Zweifellos sind sämtliche First Ladies hin und wieder ereilt worden vom Frust über das ständige In-der-Öffentlichkeit-Stehen, die dauernde Begleitung durch Sicherheitsbeamte, die Einschränkungen für die Kinder, bestimmt haben alle gelitten unter den Angriffen auf den Mann und manchmal die ganze Familie, unter der Angst vor Terror und Entführungen. Wenn diese Frauen allerdings öffentlich von ihrer Aufgabe sprachen, stand immer der Dienst, den sie leisteten, im

Vordergrund – nie sie selbst. Bettina Wulff hat in ihrem Buch *Jenseits des Protokolls* mit diesem Code gebrochen.

Es sei hier betont, dass Bettina Wulff dieses Buch, publiziert nur wenige Monate nach dem Rücktritt, im Nachhinein für einen Fehler hielt und dass ihr ganz persönlich tatsächlich übel mitgespielt worden war.[29] Wenn hier also aus dem Buch zitiert wird, um einen Einblick in Bettina Wulffs Denken während ihrer Zeit in Schloss Bellevue zu bekommen, müssen wir in Rechnung nehmen, dass die ehemalige First Lady zum Zeitpunkt, als sie sich zusammen mit der Journalistin Nicole Maibaum an die Niederschrift machte, wohl noch gehörig unter Schock stand. Und doch erstaunt es, dass eine Kommunikationsexpertin derartig danebengreifen konnte, dreht sich dieser Bericht über die Zeit in Schloss Bellevue doch in erster Linie um ihre Probleme, ihre Befindlichkeit und die Ungerechtigkeit, die ihr widerfahren ist. Sie klagt über mangelndes Verständnis vonseiten des Bundespräsidialamts für die Nöte einer jungen Mutter, über das unpersönliche Haus in Dahlem, das sie bewohnten, über mangelnde Intimsphäre und Privatheit, über die Belastungen, die das Amt für die Beziehung mit sich brachte.[30] Bestimmt hätte man grundsätzlich Sympathien gehabt für die junge Frau, die Familie und Fulltime-Job – und First-Lady-Sein ist zweifellos ein Fulltime-Job – unter einen Hut bringen musste. Die Art und Weise, wie sie im Buch allerdings um sich selbst kreiste und dabei völlig ausblendete, dass sie sich trotz allem in einer außergewöhnlich privilegierten Situation befand, verärgerte viele Leserinnen und Leser.

Einige Passagen wirken ausgesprochen irritierend. So spricht Wulff zum Beispiel im Zusammenhang mit anderen Staatsoberhäuptern und deren Partnern von »Promis«. Aber Michelle Obama oder die Frau des damaligen türkischen Präsidenten, Hayrünnisa Gül, sind natürlich nicht in erster Linie Promis. Sie sind vor allen Dingen die Ehefrauen wichtiger politischer Repräsentanten. Gewählter Staatsmänner, das sei noch dazugesagt. Und das Gleiche galt ja für Wulff selbst, oder sah sie sich auch zuallererst als Promi? Wenn sie schreibt: »Als Frau des Präsidenten bist du zu einem großen Teil austauschbar. Genauso schnell, von heute auf morgen, wie du plötzlich dazugehört hast, kannst du auch wieder draußen sein. (…) Es ist einfach Teil des Systems«,[31] dann möchte man ihr entgegenrufen: Ja, das System heißt Demokratie. Ämter werden auf Zeit verliehen.

Die Trauerfeier für die Opfer der Loveparade in Duisburg im Hochsommer 2010 – bei dem Massenevent waren am 24. Juli einundzwanzig Menschen ums Leben gekommen, mehrere Hundert waren verletzt worden – erwähnt Bettina Wulff, um an diesem Beispiel auszuführen, welchen Stress sie dadurch gehabt hatte. Frühmorgens aufstehen, Kinder der Großmutter übergeben, fertig machen, in den Flieger steigen, »vor Ort Hände schütteln, Posieren für die Fotografen, ein wenig Small Talk, und schon ging es wieder zurück in den Alltag nach Großburgwedel. Dort warteten nicht nur Leander und Linus, um vom Hort beziehungsweise der Kita abgeholt zu werden, sondern auch ein kompletter Haushalt.«[32]

Selbst bei der Beschreibung ihrer Arbeit in jenem »Departement«, in dem man als First Lady vieles richtig machen kann, der Charity, lässt Bettina Wulff einen gehörigen Mangel an Fingerspitzengefühl erkennen. Sie berichtet, wie verschiedene Organisationen an sie herantraten, um sie für ihre Sache zu gewinnen. »Mir ist Authentizität wichtig«, erklärt sie dann und fährt fort: »Ich meine, man stelle sich mich nur einmal als Sprecherin zur Rettung des deutschen Dackels vor. Zwar ein ganz bezauberndes Tier, aber wo ist da die unmittelbare Verbindung zu meinem Leben?« Es geht also auch hier vor allem um sie selbst: »Ich muss mich in meiner Haut und mit dem, was ich tue, wohlfühlen.«[33] Dabei hat Bettina Wulff mit ihrem Engagement für die Stiftung *Eine Chance für Kinder*, der sie sich schließlich verschrieb, viel bewirkt. Sie hat zweifellos Bewusstsein geschaffen für die Nöte vernachlässigter und misshandelter Kinder.

Natürlich ist Bettina Wulffs durchaus berechtigtes Drängen darauf, als eigenständige Person wahrgenommen zu werden, auch ein Spiegelbild unserer Gesellschaft. Frauen folgen heute eben nicht mehr klaglos ihrem Karriere machenden Gatten, egal, wo es den gerade hinführt. Sie verdienen ihr eigenes Geld und treffen ihre eigenen Entscheidungen. Wenn Bettina Wulff darauf hinweist, dass ihre Tätigkeit nicht entlohnt wurde – »Mit Zynismus könnte ich anmerken, dass man als First Lady natürlich für das Land und für die Ehre arbeitet«[34] –, dann spricht sie einen Punkt an, der in den letzten Jahren immer wieder für Diskussionen gesorgt hat. Schade bleibt, dass eine Chance vertan wurde. Denn selbstverständlich sind viele ihrer Vorgängerinnen als eigenständige Personen wahrgenommen worden, als starke Frauen, die etwas bewegt haben. »Man ist als First Lady sehr frei in der Gestaltung dieser Aufgabe«[35], meint Christina Rau, oder, um auf Eleanor Roosevelt zurückzukommen, beim Händeschütteln kommt es darauf an, selbst zu schütteln, nicht geschüttelt zu werden. Bettina Wulff hatte angesichts der kurzen Zeit ihres Mannes im Amt weniger Gelegenheit, ihren Weg zu finden. Schwer zu sagen, ob sie der Rolle der First Lady unter günstigeren Bedingungen einen nachhaltigen Modernisierungsschub gegeben hätte.

Im persönlichen Gespräch, fünf Jahre nach dem Rücktritt, klingt Bettina Wulffs Bilanz viel versöhnlicher, viel mehr first-lady-like als ihre Ausführungen in Buchform aus dem Jahr 2012. Überhaupt hat man das Gefühl, sie hat sich inzwischen selbst wiedergefunden. Als First Lady habe sie so viele verschiedene Menschen kennenlernen dürfen und einen ganz neuen Blick auf das Land bekommen, schwärmt sie. Sie habe, sagt sie, nicht geahnt, welche Gestaltungsmöglichkeiten sich da eröffnen würden, als sie die Aufgabe übernahm. »Ein großartiges Gefühl. Das hat mich beflügelt. Dass man etwas in Gang bekommt und gesellschaftliche Themen voranbringen konnte.« Im Interview kommt sie nun auch zu sprechen auf das, was ihr Mann und sie sich vorgenommen hatten, als sie ins Schloss zogen. »Es war uns beiden wichtig, dass wir das, wofür mein Mann auch hier in Niedersachsen gestanden hat, für eine offene Gesellschaft, für Aufeinanderzugehen, für den Dialog zwischen den Religionen und Weltanschauungen, dass wir das eigentlich als das zentrale Thema betrachtet haben«, so Bettina Wulff. Sie selbst habe das auch in die Bereiche mit hineingenommen, in denen sie tätig war. Im

Hinblick auf die Rede ihres Mannes zum 3. Oktober 2010, in der er ausdrücklich betonte, der Islam gehöre zu Deutschland, sei sie anfangs unsicher gewesen. Sie meinte, man überfordere die Menschen möglicherweise mit einer solchen Aussage. Sie fürchtete aber auch ganz konkret Anfeindungen gegen ihren Mann, die eine solche Rede ihrer Meinung nach sich ziehen könnte. Im Nachhinein steht sie hinter der Rede, betont sie heute.[36]

Es hat bei den Wulffs also zweifellos wie bei vielen ihrer Vorgänger ein inhaltlicher Austausch über Themen stattgefunden. Allerdings mag in dieser Konstellation schon eine Rolle gespielt haben, dass Bettina Wulff erst wenige Jahre zuvor mit der Sphäre der Spitzenpolitik in Berührung gekommen war. Im Gegensatz zu Bundespräsidentenpaaren wie den Heinemanns oder den Weizsäckers, die quasi gemeinsam in diese Sphäre hineingewachsen sind, hat Bettina Wulff einen erfahrenen Berufspolitiker geheiratet, der sehr viel besser als sie selbst wusste, »wie der Laden lief«. Vielleicht liegt hierin auch der Grund, warum die Kommunikationsfachfrau sich wenig Gehör verschaffen konnte, als sich der bis dahin eher unauffällige Präsident plötzlich massiven Angriffen ausgesetzt sah.

Im Herbst 2011 geriet Christian Wulff unter öffentlichen Druck wegen der Finanzierung seines Hauses in Großburgwedel und der Frage, ob seine Auskünfte hierzu als Ministerpräsident im niedersächsischen Landtag korrekt gewesen waren. Die Berichterstattung darüber riss nicht ab. Mehrfach täglich gab es auf den Onlineportalen der Nachrichtenmagazine Updates, ein Verdacht jagte den nächsten. Nicht nur Wulff selbst, auch sein Zuhause, seine Urlaube, die Spielsachen seiner Kinder, die Kleider seiner Frau – alles wurde ins Licht der Öffentlichkeit gezerrt. Die Medien belagerten die Wulffs, beobachteten jeden Schritt. »Mein Mann war es als Politiker gewohnt, öffentliche Kritik einzustecken. Für mich war das in dieser Vehemenz neu. Ich hatte das Gefühl, mich vor meine Familie stellen zu müssen«, erinnert sich Bettina Wulff heute. Ihr Ältester habe sie damals gefragt, warum er das aushalten müsse, nur weil seine Mutter mit dem Bundespräsidenten verheiratet sei. »Ich hätte mir schon gewünscht, dass man damals etwas mehr auf unsere Situation als Familie eingegangen wäre, nicht von Medienseite aus (…), aber in der Umgebung meines Mannes und der politischen Umgebung.« Schmerzhaft sei auch gewesen, dass sie selbst auf die Dinge, die um sie herum ihren unheilvollen Lauf nahmen, wenig Einfluss nehmen konnte: »Das war schwer zu akzeptieren.« Am 17. Februar trat der Bundespräsident mit seiner Frau vor die Kameras. »Der Rücktritt meines Mannes war nach der Beantragung der Aufhebung seiner Immunität unumgänglich. Für die Familie war es im Privaten das Ende eines absoluten Ausnahmezustands. Wir mussten uns jetzt retten. Unsere Familie, unser weiteres Leben.«[37]

Vielleicht auch, weil sie das Gefühl hatte, dem Drama, das sich entfaltete, völlig ausgeliefert zu sein und selber keine eigene Stimme zu haben, distanzierte Bettina Wulff sich derart, quasi aus einer Art Selbsterhaltungstrieb, von den Ereignissen. Dieses Auf-Abstand-Gehen kam für die Presse, das politische Berlin und auch die Bürgerinnen und Bürger zum Ausdruck, als Bettina Wulff ihren Mann zur Rücktrittsverkündung begleitete.[38] Noch deutlicher sagte sie es in ihrem Buch. Die Presse, so schreibt sie da, habe aus ihrem Mann und ihr »nur noch einen personifizierten ›Wulff‹« gemacht.[39] Eine derartige Distanzierung vom eigenen Mann in dessen schwerster politischer Krise ist einzigartig in der Geschichte der deutschen First Ladies. Während viele dieser Frauen, gerade in Zeiten, in denen der Ehemann angegriffen wurde, in den Verteidigungsmodus schalteten und sich vor ihren Mann stellten oder zumindest die Reihen schlossen, war es Bettina Wulff in dieser Situation wichtig, sich selbst und ihre Familie zu schützen. Sie wehrte sich dagegen, mit ihrem Mann »über einen Kamm« geschoren oder »in einen Topf« geworfen zu werden, so die Formulierungen, die sie im Buch immer wieder wählt.

Die Nachricht von der Trennung der beiden im Jahr 2013 hat nach der Veröffentlichung der Autobiografie und den Äußerungen der ehemaligen First Ladies darin nur noch wenige erstaunt. Überraschender kam dann schon 2015 die Meldung, dass die Wulffs wieder zusammen sind und sogar kirchlich geheiratet haben. Schon im Februar 2014 war Christian Wulff vom Verdacht der Vorteilsnahme freigesprochen worden. Zunächst sah es so aus, als hätten die beiden die schweren Zeiten hinter sich gelassen und wieder zueinandergefunden. Im Oktober 2018 allerdings gab der Rechtsanwalt des Paars bekannt, dass Bettina und Christian Wulff sich erneut getrennt haben.

Zwei Ladies und ein Professor

Am 16. Februar 2012, als die Wulffs Nachricht von der Aufhebung der Immunität des Bundespräsidenten erhielten und anschließend im Wohnzimmer der Dienstvilla in der Pücklerstraße bei einem Krisengespräch zusammensaßen, leitete die Journalistin Daniela Schadt den Nürnberger Presseclub. Auf dem Podium an diesem Donnerstagabend saß unter anderem der damalige bayerische Finanzminister Markus Söder. Als es piepte, blickte dieser rasch auf die Nachricht auf seinem Mobiltelefon, zeigte es kurz in die Runde und hob vielsagend eine Augenbraue. Markus Söder zählte sofort eins und eins zusammen. »Jetzt müssen Sie nach Berlin!«, erklärte er Daniela Schadt. Doch noch hielt die Journalistin ihm entgegen: »Kommt doch gar nicht in Frage.«[40]

Im Mai 2010 – Horst Köhler hatte gerade überraschend seinen Rücktritt verkündet – hatte Daniela Schadt ihrem Lebensgefährten Joachim Gauck scherzhaft den Rat gegeben, schleunigst sein Handy wegzuschmeißen. Sie wusste, dass sein Name hoch gehandelt wurde, wenn es um das höchste Amt ging. Und tatsächlich hatte man Gauck damals von verschiedenen Seiten bestürmt, sich für eine Kandidatur zur Verfügung zu stellen. Aber schon 2010 hatte Gauck sein Telefon natürlich nicht weggeschmissen, sondern kandidiert, war aber im dritten Wahlgang gegen Christian Wulff unterlegen. Jetzt, zwei Jahre später, nach einem weiteren dramatischen Rücktritt, würden diejenigen, die Gauck damals auf den Schild gehoben hatten, vermutlich noch vehementer seinen Einsatz fordern. Nicht nur Markus Söder hatte den richtigen Riecher, auch Schadts Schwester rief umgehend an. »Jetzt kommt was auf euch zu«, sagte sie am Telefon. Doch Daniela Schadt blieb erst einmal gelassen. »Ich dachte, das Thema liegt hinter uns. Man springt nicht zweimal in denselben Fluss.«[41]

Was man in diesen Februartagen zunächst tatsächlich noch nicht hatte erahnen können, war die Strategie der Liberalen im Spiel der Kandidatenkür. War Gauck 2010 der Wunschkandidat der SPD und der Grünen gewesen, befürwortete nun auch die FDP seine Aufstellung. Der kleine Koalitionspartner übte erheblichen Druck auf die Kanzlerin aus. Angela Merkel hatte 2004 mit Horst Köhler und 2010 mit Christian Wulff Bundespräsidenten ins Schloss gebracht, von denen sie wohl auch gehofft hatte, dass sie ihr nicht dazwischenfunken würden. Das war beide Male gründlich schiefgegangen. Köhler hatte immer wieder versucht, sich freizuschwimmen, und dabei auch nicht gescheut, Politikerschelte zu betreiben. Sein Abgang hatte Merkel geschadet, munkelte man in Berlin doch, der Bundespräsident habe sich von der Kanzlerin im Stich gelassen gefühlt. Und das Handling dessen, was als »Wulff-Affäre« in die Geschichte einging, hatte das Amt in seine bisher tiefste Krise gestürzt. Erstaunlich bleibt daher, dass Merkel in dieser Situation nicht die Idee eines wahrhaft überparteilichen, in der Bevölkerung darüber hinaus überaus beliebten Kandidaten aufgegriffen hat, sondern sich zunächst eisern weigerte, auf Gauck einzuschwenken. Was steckte dahinter?

Das Verhältnis zwischen Angela Merkel und Joachim Gauck ist ein kompliziertes. Sie kommen beide nicht nur aus Ostdeutschland, sie sind auch beide protestantisch sozialisiert. Merkel wuchs in einem Pfarrhaus auf, Gauck ist selbst studierter Theologe und war lange Jahre Pastor. Die Welt des jeweils anderen ist auch ein Stück weit die eigene. Das schafft Nähe, birgt aber auch Konfliktstoff. Es mag Merkel auch zurückschrecken haben lassen, dass Gauck, wie Köhler, kein politisches Urgestein war, sondern wieder ein Seiteneinsteiger. Nach den Erfahrungen mit dem Vorvorgänger hielt sie ein weiteres Experiment mit jemandem, der den Berliner Betrieb nicht von innen kannte, eventuell für riskant. Hinzu kommt, dass Merkel sich völlig bewusst darüber war, dass Gauck ein unabhängiger Präsident sein würde.

Nicht nur lag das in seinem Naturell und war Essenz seiner Lebenserfahrung – der Begriff der Freiheit war nicht von ungefähr sein zentrales Stichwort –, als von Union, SPD, FDP und Grünen getragener Kandidat würde Gauck die geballte politische Macht hinter sich haben, was ihm womöglich die Aura des Unangreifbaren verleihen würde. Vielleicht fürchtete Merkel aber auch, der populäre Gauck könne sie überstrahlen. Während die Reden der Kanzlerin oft ein wenig sperrig und hölzern daherkommen, ist der ehemalige Bürgerrechtler unbestritten ein Meister des Wortes, der die Klaviatur der Emotionen mühelos beherrscht.

Vermutlich führten all diese Faktoren dazu, dass Merkel sich lange gegen einen Kandidaten Gauck sperrte. In den Medien und auch in Teilen der Bevölkerung wurde das allerdings mit einiger Verwunderung zur Kenntnis genommen. Es kam der Eindruck auf, die Kanzlerin habe kein rechtes Gespür für die Stimmung um sie herum. Am Ende aber musste sich auch Merkel hinter den Rostocker stellen, hatte die FDP doch klargemacht, dass der Kandidat nicht verhandelbar sei. Auch wenn die Gründe für ihre Haltung in ihrer eigenen politischen Logik nachvollziehbar gewesen sein mögen, hat Merkel damit doch eine Chance vertan. In einem Moment, in dem das Amt des Bundespräsidenten in schwerer Bedrängnis war und es gleichzeitig eine so einhellige Stimmung für einen Kandidaten gab, hätte sich die Kanzlerin an die Spitze der Bemühungen stellen können, das Ansehen des Amts wiederherzustellen. Nun ging sie aus der Auseinandersetzung mit der FDP als Unterlegene hervor.

»First Freundin«

Der Weg, der zu einer Zusammenarbeit zwischen Merkel und Gauck auf höchster Ebene führte, war also holprig. Als die Würfel aber schließlich gefallen und Gauck mit einer überwältigenden Mehrheit von 79,9 Prozent zum elften Bundespräsidenten gewählt worden war, bemühten sich beide Seiten, den verstolperten Start nicht zum schlechten Vorzeichen für ihre gemeinsame

Arbeit werden zu lassen. Und das ist ihnen über die fünf Jahre hinweg durchaus gelungen.

Hatte Angela Merkel zunächst vielleicht Sorge gehabt, dass Gauck wie Köhler Schwierigkeiten haben könnte, sich im politischen Betrieb zurechtzufinden, so hat sie die Aussicht auf die neue First Lady wohl beruhigt. Mit Daniela Schadt hatte Gauck eine Partnerin, die vom Fach war, schließlich hatte sie jahrelang das Ressort Innenpolitik der *Nürnberger Zeitung* geleitet. Die Parallelen zu Doris Schröder-Köpf drängen sich auf. Auch Daniela Schadt wechselte mit der Wahl ihres Lebensgefährten die Seiten, nicht jedoch die Themen, und wie bei Doris Schröder-Köpf sollte sich auch ihr Insiderwissen für ihren Partner als überaus wertvoll erweisen.

Dabei stellte die Entscheidung ihres Lebensgefährten für die Kandidatur Daniela Schadt zunächst selbst vor eine schwierige Wahl. Nein, sagt sie, sie hätten die Frage »kandidieren oder nicht« damals nicht ausdiskutiert. »Jochen hat das entschieden.« Nur – welche Konsequenzen sollte sie daraus ziehen? »Da habe ich erst mal tief durchgeschnauft«, sagt sie heute. Die Journalistin wusste sofort, dass sich auch ihr Alltag von Grund auf verändern würde. Bislang hatten die beiden eine Fernbeziehung geführt, sich am Wochenende in Berlin oder Nürnberg gesehen. Ihr gemeinsames Leben und die Leben, die sie bislang getrennt voneinander geführt hatten – all das würde nun auf den Kopf gestellt werden. »Wirklich Angst hatte ich eigentlich nicht. Ich war viel zu sehr damit beschäftigt zu verstehen, was auf mich zukam, was von mir erwartet wurde«, so Schadt. Erst im Rückblick sei ihr bewusst geworden, dass ihr all das Neue, auch das plötzliche In-der-Öffentlichkeit-Stehen, durchaus zusetzte. Deutlichstes Indiz hierfür war, dass ihr der Appetit vorübergehend abhandenkam. »Ich hab nur wenig gegessen in dieser Zeit.«[42]

Man kann davon ausgehen, dass die Entscheidung, den Job, die eigene Welt in Nürnberg aufzugeben, der damals Zweiundfünfzigjährigen nicht leichtgefallen sein dürfte. Sie hatte ihr ganzes Leben lang für sich selbst gesorgt, war nie verheiratet gewesen, war eine erfolgreiche Journalistin. Nun übernahm sie eine Aufgabe, die weder Gehalt noch Altersvorsorge beinhaltete. Und es kommt noch ein weiterer Aspekt hinzu: Daniela Schadt zog nicht nur in die Hauptstadt und machte aus ihrer Wochenend- eine Vollzeitbeziehung, sie arbeitete fortan auch noch eng mit ihrem Partner zusammen. »Es ist kein Modell, das ich zur allgemeinen Nachahmung empfehle«, so Schadt. »Ein eigenständiges Leben ist schon sehr schön. Zu sagen, ich ziehe dem Partner hinterher, gebe alles auf, strecke die Füße von mir und behaupte, es wird schon – dafür muss es sehr gute Gründe geben.«[43]

Nach reiflicher Überlegung kam Daniela Schadt offenbar zu dem Ergebnis, dass bei ihr sehr gute Gründe vorlagen. Einer davon war sicher, dass sie die beiden Aufgaben – First Lady sein und als politische Redakteurin arbeiten – für nicht vereinbar hielt. Wie Doris Schröder-Köpf sah Daniela Schadt wenig Möglichkeiten, weiter bei der Zeitung zu arbeiten. »Seien wir mal realistisch«, erklärte sie in einem Interview mit der *FAZ*. »Ich hätte doch nicht weiter bei der *Nürnberger Zeitung* sitzen und am Wochenende nach Berlin fahren können. Oder wenn ich mir hier etwas gesucht hätte: Jeder Kommentar von mir wäre doch irgendwie dem Bundespräsidenten zugerechnet worden. Selbst wenn ich über Fußball geschrieben hätte!«[44] Ein anderer Grund mag aber auch gewesen sein, dass sie der Seitenwechsel reizte. »Sie lernen so viele unterschiedliche Menschen kennen, und die Begegnung ist ganz unmittelbar«, schwärmt Schadt heute. »Als Redakteurin musst du ja darüber schreiben, also sortiert man schon im Gespräch die Informationen nach ihrer Wichtigkeit. In der neuen Rolle dagegen konnte ich hundert Prozent in die Situation reingehen.«[45] Sich mit Anfang fünfzig noch einmal neu zu erfinden, sich neu auszuprobieren – das hat also sicher auch eine Rolle gespielt. Bei Schadt klingt das so: »Wer sagt, der dreißigste Kommentar zur Pflegereform sei spannender als das, was ich jetzt mache, der hat einen an der Waffel.«[46] Als First Lady konnte sie bei Gesprächen dabei sein, die für sie als Journalistin tabu gewesen wären, jetzt war sie ganz nah dran, lernte die Anatomie der Politik noch einmal aus einer anderen Perspektive kennen. Darüber hinaus war ihr sicher bewusst, von welchem Wert sie für

[20] Die Journalistin wechselte die Seiten und wurde als First Lady selbst Akteurin. Daniela Schadt beim Staatsbankett im Élysée-Palast mit dem französischen Staatspräsidenten François Hollande im September 2013.

ihren Partner war. Sie war nicht nur von Berufs wegen ein Kommunikationsprofi, sie war immer ein offener, neugieriger Mensch, der leicht ins Gespräch kam und Sympathiepunkte brachte.

»Auf Frau Schadts Einschätzung legt Gauck allergrößten Wert«, so Andreas Schulze, der ehemalige Pressesprecher des Bundespräsidenten. »Was ihr politisch nicht einleuchtet, das kriegt man auch bei ihm nicht durch.«[47] Ein solcher Satz aus dem engsten Umfeld des Präsidenten gibt seltene Einblicke. Eine First Lady selbst würde natürlich nie etwas in dieser Art äußern, und auch Schadt formuliert deutlich bescheidener. Sie habe vor wichtigen Reden durchaus gefragt, ob sie mal gucken dürfe. Aber selbstverständlich blieb Schadt auch in Schloss Bellevue die Politexpertin, die sie war. Sie behielt für ihren Partner stets die mediale Außenwirkung und die ehemaligen Kollegen im Blick. Gauck-Biograf Mario Frank kommt zu dem Ergebnis, Daniela Schadt sei eine der wichtigsten Ratgeberinnen des Bundespräsidenten gewesen und habe maßgeblichen Einfluss auf ihn.[48]

Bei der morgendlichen Zeitungslektüre jucke es sie schon manchmal in den Fingern, gestand Daniela Schadt einmal während eines Interviews. Da war sie etwa ein Jahr in Schloss Bellevue. »Ich rege mich einfach wahnsinnig gerne auf über das Weltgeschehen. Und dann denke ich, jetzt würde ich gerne einen Kommentar schreiben.« Tatsächlich gab sie auch als First Lady Kommentare ab und meldete sich zu Wort, wenn sie es für nötig befand. Als der Bundespräsident während seines Besuchs in Israel auf Distanz ging zu Angela Merkels Satz, das Existenzrecht Israels sei Teil der deutschen Staatsräson, wurde Kritik laut. Auch die Kanzlerin dürfte nicht glücklich gewesen sein über diesen Alleingang des Präsidenten und seine Prognose, das »Staatsräson«-Wort könne Merkel noch in »enorme Schwierigkeiten« bringen. »Auf dem Rückflug von Israel nach Deutschland«, so Gauck-Biograf Mario Frank, sei Schadt darauf zu sprechen gekommen: »›Es ist nicht jeder deutsche Politiker, der nach Israel kommt, verpflichtet, ›Staatsräson, Staatsräson, Staatsräson‹ zu rufen‹, ereiferte sie sich. Dabei schnippte sie bei jeder ›Staatsräson‹ mit dem Finger. Joachim Gauck weiß, was er an ihr hat.«[49]

Joachim Gauck, so viel kann man wohl sicher sagen, hat kein Problem mit starken Frauen. Auch eine mächtige Kanzlerin konnte ihn nicht schrecken, aber das nur nebenbei. Es ist schon auffällig, dass zwei seiner wichtigsten Beraterinnen im Schloss Frauen waren. Und zwar nicht irgendwelche Frauen, sondern seine aktuelle und seine ehemalige Lebensgefährtin. Helga Hirsch ist laut Gauck-Biograf Johann Legner seit 1990 die Person, »die sein Denken und Handeln am nachhaltigsten prägt«. Gauck lernte Hirsch, die damals für die Wochenzeitung *Die Zeit* aus Polen berichtete, im März 1990 kennen. Wenig später trennte er sich von seiner Frau Hansi und verlagerte seinen Lebensmittelpunkt nach Berlin. Die neue Frau an seiner Seite, geboren 1948 im niedersächsischen Estorf, wurde ihm, so Legner, zum »Schlüssel für sein Verständnis der bundesrepublikanischen Vorgänge«.[50] Auch nach der Trennung von ihr 1998 blieb die Verbindung zu Hirsch eine wichtige Konstante in seinem Leben, und Daniela Schadt, die Gauck im Herbst 1999 kennenlernte, scheint den Einfluss und die Präsenz Helga Hirschs von Beginn an akzeptiert zu haben.

Die Liebesgeschichte zwischen Joachim Gauck und Daniela Schadt nahm ihren Anfang bei einer Ausstellungseröffnung in der katholischen Stadtakademie in Nürnberg. Der damalige Beauftragte der Stasi-Unterlagen-Behörde hielt die Eröffnungsrede, und beim anschließenden Hintergrundgespräch im Caritas-Pirckheimer-Haus fanden Gauck und Schadt offenbar einen besonderen Draht zueinander. Fortan sah man Gauck immer häufiger in Nürnberg.[51] Lange Zeit blieben die etwas unorthodoxen Verhältnisse, in denen Joachim Gauck lebte, seine Privatsache, die nur die unmittelbar Betroffenen – seine Noch-Ehefrau, seine Kinder, die ehemalige Lebensgefährtin und Daniela Schadt – etwas angingen. Das sollte sich allerdings ändern, als sein Name 2010 im Zusammenhang mit dem Bundespräsidentenamt ins Gespräch kam. Intensiver widmete sich die Öffentlichkeit diesem Thema, als die Aussichten auf Schloss Bellevue 2012 deutlich realistischer wurden. Ein Bundespräsident, der seine Frau verlassen und eine deutlich Jüngere geheiratet hat, ein Kanzler mit drei gescheiterten Ehen und auch eine geschiedene Kanzlerin, all das war inzwischen Realität in der Bundesrepublik. Vorbei die Zeiten, in denen im Rennen um das höchste Amt der überaus beliebte Carlo Schmid von der SPD keine Chance gehabt hatte gegen Heinrich Lübke, weil er getrennt von seiner Frau lebte. Aber ein Bundespräsident, der mit einer Frau verheiratet war und offen mit einer anderen zusammenlebte – das war ein Novum. Konnte es eine First Lady geben, die gar nicht die Ehefrau des Präsidenten war?

Schon war ein neuer Titel im Umlauf, und Daniela Schadt wurde zu Deutschlands »First Freundin«. Auf Angriffe aus der CSU wegen der »ungeordneten Verhältnisse« reagierte Schadt gelassen, dabei hatte sie durchaus Verständnis, dass das Arrangement manche irritierte. Allerdings erklärte sie in einem Interview: »Nachdem nicht nur Jochen und ich, sondern die ganze Familie mit unserer Regelung gut leben können, kann vielleicht auch der Rest der Gesellschaft damit leben.«[52] Kein Zweifel – Daniela Schadt ist eine Frau, die sich nicht so leicht aus der Ruhe bringen lässt. Sie war selbstbewusst genug, der Rolle der First Lady eine neue, eigene Interpretation zu geben. Falls es irgendwo ein Problem geben würde aufgrund der Tatsache, dass sie nicht mit Joachim Gauck verheiratet war – im Vatikan sollte dies später der Fall sein –, so würde sie sich selbstverständlich dem Protokoll fügen.[53] Mochten die Verhältnisse nach außen ungeordnet erscheinen, Schadt war sich ihrer Sache und ihrer Rolle von Anfang an sicher. Sie stürzte sich mit einer Verve in die neue Aufgabe, die wiederum an Doris Schröder-Köpf erinnert. Die Journalistinnen haben ihre Jobs beide schweren Herzens gekündigt, und man hat den Eindruck, dass sie sich und der Welt anschließend beweisen wollten, dass die neue Aufgabe es wert war. Sie gingen das First-Lady-Sein hochgradig professionell an und eroberten sich im Kanzler- beziehungsweise im Bundespräsidialamt schnell eine Position, an der man nicht vorbeikam.

Es gibt noch eine weitere Parallele zu Doris Schröder-Köpf. Auch Daniela Schadt, so scheint es, ist ein Mensch, der verwurzelt ist. Die Verbindung zu ihrer Familie, zu der Gegend im Hessischen, aus der sie stammt, ist eng. »Ich komme aus einer Großfamilie«, erzählt sie. »Man sah sich ständig.« Schon ihr Vater war politisch sehr interessiert. Als Ende der Sechziger- und zu Beginn der Siebzigerjahre die Cousins mit neuen politischen Ideen von der Uni kamen, gab es bei Familienfesten zuweilen heftige Diskussionen. »Da wurde es plötzlich sehr laut bei uns«, erinnert sich Schadt und lacht. Sie selbst habe als Kind und später als Jugendliche dabeigesessen und neugierig zugehört. »Und ich habe gelernt, dass eine politische Auseinandersetzung nicht zum Zerwürfnis führen muss.« Das Interesse an Politik hat sie früh gepackt. »Es elektrisiert mich noch immer«, so Schadt.[54]

Fragt man sie, welche ihrer Vorgängerinnen sie besonders

beeindruckt, nennt sie sofort Elly Heuss-Knapp. »Was sie damals auf die Beine gestellt hat!«, schwärmt Schadt. Es ist kein Wunder, dass diese First Lady, die wohl am stärksten von allen Bundespräsidentengattinnen einen eigenen politischen Kopf hatte, bei Schadt so hoch im Kurs steht. Als Daniela Schadt das erste Mal als First Lady in die Villa Hammerschmidt kam – der Ort, den sie als Kind im Fernsehen gesehen hatte mit all den würdigen Damen und Herren in bester Garderobe –, war sie durchaus ein wenig ehrfürchtig. »Das war schon etwas!«, sagt sie.[55] Natürlich musste auch Schadt ein bisschen Anlauf nehmen, was ihre neue Rolle betraf. Die Anforderungen des Protokolls waren sicher gewöhnungsbedürftig. Aber wie viele ihrer Vorgängerinnen hat Daniela Schadt schnell gemerkt, wie wichtig es war, langjährige Mitarbeiter um sich zu haben, die das Prozedere in- und auswendig kannten und, wenn nötig, auch ein wenig drängelten: »Ich bin ein herzlich undisziplinierter Mensch und rede mich gerne fest. Wenn man mich da nicht loseist, müssen alle anderen warten.« Überhaupt ging die Hessin ihre neue Aufgabe recht unverkrampft an. »Im Vorfeld sah ich mich in meinen Albträumen mit High Heels und langem Kleid bäuchlings die Treppe von Bellevue heruntersegeln oder beim Staatsbankett den Rotwein umschmeißen über das Kleid einer königlichen Majestät.« Sie habe allerdings immer versucht, sich keinen allzu großen Kopf um solche Dinge zu machen, sondern beherzt in die Situation hineinzugehen. Dass sie Charlène von Monaco beim festlichen Empfang in Schloss Bellevue im Juli 2012 dann tatsächlich auf den Saum ihres champagnerfarbenen Spitzenkleids trat, nahmen sowohl Fürstin als auch First Lady eher locker.[56]

Die Perspektive auf das eigene Land, so Schadt, erweitere sich noch einmal deutlich, wenn man die Aufgabe der First Lady übernimmt. Das gilt zum einen für die Besuche im Ausland. Besonders wenn sie mit dem Bundespräsidenten in Länder reiste, die im Zweiten Weltkrieg massiv unter deutscher Besatzung gelitten hatten, habe sie ergreifende Momente erlebt. So zum Beispiel in Oradour, wo die Waffen-SS im Juni 1944 ein schreckliches Massaker an der Zivilbevölkerung verübt hatte. Gauck besuchte als erster deutscher Bundespräsident diesen Ort des Grauens, der sich tief in die französische Erinnerung eingebrannt hat. Zusammen mit dem damaligen Staatspräsidenten François Hollande und Robert Hébras, einem der wenigen Überlebenden, besuchte Gauck die Ruine der Kirche, die damals von den Deutschen niedergebrannt worden war. Diese Ruine mahnt noch heute an den Mord an über vierhundert Frauen und Kindern, die im Gotteshaus eingepfercht worden waren und qualvoll im Feuer umkamen. Die Männer und älteren Jungen des Dorfs waren von den Soldaten erschossen worden. »Da surrt die Geschichte auf einen Punkt zusammen«, erzählt Schadt. Noch immer macht sie die Erinnerung an den Besuch an diesem Schreckensort betroffen. »Da trittst du als Person völlig zurück.«[57]

Aber auch ihr Blick auf die Menschen in Deutschland änderte sich während Daniela Schadts Zeit in Schloss Bellevue. Schon als Journalistin, die sich der Innenpolitik verschrieben hatte, war Schadt befasst gewesen mit den alltäglichen Herausforderungen, vor denen viele Menschen hierzulande stehen – Familie und Beruf unter einen Hut kriegen, Arbeitslosigkeit, Krankheit, Alter, Pflege. Nun, als First Lady und als Schirmherrin nicht nur des Müttergenesungswerks und von UNICEF, sondern auch der Deutschen Kinder- und Jugendstiftung ging sie vor Ort, traf ungeheuer viele Frauen und Männer, die sich diesen Aufgaben stellten und selbst aktiv wurden. »Was mich tief bewegt hat, sind Begegnungen mit Menschen, die etwas tun, weil sie denken, dass es getan werden muss. Menschen, die mit Herz und Verstand, Geduld und Durchhaltewillen Dinge in Angriff nehmen.« Beim Hochwasser in Deggendorf 2013 kam Schadt zum Beispiel ins Gespräch mit einem Einsatzleiter. »Der Mann hatte alles im Griff, er koordinierte mit einer solchen Routine, dirigierte Heerscharen von Helfern, als würde er nie etwas anderes tun. Da habe ich ihn gefragt, was er mache, wenn gerade kein Hochwasser sei. ›Ich bin Friseur‹, antwortete er knapp.« Solche Begegnungen, sagt Schadt, hätten ihr viel Kraft gegeben. Als First Lady ist ihr vielfach eindrucksvoll vor Augen geführt worden, dass Zivilgesellschaft eben keine Einbahnstraße ist. Als Ressortleiterin war sie stets gut informiert über das Weltgeschehen, kam aber selten in Berührung mit den Problemen vor Ort. »Es ist einfach noch mal was anderes, wenn du selbst hingehst«, erzählt sie. »Ich bin kompletter geworden.«[58]

Aber es gab auch Momente, in denen sie konfrontiert war mit dem geballten Unmut der Menschen, in denen ihr und ihrem Partner mit Feindseligkeit begegnet wurde, manchmal mit blankem Hass. Bei der Feier des 116. Deutschen Wandertags in Sebnitz kam es im Juni 2016 zu Tumulten. »Volksverräter« und »Hau ab!« schallte es dem Paar entgegen. Ähnliches wiederholte sich wenige Monate später bei den Feierlichkeiten zum Tag der Deutschen Einheit in Dresden. Angela Merkel, Joachim Gauck und andere Politikerinnen und Politiker wurden aufs Übelste beschimpft und ausgepfiffen. Viele der Demonstranten, die sich in Dresden versammelt hatten, gehörten zu Pegida, jenem fremdenfeindlichen Bündnis, das seit dem Herbst 2014 regelmäßig zu Demonstrationen aufruft. Aufwind bekamen Pegida und auch die Alternative für Deutschland (AfD) vor allem durch die Diskussion um die Flüchtlingspolitik der Regierung Merkel, die beide Bewegungen regelmäßig befeuern. In den Jahren 2015 und 2016 waren etwa eine Million Flüchtlinge nach Deutschland gekommen – viele von ihnen aus den Bürgerkriegsgebieten in Syrien – und waren zunächst mit Herzlichkeit und Gastfreundschaft empfangen worden. Die Kanzlerin hatte diese Willkommenskultur ausdrücklich begrüßt. Ungewohnt emotional und deutlich hatte sie dann auf Kritik, vor allem aus der CSU, an ihrer Entscheidung reagiert, die in Ungarn gestrandeten Flüchtlinge aufzunehmen: »Ich muss ganz ehrlich sagen, wenn wir jetzt anfangen, uns noch entschuldigen zu müssen dafür, dass wir in Notsituationen ein freundliches Gesicht zeigen, dann ist das nicht mein Land.« Der Bundespräsident unterstützte die Kanzlerin in ihrem Kurs, sprach aber früher als sie davon, dass man auch jene hören müsse, die sich die Frage stellten, wie diese große Aufgabe zu bewältigen sei. 2015 bei seiner Rede zum Tag der Deutschen Einheit in Frankfurt sagte Gauck: »Unser Herz ist weit. Aber unsere Möglichkeiten sind endlich.«[59]

»Ich war schon fassungslos angesichts dieser Aggressivität«, erinnert sich Schadt an die Ereignisse in Sebnitz und Dresden. »So etwas kannte ich vorher nicht aus meinem Lebenszusammenhang.« Und auch den Bundespräsidenten hatten die Heftigkeit der Debatte und der Grad an Aggressivität offenbar erschüttert. In jenen Monaten wälzte Gauck die Frage, ob er sich für eine zweite Amtszeit zur Verfügung stellen sollte. In einem Fernsehinterview erklärte er später, er habe im Grunde von Anfang an im Kopf gehabt, nur eine Amtszeit zu absolvieren, die »Unruhe in den öffentlichen Debatten« in den Jahren 2015 und 2016 aber habe ihn noch einmal ins Grübeln gebracht. Am Ende sei er bei seinem Entschluss geblieben, aus Altersgründen 2017 nicht noch einmal zu kandidieren. Er sei außerdem davon überzeugt, dass das Land stabil sei und sich den rechten Auswüchsen entgegenstellen werde.[60]

Mit dem Bundespräsidenten verließ im Frühjahr 2017 auch die First Lady das Schloss Bellevue. Sie teilt übrigens seine grundsätzliche Zuversicht. »Angesichts der großen Herausforderungen sollten wir nicht dasitzen wie das Kaninchen vor der Schlange«, stellt sie fest. »Wir müssen auch das betonen, was wir erreicht haben und erreichen können. Und mit einer gehörigen Portion Optimismus die Aufgaben angehen.«[61] Noch ist nicht klar, wie es für Daniela Schadt weitergeht, ob sie wieder als Journalistin arbeiten wird oder ob sie eine andere Aufgabe findet. Ihre Energie ist jedenfalls ansteckend, und man wünscht sich, dass sie auch nach dem Ende der Amtszeit ihres Lebensgefährten in Sachen zivilgesellschaftliches Engagement weiterwirbelt.

»Herr Merkel«

Bei einem ersten Zusammentreffen des damaligen FDP-Vorsitzenden Guido Westerwelle mit dem Ehemann von Angela Merkel soll, so berichtete damals die *Bunte*, dieser Joachim Sauer mit den Worten »Guten Tag, Herr Merkel« begrüßt haben. Joachim Sauer soll verschnupft reagiert haben. Über das Zusammenleben zwischen Merkel und ihrem Ehemann ist nicht viel bekannt, außer dass der Kanzlergatte ein hohes Maß an Autonomie für sich beansprucht. Die beiden zeigen sich eher selten zusammen in der Öffentlichkeit. Einmal im Jahr gibt es ein gemeinsames Foto aus dem Urlaub – Merkel und Sauer in Outdoor-Kluft im Sessellift in den Schweizer oder Südtiroler Bergen – und eines vom Besuch der Bayreuther Festspiele – Sauer im dunklen Anzug, Merkel in langer Robe mit mal mehr, mal weniger Dekolleté. Viel mehr Einblicke in das Innere der Kanzlerinnenehe gibt's nicht. Hin und wieder berichtet jemand, der die beiden aus der Nähe kennt, dass Sauer nicht nur ein kluger, sondern auch ein sehr politischer Kopf sei, dass er durchaus im privaten Umfeld der Dominierende sei.[62]

Die Fotografin Herlinde Koelbl hat für ihren Band *Spuren der Macht* in den Neunzigerjahren verschiedene Spitzenpolitiker begleitet. Auch Angela Merkel interviewte und fotografierte sie für dieses Langzeitprojekt in einem Zeitraum von 1991 bis 1999 regelmäßig. Anfangs war Merkel noch Bundesministerin für Frauen und Jugend, später Umweltministerin. Koelbl fragte auch nach Privatem, nach Beziehung, Kinderwunsch und Arbeitsteilung, und die junge Politikerin aus Ostdeutschland berichtete damals noch relativ freimütig. So erzählte Merkel zum Beispiel, dass die Politik für sie und ihren Lebensgefährten – damals waren die beiden noch nicht verheiratet – durchaus zuweilen zur Belastung werde. »Jeder hat seinen Beruf, was ja bei vielen Ehefrauen von Politikern nicht der Fall ist. Und wenn zwei jeweils einer anderen Beschäftigung nachgehen, kreuzen sich ihre Bahnen nur selten. Bisher ist mein Lebensgefährte verständnisvoll.« Sie lasse trotzdem lieber mal ein paar Termine ausfallen, bevor sie die Beziehung gefährde. Interessanterweise charakterisiert Merkel Joachim Sauer aber schon damals so, wie wir das von vielen männlichen Politikern kennen: Die Partnerin, hier der Partner, wird quasi als Standleitung zum Volk betrachtet. »Was die Politik angeht«, so Merkel, »spielt er eine ganz wichtige Rolle schon dadurch, daß er mir mitteilt, wie eine bestimmte Entwicklung oder eine bestimmte Entscheidung auf einen normalen Menschen wirkt, der die Sachen von außen beobachtet.«[63]

[21] Seltener Anblick: Joachim Sauer mit seiner Frau auf Auslandsreise. Die Bundeskanzlerin, der First Husband und die Obamas auf dem Weg zum Staatsbankett im Rosengarten des Weißen Hauses im Juni 2011.

Interessant ist übrigens, dass auch auf Angela Merkel damals Druck ausgeübt wurde, was ihren persönlichen Beziehungsstatus betraf. Dabei waren die Verhältnisse deutlich weniger kompliziert als im Falle Gaucks, eigentlich waren sie sogar ganz klar – einzig, es fehlte der Trauschein. Gerüchteweise sollen sowohl der damalige Fraktionsvorsitzende Wolfgang Schäuble als auch Kardinal Meisner Merkel zur Ehe geraten haben. Angela Merkel war in ihren Zwanzigern bereits einmal verheiratet gewesen, die Beziehung hatte nicht lange gehalten und wurde 1982 geschieden. Den Nachnamen ihres ersten Mannes aber behielt sie. Zunächst blieb Merkel dabei, dass das Thema Ehe für sie erledigt sei, Ende der Neunzigerjahre aber – nicht zuletzt vermutlich auch zum Wohl der Karriere – gab sie ihren Widerstand auf. Heimlich, still und leise ließen sich Angela Merkel und Joachim Sauer im Dezember 1998 im Standesamt Berlin-Mitte trauen.[64] Auch für Joachim Sauer war es übrigens das zweite Mal. Aus seiner ersten Ehe hat er zwei Söhne und inzwischen auch Enkelkinder.

Sind die gewohnten Geschlechterrollen vertauscht wie im Fall Merkels, aber erfreulicherweise auch zunehmend bei anderen Spitzenpolitikerinnen wie Manuela Schwesig, Annegret Kramp-Karrenbauer oder Malu Dreyer, ergeben sich neue Fragen und neue Probleme. Die Geschichte kennt den Typus meist unglücklicher Prinzen und Könige, die neben einer starken Regentin verblassten. Von Franz I. Stephan, Gatte Kaiserin Maria Theresias, über Prinz Albert, Ehemann Queen Victorias, bis zu Prinz Philip, dem Mann Königin Elizabeths II., hatten zahlreiche Herren so ihre Probleme damit, stets die zweite Geige zu spielen. Bekanntestes zeitgenössisches Beispiel ist wohl Denis Thatcher, der Mann hinter der »Eisernen Lady«, Margaret Thatcher. Der Gatte an der Seite einer mächtigen Frau steht noch stärker als die Frau an der Seite eines mächtigen Mannes unter dem Verdacht, dem Partner möglicherweise einzuflüstern. Daher müssen die symbolischen Zeichen seiner Untergebenheit umso deutlicher sein. So muss Prinz Philip seit nunmehr sechsundsechzig Jahren bei offiziellen Anlässen immer ein paar Schritte hinter Königin Elizabeth II. zurückbleiben. Steckt hinter der großen Zurückhaltung Joachim Sauers also vielleicht auch ein Stück weit dieses Kalkül? Die Kanzlerin sagt zwar in den seltenen Fällen, in denen sie zu dieser Art Fragen Auskunft gibt, freiheraus, dass ihr Mann selbstverständlich ein wichtiger politischer Ratgeber sei,[65] dennoch spielt Joachim Sauer im öffentlichen Leben der Kanzlerin eine derart unterbelichtete Rolle, dass man seine Existenz zuweilen glatt vergessen könnte. Er sitzt nicht in der ersten Reihe, wenn Angela Merkel auf Parteitagen eine Rede hält, er begleitet sie so gut wie nie zu festlichen Anlässen, und es ist undenkbar, dass Merkel ihrem Mann auf offener Bühne eine Liebeserklärung unterbreitet, wie Gerhard Schröder sie einst seiner Frau machte. Wollte also Angela Merkel, zumindest zu Beginn ihrer politischen Karriere, dem Verdacht vorbeugen, dass sie sich von ihrem Mann beeinflussen lasse? Sie wurde ja anfangs schon als »Kohls Mädchen« verunglimpft, wollte sie vermeiden, dass der Eindruck entstünde, sie stehe unter der Fuchtel eines weiteren sehr selbstbewussten Mannes? Ganz ausgeschlossen ist das nicht. Aber der ausschlaggebende Punkt bei Sauers Zurückhaltung hinsichtlich öffentlicher Auftritte liegt wohl darin, dass er sein Hauptaugenmerk auf seine eigene, durchaus beeindruckende Karriere legt. Er hat keinerlei Interesse daran, »Herr Merkel« zu sein, ist er doch »Professor Sauer« und in Fachkreisen über Deutschland hinaus bekannt. Wenn überhaupt, dann zeigt er sich bei hochrangigen internationalen Anlässen – beim G8-Gipfel in Heiligendamm oder einem Treffen mit Barack Obama während des G7-Treffens in Schloss Elmau. Solcherart Termine können den Chemiker eventuell aus der Reserve locken. Auf ein Bad in der Menge während einer Wahlkampfveranstaltung wird man dagegen vergeblich warten.

Die neue Zweisamkeit

Einige Beobachter hatten erwartet, dass die Frau an der Seite Frank-Walter Steinmeiers, der im Frühjahr 2017 zum neuen Bundespräsidenten gewählt wurde, vielleicht einen ähnlichen Weg einschlagen könnte wie Joachim Sauer oder dass sie zumindest eine Variante wählen würde wie einst Veronica Carstens, die als Ärztin ihre Praxis weiterführte und nur die wichtigsten Termine an der Seite ihres Mannes wahrnahm. Aber Elke Büdenbender entschied sich gegen das Modell der First Lady in Teilzeit. Die Richterin am Verwaltungsgericht Berlin ließ sich für fünf Jahre beurlauben und will sich nun voll auf ihre neue Aufgabe konzentrieren. Die Diskussion, die sich über die Frage ihrer Berufstätigkeit entspann, befremdet sie. Das hängt auch mit ihrem ganz persönlichen Werdegang zusammen.

Elke Büdenbender kommt aus dem Siegerland. Als eine der Ersten in ihrer Familie machte sie das Abitur, und zwar auf dem zweiten Bildungsweg. Nach einer Lehre zur Industriekauffrau besuchte sie das Siegerland-Kolleg und entschied sich anschließend für ein Jurastudium. »Ich habe mit sechzehn begonnen zu arbeiten und treffe seither meine eigenen Entscheidungen«, erklärt Büdenbender. Als sich die Möglichkeit, ins Schloss Bellevue überzusiedeln, abzeichnete, hat sie nachgedacht, was das nun für sie heißen würde. Ganz neu waren solcherart Überlegungen nicht, denn ihr Mann war im Jahr 2009 bereits Kanzlerkandidat gewesen. Damals war sie noch entschlossen gewesen, im Fall eines Wahlsiegs in Teilzeit als Richterin weiterzuarbeiten. Nun, 2017, sah sie die Sache anders. Just zu dem Zeitpunkt, als klar wurde, dass ihr Mann Bundespräsident würde, feierte Elke Büdenbender ihr zwanzigjähriges Berufsjubiläum als Richterin. »So, Büdenbender, das ist doch schön!«, schoss es ihr da durch den Kopf. »Und jetzt?« Es sei einfach die richtige Zeit und eine einmalige Chance gewesen. Auch ihre Kollegen hätten gesagt: »Das musst du machen.« Sie vermisse es zwar, Richterin zu sein, sie wisse, dass viel los sei in der Kammer, gerade wegen der zahlreichen Asylverfahren, mit denen man dort zu tun habe. »Umso wichtiger ist es mir aber, die Zeit hier zu nutzen«, erklärt Büdenbender entschlossen. »Ich will etwas bewirken.«[66]

Vielleicht hat die Entscheidung dafür, sich ganz auf die Aufgabe der First Lady einzulassen und nicht die Doppelbelastung auf sich zu nehmen, Richterjob und Schloss Bellevue unter einen Hut zu bringen, auch damit zu tun, dass Elke Büdenbender im Jahr 2010 schwer erkrankt ist. Ihr Mann hat ihr damals eine Niere gespendet und selbst eine längere Auszeit genommen. Das hat das Paar noch enger zusammengebracht, und vielleicht ist in dieser Zeit auch der Wunsch gewachsen, mehr Zeit miteinander zu verbringen. So anstrengend das Leben als Bundespräsident und First Lady zuweilen auch sein mag, so viel Öffentlichkeit es auch mit sich bringt, kein anderes Amt in der Spitzenpolitik räumt einem Paar so viel Platz ein. »Früher hat jeder von uns sich sehr engagiert in seinem jeweiligen Bereich, und wir haben uns da nie gegenseitig reingeredet. Jetzt sind wir viel mehr zusammen, erleben Dinge gemeinsam«, erklärt Büdenbender, und man merkt ihr an, dass sie sich an dieser neuen Zweisamkeit freut.[67]

Elke Büdenbender wusste, dass ihr Mann die Kandidatur nicht in Betracht gezogen hätte, wenn sie nicht aus vollem Herzen

[22] Von First Lady zu First Lady: Daniela Schadt und Elke Büdenbender auf der Empore des Bundestags. Am 12. Februar 2017 wurde Frank-Walter Steinmeier zum 12. Bundespräsidenten gewählt.

zugestimmt hätte. Und wenn man ihr gegenübersitzt und mit ihr über ihre Interpretation ihrer Aufgaben spricht, spürt man, dass sie voll hinter dieser Sache steht und gleichzeitig tief in ihrem Inneren immer Richterin bleiben wird. Wieder und wieder zieht sie Vergleiche zu ihren bisherigen beruflichen Erfahrungen. Auf die Frage, ob sie zunächst Angst gehabt habe vor den Tücken des Protokolls, schüttelt sie den Kopf. »Selbst wenn ich etwas falsch mache: Was kann ernsthaft passieren? Als Richterin dagegen, da können falsche Entscheidungen fatal sein.« Auch was ihre eigene Rolle betrifft, bleibt sie ganz Juristin: »Mein Mann ist gewählt, er hat das Amt. Ich kann in meiner Funktion meine Erfahrungen einbringen und mich engagieren, und das tue ich auch.«[68] Zweifellos – sie setzt sich nicht von ungefähr als First Lady für Bildungsgerechtigkeit ein. »In unserer wohlhabenden Gesellschaft muss es möglich sein, dass jedes Kind einen guten Weg gehen kann. Das zu ermöglichen ist mir wirklich ein Herzensanliegen.« Sie weiß um den Wert eines durchlässigen Bildungssystems. »Bildung ist der Schlüssel zu einem selbstbestimmten Leben. Da glaube ich fest dran«, erklärt sie. Bildungsgerechtigkeit ist zum einen eine soziale Frage. Darüber hinaus ist es der Mutter einer bereits erwachsenen Tochter aber auch ein Anliegen, dass Mädchen und Jungen lernen, nicht in geschlechterüblichen Schubladen zu denken. So hat sie die Schirmherrschaft über die *Initiative Klischeefrei* übernommen, die junge Menschen ermutigen will, Rollenmuster kritisch zu hinterfragen. Überzeugt ist sie auch davon, dass man nachhelfen muss beim Durchbrechen von gläsernen Decken. »Ohne Quote geht leider nüscht«, sagt sie und lächelt.[69] Elke Büdenbender beschäftigt sich als First Lady mit den Themen, die sie selbst wiederum seit vielen Jahren umtreiben. Der Schwerpunkt, den sie ihrem Engagement gibt, passt zu ihrem eigenen Weg, er passt aber auch zu ihren Überzeugungen. Elke Büdenbender ist stark gewerkschaftlich geprägt, war schon als junges Mädchen aktiv in der IG Metall, später trat sie in die SPD ein und gehörte in der Universität der Fachschaft an. Ihre Parteimitgliedschaft ruht wie die ihres Mannes während der Zeit in Schloss Bellevue.

Als Richterin war Elke Büdenbender viel mit Asylfragen befasst. Fällt es ihr manchmal schwer, sich in der aufgeheizten öffentlichen Diskussion, die wir dieser Tage erleben, zurückzuhalten? Das Thema, das merkt man sofort, geht ihr nahe. »Ich kann die Sprache, die in der Debatte von manchen benutzt wird, kaum ertragen«, sagt sie. »Das sind Menschen, keine Aliens. Wenn man in der Heimat keinerlei Chance mehr für sich und seine Familie sieht, ist es menschlich, dorthin zu gehen, wo mehr Hoffnung ist. Das würde ich wahrscheinlich auch so machen.« Bei Gericht musste Büdenbender in Asylverfahren immer wieder über Klagen gegen abgelehnte Asylbescheide entscheiden. Sie ist dann intensiv eingetaucht in das Leben der Menschen, die da vor ihr saßen, Menschen, die oft ein hartes Schicksal hatten. Dennoch musste sie, wenn keine politische Verfolgung vorlag, die Klage abweisen. »Als Richterin trägt man einfach eine riesige Verantwortung für Entscheidungen, die teilweise tief in das Leben von Menschen eingreifen.«[70] Das hat sie geprägt, und sie nimmt das Thema auch mit in ihre jetzige Arbeit, denn gerade in Fragen der Bildung und Ausbildung, bei Handwerk und Berufsschule gibt es in den nächsten Jahren einiges zu tun. Hier muss Integration beginnen.

First Couple der Zukunft

Keine Frage – Elke Büdenbender ist eine politische First Lady. Keine Frage auch – sie bringt einen ungeheuren Erfahrungsschatz mit ins Schloss. Und doch zeigen die Diskussionen, die im Frühjahr 2017 um die Rolle der First Lady laut wurden, dass diese lieb gewonnene und bewährte Institution inzwischen mit neuen Fragen konfrontiert ist. Diese sind zum Teil vielleicht Resultat der Krise, in die das Amt des Bundespräsidenten mit den Rücktritten von Horst Köhler und Christian Wulff geraten ist. Vermutlich haben auch Bettina Wulffs Enthüllungen über das Leben in Schloss Bellevue einen Anteil daran. Schließlich sind diese neuen Fragen aber vor allem Ausdruck einer neuen Zeit, in der Aspekte der Geschlechtergerechtigkeit mit wachsender Vehemenz in den Blick genommen werden.

Die Sehgewohnheiten der Bürgerinnen und Bürger haben sich in den letzten vierzehn Jahren verändert. Wir haben uns daran gewöhnt, dass Frau Merkel allein durch die Welt tourt. Der Posten der First Lady beziehungsweise des First Husband ist nirgendwo klar definiert. Es gibt kein Gesetz, keine Vereinbarung darüber, was eine Partnerin, ein Partner des Kanzlers beziehungsweise der Kanzlerin leisten soll. Bei der Frau des Bundespräsidenten sieht das ähnlich aus. Hier haben sich im Laufe der Jahrzehnte allerdings etwas klarere Erwartungen definiert, weil der Präsident als Staatsoberhaupt das Land repräsentiert, zu Staatsbesuchen fährt und Gäste empfängt. Diese Besuche werden – so ist es momentan auf internationaler Bühne Usus, aber auch das kann sich ändern – meist paarweise absolviert. Der Bundespräsident und seine Frau treffen den Präsidenten beziehungsweise die Präsidentin des Staates XY mit Partnerin beziehungsweise Partner. Natürlich haftet an der Rollenaufteilung, wie sie in den letzten siebzig Jahren war, ein anachronistisches Eheverständnis, demzufolge hinter jedem starken Mann eine starke Frau steht, die ihm die Ausnahmekarriere überhaupt erst ermöglicht, ihm den Rücken freihält und an seiner Seite glänzt. Schon als Joachim Gauck und Daniela Schadt ins Schloss Bellevue zogen, war hier und dort ein Murren zu vernehmen gewesen angesichts der klassischen Rollenverteilung, die sich auch hier wieder einstellte. Nachdem Elke Büdenbenders Entscheidung, sich bei Gericht beurlauben zu lassen, bekannt geworden war, wurde die Kritik lauter. Hatte man die Argumentation bei Daniela Schadt noch einigermaßen nachvollziehen können, wunderten sich viele über Elke Büdenbenders Entschluss. Dass es eventuell zu Interessenkonflikten führen konnte, wenn eine First Lady als politische Redakteurin unterwegs war, konnte man vielleicht verstehen. Warum aber nicht weiter als Richterin arbeiten, fragten sich einige Beobachter.

Die Kritik brachte zwei Hauptargumente in Stellung. Von einem feministischen Standpunkt aus machte das böse Wort von der »Bundeshausfrau« die Runde. Im Jahr 2017 sei es nicht mehr hinnehmbar, dass die First Lady einen Fulltime-Job mache, dafür aber nicht bezahlt werde. Büdenbenders Entscheidung werfe »ein Schlaglicht sowohl auf unser Verständnis von der Rolle des Bundespräsidenten als auch auf unser tief verwurzeltes Verständnis von Geschlechterrollen im öffentlichen wie im privaten Leben«, so die Staatsrechtlerin Sophie Schönberger. Die *Spiegel*-Kolumnistin Margarete Stokowski nannte »das Amt der Bundespräsidentengattin« ein »Überbleibsel aus den glanzvollen Zeiten des Patriarchats«, deren Glanz aber daher rühre, dass die Frau der Selbstverwirklichung des Mannes hinterherputze und neben ihm gut aussehe. Zum anderen wurden nun aber auch Bedenken geäußert, weil die First Lady in der Verfassung überhaupt nicht erwähnt wird, sie aber dennoch eine öffentliche Funktion als

Repräsentantin des Staats übernehme. »Dieses Modell eines Ehepartners, der nur Kraft Familienangehörigkeit in ein solches repräsentatives Amt miteinbezogen wird«, so Schönberger, »das ist kein Modell unseres republikanischen Staatswesens, sondern das ist ein ganz intensives Überbleibsel der Monarchie.«[71]

Es gab und gibt immer wieder Überlegungen, dem Posten der Partnerin des Bundespräsidenten ein formales Fundament zu geben, mit Bezahlung und Rentenansprüchen, aber auch klar definierten Aufgaben. Angesprochen auf dieses Thema, schweigen sich die Ersten Damen meist aus oder weisen darauf hin, dass darüber der Gesetzgeber befinden müsse. Einzig Marianne von Weizsäcker ist entschieden gegen ein Gehalt für die First Lady. Sie hat Bedenken, dass diese damit jene Freiheit verlöre, die die Aufgabe ihrer Meinung nach ausmache.[72]

Dabei ist es sicherlich eine Frage wert, ob man den Posten der First Lady nicht wirklich zu einer echten Stelle macht. Ausgestattet mit einem Büro, einer Sekretärin und einer Referentin ist sie ja fast von Beginn an, warum also nicht auch den nächsten Schritt gehen und der First Lady ein Gehalt geben, ihr für den Fall, dass sie ihren ursprünglichen Beruf für die Zeit im »Amt« ruhen lässt, eine Kompensation zahlen? Sicher, es bliebe eine merkwürdige Konstruktion, da die Partnerin des Staatsoberhaupts diese Stelle ja nur bekäme, weil sie eben mit dem Staatsoberhaupt liiert ist. Außerdem müsste eine solche Konstruktion auf Freiwilligkeit beruhen, denn natürlich müsste es immer möglich sein, diesen Job nicht zu übernehmen, sondern im angestammten Beruf weiterzuarbeiten.

Man darf gespannt sein, was passiert, wenn endlich eine Frau zur Bundespräsidentin gewählt wird. Wahrscheinlich wird die Öffentlichkeit dann ebenso klaglos wie im Fall Joachim Sauers akzeptieren, dass der Ehemann der Präsidentin in seinem Job bleibt und ab und zu in den Smoking springt, wenn ganz hoher Besuch ansteht. Oder es kommt ganz anders, und die bunten Blätter berichten ausführlich über die Charityarbeit des First Husband und zeigen Hochglanzfotos von ihm an der Seite seiner Frau auf dem roten Teppich. Dann wären wir auf dem Weg in

Richtung Geschlechtergerechtigkeit jedenfalls ein gutes Stück vorangekommen. Und schließlich ziehen vielleicht ja auch in absehbarer Zukunft mal zwei Männer oder zwei Frauen ins Schloss Bellevue. Dann werden die Karten ohnehin neu gemischt.

Nicht vergessen werden bei all der Diskussion um die Rolle der First Ladies sollte die Tatsache, dass es in der Politik wie sonst im Leben Dinge gibt, die man nicht formal regeln kann. Dass sich hohe Politiker und Politikerinnen mit ihren Partnerinnen und Partnern austauschen, dass sie gemeinsam Gäste empfangen und auf Reisen gehen, dass es dabei zu Gesprächen, vielleicht auch zu Freundschaften kommt, dass nicht zuletzt die Partnerinnen und Partner eine Atmosphäre schaffen, in der Vertrauen und Verbindlichkeit entstehen können – all das lässt sich nicht in ein Gesetz meißeln und wohl auch nicht auf einem Stundenzettel erfassen. Und doch haben die Frauen der Bundespräsidenten und Kanzler und sicher auch Joachim Sauer in den letzten sieben Jahrzehnten die Geschichte mitgeprägt, haben unterstützt, aufgemuntert, Gemüter beruhigt, Einfluss genommen, vielleicht manchmal auch Strippen gezogen. Sie haben außerdem vielfach Themen auf die nationale Diskursagenda gesetzt, die – denken wir an Elly Heuss-Knapps Müttergenesungswerk, an Mildred Scheels Krebshilfe oder an Christiane Herzogs Engagement für Mukoviszidose-Patienten – bis heute weiterwirken.

Sie selbst, so Doris Schröder-Köpf, habe als Kanzlergattin einen »liebevollen Blick« auf Deutschland und eine ausgeprägte Zuneigung und Wertschätzung für seine Bewohnerinnen und Bewohner entwickelt. Das zeichnet sicher die First Ladies insgesamt aus, sie lernten das Land auf diesem merkwürdig undefinierten Posten auf ganz besondere Weise kennen und haben sich für die Geschicke des Landes in Verantwortung nehmen lassen. Sehr viele »sehr anständige Menschen«, so Doris Schröder-Köpf, hätten sich seit 1949 für dieses Land engagiert. »Wir hatten in der Bundesrepublik bislang ein Riesenglück mit dem politischen Personal.«[73] Das gilt, schaut man auf all die eindrucksvollen Frauen der Präsidenten und Kanzler der letzten sieben Jahrzehnte, unbedingt auch für die First Ladies des Landes.

Dank

Dieses Buch hat mich auf den Spuren der deutschen First Ladies auf eine Zeitreise durch siebzig Jahre deutscher Geschichte geführt. Ich habe auf dem Weg viele Menschen kennengelernt, die ihre Erinnerungen und ihr Wissen mit mir geteilt haben. Ihnen allen bin ich zu großem Dank verpflichtet.

First Ladies first: Ein herzlicher Dank an Marianne von Weizsäcker, Christina Rau, Doris Schröder-Köpf, Bettina Wulff, Daniela Schadt und Elke Büdenbender, die sich Zeit genommen haben und mich teilhaben ließen an ihren Gedanken über ihre ganz persönliche Interpretation der Rolle der First Lady.

Ein großer Dank auch an Cornelia Scheel, Peter Brandt, Markus Herzog, Walter Kohl und Ludwig T. Heuss, die mir in eindrucksvollen Gesprächen ihre Mutter bzw. ihre Großmutter lebendig werden ließen.

Dank auch an Weggefährten und Zeitbeobachter: Horst Arnold, Alfred Biolek, Wibke Bruhns, Heli Ihlefeld, Sabine und Mainhardt von Nayhauß, Elisabeth Niejahr und Wolfgang Teske.

Ich war froh um die tatkräftige Unterstützung im Archiv der sozialen Demokratie der Friedrich-Ebert-Stiftung in Bonn. Vielen Dank an Dr. Gertrud Lenz und Sven Haarmann.

Die Zusammenarbeit mit Anna Frahm und Anne Stadler vom Piper Verlag war eine große Freude. Danke für das Engagement und den geteilten Enthusiasmus für mein Thema. Und wie immer ein herzlicher Dank an meine Agentin Rebekka Göpfert, die auch dieses Projekt mit ihrer Erfahrung begleitet und angespornt hat.

Anmerkungen

Einleitung

1 Gespräch mit Christina Rau, Berlin, 22. 9. 2017.
2 Gespräch mit Christina Rau, Berlin, 22. 9. 2017.
3 Jon Meacham, *The Soul of America. The Battle for Our Better Angels*, New York 2018, S. 161.
4 Mamie Eisenhower, zit. nach Bill Adler, *America's First Ladies: Their Uncommon Wisdom, From Martha Washington to Laura Bush*, Lanham, S. 122.
5 Michael Dobbs, zit. in: *Die Zeit*, Nr. 46/2016. Gespräch mit Doris Schröder-Köpf, Hannover, 27. 2. 2017.
6 Abschiedsrede von Bundespräsident a. D. Dr. Richard von Weizsäcker vor der Bundesversammlung in Berlin, 1. 7. 1994.

Kapitel 1

1 Helga Hirsch, *Endlich wieder leben. Die fünfziger Jahre im Rückblick von Frauen*, München 2012, S. 34, 39.
2 Heribert Schwan, *Die Frau an seiner Seite. Leben und Leiden der Hannelore Kohl*, München 2011, S. 56. Hans-Peter Schwarz, *Helmut Kohl. Eine politische Biographie*, München 2012, S. 84 – 86. Dona Kujacinski/Peter Kohl, *Hannelore Kohl. Ihr Leben*, München 2002, S. 44 f.
3 Margot Honecker, zit. nach Ed Stuhler, *Margot Honecker. Die Biographie*, München 2005, S. 38 f.
4 Vgl. Miriam Gebhardt, *Als die Soldaten kamen. Die Vergewaltigungen deutscher Frauen am Ende des Zweiten Weltkriegs*, München 2015.
5 Stuhler, *Margot Honecker*, S. 39 f. Kujacinski/Kohl, *Hannelore Kohl*, S. 48 f.
6 Walter Kohl, *Leben oder gelebt werden*, München 2011, S. 203.
7 Schwarz, *Kohl*, S. 86.

8 Cornelia Scheel, *Mildred Scheel. Erinnerungen an meine Mutter*, Reinbek 2015, S. 28.
9 Marie-Luise Kiesinger, zit. nach Philipp Gassert, *Kurt Georg Kiesinger. Kanzler zwischen den Zeiten*, München 2006, S. 54 ff., 149, 168.
10 Schwan, *Die Frau an seiner Seite*, S. 43 ff.; Schwarz, *Kohl*, S. 86; Gassert, *Kiesinger*, S. 168.
11 Miriam Gebhardt, *Alice im Niemandsland. Wie die deutsche Frauenbewegung die Frauen verlor*, München 2012, S. 123 f.
12 Hartmut Soell, *Helmut Schmidt, 1918–1969*, München 2003, S. 131–134. Reinhard Appel, »Loki Schmidt«, in: *Deutschlands First Ladies. Die Frauen der Bundespräsidenten und Bundeskanzler von 1949 bis heute*, hrsg. von Dieter Zimmer, Stuttgart, 1998, S. 155–175, S. 173.
13 Loki Schmidt, zit. nach *»Erzähl doch mal von früher«. Loki Schmidt im Gespräch mit Reinhold Beckmann*, München 2010, S. 95.
14 Hans-Joachim Noack, *Helmut Schmidt. Die Biographie*, Berlin 2008, S. 58.
15 Hans Peter Mensing, *»Emma, Gussie und Konrad Adenauer«*, in: Zimmer, S. 33–62, S. 37, 39, 41.
16 Konrad Adenauer, zit. nach Mensing, S. 36.
17 Mensing, S. 48–50.
18 Antragsformular, zit. nach Mensing, S. 54. *Libeth Werhahn. Erlebte Geschichte*, WDR 5, https://www1.wdr.de/radio/wdr5/sendungen/erlebtegeschichten/werhahnlibet102.html.
19 Gussie Adenauer, zit. nach Hans-Peter Schwarz, *Adenauer, Der Aufstieg: 1876–1952*, Stuttgart 1986, S. 547. Zu Gussie Adenauer siehe auch S. 455, 474.
20 Postkarte Konrad Adenauers an Elly Heuss-Knapp, 18.4.1951. Privatarchiv der Familie Heuss, Basel.
21 Brief Theodor Heuss an Prof. Dr. Ernst Jäckh, 22.1.1949, Theodor Heuss, *Stuttgarter Ausgabe, Briefe*, hrsg. von Ernst Wolfgang Becker, München, S. 462.
22 Theodor Heuss, zit. nach Peter Merseburger, *Theodor Heuss. Der Bürger als Präsident*, München 2012, zweite Auflage, S. 92.
23 Elly Heuss-Knapp an Walter Leoni, Strassburg, 17.4.1907, in: *Bürgerin zweier Welten – Elly Heuss-Knapp. Ein Leben in Briefen und Aufzeichnungen*, hrsg. von Margarethe Vater, Tübingen 1961.
24 Elly Heuss-Knapp an Theodor Heuss, Paris, 31.8.1907, und Straßburg, 13.1.1908, in: *Bürgerin zweier Welten.*
25 Elly Heuss-Knapp an Georg Friedrich Knapp, Schöneberg, 5.1.1909, in: *Bürgerin zweier Welten.*
26 Merseburger, *Heuss*, S. 94 f.
27 Theodor Heuss, zit. nach Arnulf Baring/Gregor Schöllgen, *Kanzler, Krisen, Koalitionen. Von Konrad Adenauer bis Angela Merkel*, München 2006.

28 Max Schulze-Vorberg, »Elly Heuss-Knapp. Gärtnerin meines Lebens«, in: *Glück gehabt mit Präsidenten, Kanzlern und den Frauen. Eine Bonner Galerie*, hrsg. von Werner Höfer, Stuttgart und Zürich 1976, S. 21–25, S. 24.
29 Elly Heuss-Knapp, *Ausblick vom Münsterturm. Erinnerungen*, Berlin 1934, Neuauflage Stuttgart, Leipzig 2008, S. 123.
30 Elly Heuss-Knapp, *Ausblick vom Münsterturm*, S. 98.
31 So Marianne Lesser-Knapp in einem Brief, Gespräch mit Professor Ludwig Theodor Heuss, Zürich 27.11.2017.
32 Elly Heuss-Knapp, Bericht an die Freunde, Bad Godesberg, 24.10.1949, in: *Bürgerin zweier Welten.*
33 Albert Schweitzer, zit. nach Merseburger, *Heuss*, S. 500. Außerdem S. 281, 479 ff.
34 Elly Heuss-Knapp an Theodor Heuss, Straßburg, 3.2.1907, in: *Bürgerin zweier Welten.*
35 *Heuss-Anekdoten.* Gesammelt und erzählt von Hanna Frielinghaus-Heuss, München/Eßlingen 1964, S. 33, 37.
36 Merseburger, *Heuss*, S. 275.
37 Merseburger, *Heuss*, S. 466 f.
38 Vgl. Hirsch, *Endlich wieder leben*, S. 38. Gebhardt, *Alice im Niemandsland*, S. 127.
39 Toni Stolper an Elly und Theodor Heuss, New York, 16.12.1946, in: *Bürgerin zweier Welten.*
40 Elly Heuss-Knapp an Toni Stolper, Stuttgart-Degerloch, 9.3.1947, in: *Bürgerin zweier Welten.*
41 Elly Heuss-Knapp, *Ausblick vom Münsterturm*, S. 109 f.
42 Elly Heuss-Knapp an Gertrud Stettiner-Fuhrmann, Stuttgart-Degerloch, 25.7.1949, und Bericht für die Freunde, Bad Godesberg, 24.10.1949, in: *Bürgerin zweier Welten.*
43 Elly Heuss-Knapp, *Ausblick vom Münsterturm*, S. 23 f., 94.
44 Elly Heuss-Knapp an Toni Stolper, Badenweiler, 14.2.1950, in: *Bürgerin zweier Welten.*
45 https://www.swr.de/geschichte/elly-heuss-knapp/-/id=100754/did=17776134/nid=100754/jqijt5/index.html.
46 Elly Heuss-Knapp an Toni Stolper, Badenweiler, 14.2.1950, sowie Bericht für die Freunde, Bonn, 2.3.1951, in: *Bürgerin zweier Welten.* Alexander Goller, *Elly Heuss-Knapp. Gründerin des Müttergenesungswerkes. Eine Biographie*, Köln, Weimar, Wien 2012, S. 180–184, 190 ff.
47 Aus dem Vermächtnis an das Deutsche Müttergenesungswerk, Bonn, 29.5.1952, in: *Bürgerin zweier Welten.*
48 Vgl. Scheel, *Mildred Scheel*, S. 157.
49 Gespräch mit Christina Rau, Berlin 22.10.2017. Cornelius Bormann, *Ein Stück menschlicher. Johannes Rau. Die Biografie*, Wuppertal 1999, S. 65.

50 Merseburger, *Heuss*, S. 478 f.
51 Merseburger, *Heuss*, S. 342.
52 Elly Heuss-Knapp an Sissi Brentano, Bonn 30.12.1950, in: *Bürgerin zweier Welten*. Baring/Schöllgen, *Kanzler, Krisen, Koalitionen*, S. 53 f.
53 Hermann Schreiber, »Nichts anstelle vom lieben Gott«, in: *Der Spiegel*, 3/1969.
54 Gustav Heinemann, zit. nach Baring/Schöllgen, *Kanzler, Krisen, Koalitionen*, S. 42.
55 Lotte Ulbricht, *Mein Leben. Selbstzeugnisse, Briefe und Dokumente*, hrsg. von Frank Schumann, Berlin 2003, S. 13 ff., 41.
56 Lotte Ulbricht, *Mein Leben*, S. 18 f. Lotte Ulbricht, zit. nach *Lotte Ulbricht. Zwischen Parteidisziplin und Mutterrolle*. Ein Film von Steffen Jindra, MDR.

Kapitel 2

1 Rut Brandt, *Freundesland*, Erinnerungen, Hamburg 1992, S. 114. *Heuss-Anekdoten*. Gesammelt und erzählt von Hanna Frielinghaus-Heuss, S. 26.
2 Rut Brandt, *Freundesland*, S. 82.
3 Rut Brandt, *Freundesland*, S. 115.
4 Gespräch mit Peter Brandt, Berlin 28.4.2017.
5 Rut Brandt, *Freundesland*, S. 105, 115.
6 Rut Brandt, *Freundesland*, S. 117 f. Peter Merseburger, *Willy Brandt*, Stuttgart, München 2002, S. 340. Gespräch mit Peter Brandt, Berlin 28.4.2017.
7 Heuss an Toni Stolper, zit. nach *Der Spiegel*, »Narziss mit Goldmund«, 28.9.1970.
8 Jess M. Lukomski, *Ludwig Erhard. Der Mensch und der Politiker*, München 1965, S. 327.
9 Heuss an Toni Stolper, zit. nach *Der Spiegel*, »Narziss mit Goldmund«, 28.9.1970. Theodor Heuss, zit. nach Merseburger, *Heuss*, S. 580 f.
10 Edgar Wolfrum, *Die geglückte Demokratie. Geschichte der Bundesrepublik Deutschland von ihren Anfängen bis zur Gegenwart*, Stuttgart 2006, S. 152.
11 Vgl. Gebhardt, *Alice im Niemandsland*, S. 130.
12 Rut Brandt, *Freundesland*, S. 130 f., 133 f.
13 Rut Brandt, *Freundesland*, S. 134, 137. Strauß, zit. in: Peter Merseburger, *Willy Brandt, 1913–1992. Visionär und Realist*, Stuttgart 2002, S. 410.
14 Rut Brandt, *Freundesland*, S. 136 f.
15 Rut Brandt, *Freundesland*, S. 148 f.
16 Gespräch mit Peter Brandt, Berlin 28.4.2017.
17 *Wochenend*, Nürnberg, 1.1.1961. *Die Rheinpfalz*, 14.2.1959. *Lüdenscheider Nachrichten*, 21.2.1959.

18 Rolle ohne Beispiel: Die Kanzlerfrau«, in: *Die Zeit*, 1.11.1963.
19 Vgl. TV-Dokumentation *Einblicke in den Kanzlerbungalow Bonn 1964–1999*, WDR. »Bauch oder Fisch«, in: *Der Spiegel*, 4.12.1963. »Der Kanzler sitzt im Glashaus«, in: *Die Zeit*, 27.11.1964.
20 Wolfrum, *Die geglückte Demokratie*, S. 218 f.
21 Merseburger, *Heuss*, S. 552. https://www.welt.de/kultur/article142898354/Als-die-Queen-kam-war-der-Krieg-vergessen.html.
22 *Der Spiegel*, »Kalenderblatt 18.5.1965«, 18.5.2008.
23 Helene Walterskirchen, *An der Seite der Macht. Deutschlands First Ladys*, Wien 2002, S. 36.
24 Rut Brandt, *Freundesland*, S. 145 f.
25 Walterskirchen, *An der Seite der Macht*, S. 36.
26 Arne Andersen, *Der Traum vom guten Leben. Alltags- und Konsumgeschichte vom Wirtschaftswunder bis heute*, Frankfurt/New York 1999, S. 183 f. Helga Hirsch, *Endlich wieder leben*, S. 182.
27 Vgl. Ursula Salentin, *Neun Wege in die Präsidentenvilla. Von Elly Heuss-Knapp bis Eva Luise Köhler*, Freiburg 1995, 2006, S. 55, 57, 67.
28 Vgl. Salentin, *Neun Wege in die Präsidentenvilla*, S. 60 f. Jens-Christian Wagner, »Der Fall Lübke«, in: *Die Zeit*, 19.7.2007.
29 Walter Henkels, zit. in: Ursula Salentin, *Neun Wege in die Präsidentenvilla*, S. 64.
30 Ursula Salentin, *Neun Wege in die Präsidentenvilla*, S. 71. Deutsche Wochenschau, *Der Staatsbesuch in Thailand*, November 1962. *Der Spiegel*, 35/1966.
31 Vgl. Hilde Purwin, »Wilhelmine Lübke«, in: Zimmer, *Deutschlands First Ladies*, S. 75.
32 Vgl. Hilde Purwin, »Wilhelmine Lübke«, in: Zimmer, *Deutschlands First Ladies*, S. 63–79. Ursula Salentin, *Neun Wege in die Präsidentenvilla*, S. 66, 68. »Auf Adel verzichtet«, in: *Der Spiegel*, 50/1964. *Der Spiegel*, 36/1964. »Wenn das Volk ruft«, in: *Der Spiegel*, 21/1964.
33 Rut Brandt, *Freundesland*, S. 124 f., 127, 138. UFA-Wochenschau 134/1959, 17.2.1959. Merseburger, *Willy Brandt*, S. 359. dpa, 7.2.1959. *Süddeutsche Zeitung*, 14.2.1959.
34 Rut Brandt, *Freundesland*, S. 124 f., 127, 138. Rut Brandt zit. nach Wolfgang Korruhn, *Hautnah*, Düsseldorf 1995, S. 19.
35 Rut Brandt, *Freundesland*, S. 140–142. Brief von Ethel Kennedy an Rut Brandt, 10.4.1962, 1/RBAE000051, FES.
36 Rut Brandt, *Freundesland*, S. 142 f.
37 Ludwig von Danwitz, »Wilhelmine Lübke. Botschafterin ehrenhalber«, in: Höfer, *Glück gehabt*, S. 50–55, S. 50 f.
38 Wilhelminisches«, in: *Der Spiegel*, 7.10.1959. Ursula Salentin, *Neun Wege in die Präsidentenvilla*, S. 70.
39 Matthias Brandt, *Raumpatrouille. Geschichten*, Köln 2016, S. 57 f., 61.

40 Hilde Purwin, »Wilhelmine Lübke«, in: Zimmer, *Deutschlands First Ladies*, S. 75 f.
41 Nancy Reagan: The woman who redefined the role of First Lady«, http://www.abc.net.au/news/2016-03-07/barron-vale-nancy-reagan/7225922.
Peter Baker, Ansprache anlässlich Nancy Reagans Trauerfeier, März 2016, https://www.youtube.com/watch?v=chISNoTe2wY.
Ronald Reagans Ansprache für seine verstorbene Mutter, März 2016, https://www.youtube.com/watch?v=zwsbrm28ZdA.
42 Jens-Christian Wagner, »Der Fall Lübke«, in: *Die Zeit*, 19. 7. 2007.
43 Überall ist Sauerland«, in: *Der Spiegel*, 11/1968.
44 Personalien, *Der Spiegel*, 2. 6. 1969. Ron Reagans Ansprache für seine verstorbene Mutter, März 2016, https://www.youtube.com/watch?v=zwsbrm28ZdA.
45 Aktenzeichen 8 Js«, in: *Der Spiegel*, 2. 12. 1968.

Kapitel 3

1 Bahn-Flessburg, *Leidenschaft mit Augenmaß*, S. 159.
2 Rut Brandt, *Freundesland*, S. 192.
3 Gassert, *Kiesinger*, S. 55, 333, 481 ff. Alois Rummel, »Marie-Luise Kiesinger«, in: Zimmer, *Deutschlands First Ladies*, S. 100 – 116, S. 110.
4 Rut Brandt, *Freundesland*, S. 197, 202 f. Gespräch mit Peter Brandt, Berlin, 28. 4. 2017.
5 Bahn-Flessburg, *Leidenschaft mit Augenmaß*, S. 141.
6 Vgl. Gassert, *Kiesinger*, S. 648 f.
7 Rut Brandt, *Freundesland*, S. 237. Peter Brandt, *Mit anderen Augen. Versuch über den Privatmann und Politiker Willy Brandt*, Bonn 2014, S. 137. Brief Peter Brandts an Willy Brandt, 17. 8. 1968, Brief Peter Brandts an Rut Brandt, Berlin, 18. 7. 1968, Nachlass Rut Brandt, 1/RBAE000055
8 Brandt, *Freundesland*, S. 201. Telegramm Peter Brandts an Willy Brandt, 18. 3. 1968, Nachlass Rut Brandt, 1RBAE000002.
9 Brandt, *Freundesland*, S. 239.
10 Schreiben von Günter Gaus an Rut Brandt, 10. 1. 2000, in: *Geburtstagsschrift Rut Brandt*, 10. 1. 2000/Privat. Helmut Schmidt an Rut Brandt, 10. 1. 2000, in: ebd.
11 Hilda Heinemann, zit. in: Bahn-Flessburg, *Leidenschaft mit Augenmaß*, S. 13, 141 – 143.
12 Bahn-Flessburg, *Leidenschaft mit Augenmaß*, S. 11 f.
13 Heli Ihlefeld, *Mein Bonner Tagebuch*, München 1970, S. 184.
14 Gespräch mit Christina Rau, Berlin, 22. 10. 2017.
15 von Hassel, zit. in: Bahn-Flessburg, *Leidenschaft mit Augenmaß*, S. 32.
16 Bahn-Flessburg, *Leidenschaft mit Augenmaß*, S. 39, S. 41 – 45, 66, 69, 75, 210. Cornelius Bormann, *Johannes Rau*, S. 71.

17 Gerhard E. Gründler, »Hilda Heinemann. Laufen auf einem Gleis«, in: *Glück gehabt*, S. 95–99, S. 99. Bahn-Flessburg, *Leidenschaft mit Augenmaß*, S. 114.
18 Gespräch mit Christina Rau, Berlin, 22. 10. 2017.
19 Bahn-Flessburg, *Leidenschaft mit Augenmaß*, S. 137 f., 167–171, 173 f.
20 Bahn-Flessburg, *Leidenschaft mit Augenmaß*, S. 107 f.
21 Bahn-Flessburg, *Leidenschaft mit Augenmaß*, S. 186. Gerhard E. Gründler, »Hilda Heinemann. Laufen auf einem Gleis«, in: *Glück gehabt*, S. 99.
22 Gebhardt, *Alice im Niemandsland*, S. 217–221.
23 Gespräch mit Peter Brandt, Berlin, 28.4.2017. Bahn-Flessburg, *Leidenschaft mit Augenmaß*, S. 238.
24 Reiner Lehberger, *Loki Schmidt. Die Biographie*, Hamburg 2014, S. 264.
25 Vgl. Gebhardt, *Alice im Niemandsland*, S. 104.
26 Brandt, *Freundesland*, S. 249. http://www.spiegel.de/politik/deutschland/misstrauensvotum-gegen-brandt-stasi-karten-lueften-das-letzte-geheimnis-a-392036.html.
27 Brandt, *Freundesland*, S. 243, 249, 250 f.
28 Ihlefeld, *Mein Bonner Tagebuch*, S. 178.
29 Brandt, *Freundesland*, S. 243. *Die Zeit*, 2. 7. 1971. Bahn-Flessburg, *Leidenschaft mit Augenmaß*, S. 56.
30 Brandt, *Freundesland*, S. 228 f.
31 Egon Bahr, *»Das musst du erzählen«. Erinnerungen an Willy Brandt*, Berlin 2013, S. 96.
32 Ihlefeld, *Mein Bonner Tagebuch*, S. 180.
33 Gespräch mit Peter Brandt, Berlin, 28. 4. 2017.
34 Brandt, *Freundesland*, S. 244. *Die Zeit*, 29. 10. 1971.
35 Egon Bahr, *Zu meiner Zeit*, München 1996, S. 452. Brandt, *Freundesland*, S. 225. Gespräch mit Wibke Bruhns, Berlin 27. 4. 2017.
36 Stuhler, *Margot Honecker*, S. 148, 157, 180 f.
37 *Lotte Ulbricht. Zwischen Parteidisziplin und Mutterrolle*. Ein Film von Steffen Jindra, MDR. Lotte Ulbricht, *Mein Leben*, S. 42, 62 f.
38 Stuhler, *Margot Honecker*, S. 172 f., 180 f. Lotte Ulbricht, *Mein Leben*, S. 42.
39 Stuhler, *Margot Honecker*, S. 184, 187 f. ZDF-History *Margot Honecker*.
40 Vgl. Stefan Wolle, *Die heile Welt der Diktatur. Herrschaft und Alltag in der DDR 1971–1989*, Berlin 2009, S. 232 f., 239.
41 Willy Brandt, *»Auch darüber wird Gras wachsen …« Anekdotisches und Hintergründiges*. Erzählt von Heli Ihlefeld, München 2013, S. 149.
42 Rut Brandt, zit. nach Korruhn, *Hautnah*, S. 20. Peter Brandt, *Mit anderen Augen*, S. 35. Matthias Brandt, *Raumpatrouille*, S. 45 f.
43 Reinhard Wilke, *Meine Jahre mit Willy Brandt*, Stuttgart 2010, S. 140 f., 221.
44 Rut Brandt, *Freundesland*, S. 277. Brandt, *Raumpatrouille*, S. 105 ff.
45 Gespräch mit Wibke Bruhns, Berlin, 27. 4. 2017.

46 Gespräch mit Wibke Bruhns, Berlin, 27. 4. 2017.
47 Rut Brandt, *Freundesland*, S. 267 f. Brigitte Seebacher-Brandt, *Willy Brandt*, München 2004, S. 276, 279.
48 Rut Brandt, *Freundesland*, S. 267 f., 271, 275. Merseburger, *Brandt*, S. 737 f. Bahr, »*Das musst du erzählen*«, S. 161.
49 Rut Brandt, *Freundesland*, S. 267 f., 271, 275. Merseburger, *Brandt*, S. 720, 730 – 734, 738. Kondolenzschreiben, Nachlass Rut Brandt, K-A-001, FES.
50 Lehberger, *Loki Schmidt*, S. 179 f. »*Erzähl doch mal von früher*«. *Loki Schmidt im Gespräch mit Reinhold Beckmann*, München 2010, S. 137.
51 Bahr, *Zu meiner Zeit*, München 1996, S. 463.
52 »*Erzähl doch mal von früher*«, S. 147.
53 Zu Michelle Obama, siehe United State of Women: https://www.youtube.com/watch?v=LCmwkjSzr2g. Hartmut Soell, Helmut Schmidt, 1918 – 1969, München 2003, S. 124 – 126. »*Erzähl doch mal von früher*«, S. 207. Lehberger, *Loki Schmidt*, S. 199. *Loki. Hannelore Schmidt erzählt aus ihrem Leben*, S. 127. Gespräch mit Sabine Gräfin von Nayhauß, Bonn, 22. 6. 2016.
54 »*Erzähl doch mal von früher*«, S. 207. Lehberger, *Loki Schmidt*, S. 200. Loki Schmidt, zit. nach Gunter Hofmann, *Helmut Schmidt. Soldat, Kanzler, Ikone*, München 2015, S. 435.
55 »Wer bringt mich jetzt nach Hause?«, in: *Die Zeit*, 17. 1. 2018.
56 Lars Brandt, *Andenken*, München 2006, S. 19. Bahn-Flessburg, *Leidenschaft mit Augenmaß*, S. 260. Rut Brandt, *Freundesland*, S. 273.
57 Matthias Brandt zit. nach Torsten Körner, *Die Familie Brandt*, Frankfurt 2013, S. 270. Brandt, *Freundesland*, S. 291.
58 Vgl. Hans-Joachim Noack, *Helmut Schmidt. Die Biografie*, Berlin 2008, S. 151. Lehberger, *Loki Schmidt*, S. 229 f.
59 Loki Schmidt, zit. nach Mainhardt Graf von Nayhauß, *Helmut Schmidt. Mensch und Macher*, Bergisch Gladbach 1990, S. 39 f. »*Erzähl doch mal von früher*«, S. 153.
60 »*Erzähl doch mal von früher*«, S. 248 f. Helmut Schmidt, *Was ich noch sagen wollte*, München 2016, S. 85.
61 »*Erzähl doch mal von früher*«, S. 248 f. *Loki. Hannelore Schmidt erzählt aus ihrem Leben. Im Gespräch mit Dieter Buhl*, Frankfurt 2005, S. 100. Ahlers, zit. nach Nayhauß, *Helmut Schmidt*, S. 42.
62 Rut Brandt, *Freundesland*, S. 240 f.
63 Scheel, *Mildred Scheel*, S. 49 ff.
64 Scheel, *Mildred Scheel*, S. 54.
65 Gespräch mit Cornelia Scheel, Köln, 22. 6. 2016. Scheel, *Mildred Scheel*, S. 35 f., 64.
66 Gespräch mit Heli Ihlefeld, Berlin, 21. 9. 2017. Gespräch mit Cornelia Scheel, Köln, 22. 6. 2016. Gespräch mit Sabine Gräfin von Nayhauß, Bonn, 22. 6. 2016.

67 Scheel, *Mildred Scheel*, S. 136, 152. Alfred Biolek mit Veit Schmidinger, *Mein Leben*, Köln 2006, S. 164 f.

68 Gespräch mit Sabine Gräfin von Nayhauß, Bonn, 22. 6. 2016. Rut Brandt, *Freundesland*, S. 240 f. Mildred Scheel, zit. nach Scheel, *Mildred Scheel*, S. 40, 99. Gespräch mit Cornelia Scheel, Köln, 22. 6. 2016. Gespräch mit Alfred Biolek, Köln, 21. 6. 2016. Arnulf Baring und Friedrich Nowottny zit. nach *Walter Scheel. Abschied von einem großen Liberalen*. Ein Film von Lothar Schröder, WDR.

69 Gespräch mit Horst Arnold, Bonn, 1. 8. 2017. Gespräch mit Wolfgang Teske, Berlin, 21. 9. 2017.

70 Gespräch mit Peter Brandt, Berlin, 28. 04. 2017. Helmut Kohl, *Erinnerungen 1982–1990*, München 2005, S. 487. Helmut Schmidt, *Was ich noch sagen wollte*, S. 84 f.

71 Gespräch mit Cornelia Scheel, Köln, 22. 6. 2016. Mildred Scheel, zit. nach Scheel, *Mildred Scheel*, S. 80, 82.

72 Gespräch mit Horst Arnold, Bonn, 1. 8. 2017.

73 »*Erzähl doch mal von früher*«, S. 154. *Loki. Hannelore Schmidt erzählt aus ihrem Leben*, S. 162. Schmidt, *Was ich noch sagen wollte*, S. 85.

74 Vgl. Reiner Lehberger, *Loki Schmidt*, S. 244, 246, und Noack, *Helmut Schmidt*, S. 187.

75 »*Erzähl doch mal von früher*«, S. 158 f.

76 Trauerrede Walter Scheels für Hanns-Martin Schleyer: https://www.tagesschau.de/multimedia/video/jahresrueckblick/1977/video804126.html.

77 Gespräch mit Cornelia Scheel, Köln, 22.6.2016. Scheel, *Mildred Scheel*, S. 126 f., 129.

78 Walter Kohl, *Leben oder gelebt werden*, S. 203.

79 Walter Kohl, *Leben oder gelebt werden*, S. 37 f.

80 Vgl. Walter Scheel im Gespräch mit Jürgen Engert, *Erinnerungen und Einsichten*, Stuttgart, Leipzig 2004, S. 134 f.

81 Gespräch mit Horst Arnold, Bonn, 1. 8. 2017.

82 Gespräch mit Cornelia Scheel, Köln, 22. 6. 2016.

83 Rut Brandt, *Freundesland*, S. 241 f. Gespräch mit Cornelia Scheel, Köln, 22. 6. 2016. Gespräch mit Heli Ihlefeld, Berlin, 21. 9. 2017.

84 Scheel, *Mildred Scheel*, S. 157.

85 Kate Andersen Brower, *First Women. The Grace and Power of America's Modern First Ladies*, New York 2016, S. 100. Gespräch mit Cornelia Scheel, Köln, 22. 6. 2016.

86 Gespräch mit Cornelia Scheel, Köln, 22. 6. 2016. Scheel, *Mildred Scheel*, S. 153.

87 Walter Scheel, zit. nach Scheel, *Mildred Scheel*, S. 156. Gespräch mit Cornelia Scheel, Köln, 22. 6. 2016.

88 Vgl. Almut Hauenschild, »Mildred Scheel«, in: Zimmer (Hg.), *Deutschlands First Ladies*, S. 177–200, S. 194.

89 Scheel, *Mildred Scheel*, S. 166. »Die falsche Krebshilfe? Mildred Scheel und die Ärzte«, in: *Die Zeit*, 18.1.1980.

90 Gespräch mit Cornelia Scheel, Köln, 22.6.2016. Scheel, *Mildred Scheel*, S. 178. *Mildred Scheel. Die First Lady und der Kampf gegen den Krebs.* Ein Film von Jobst Knigge und Peter Wolf, WDR, 2015. Richard von Weizsäcker, zit. nach *Zeitzeichen*, WDR 5, 13.5.2015.

91 Veronica Carstens, *Dein Ziel wird Dich finden*, Natur und Medizin e.V., S. 23, 67f.

92 Carstens, *Dein Ziel wird Dich finden*, S. 80f. Gespräch mit Horst Arnold, Bonn, 1.8.2017.

93 Carstens, *Dein Ziel wird Dich finden*, S. 82.

94 Carstens, *Dein Ziel wird Dich finden*, S. 4.

95 Carstens, *Dein Ziel wird Dich finden*, S. 27.

96 Gespräch mit Wolfgang Teske, Berlin, 21.9.2017. Gespräch mit Cornelia Scheel, Köln, 22.6.2016.

97 Gespräch mit Wolfgang Teske, Berlin, 21.9.2017. *Der Spiegel*, 7.5.1990. Gregor Schöllgen, *Gerhard Schröder*, München 2015, S. 265.

98 Nayhauß, *Helmut Schmidt*, S. 226. *Loki. Hannelore Schmidt erzählt aus ihrem Leben*, S. 45.

99 *Loki. Hannelore Schmidt erzählt aus ihrem Leben*, S. 332f. Vgl. Hartmut Soell, *Helmut Schmidt, 1969 bis heute*, München 2009, S. 907.

100 Hofmann, *Helmut Schmidt*, S. 433f. *Loki. Hannelore Schmidt erzählt aus ihrem Leben*, S. 194, 312.

101 Biolek, *Mein Leben*, S. 165f. Lehberger, *Loki Schmidt*, S. 247. *»Erzähl doch mal von früher«*, S. 168. *Loki. Hannelore Schmidt erzählt aus ihrem Leben*, S. 225.

Kapitel 4

1 Loki Schmidt, zit. nach Soell, *Helmut Schmidt, 1969 bis heute*, S. 902. *Loki. Hannelore Schmidt erzählt aus ihrem Leben*, S. 138.

2 Helmut Kohl, *Erinnerungen 1982–1990*, S. 23.

3 Gespräch mit Walter Kohl, Königstein, 6.3.2017.

4 Hannelore Kohl, zit. nach »Ich verbrenne von innen«, in: *Der Spiegel*, 9.7.2001.

5 Gespräch mit Walter Kohl, Königstein, 6.3.2017. Kohl, *Leben oder gelebt werden*, S. 216.

6 Walter Kohl, *Leben oder gelebt werden*, S. 207.

7 Fritz Ramstetter zit. nach Kujacinski/Kohl, *Hannelore Kohl*, S. 119.

8 Walter Kohl, *Leben oder gelebt werden*, S. 19.

9 Helmut Kohl, *Erinnerungen 1982–1990*, S. 25.

10 Walter Kohl, zit. nach Kujacinski/Kohl, *Hannelore Kohl*, S. 168.

11 Loki Schmidt, zit. nach Schwarz, *Kohl*, S. 321.

12 Helmut Kohl, *Erinnerungen 1982–1990*, S. 25.
13 Walter Kohl, *Leben oder gelebt werden*, S. 53 f.
14 Vgl. Walter Kohl, *Leben oder gelebt werden*, S. 31, 203.
15 Gespräch mit Sabine Gräfin von Nayhauß, Bonn, 22. 6. 2016. Gespräch mit Alfred Biolek, Köln, 21. 6. 2016.
16 Kujacinski/Kohl, *Hannelore Kohl*, S. 159.
17 Helmut Kohl, *Erinnerungen 1982–1990*, S. 356, 359.
18 Gespräch mit Sabine Gräfin von Nayhauß, Bonn, 22. 6. 2016.
19 Helmut Kohl, *Erinnerungen 1982–1990*, S. 136 f., 609.
20 Interview mit Hannelore Kohl im August 1998 von Stefan Lamby auf dbate.de. Kohl, *Erinnerungen 1982–1990*, S. 89, 480.
21 Marianne von Weizsäcker, zit. nach Friedbert Pflüger, *Richard von Weizsäcker. Ein Portrait aus der Nähe*, Stuttgart 1990, S. 464.
22 Gespräch mit Marianne von Weizsäcker, Berlin, 28. 6. 2018.
23 Richard von Weizsäcker, *Vier Zeiten. Erinnerungen*, Berlin 1997, S. 78.
24 Hermann Rudolph, *Richard von Weizsäcker*, Berlin 2010, S. 64 f.
25 Gespräch mit Marianne von Weizsäcker, Berlin, 28. 6. 2018.
26 Schwarz, *Kohl*, S. 367.
27 von Weizsäcker, *Vier Zeiten*, S. 304.
28 Gespräch mit Marianne von Weizsäcker, Berlin, 28. 6. 2018.
29 Gespräch mit Horst Arnold, Bonn, 1. 8. 2017. Pflüger, *Richard von Weizsäcker*, S. 454 f. *Deutschlands First Ladies.* Ein Film von Jobst Knigge, WDR und BR 2006.
30 Gespräch mit Wolfgang Teske, Berlin, 21. 9. 2017. Marianne von Weizsäcker und Graf Mainhardt von Nayhauß, zit. nach *Deutschlands First Ladies.* Ein Film von Jobst Knigge. *Richard von Weizsäcker. Für immer Präsident.* Ein Film von Sandra Maischberger, NDR 2010. Jürgen Leinemann, »Ich bin ein Kind der Aufklärung«, in: *Der Spiegel*, 21. 5. 1984.
31 Marianne von Weizsäcker, zit. nach *Deutschlands First Ladies.* Ein Film von Jobst Knigge.
32 Pflüger, *Richard von Weizsäcker*, S. 456 f. Gespräch mit Marianne von Weizsäcker, Berlin, 28. 6. 2018.
33 Jürgen Leinemann, »Ich bin ein Kind der Aufklärung«, in: *Der Spiegel*, 21. 5. 1984.
34 Richard von Weizsäcker, »Gedenkveranstaltung im Plenarsaal des Deutschen Bundestages zum 40. Jahrestag des Endes des Zweiten Weltkrieges in Europa«, Bonn, 8. 5. 1985.
35 *Deutschlands First Ladies.* Ein Film von Jobst Knigge, WDR und BR 2006.
36 Gespräch mit Marianne von Weizsäcker, Berlin, 28. 6. 2018. Nina Grunenberg, »Auch Calvinisten können schmelzen«, in: *Die Zeit*, 7. 6. 1985.
37 *Richard von Weizsäcker über Helmut Kohl.* Ein Film von Stefan Lamby und Michael Rutz, 2003, dbate, http://dbate.de/videos/richard-von-

weizsaecker-interview-komplett/. Weizsäcker, *Vier Zeiten*, S. 317, 340 f. Gespräch mit Marianne von Weizsäcker, Berlin, 28. 6. 2018.

38 Stuhler, *Margot Honecker*, S. 229 f., 236. Roberto Yanez, zit. nach *ZDF-History, Margot Honecker – Die Bilanz*, ZDF 2018.

39 Stuhler, *Margot Honecker*, S. 232 f. Margot Honecker, zit. nach *ZDF-History, Margot Honecker – Die Bilanz*, ZDF 2018.

40 Walter Kohl, zit. nach Kujacinski/Kohl, *Hannelore Kohl*, S. 241.

41 Hannelore Kohl, zit. nach Kujacinski/Kohl, *Hannelore Kohl*, S. 136. Walter Kohl, zit. ebd., S. 138.

42 Schwarz, *Kohl*, S. 465.

43 Gespräch mit Walter Kohl, Königstein, 6. 3. 2017. Vgl. Kujacinski/Kohl, *Hannelore Kohl*, S. 249.

44 Gespräch mit Walter Kohl, Königstein, 6. 3. 2017.

45 Gespräch mit Walter Kohl, Königstein, 6. 3. 2017.

46 Michael Roik, zit. nach Kujacinski/Kohl, *Hannelore Kohl*, S. 237.

47 von Weizsäcker, *Vier Zeiten*, S. 357 f. Gespräch mit Marianne von Weizsäcker, Berlin, 28. 6. 2018.

48 Helmut Kohl, *Vom Mauerfall bis zur Wiedervereinigung. Meine Erinnerungen*, München 2009, S. 85. Rut Brandt, *Freundesland*, S. 303.

49 Gespräch mit Horst Arnold, Bonn, 1. 8. 2017. Von Weizsäcker, *Vier Zeiten*, S. 364. Marianne von Weizsäcker in *Richard von Weizsäcker. Für immer Präsident.*

50 https://www.bild.de/politik/inland/margot-honecker/warum-bekommt-sie-so-viel-rente-23483594.bild.html.

51 Helmut Kohl, *Erinnerungen*, S. 991. Hannelore Kohl, zit. nach Kujacinski/Kohl, *Hannelore Kohl*, S. 245.

52 Schwarz, *Kohl*, S. 534 f.

53 Hannelore Kohl, zit. nach Kujacinski/Kohl, *Hannelore Kohl*, S. 249.

54 Gespräch mit Walter Kohl, Königstein, 6. 3. 2017. Walter Kohl, *Leben oder gelebt werden*, S. 140.

55 Marianne von Weizsäcker, zit. nach *Deutschlands First Ladies*. Ein Film von Jobst Knigge, WDR und BR 2006. Gespräch mit Horst Arnold, Bonn, 1. 8. 2017.

56 Marianne von Weizsäcker, zit. nach Sabine Gräfin von Nayhauß, »Marianne von Weizsäcker«, in: Zimmer, *Deutschlands First Ladies*, S. 256.

57 »Wo bleibt der politische Wille des Volkes?«, Interview mit Richard von Weizsäcker, in: *Die Zeit*, 19. 6. 1992.

58 Gespräch mit Sabine Gräfin von Nayhauß, Bonn, 22. 6. 2016.

59 Hannelore Kohl, zit. nach Kujacinski/Kohl, *Hannelore Kohl*, S. 188.

60 Steffen Heitmann, zit. nach Friedbert Pflüger, »Der falsche Mann, das falsche Signal«, in: *Die Zeit*, 8. 10. 1993.

61 Vgl. Schöllgen, *Gerhard Schröder*, S. 273, und Gespräch mit Christina Rau, Berlin, 22. 10. 2017.

62 Gespräch mit Markus Herzog, München, 7.7.2017. Christiane Herzog, zit. in: Maria von Welser, »Christiane Herzog«, in: Zimmer, *Deutschlands First Ladies*, S. 262.
63 Gespräch mit Wolfgang Teske, Berlin, 21.9.2017.
64 Werner Filmer/Heribert Schwan, *Roman Herzog. Die Biographie*, München 1994, S. 342.
65 Gespräch mit Markus Herzog, München, 7.7.2017. *Kölner Stadtanzeiger*, 17.5.1994.
66 Filmer/Schwan, *Roman Herzog*, S. 323 f.
67 Gespräch mit Markus Herzog, München, 7.7.2017.
68 Gespräch mit Markus Herzog, München, 7.7.2017.
69 Gespräch mit Horst Arnold, Bonn, 1.8.2017. Gespräch mit Wolfgang Teske, Berlin, 21.9.2017.
70 Helmut Kohl, *Erinnerungen 1990–1994*, München 2007, S. 547.
71 Helmut Kohl, *Erinnerungen 1990–1994*, S. 548.
72 Gespräch mit Markus Herzog, München, 7.7.2017. Gespräch mit Wolfgang Teske, Berlin, 21.9.2017.
73 Gespräch mit Markus Herzog, München, 7.7.2017.
74 Gespräch mit Markus Herzog, München, 7.7.2017.

Kapitel 5

1 Gespräch mit Doris Schröder-Köpf, Hannover, 27.2.2017. »Ich wurde neu erfunden«, Interview mit Doris Schröder-Köpf, in: *Die Zeit*, 18.11. 2010.
2 Vgl. Schwarz, *Kohl*, S. 827 f.
3 Gespräch mit Walter Kohl, Königstein, 6.3.2017.
4 Vgl. Schwarz, *Kohl*, S. 866.
5 Gespräch mit Doris Schröder-Köpf, Hannover, 27.2.2017.
6 Vgl. Reinhard Urschel, *Gerhard Schröder*, Stuttgart/München 2002, S. 59 f., und Ulrike Posche, *Gerhard Schröder. Nah-Aufnahme*, München 1998, S. 122 f.
7 Herlinde Koelbl, *Spuren der Macht. Die Verwandlung des Menschen durch das Amt. Eine Langzeitstudie*, München 1999, S. 399.
8 Vgl. Urschel, *Gerhard Schröder*, S. 58.
9 Schöllgen, *Gerhard Schröder*, S. 310.
10 Gespräch mit Doris Schröder-Köpf, Hannover, 27.2.2017.
11 Vgl. Belà Anda und Rolf Kleine, *Gerhard Schröder. Eine Biographie*, München 2002, S. 75, 81.
12 Vgl. Posche, *Gerhard Schröder*, S. 32.
13 Gespräch mit Doris Schröder-Köpf, Hannover, 27.2.2017.
14 Gespräch mit Doris Schröder-Köpf, Hannover, 27.2.2017.
15 Gespräch mit Doris Schröder-Köpf, Hannover, 27.2.2017.

16 Schöllgen, *Gerhard Schröder*, S. 329.
17 Gespräch mit Doris Schröder-Köpf, Hannover, 27. 2. 2017.
18 Gespräch mit Doris Schröder-Köpf, Hannover, 27. 2. 2017.
19 »Ich wurde neu erfunden«, Interview mit Doris Schröder-Köpf, in: *Die Zeit*, 18. 11. 2010.
20 Kohl, zit. nach Kujacinski/Kohl, *Hannelore Kohl*, S. 203.
21 Kohl, *Leben oder gelebt werden*, S. 15.
22 Eduard Ackermann, zit. nach Kujacinski/Kohl, *Hannelore Kohl*, S. 157 f., 239. Gespräch mit Walter Kohl, Königstein, 6. 3. 2017. Kohl, *Leben oder gelebt werden*, S. 265. »Ich wäre in der Stunde seines Todes gern bei meinem Vater gewesen«, Interview mit Peter Kohl, in: *Zeit Magazin*, 6. 6. 2018.
23 Schwarz, *Kohl*, S. 883. *Bimbes – Die schwarzen Kassen des Helmut Kohl*. Ein Film von Stephan Lamby und Egmont R. Koch, SWR 2017.
24 Kujacinski/Kohl, *Hannelore Kohl*, S. 315 ff., 327.
25 Gespräch mit Doris Schröder-Köpf, Hannover, 27. 2. 2017.
26 Schwarz, *Kohl*, S. 894. Kujacinski/Kohl, *Hannelore Kohl*, S. 335 f.
27 Doris Schröder-Köpf, Facebook-Eintrag, 21. 9. 2017.
28 Doris Schröder-Köpf, Facebook-Eintrag, 18. 9. 2017.
29 Gespräch mit Doris Schröder-Köpf, Hannover, 27. 2. 2017. »Ich wurde neu erfunden«, in: *Die Zeit*, 18. 11. 2010.
30 Rede Waltraud Schoppes im Bundestag, 5. 5. 1983, http://www.hr-online.de/website/specials/extended/index.jsp?rubrik=68541&key=standard_document_48178667&mediakey=wissen/20130502_13-054_audio_128k&type=a. Vgl. Wolfrum, *Die geglückte Demokratie*, S. 406 f., und »Die Luft ist bleihaltig«, in: *Der Spiegel*, 26. 10. 1987.
31 Christoph Schwennicke, zit. in: *Macht.Mensch.Schröder. Beckmann trifft den Altkanzler*, ARD 2014.
32 Vgl. Posche, *Gerhard Schröder*, S. 175.
33 Gespräch mit Doris Schröder-Köpf, Hannover, 27. 2. 2017.
34 Gespräch mit Doris Schröder-Köpf, Hannover, 27. 2. 2017.
35 Gespräch mit Elisabeth Niejahr, 30. 10. 2017.
36 Schöllgen, *Gerhard Schröder*, S. 579.
37 »Ich wurde neu erfunden«, in: *Die Zeit*, 18. 11. 2010.
38 Vgl. Schöllgen, *Gerhard Schröder*, S. 376. Gespräch mit Doris Schröder-Köpf, Hannover, 27. 2. 2017.
39 Gerhard Schröder, *Entscheidungen. Mein Leben in der Politik*, Berlin 2007, S. 288 f. Elisabeth Niejahr, »Die Erwählte«, in: *Die Zeit*, 14. 12. 2000.
40 Bettina Gaus, »Schröders schnelle Eingreifpuppe«, in: *taz*, 28. 11. 2002.
41 »Die Kanzler-Flüsterin«, in: *Die Welt*, 21. 10. 2000.
42 Jürgen Leinemann, »Doris sagt immer …«, in: *Der Spiegel*, 02. 06. 2001. »Die Kanzler-Flüsterin«, in: *Die Welt*, 21. 10. 2000.
43 Gespräch mit Christina Rau, Berlin, 22. 9. 2017.

44 Gespräch mit Christina Rau, Berlin, 22.9.2017. »Normal bewegen«, in: *Der Spiegel*, 30.10.1972.
45 Bormann, *Johannes Rau*, S. 67 f.
46 Gespräch mit Christina Rau, Berlin, 22.9.2017.
47 Gespräch mit Christina Rau, Berlin, 22.9.2017.
48 Gespräch mit Christina Rau, Berlin, 22.9.2017. Johannes Rau, zit. nach Bormann, *Ein Stück menschlicher*, S. 258.
49 Gespräch mit Christina Rau, Berlin, 22.9.2017.
50 Schöllgen, *Gerhard Schröder*, S. 459, 465.
51 Gespräch mit Doris Schröder-Köpf, Hannover, 27.2.2017.
52 Vgl. Urschel, *Gerhard Schröder*, S. 67. »Da läuft eine Kampagne«, in: *Der Spiegel*, 11.12.2000.
53 Gespräch mit Doris Schröder-Köpf, Hannover, 27.2.2017.
54 Michelle Obama, Rede, Democratic National Convention in Philadelphia 2016. Übersetzt von der Autorin.
55 Doris Schröder-Köpf, zit. nach *Der Spiegel*, 11.12.2000.
56 Gespräch mit Wolfgang Teske, Berlin, 21.9.2017. Gespräch mit Horst Arnold, Bonn, 1.8.2017. Gespräch mit Christina Rau, Berlin, 22.9.2017.
57 Gespräch mit Christina Rau, Berlin, 22.9.2017.
58 http://www.spiegel.de/politik/deutschland/trauerfeier-in-erfurt-das-entsetzen-hat-uns-nicht-verlassen-a-194596.html.
59 Gespräch mit Christina Rau, Berlin, 22.9.2017.
60 Kerstin Baukhage, »Die schöne Präsidententochter«, in: *Hamburger Abendblatt*, 23.10.2003.
61 Gespräch mit Doris Schröder-Köpf, Hannover, 27.2.2017.
62 Schröder, *Entscheidungen*, S. 374. Gespräch mit Doris Schröder-Köpf, Hannover, 27.2.2017. Vgl. Schöllgen, *Gerhard Schröder*, S. 574.
63 Gespräch mit Doris Schröder-Köpf, Hannover, 27.2.2017.
64 Vgl. Schöllgen, *Gerhard Schröder*, S. 691.
65 *»Mensch Schröder!« Eine deutsche Karriere.* Ein Film von Florian Huber, ZDF. *Erklärung des Bundeskanzlers Gerhard Schröder zur aktuellen Lage in Bezug auf den Irak*, 18.3.2003.
66 Leszek Miller, *So war das. Polens Einzug in die EU*, Hamburg 2011, S. 250 f.
67 Vgl. Schöllgen, *Gerhard Schröder*, S. 755.
68 Vgl. Schöllgen, *Gerhard Schröder*, S. 756.
69 Vgl. Schöllgen, *Gerhard Schröder*, S. 840.
70 Zitate nach Schöllgen, *Gerhard Schröder*, S. nach 805.

Kapitel 6

1 »Horst Lübke«, in: *Der Spiegel*, 31.5.2010.
2 Gespräch mit Wolfgang Teske, Berlin, 21.9.2017.

3 Rede Christian Wulffs, Schloss Bellevue, 12.2.2012, https://www.youtube.com/watch?v=wb4WMf4wiBc.
4 Christian Wulff, *Ganz oben. Ganz unten*, München 2014, S. 17, 20 f. Bettina Wulff, *Jenseits des Protokolls*, München 2012, S. 47 f.
5 Bettina Wulff, *Jenseits des Protokolls*, S. 73.
6 Angela Merkel, »Die von Helmut Kohl eingeräumten Vorgänge haben der Partei Schaden zugefügt«, in: *Frankfurter Allgemeine Zeitung*, 22.12.1999.
7 Zur Elefantenrunde siehe https://www.youtube.com/watch?v=SdkuQNvuJgs. Doris Schröder-Köpf, zit. nach Schröder, in: *Süddeutsche Zeitung*, 22.9.2015.
8 Vgl. »Barackenkind im Schloss Bellevue«, in: *Stern*, 21.5.2004.
9 Gerd Langguth, *Horst Köhler. Biografie*, München 2007, S. 69 f.
10 Vgl. Timothy Snyder, *Bloodlands. Europe between Hitler und Stalin*, London 2010.
11 Vgl. »Barackenkind im Schloss Bellevue«, in: *Stern*, 21.5.2004.
12 Vgl. Andreas Kossert, *Kalte Heimat. Die Geschichte der deutschen Vertriebenen nach 1945*, München 2009.
13 Salentin, *Neun Wege*, S. 233 f. Langguth, *Horst Köhler*, S. 68 f.
14 Salentin, *Neun Wege*, S. 234.
15 Langguth, *Horst Köhler*, S. 69 f. »Barackenkind im Schloss Bellevue«, in: *Stern*, 21.5.2004.
16 Franziska Reich, »Köhlers scheue Königin«, in: *Stern* 24.2.2005.
17 Franziska Reich, »Köhlers scheue Königin«, in: *Stern*, 24.2.2005.
18 »Barackenkind im Schloss Bellevue«, in: *Stern*, 21.5.2004.
19 Salentin, *Neun Wege*, S. 238.
20 »Horst Lübke«, in: *Der Spiegel*, 31.5.2010. Hans-Peter Schütz, »Warum Horst Köhler wirklich ging«, in: *Stern*, 23.8.2010.
21 Christian Wulff, *Ganz oben. Ganz unten*, S. 87 f.
22 Katharina Schuler, »Bettina Wulff: First Lady mit Glamour-Potenzial«, in: *Die Zeit*, 1.7.2010.
23 Gespräch mit Bettina Wulff, Hannover, 28.2.2017.
24 Richard Wagner, »Die perforierte Republik«, in: *FAZ*, 4.7.2010.
25 Christian Wulff, *Ganz oben. Ganz unten*, S. 90.
26 Bettina Wulff, *Jenseits des Protokolls*, S. 103.
27 Bettina Wulff, *Jenseits des Protokolls*, S. 182.
28 Bettina Wulff, *Jenseits des Protokolls*, S. 31.
29 https://rp-online.de/panorama/deutschland/bettina-wulff-das-buch-war-ein-fehler_aid-9605557.
30 Bettina Wulff, *Jenseits des Protokolls*, S. 58, 64, 113, 120.
31 Bettina Wulff, *Jenseits des Protokolls*, S. 99.
32 Bettina Wulff, *Jenseits des Protokolls*, S. 56f.
33 Bettina Wulff, *Jenseits des Protokolls*, S. 124.
34 Bettina Wulff, *Jenseits des Protokolls*, S. 72.

35 Gespräch mit Christina Rau, Berlin, 22.09.2017.
36 Gespräch mit Bettina Wulff, Hannover, 28.2.2017.
37 Gespräch mit Bettina Wulff, Hannover, 28.2.2017.
38 Vgl. Übertragung der Erklärung des Bundespräsidenten, 17.2.2012.
39 Bettina Wulff, *Jenseits des Protokolls*, S. 191.
40 Vgl. Olaf Przybilla, »Keine Hochzeit fürs Protokoll«, in: *Süddeutsche Zeitung*, 18.3.2012.
41 Gespräch mit Daniela Schadt, Berlin, 28.6.2018. Johann Legner, *Joachim Gauck. Träume vom Paradies*, München 2014, S. 283.
42 Gespräch mit Daniela Schadt, Berlin, 28.6.2018.
43 »Ich will das ordentlich machen«, in: *FAZ*, 2.2.2013.
44 »Ich will das ordentlich machen«, in: *FAZ*, 2.2.2013.
45 Gespräch mit Daniela Schadt, Berlin, 28.6.2018.
46 Daniela Schadt, zit. nach Mario Frank, *Gauck. Eine Biografie*, Berlin 2013, S. 373.
47 Andreas Schulze, zit. nach Frank, *Gauck*, S. 374.
48 Frank, *Gauck*, S. 374.
49 »Ich will das ordentlich machen«, in: *FAZ*, 2.2.2013. Frank, *Gauck*, S. 374 f.
50 Legner, *Joachim Gauck*, S. 161 f., 172.
51 https://www.cicero.de/innenpolitik/eine-first-lady-neuen-stils/49228.
52 Olaf Przybilla, »Keine Hochzeit fürs Protokoll«, in: *Süddeutsche Zeitung*, 18.3.2012. »Ich will das ordentlich machen«, in: *FAZ*, 2.2.2013.
53 Olaf Przybilla, »Keine Hochzeit fürs Protokoll«, in: *Süddeutsche Zeitung*, 18.3.2012.
54 Gespräch mit Daniela Schadt, Berlin, 28.6.2018.
55 Gespräch mit Daniela Schadt, Berlin, 28.6.2018.
56 »Ich will das ordentlich machen«, in: *FAZ*, 2.2.2013. Jana Stegemann, »Fußfehler der First Lady«, in: *Süddeutsche Zeitung*, 10.7.2012.
57 Gespräch mit Daniela Schadt, Berlin, 28.6.2018.
58 Gespräch mit Daniela Schadt, Berlin, 28.6.2018.
59 http://www.bundespraesident.de/SharedDocs/Reden/DE/Joachim-Gauck/Reden/2015/10/151003-Festakt-Deutsche-Einheit.html.
60 http://www.bundespraesident.de/SharedDocs/Reden/DE/Joachim-Gauck/Interviews/2016/160619-Bericht-aus-Berlin-Interview.html. Gespräch mit Daniela Schadt, Berlin, 28.6.2018.
61 Gespräch mit Daniela Schadt, Berlin, 28.6.2018.
62 Vgl. Gerd Langguth, *Angela Merkel. Aufstieg zur Macht*, München 2007, S. 217.
63 Merkel, zit. nach Koelbl, *Spuren der Macht*, S. 49.
64 Vgl. Langguth, *Angela Merkel*, S. 211 ff. und Evelyn Roll, *Die Kanzlerin. Angela Merkels Weg zur Macht*, Berlin 2013, S. 154.
65 Langguth, *Angela Merkel*, S. 217.

66 Gespräch mit Elke Büdenbender, Berlin, 27. 8. 2018.
67 Gespräch mit Elke Büdenbender, Berlin, 27. 8. 2018.
68 Gespräch mit Elke Büdenbender, Berlin, 27. 8. 2018.
69 Gespräch mit Elke Büdenbender, Berlin, 27. 8. 2018.
70 Gespräch mit Elke Büdenbender, Berlin, 27. 8. 2018. »Wow, Büdenbender, du jetzt hier!?«, in: *Der Tagesspiegel*, 20. 10. 2017.
71 »Man verfestigt ein traditionelles Rollenbild«, Sophie Schönberger im Gespräch mit Hennig Hübert, in: *Deutschlandfunk*, 22. 3. 2017. Margarete Stokowski, »Dieser Hut kann weg«, in: *Der Spiegel*, 14. 2. 2017. Sophie Schönberger, »Accessoires in Vollzeit«, in: *Süddeutsche Zeitung*, 17. 3. 2017.
72 Nicola Meier, »Die erste Frau im Staat«, in: *Die Zeit*, 31. 8. 2017.
73 Gespräch mit Doris Schröder-Köpf, Hannover, 27. 2. 2017.

Abbildungsnachweis

[1], [7]: ullstein Bild; [2], [9]: Keystone Pressedienst; [3]: ullstein Bild/AP; [4], [10]: Bundesregierung/Ludwig Wegmann; [5]: akg-images/picture-alliance/Chris Hoffman; [6]: ullstein Bild/BPA; [8]: ullstein Bild/Peter Timm; [11]: ullstein Bild/Lauer; [12]: Bundesregierung/Ulrich Wienke; [13]: ullstein Bild/Sauerstrom; [14]: Bundesregierung/Engelbert Reineke; [15]: akg-images/picture-alliance/dpa; [16]: ullstein Bild/Bonn Sequenz; [17]: ullstein Bild/Honza Klein; [18], [22]: Bundesregierung/Guido Bergmann; [19]: Bundesregierung/Steffen Kugler; [20]: Bundesregierung/Sandra Steins; [21]: Bundesregierung/Jesco Denzel

Zeitleiste

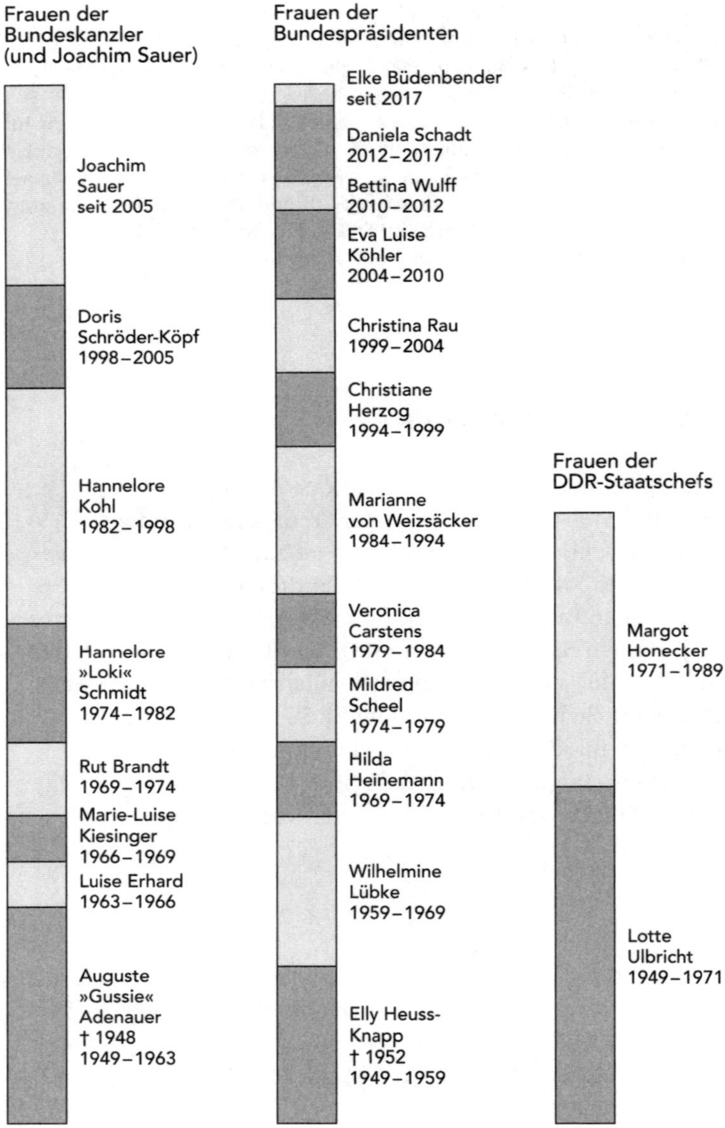
Frauen der Bundeskanzler (und Joachim Sauer)
Joachim Sauer seit 2005
Doris Schröder-Köpf 1998–2005
Hannelore Kohl 1982–1998
Hannelore »Loki« Schmidt 1974–1982
Rut Brandt 1969–1974
Marie-Luise Kiesinger 1966–1969
Luise Erhard 1963–1966
Auguste »Gussie« Adenauer † 1948 1949–1963
Frauen der Bundespräsidenten
Elke Büdenbender seit 2017
Daniela Schadt 2012–2017
Bettina Wulff 2010–2012
Eva Luise Köhler 2004–2010
Christina Rau 1999–2004
Christiane Herzog 1994–1999
Marianne von Weizsäcker 1984–1994
Veronica Carstens 1979–1984
Mildred Scheel 1974–1979
Hilda Heinemann 1969–1974
Wilhelmine Lübke 1959–1969
Elly Heuss-Knapp † 1952 1949–1959
Frauen der DDR-Staatschefs
Margot Honecker 1971–1989
Lotte Ulbricht 1949–1971

Personenregister